陈梦家先生
编年事辑

子仪撰

中华书局

图书在版编目(CIP)数据

陈梦家先生编年事辑/子仪撰. —北京:中华书局,2021.6
ISBN 978-7-101-15073-5

Ⅰ.陈… Ⅱ.子… Ⅲ.陈梦家(1911~1966)-生平事迹
Ⅳ.K825.6

中国版本图书馆 CIP 数据核字(2021)第 031018 号

书 名	陈梦家先生编年事辑	
撰 者	子 仪	
责任编辑	李碧玉	
出版发行	中华书局	
	(北京市丰台区太平桥西里 38 号 100073)	
	http://www.zhbc.com.cn	
	E-mail:zhbc@zhbc.com.cn	
印 刷	北京市白帆印务有限公司	
版 次	2021 年 6 月北京第 1 版	
	2021 年 6 月北京第 1 次印刷	
规 格	开本/850×1168 毫米 1/32	
	印张 17¼ 插页 8 字数 416 千字	
印 数	1-8000 册	
国际书号	ISBN 978-7-101-15073-5	
定 价	58.00 元	

学士毕业照

1931年摄于南京

1944至1947年间摄于纽约曼哈顿洛克菲勒中心

1946年摄于美国芝加哥大学

1947年

1935年陈梦家与赵萝蕤摄于燕京大学西校门

1936年陈梦家与赵萝蕤摄于北京寓所

陈梦家与赵萝蕤摄于美国芝加哥大学

1950年代初陈梦家与商承祚（中）、于省吾（右）摄于中国科学院考古研究所

1957年5月陈梦家与苏秉琦（左一）、徐旭生（左二）、黄文弼（左三）、夏鼐（左四）、许道龄（左五）摄于中国科学院考古研究所

第一编

第一章

一 古代的小学和文字学

我们现在称研究文字的学问叫做文字学。

古代的文字学称小学。小学对大学而言，是周人学校的制度。

小学的名称，两见于西周铜器铭文上。周初的大盂鼎和西周晚叶的师虎簋都有「小学」字样。

追迹古代的学制，如大戴的保傅篇说「古者八岁而出就外舍，学小艺焉，履小节焉，束发而就大学，学大艺焉，履大节焉」，小戴的内则篇说「六年教之数与方名，……九年教之数日，十年出就外傅，居宿于外，学书计。」汉书食货志说「八岁入小学，学六甲五方书计之事」，说文叙说「周礼八岁入小学」，保氏教国子先以六书。

《中国文字学》手稿

右辅瑰宝留珍

尺寸，二尺五，一尺三寸

1. 枚葉　高21.8，長123.5×47.4。"清端方程陝畤，凤翔人王查耕地得一窖，上载大盂故……件，伯口端方。""此窖与瑞笼物类，……有……十古，端窒传八。此窒西北有三圆孔，端窒……之。"我自己有此片。　（已有照片，拓本，见专载）

2. 周公方彝　高21.4，連耳高26.8，口24.1×16。（约八字）

3. "毛公鼎"　高49.5，連耳高62，口径44.1。"右文五行，字畫防不能尽截，中有毛公两門字，故曰毛公鼎"，……两門"吉是入門之误。此两周物笼，圆鼎，一带兽面，足有棱。

4. 罍　高42.4，連盖高53.1，口径18.6，胀口37.8。……，盖对附，不详。圆口，满花文。

5. 卣　高25，口径11.1×14.3，連盖高35.9，耳……出。盖上两獸饰。鸟，直文。（……菁圆612）

6. 方彝　高28.9，口22.2，底20.7×25。花文上飛棱（……菁圆601，毛A643，H49.1，此最大。）

7. 簋　高21.5，口10×19.7，……字"姜父乙"。……

8. 亚設卣　高26.1，連耳高35.2，口21.4。有方座。（丁連座）……菁圆297（善齋114，高35）即此。……

9. 虢設　高28.6，口23.2，屯高10.7，重21.4。有方座，秀美。乳丁。屯上花文与口鸟，直文。有阴一字"戈"。与菁圆254相似而两耳。

10. 設　高12.2，口径17，底15。……"口乍父壬口"……

11. □耳設　高21.4，口24.7。百乳，口，直文（四菁圆249全同。A有）

……"A225（Freer，H.23.2）即此。
藝104（Freer，H.45。）？（251伩）与菁圆207相似。

《右辅瑰宝留珍札记》手稿

目　录

卷 五

凡　例

　　一、本书纪年，以公元、干支为先后次序标出。

　　二、人物的年龄，采用虚龄。

　　三、重要的史料，以脚注形式标明；引用文献的版本，见首次出现时的脚注及书后参考文献。

　　四、陈梦家先生同一作品收入不同作品集的，如既收入《梦家诗集》又收入《梦家存诗》的，又如既收入《在前线》又收入《铁马集》还收入的《梦家存诗》，只是在作品集出版时，或列出作品名，或说明增减，不再单独列出收入哪个集子。

　　五、同一重要事件有不同的说法，本书兼收并录，同时给出多种出处。

　　六、引文中遇有错字须加订正者，错字改为小字置于（　）内，订正之字以〔　〕表示，置于错字之后；增补脱字，置于〔　〕内；补充说明的文字，置于（　）内；模糊难辨之字，以□表示。

卷　一

1911 年　辛亥　一岁

4 月 19 日（农历三月廿一）午后 12 时 45 分①，陈梦家出生于南京，当时全家住在南京市汉中路的金陵神学②，父亲陈金镛（1869—1939）是金陵神学的提调③，即是金陵神学的中方负责人，"父亲是书院里最有权势的华人，且在壮年，不免为许多神学生所最畏惧的人了"④。母亲蔡灵恩（1879—1962），德清人，比陈金镛小十岁，"我母亲粗通文字，懂罗马拼音，极壮，有统治家

---

① 据陈梦熊整理《陈氏家谱》，陈梦熊口述、张九辰访问整理《我的水文地质之路——陈梦熊口述自传》，长沙：湖南教育出版社，2013 年，第 6 页。另据《陈金镛先生自传》，未刊稿，方继孝先生提供。

② 金陵神学，位于南京市汉中路，现址为南京医科大学。清宣统二年（1910），由美国南、北长老会的圣道书院、美以美会的圣道馆、基督会的圣经学校合并，定名为金陵神学。当时校址设于南京圣道书院内（今南京医科大学校址），美国传教士甘路得为首任校长。民国十九年（1930），金陵神学改称金陵神学院。1950 年，金陵女子神学院并入该院，院址由汉中路迁至大铜银巷 13 号原金陵女子神学院内。1952 年，改为金陵协和神学院。（《江苏省志·宗教志》，南京：江苏古籍出版社，2001 年，第 291—292 页）

③ 提调，其职位相当于院长。

④ 陈梦家：《青的一段》，《梦甲室存文》，北京：中华书局，2006 年，第 91 页。

务的才能"①。

　　陈梦家祖籍浙江上虞,祖居位于上虞县城百官镇小桃园的陈家道地。高祖父叫陈学元,曾祖父叫陈文宝。祖父陈玉兰是个魁梧高大的汉子,凭着家里一只木船,在曹娥江一带谋生。祖母是位基督教徒,一个寡笑严正的人。陈梦家的弟弟陈梦熊有文:"玉兰公在一次族里间打群架的斗殴事件中,不幸伤重不治而死,年方42岁。陈玉兰生前养育了两男两女。两男分别叫陈金镛和陈金铃,就是我们的父亲和叔父。"②"因为我们是入景教籍的人,宗祠不填我们的名字。"③

　　关于祖居的下落(变卖),陈梦家也有过描述:"(祖父)因为饮酒,到到临终时把所有祖传百官镇上小桃园的房屋卖掉。这里隐隐遗给我们一种强傲的特性,因为那座祖产的邻居,有个富户姓谷的,他欺负我家的衰落,把豆子一盘一盘晒在我们的空院上,我祖父为此生气一脚踢翻了,引起谷家发誓要收买我们的祖产,直到祖父临死时为债务胁迫才答应出卖。"④

　　陈金镛出生于浙江上虞县的百官镇,抗战期间卒于上海,字敏应。他幼年失怙,从小寄居在他自己的外婆家,得到机会进入教会学校读书并入了教。陈金镛宗教观的形成,他自己曾说过:"鄙人自七岁就曹娥镇教会小学读书,常听见我的外祖母对我说:你能学到你的先生做一个传道人,我愿已足。鄙人宗教观念的起点,即基于此。"⑤

────────────

①陈梦家:《青的一段》,《梦甲室存文》,第93页。

②陈梦熊:《〈中华布道史〉序》,转引自方继孝《失而复得的陈金镛著〈中华布道史〉》,未刊稿。

③陈梦家:《青的一段》,《梦甲室存文》,第91页。

④陈梦家:《青的一段》,《梦甲室存文》,第92页。

⑤陈金镛:《中国的宗教观自序》,《中国的宗教观》,上海:美华浸会书局,1939年,第1页。

　　陈金镛7岁就读于曹娥镇教会小学,经杜秉绅老先生介绍,11岁(1879)那年,他单身过钱塘江进教会学校杭州育英义塾读书①,接受新式的西方教育,而后陈金铃也到了育英义塾学习。除诵读圣经外,他们还学习了天文、地理、格致、数学等。陈金镛19岁毕业后因为年小体弱又住了一年,之后做过几年传教的职务,"曾先后在杭州延定巷、德清新市镇、武康上柏镇等地的小学担任教席,生活动荡不定,十分清苦"②。大约25岁那年,陈金镛在上柏镇遇到一位老牧师蔡礼英,蔡牧师将次女蔡灵恩许配给了他。接着,陈金镛应宁波江北岸崇信书院和崇德女校之聘,迁居宁波,开始建立家庭生活。

　　陈金镛夫妇俩住在宁波有十三年,陈金镛任宁波崇信书院③教习与崇德女校④校长。"我父亲当教习与女校校长都以严明闻……他的通时识务为当时一般人所不及。"⑤

　　十三年中生下了陈梦家的四个姐姐,分别是陈秋光、陈调盐、陈郁磐、陈冕珠,出生于1906年的陈梦杰也是在宁波出生的。由于陈金镛的识见,陈梦家的姐姐们都免受了缠足的痛苦,先后被送到教会学校苏州景海女子师范学校⑥学习,受到正规

---

①杭州育英义塾,其前身就是美国长老会于1845年在宁波创立的崇信义塾,1867年迁入杭州改称杭州育英义塾,后义几度更名:育英书院(1897)——之江学堂(1911)——之江大学(1914),1949年后并入浙江大学,地点在今天的浙江大学之江校区。
②陈梦熊:《〈中华布道史〉序》,转引自方继孝《失而复得的陈金镛著〈中华布道史〉》。
③1881年在原崇信义塾旧址创办。
④1857年创办。
⑤陈梦家:《青的一段》,《梦甲室存文》,第93页。
⑥原为美国基督教监理公会女传教士海淑德于光绪二十八年(1902)在苏州天赐庄创办的景海女塾,民国六年(1917)改为景海女子师范学校。校名"景海"为纪念海淑德而取,意为景仰海淑德。

的教育,并且都学了钢琴。

　　清光绪三十年(1904),美国南、北长老会共同在南京创办金陵圣道书院,1906年正式开学。院长甘路得函聘陈金镛任教,于是陈金镛就圣道书院半教半读,并且成了这个书院的创办者之一,全家搬到南京,"鄙人于1906年冬,承长老会金陵圣道书院董事部之聘请,来任教席"①。当时上海的商务印书馆是由陈金镛的几个同窗发起创办的,竭力要他去,而陈金镛立志献身他的信仰,前往南京。1908年,陈金镛毕业留校,成为正式教师。司徒雷登也在金陵圣道书院任教,两人成了朋友,有过合作,上海广学会于1910年9月初版的《圣教布道近史》由司徒雷登口述、陈金镛执笔。

　　1910年,由美国长老会的圣道书院、卫理公会的圣道馆、基督会的圣经学校合并成立金陵神学,校址设在金陵圣道书院内。

　　金陵神学位于当时的南京西城,神学院的墙外是五台山,朝西有座庙。他们家在校门附近,上去一个斜坡,一个大草坪,上坡三座大洋楼。沿坡尚有两座西教习的住宅,有藤萝爬在楼台上,永年发青。

　　1914年2月,金陵神学创刊《神学志》,为季刊,陈金镛主编,专以发扬教义、指导牧师为宗旨。

　　1919年,由于金陵神学内部的人事纠纷,全家迁往上海,陈金镛任上海广学会书局《明灯》杂志主编。陈金镛还先后出版有《余之生活观》(1926)、《雅各书之研究》(1926)、《讲范》(1927)、《中国的宗教观》(1939)等著作。

　　南京和上海时期,陈金镛夫妇又先后生下五女、次子陈梦士、三子陈梦家、六女陈余妍、四子陈梦熊、七女陈智灯、五子陈

――――――――
①《神学志》1919年11月第5卷第4期,转引自严锡禹《金陵神学院第一位中国籍教员——陈金镛先生(上)》,《陕西基督教》2014年第4期。

梦黑。五女伴着她终身不治的夜遗症长大，没能活过 14 岁。陈余妍在 5 岁时被疯狗所咬，死于狂犬病。陈家除陈梦家外的其他几个子女的情况：

长女陈秋光（1895—1971）①，在景海女子师范学校毕业后留校当了教员，后来又当了教务主任，因为要照顾孩子和父母一家而辞职，她的丈夫杨益慧是陈金镛的学生，毕业后在上海基督教青年会工作②。

次女陈调盐（1897—1940），17 岁开始自食其力，以教钢琴谋生，独身，四十多岁因肺病离世。

三女陈郇磐（1901—1976），毕业后在南京高等师范学校③实验学校当音乐教员，抚养了陈梦家及其以下的四个弟妹，曾赴法留学，在巴黎结识了学者金树章，后来两人结婚。

四女陈冕珠（1903—2002），在苏州景海师范学校留校任音乐教员，后来成为陈梦家夫人的赵萝蕤④就是她的学生。她的丈夫刘仁政（1904—1987），是位思想进步的民族资本家，在北京和上海都开设了公司，在上海开设了正德兴进出口公司，主要从事出口贸易。新中国成立后，陈冕珠夫妇去了香港，曾多次回内地。

长子陈梦杰（1906—1988），毕业于苏州东吴大学，在上海开

---

①陈梦家各兄弟姐妹的生卒年份来自《陈氏家谱》，《我的水文地质之路——陈梦熊口述自传》，第 6 页。

②陈梦家各兄弟姐妹的简历主要来自《陈氏家谱》，《我的水文地质之路——陈梦熊口述自传》，第 6 页。还有一些来自陈梦家自传文《青的一段》。

③后来南京高等师范学校几度更名，有国立东南大学、国立第四中山大学、国立江苏大学、国立中央大学等。

④赵萝蕤（1912.5.9—1998.1.1），浙江德清人，陈梦家夫人，翻译家、英美文学研究专家，1949 年后曾在燕京大学、北京大学任教，著有《我的读书生涯》《读书生活散札》，译有《荒原》《草叶集》等。

设美大进出口行,做进出口生意,大约 1950 年代中期全家去了香港。

次子陈梦士(1909—1990),中央大学毕业后在广东林厅工作,1943 年前后转到香港经商,开过中亚药房,后改做珠宝生意。

四子陈梦熊(1917—2012),地质学家、中国科学院院士。西南联大毕业后到了位于重庆的中央地质调查所工作,1952 年地质部成立后,陈梦熊被分配到地质部工作,全家从南京迁到北京。夫人沙频之(1922—1984),是书法家沙孟海的次女,育有两子,分别是陈思行、陈泽行。

七女陈智灯(1920—2000),景海女子师范学校毕业后在南京鼓楼附近的幼稚园工作,她的丈夫官知义是陈梦熊西南联大的同学。

五子陈梦罴(1922—1952),他的工作一直不稳定,当陈冕珠一家去香港时,刘仁政把在上海经营的公司交给陈梦罴。陈梦罴在"三反"运动中被作为有贪污行为的"大老虎"抓了起来,在一次批斗时,突发脑出血而过早地去世。

据说陈梦家出生时,他母亲梦见一大群猪。据赵珩回忆:

> 我印象最深的是有次在院中玩耍,陈梦家伯伯忽然向我招招手,让我跑到他身边。他突然对我说:"你知道我为什么叫陈梦家?"我摇摇头说不知道。他继续说:"我娘生我的头天晚上做了一个梦,看见一大群猪。猪是什么?猪在古时候也叫做豕,我总不能叫梦猪吧?于是我娘就在豕的上面加了个宝盖,我就叫梦家了。"①

---

① 赵珩:《凌霄花下》,《旧时风物》,桂林:广西师范大学出版社,2009 年,第310 页。

婴孩时期的陈梦家受到了宗教洗礼，"当我是婴孩的时候一位老牧师为我施洗。我知道父亲一定私心切望我能继承他的职志"①。

10月，武昌起义爆发。下旬，南京城内戒严。此时，陈梦家出生才几个月，还在襁褓中，全家一度逃难到上海。那时辫子军把持城门，父亲和五岁的大哥一同装了假辫子，出南京城时受兵士阻难，正巧一个熟悉的外国教士骑马出城，因而得救。

1912 年　壬子　两岁

1月1日，中华民国成立，定都南京，孙中山就任中华民国临时大总统。不久，陈金镛一家回到南京，"在上海避难以待民国成立才又回南京"②。

1913 年　癸丑　三岁

童年时每个礼拜天到四根杆子礼拜堂③做礼拜，唱赞美诗。金陵神学附近两条街名字很怪，叫四根杆子和骡丝转湾。四根杆子在今天的莫愁路一带，具体来说，是南起侯家桥、北至石鼓路的一段路④，骡丝转湾的地名依旧还在，附近原有圣经学校。

> ……在情绪上我不少受了宗教的熏染，我爱自由平等与博爱，诚实与正直，这些好德性的养成，多少是宗教的影响。以至我如何喜爱文学，这个所受于幼时的力量极大，我怎样能省略不说呢？
>
> 我记得所学习的第一首赞美诗是一首极简单容易上口

①陈梦家：《青的一段》，《梦甲室存文》，第97页。
②陈梦家：《青的一段》，《梦甲室存文》，第95页。
③现基督教莫愁路教堂。
④据南京朋友赵步阳告知。

的孩童歌：

> "耶稣爱我我真知，
>
> 因为圣经告诉我……"

这个初初侵入婴孩的小心灵里的，是纯洁博大无比的仁爱，到现在当我再一次听到小孩歌唱时，一种温柔的心使我回到从前的童年，满身舒快，平和无杂念，我会闭目静思过去黄金光彩的一瞬，终至受感动而流泪。这首小小粗淡的圣诗仿佛是天堂里的声音，我不能忘记，也不敢轻易提到，这里的用心你们当可猜到的。

……

每个礼拜天，我们听见四根杆子大钟摇响，即时欢欣起来，换了干净衣服去了。在那儿有主日课专对孩童讲述圣经上的故事，这些含有喻义的故事，促成我对于文学的爱好。①

陈梦家的童年生活过得非常愉快：

我们的家是二层楼大洋房，有走廊，前面一个花园，石头围了一圈，南边并排冬青树，是儿时的游园。靠南一棵六朝松，时时有人偷进来烧香。这个地方是我和二哥小时消磨的乐园，永没有一个人来干涉我们，神学生待我们和气有礼貌，实在他们怕父亲办学严，一些校役自然奉承我们，而我们无知无虑在这小天堂里度了九年。

……我们摘数冬青树的一种紫子，为赌东道常常罚吃一种形似水仙花的苦草，这滋味我尝得不少。夏天那看门老邵的侄子会给我们捉知了玩，秋天爬上那一棵直立两丈高光杆的梧桐，坐在顶上叉枝上吃桐子；我们学习会爬光

---

①陈梦家：《青的一段》，《梦甲室存文》，第97—98页。

树,极迅速。①

8、9月间,张勋率辫子军攻占南京城。许多难民寄身到神学院,陈金镛尽全力保全数百难民的生命。"鉴于首次光复的平顺,故张勋据城所引起的二次光复,反而安居不逃了。谁知这次来得太厉害,许多难民寄身到神道院来,想借教会势力保安全。我父受了浙江的委托,办理收容赈款,在战争中奔走觅取数百人的口粮。这里看出他胆魄极大,因为缺米居然敢向军营商借。他极精明保全数百难民的生命,在他指挥下两个持枪的仆役曾一次击毙逾墙而入的散兵,维持极好的安宁。"②

南京二次光复成功,给陈梦家记忆最深的是,马路上满地红皮火药味的爆竹。

1914 年　甲寅　四岁

和二哥一同进入邻近教会办的某女校的幼稚园。躺在门房的老头,终年百病,有人进去一定要给个尊敬的称呼才放行。

1915 年　乙卯　五岁

和二哥到四根杆子礼拜堂附设的小学读书,他们戏称这是四根杆子的"育才大学"。"先生教诉我们地球是圆的,又说世界的创造乃由于万有主宰的上帝,这是定论,不许证明的。"③

每天上学,略为年长的厨子的儿子小许总来陪送,为他们背书包,雨天也背他们,彼此关系很好。母亲给兄弟俩一个铜元,作一日零用。但有一天,小跟班突遭厄运走了。之后,他们在花

①陈梦家:《青的一段》,《梦甲室存文》,第96—97页。
②陈梦家:《青的一段》,《梦甲室存文》第95页
③陈梦家:《青的一段》,《梦甲室存文》,第99页。

园里和园夫老丁的女儿做了朋友,常去弄花,找无花果吃,有几个神学生和他们关系很好,其中一个后来成了大姐夫。

"这时候家中很有秩序,清洁。晨晚有祈祷读经,每月请神学生茶谈……我母亲同时担任了孤儿院的事,自然许多零丁的孤儿得了很多恩惠。除此事外,我母从未做了家外服务任何的事业,那是许多待哺的儿群累了她的终身。"①

1918 年　戊午　八岁

四根杆子礼拜堂小学三年期满,和二哥转到干河沿②的金陵小学。母亲为兄弟俩制了黄制服。每日清晨翻过五台山去上学,放学总爱在山上玩。

10 月,徐世昌被选为民国大总统。礼拜堂墙上贴着徐世昌就大总统的布告,是陈梦家幼年印象深刻的事。

因被司徒雷登赠送的洋狗所咬,冬至前四日,妹妹余妍夭亡,年仅 5 岁,葬在清凉山墓地。同时被咬的还有大哥,两人一起被送到上海的医院医治了一个月,但小妹还是去世了。

1919 年　己未　九岁

1 月,司徒雷登离开南京,前往北京就任新组建的燕京大学的校长。

5 月,五四运动爆发。南京城内学生示威游行,陈金镛代表宗教团体参加,领导基督徒从事爱国运动,属于激烈的一个,还在省衙门前演说。这引起了外国校方的不满。再加上受到从前学生的排挤,不久,陈金镛离开金陵神学,带全家从久居十三年的南京迁往上海,担任基督教上海广学会刊物《明灯》的

---

① 陈梦家:《青的一段》,《梦甲室存文》,第 100 页。
② 位于南京广州路东端南侧,北门桥西面。

编辑。

告别了童年的花园，陈梦家对新居没有好印象："我们被带领到上海，初次见到的新地，只是嘈杂肮脏，夜里的电灯光遮没了我爱看的星子，那些幽静的乡气哪里去了？新居靠近一家大印刷厂，成天成夜大声闹，没有一天清静过。这就是大都市的精神，煤气与闹声。"①大印刷厂即是闸北天通庵路 190 号原商务印书馆印刷厂。

陈梦熊院士的二儿子陈泽行先生给笔者的信中提起这些地方：

> 1. 上海四川北路，横浜桥南北二百米左右。天通庵路北段。多伦路鸿德堂②教堂。以及原商务印书馆一带（原址不详，被日本人炸了。1907 年在上海闸北宝山路建成印刷总厂和编译所新址。1932 年"一·二八"淞沪抗战中，总务处、编译所、印刷总厂和东方图书馆等被日军焚毁）。以及"尚公小学③"（同时被炸，陈梦家曾在此上过学）。
>
> 2. 上海雁荡路元昌里，复兴公园，30 年代在此住过。
> 以上是我爷爷在那里居住工作过的地方。④

后来一家人在上海又迁居多次，"在人口密集的大城市上海，陈金镛带着一家人先从闸北宝兴西里搬到衡业里⑤，又相继搬到了北四川路、桃园新村和元昌里，后来虽然也住在离法国公园不远的华龙路元昌里的楼房，但毕竟院子里没有南京神学院

---

① 陈梦家：《青的一段》，《梦甲室存文》，第 109 页。
② 位于今虹口区多伦路 59 号，始建于 1925 年，1928 年 10 月落成，其建筑采用中国古典式。
③ 由张元济主持的商务印书馆开办，成立于 1907 年。
④ 陈泽行先生 2016 年 12 月 15 日致笔者邮件。
⑤ 应为恒业里。

那样美丽的大花园"①。

陈梦家和二哥就读于上海圣保罗小学②,二哥插了比陈梦家低的班次。在圣保罗小学,陈梦家最值得夸耀的是他考了这所高级小学一年级的第一名。

1920 年　庚申　十岁

春,和二哥陈梦士一起随三姐陈郇磐回南京,陈梦家在以后的十一年中就由三姐抚养成人。三姐家住在南京白下区四牌楼大石桥,即南京高等师范学校附属实验学校一带。陈梦家和二哥进入南京高等师范学校附属的小学读书。"果然入了一处极大极大容易迷路的学堂,小学附设在师范大学内,是一座古庙。姊姊在此教音乐。"③二哥读了一学期就留沪不来了。

1922 年　壬戌　十二岁

本年小学毕业入中学读书,就读的中学大约就是三姐任教的中学校,此时名为国立东南大学附属实验学校④。

1925 年　乙丑　十五岁

3 月 12 日,孙中山先生在北京逝世,各地举行追悼活动。在一个雨天的公园,陈梦家参加了南京举行的追悼会。"有一位戴

①李娟娟:《跋涉者的歌——陈梦熊传》,南京:江苏人民出版社,2015 年,第 7—8 页。
②陈梦家自传中的说法。圣保罗小学在闸北严家阁路附近。
③陈梦家:《青的一段》,《梦甲室存文》,第 111 页。
④笔者曾就陈梦家所读哪所中学事请教陈泽行先生,他在 2016 年 2 月 16 日回复笔者邮件说:"应该是中大实校。因为我父亲曾建议该校为陈梦家建一个纪念碑未果。不确定。"中大实校指的就是当时的国立东南大学附属实验学校。

银边眼镜的小四川人(他还是一个光头)站在台上给我们一篇长长激烈的演说,雨愈下愈下,他的嗓子也渐渐提高,每一个听众的脚在泥水里种了根,我们全淋湿了。"①小四川人号召台下的人和他站在一条战壕里,可是不久他自己也变了方向。还有一位无锡的朋友也参加了国民党,并且让陈梦家也参加,但是陈梦家看到他投机的色彩,并没有去参加。

1926 年　丙寅　十六岁

7 月,北伐战争正式打响。

陈梦家中学时与一些人组成小社团,其中各类人混杂相处,后来知道国民党人、共产党人等都有。他们出过十几期周报,陈梦家从那时起开始写诗写文章,并且和一位是共产党的湖南人交往,以致被人疑为"乱党",差点被学校开除。

　　不幸我在那时候(中学时代)竟给人认为一个拿新旗子的人,一个危险的小人。那原因是我们曾经集成一个小会社,各色的人都有,我们没有共同的旗子,只是"新"是每一个人的表记。我们出过十几期周报,可怜我那时候只为每星期应份分担一部印费害怕我的姊。我是从那时起开始写文章,并且和一般后来变成危险的人物交往。我们各个都怀了痛恨现制度的切心,其实我们只是被煽动,谁都没有切实了解现制度的实情。究竟是年青,但是年青的鲁莽还是可宝贵可爱的;理想的实现早已变了当时塑造的原形,对于这创造理想的心,是一般现实所基础的磐石。是那样小的年纪,我们自己背上大政治家的远忧,希望最刺激的声音,最鲜明的颜色。我所惋惜的,是那班同道的朋友,勇敢又真诚的,不

---

① 陈梦家:《十六年夏前后(一)》,转引自赵国忠《陈梦家的集外文》,《春明读书记》,广州:花城出版社,2011 年,第 125—126 页。

是在他们希望的制度内,却在骗局说明的时候灭亡了。

……

有一回,我被人疑为乱党的。那是在中学将要解体的那一年(民国十五年)……这学期的终了他们评定我应该开革,我不晓得可是为这原因。①

1927 年　丁卯　十七岁

春天,在南京的中学校里,陈梦家因发烧病倒,一个人昏睡在大楼上。由于战事,同学都没有来。白天,有一个斋夫来给他打一会儿水。隔壁住了一个小人,每次来,要在陈梦家床头挂着的一块"桥林大干"上用刀割下一片来吃,这才给他打水。等到晚上,连这人都不来了,这时,只在晚上出没的那位湖南人(共产党人)带一些水果来,为他洗身,并劝他病好后参加他们的集会、加入他们的组织。但是父亲催陈梦家回上海,姐姐要他离开南京,于是他回到上海的家里。

在上海,陈梦家做了父亲陈金镛的书记。每天早上他和父亲到基督教的编辑部广学会去,帮父亲做誊写、编辑广学会办的杂志《明灯》等工作。

3 月,北伐军一天天逼近上海。21 日,为推翻军阀统治,配合北伐进军,上海工人举行了第三次武装起义。上海工人在闸北一带最先和北洋军阀交战,22 日,北伐军进驻上海。陈梦家一位同学名吴光田,就在北伐进军的过程中被奉军砍死。

据陈梦家文章里写,起义工人总司令就住在他家所在的胡同里,佩着两支手枪带着四名护兵,每天坐马车到总司令部去。陈家的门口突然多了八名工人兵保卫。陈梦家看到斧头镰刀的

---

① 陈梦家:《十六年夏前后(一)》,转引自赵国忠《陈梦家的集外文》,《春明读书记》,第 126—128 页。

红旗子各处飘扬。

空场上常见到有人搭起桌子开市民大会。有一天,父亲要去看一个被钉死在电线杆上的警察,路过一处开市民大会的地方,因为牧师的身份被一群男女青年包围。那时的陈梦家很担心人家认出他是牧师的儿子,是该杀的,因为一位英文教授在一个大会上说,世界上最坏的是牧师的儿子。

4月,蒋介石发动"四·一二"政变之后开始清党,陈家门口的工人都不见了,红旗子被扯下,也不见有人开市民大会。当时形势逼人,禁止红颜色,有一些人被发现草帽里有一根红线都要杀头。

6月,陈梦家回到同样是白色恐怖的南京,各处又听到杀人的消息。陈梦家关心那位湖南人,去他的旧寓找他,后来得知他是共产党首领,将被处极刑。

> 我到南京正是六月的太阳烧人的时候,各处又听到杀人的消息,他们正在清理杂色的旗帜。我很关心那位湖南同志,人说革命军进城他成了要人了,但是我去他的旧寓找他时居停主人不许我提他的名字。"先生,你晓得这是要杀头的。"他说,"谁提到这位名字就是罪名,因为他是乱党。"我悄悄的出来,像是去到里面租房子似的,对门显赫的一处警察分驻所,我明白这意思。就在不久,我去参加某一处要人的演讲大会,在旁人看的报纸上,我发现大大几个黑字:"某人,共党首领,已拘获将处极刑。"我害怕了,好像我有罪一样,我确是犯了罪,一种该杀头的罪,因为他是我的朋友,他说过我们是精神的同志。幸好这时清理乱党的法子是搜查有没有红线或红书,绝不在人心上去搜查小红旗子的。我虽然没有任何旗子。怕这"害怕"会被人定为罪名的,所以我对自己说:"要说不认识这位精神的同志。"一些聪明人

居然用我的愚蠢法子得到官位。①

9月,在中学未拿到毕业证书的情况下考入国立第四中山大学法律系,这时闻一多正在第四中山大学任外文系主任,教英美诗、戏剧和散文。国立第四中山大学的前身可追溯到1902年创办的三江师范学堂,1906年改两江师范学堂,1911年辛亥革命后停办,1914年在原址创办南京高等师范学校,1921年更名国立东南大学,1927年更名国立第四中山大学,1928年又更名国立江苏大学,同年再更名国立中央大学。国立中央大学和金陵大学,后来成为南京大学的两个源头。

陈梦家住在一处名叫小营的地方,这是中央大学的男生宿舍,周围是一大片营地,小营304室是他诗文中经常出现的地名。他说:"我住在一个偌大的城市里——一个都会,近傍一块九十九里周围的营地,在平时,晚上躺在三层楼的床上,从窗口看出蓝天里的星子。抽一枝烟,在冥想一些空幻的事。"②

冬天,在大学隔壁的单牌楼③过家花园闻一多寓所第一次拜会闻一多。这是陈梦家眼里的闻一多:"他的身材宽阔而不很高,穿着深色的长袍,扎了裤脚,穿着一双北京的黑缎老头乐棉鞋。那时他还不到三十岁,厚厚的口唇,衬着一付玳瑁边的眼镜。他给人的印象是浓重而又和谒的。"④首先是因为新诗的关系,陈梦家成了闻一多喜爱的学生。

在这之前,陈梦家写了一些无格律的小诗,但都毁了。"十

---

①陈梦家:《十六年夏前后(二)》,转引自赵国忠《陈梦家的集外文》,《春明读书记》,第131—132页。

②陈梦家:《五月》,《梦甲室存文》,第84页。

③南京大学档案资料教师名册中闻一多名下住址为单牌楼三号。

④陈梦家:《艺术家的闻一多先生》,1956年11月17日《文汇报》。

六岁以前,我私自写下一些完全无格式的小诗,又私自毁了。十七岁起,我开始以格律束缚自己,从此我所写的全可以用线来比量它们的长短。"①

1928 年　戊辰　十八岁

1 月 14 日,诗《可怜虫》载上海《时事新报·文艺周刊》第 18 期,署名陈漫哉。这是目前发现的陈梦家最早发表的诗。

3 月 10 日,新月派的《新月》杂志在上海创刊。

4 月 5 日,作诗《复成桥》,落款写"戊辰清明作于白下梦庐"。

本日,诗《一个邻居的弗兰克林》载南京《京报副刊·文艺思潮》"新诗专号"第 2 号,署名陈漫哉,落款写"戊辰之春临行白下时作于梦庐"。

4 月 11 日,诗《痛歌:悼一一二二惨案死者》和《复成桥》载南京《京报副刊·文艺思潮》"新诗专号"第 4 号,署名陈漫哉。

4 月 20 日,作《街区自治》,落款写"十七年四月二十日作于白下梦庐"。

4 月 25 日,《街区自治》载南京《京报副刊》第 4 种《建设专刊》第 3 号,署名陈漫哉。

5 月 12 日,诗《夜闻》载《国难》第 4 期,署名陈漫哉,诗前有一小序:"五月三日,日本水兵在济南用枪炮击毙我方官兵千余人;是日夜,天阴惨无色,似闻鬼鸣,因作此诗。"署名陈漫哉。《国难》由国立中央大学反日救国运动大会编辑。

夏秋,闻一多离开中央大学前往武汉大学任教,但是与陈梦家师生之间的情谊并没有因此结束。

---

① 陈梦家:《〈梦家存诗〉自序》,《梦家诗集》,北京:中华书局,2006 年,第 221 页。

1929 年　己巳　十九岁

1 月,于南京鸡鸣寺大悲楼阁,作诗《一朵野花》。

1 月底,于上海,作诗《北风里示众的窃贼》。

3 月 10 日,诗《北风里示众的窃贼》载《人间》月刊 1929 年第 3 期。

4 月 13 日,诗《闻济南惨案之夜》载《清华周刊》第 31 卷第 456 号,是对《夜闻》有较大改动的作品,署名陈漫哉。

5 月,经历了一次恋爱。关于这次的恋爱,陈梦家在他的诗文中有过几次隐晦的表示,写于 1930 年 5 月的《五月》一文中有这样的话:"现在我是一个人了,我记得清楚在去年的五月,这五月的园子里,我是曾经触破我的手摘过一朵花给一个人的,她是走了。看到花比去年长得更好,露水又新鲜的,虽然有点子凄凉,但不曾落泪。"①

在 1930 年 8 月给方令孺的信中,陈梦家也说起过这次恋爱:

> 《露水的早晨》是一个春晨,露水挂满小园的冬青树上,我一个人走在那儿,看见白绣球树下坐着一个女人——那人我记起,曾经在深夜我一个人徘徊在这寂寞的小园中时,听见过她的情话,她的笑,我好伤心。②

这次恋爱的结果表现在诗中,就是创作于 1930 年 4 月底的《露水的早晨》一诗。

6 月 5 日夜,于京门平舍,创作《某女人的梦》。

方玮德于 1928 年 9 月考入中央大学外文系,攻读英国文

①陈梦家:《五月》,《梦甲室存文》,第 86 页。
②陈梦家:《你披了文黛的衣裳还能同彼得飞》第二部第五函,《梦甲室存文》,第 40 页。

学。约1929年下半年,陈梦家和方玮德相识,结为诗友。

9月6日,白天,于上海天通庵家里初次尝试翻译,翻译了《东方古国的圣诗》第一篇和第三篇,这天晚上又接着翻译了第四篇。

9月,徐志摩兼任中央大学外文系教授,讲授欧美诗歌,每周来中央大学讲课两次,徐志摩由此认识方玮德和陈梦家。

10月20日晚,于南京中央大学,创作《一夜之梦》。

10月,诗《那一晚》载本月出版的《新月》第2卷第8号,这是陈梦家首次在《新月》杂志上发表的诗,用的是陈梦家的本名。同一期上,还有陆垚的《给阿梦的诗》和绿莎的《赠别阿梦》,疑似写给陈梦家的。

11月,诗《一朵野花》《为了你》《你尽管》《迟疑》载《新月》第2卷第9号,四首诗都署名陈漫哉。

12月2日,于中央大学,作散文《到音乐会去》。

12月6日,散文《到音乐会去》载《中央日报》,署名陈漫哉。

12月18日雪夜,于中央大学小营,创作小说《七重封印的梦》。

《东方古国的圣诗》三首载上海《明灯》1929年第151—152期合刊。

大约因为翻译宗教诗起了兴趣,陈梦家还设想将《圣经》中的《雅歌》(后名为《歌中之歌》)翻译出来,但这个计划一直到1931年秋才开始,后因事停下,正式完成是在1932年春天的青岛。

1930年 庚午 二十岁

1月10日,《一夜之梦》载《新月》第2卷第11期。

1月16日,诗《栖霞山绯红的枫叶》、散文《狱》和小说《某女人的梦》、诗论《诗的装饰和灵魂》、文论《文艺与演艺》载《国立中央大学半月刊》第 1 卷第 7 期。

关于《诗的装饰和灵魂》一文，有评论家认为："摆正了作品内容与形式的关系，使时人的眼光从注重新诗的形式上拉回到对诗感诗味的关注，而且以是否很好地完成诗歌内容的表达来鉴别诗形的优劣。将诗的内容置于形式之上，这不能不是陈梦家的一大贡献。"①

早春时节，南京一夜鹅毛大雪，就在这一雪夜，大石桥下土地庙里冻死了一个乞丐，陈梦家为他作诗《丧歌》。

3 月 20 日晨，于小营 304 宿舍，作诗《露天的舞踊》。

3 月 29 日，黄花节那天，于南京大石桥，作诗《寄万里洞的亲人》。

4 月底，于南京，作诗《答志摩先生》。又于某庵作诗《露水的早晨》，后收入《梦家诗集》时改名《露之晨》。

春天（4 月底或 5 月初），夕阳下的玄武湖上，方令孺遇见了正走在一起的方玮德和陈梦家。就这样，因为方玮德的关系，方令孺和陈梦家相识。方令孺是 1928 年夏从美国留学回到南京的。

5 月初，初夏，南京的天已经很热了，方玮德生病住院。

5 月 6 日，方令孺复信陈梦家，回想了他们玄武湖上初次的见面，并表达了对陈梦家《一夜之梦》的喜爱之情。

5 月 10 日，诗《自己的歌》载《日出》第 1 卷第 1 期。

5 月 17 日，雨夜，于南京小营北，创作散文《五月》："日子是这样不小心地被糟蹋了，我反而常常烦恼。想到自己堕落在不可自救的火焰中，总望掉下一行眼泪来赎罪。心是变硬的，无论是清夜，细雨或是夜鸟多么凄凉，我是长久不哭了。性情在年岁

①吴家荣：《论陈梦家诗歌理论的历史地位》，《安徽大学学报》（哲学社会科学版）1997 年第 1 期。

上变成异于往日的古怪,我常常拒绝一切交游,而孤独地活着。"①

常任侠于1928年作为特别生进入中央大学,大约1930年上半年,陈梦家通过宗白华结识了常任侠。

6月,诗《露水的早晨》《答志摩先生》《寄万里洞的亲人》、散文《五月》载《新月》第2卷第12期。这期杂志出版时,写的日期是"民国十九年二月十日",实际上推迟出版了。

6月底,陈梦家因父亲重病回到上海。"父亲那时用尽心力编辑神学杂志,这杂志是在教会内享有盛名的,于是他每晚极迟的睡,因失眠而得了严重的肝病几至于死。"②

7月1日晨,在天通庵的家里,陈梦家致信方令孺并方玮德。

7月3日,陈梦家又致信方玮德。从回到家后一直在下雨。

约从7月8起,陈梦家陪同病重的父亲在杭州一个乡下荒山里度过五天五夜。据说这个小山村就在莫干山的德清县武康镇上柏村,陈金镛早年工作的地方③。

大约此时,方玮德因割治副丸炎再次住院,住在南京城南医院。7月13日,于杭州城站火车站,陈梦家致信方令孺,并要求念给病中的玮德听,他在信中讲述五天五夜山中的情况:"我从杭州一个荒山里正好要回上海。住得太闷,要死,五日五夜只是向天发愁,那里太荒凉,没有声息。早上,一点新的气象流来,上帝,我笑了。先是一种预感,在晚上我顶害怕,帐子掉下了几回。正好一辆汽车停在这蜿蜒的山道上,我哥和姊夫来了,我们赶紧收拾起东西,催促年老气喘的父亲回上海。可是他,太酷爱这荒村,不满十家人,他自己偏要受苦,这是命。病得太凶,我一个人

---

①陈梦家:《五月》,《梦甲室存文》,第84—85页。
②陈梦家:《青的一段》,《梦甲室存文》,第100页。
③据陈泽行先生2019年4月对笔者讲述。

守着他,整天整天的怕,没法。可好,我们要回上海,热闹,你想不想荒凉? 你的信就在那一会转来了。"①

7月14日,在上海天通庵的家里看到方玮德病中写来的信,给他回信,再次忆起乡下五天五夜的情景。

7月30日,方令孺有信致陈梦家,说近一个月来常常读陈梦家的信,淡忘了眼前的烦恼,且又回想玄武湖上相识的情形。

8月初,陈梦家回过南京,很快又回到上海。父亲的病好了。

8月5日,方令孺有信致陈梦家,说:"你走了后我们觉得一种陡然的空漠!"②

约8月7日,作诗《歌九首》,收入《梦家诗集》时改名《歌》。

8月8日,方令孺有信致陈梦家。这一天一早,方令孺收到陈梦家的快信,似乎要方令孺立刻到上海,但她有苦闷的事走不开。

8月11日,方令孺有信致陈梦家。

约此时,陈梦家于上海作诗《星》。

约8月中旬,陈梦家一家从天通庵搬到了沪西一个名叫桃源村的地方。

8月23日,方令孺有信致陈梦家。她不怕厌烦地告诉陈梦家她生活中的一些事。认识了诗人陈梦家,并与他不断地通信,唤起了方令孺对文学的那份热爱。

8月25日,在上海桃源村的家里,陈梦家收到方令孺九页的长信,拆信的时候,"大风里吹过一路琵琶",在给方令孺的复信中,信前先写下诗《琵琶》。后来《梦家诗集》也收了一首《琵

---

① 《你披了文黛的衣裳还能同彼得飞》第二部第三函,《梦甲室存文》,第 37—38 页。

② 《你披了文黛的衣裳还能同彼得飞》第一部第二函,《梦甲室存文》,第 32 页。

琶》,上半首有相近的句子。在这封信中,陈梦家还隐约地谈起1929 年 5 月结束的那次恋爱。并且计划近日回南京①。

8 月 28 日、29 日,陈梦家致信方令孺、方玮德,计划坐 9 月 1 日的早车回南京。并且对方令孺说:

> 那晚上,我们可以再见了。
>
> 那么你再有什么要说,你统统在那黑夜里倒出来。②

约 8 月 30 日,在沪西桃源村家中,陈梦家抄下他和方令孺的往返书信,并写下序文,结成以《信》为题的一组文字。父亲病重在杭州荒山的日子因为记忆深刻而再次被提及:"杭州一个乡下荒山里我度过五夜,那是再怕也没有,一座大屋子里除了父亲的呻吟以外,我疑心鬼。那里日夜吹不进一口风,草永日不动一下,就看黄昏的云霞一朵一朵在山头变,等黑夜一到什么鬼怪都在你心上跳,变成梦。偏偏上帝的祝福在人预料之外。父亲躺在北站一条长椅上那一副土色的脸使我不再忘记……"③

8 月 31 日,于上海桃源村,作诗《都市的颂歌》。

9 月初,陈梦家回到南京,方玮德康复出院。约上旬,徐志摩应约来到方令孺家。一个傍晚时分,陈梦家、方玮德还有一个"聪明的女孩子",都在方令孺家等徐志摩。一会儿,徐志摩来了。大家一起登园后的高台,志摩与方家的老仆谈一座古桥的历史。晚上,志摩斜靠着沙发,讲他两年前在印度的故事。这些

---

①《你披了文黛的衣裳还能同彼得飞》第二部第五函,《梦甲室存文》,第39 页。

②《你披了文黛的衣裳还能同彼得飞》第二部第七函,《梦甲室存文》,第43 页。

③这里需要说明一下的是,《梦甲室存文》中将陈梦家的这段序文排在小说《不开花的春天》的正文前,属误排,应移到《你披了文黛的衣裳还能同彼得飞》正文前。参见《新月》第 3 卷第 3 期《信》。

回忆,后来方令孺写在悼文《志摩是人人人的朋友》中。

另有一次,徐志摩、方令孺、陈梦家、方玮德等人一起游园,还相约骑驴上栖霞山看枫叶,可惜后来因为志摩有事在上海耽搁,栖霞山没去成。

因为这些人——徐志摩、陈梦家、宗白华、田津生等人的出入,娃娃桥方令孺家及文德里方玮德的住处,渐渐形成了一个小文会组织,陈梦家在《〈玮德诗文集〉跋》里说:"写这一卷诗时(十八年至二十年)我们都在南京读书,其时志摩先生每礼拜来中大讲两次课,常可见到;玮德的九姑令孺女士和表兄宗白华先生也在南京,还有亡友六合田津生兄。我们几个算是个小文会,各人写诗兴致正浓,写了不少诗。"①

陈梦家、方令孺和方玮德还设想办一份《诗刊》,不久,陈梦家到上海和徐志摩商量《诗刊》事宜,徐志摩很欣喜。陈梦家回忆:"十九年的秋天我带了令孺九姑和玮德的愿望,到上海告诉他(指徐志摩)我们再想办一个《诗刊》。他乐极了,马上发信去四处收稿;他自己,在沪宁路来回的颠簸中,也写成了一首长叙事诗——《爱的灵感》。"②

9月21日,国立青岛大学正式成立并开学,方令孺来到国立青岛大学担任国文系讲师。

这年秋冬,徐志摩辞去了上海和南京的职务,应胡适之邀,任北京大学教授,兼北京女子师范大学教授。

约10月,诗《歌九首》载《新月》第3卷第2期。这期杂志出版时,写的日期是"民国十九年四月十日",实际上推迟出版了。

11月,到江苏江阴作短暂的旅游,登了君山,游了适园及刘伶巷的怡园等,11月12日晨,于江阴作诗《秋旅》。因为有南京

---

① 陈梦家:《〈玮德诗文集〉跋》,《梦甲室存文》,第155页。
② 陈梦家:《纪念志摩》,《梦甲室存文》,第141页。

恋人的牵挂,又匆匆回到南京。

11 月 14 日夜,于南京,作诗《雁子》。

11 月 21 日夜,于南京小营 304 宿舍,创作长诗《悔与回——献给玮德》。

11 月 23 日,为回应陈梦家,方玮德创作同题长诗《悔与回——献给梦家》

11 月 25 日夜半,于南京小营 304 宿舍,作诗《再看见你》。

本年秋,陈梦家又有过一次恋爱,这次恋爱给他带来感情上的纠葛,也在某种程度上影响了他和方玮德之间的友情。蓝棣之教授这样分析:

> 从《秋旅》《再看见你》《悔与回》三首诗里可以见出一个爱情故事……这一段感情过程,按时间顺序来说依次是江阴秋旅,悔恨,最后是"再看见你"。然而我们现在看到的在诗集里的顺序,是《悔与回》一诗,虽写在前,却放到后面去了。这大概是在编集子时,情况又有了变化,诗人想表明他最终又回到了悔恨交加的处境。总之,青春期是躁动而不平静的,爱情故事也起伏无定,然而一旦写成了诗,文本就仿佛是永恒的了,而在诗人,这一切早就过去了。①

据说,赵萝蕤晚年时,有人曾问她,陈梦家的情诗是不是写给她的,赵萝蕤说是写给孙多慈的。郑重曾经拜访过晚年的赵萝蕤,在他的文章里,也说到陈梦家和孙多慈的恋爱:

> 他那充满青春朝气的生命,载着勃发的诗兴,写下了《秦淮河的鬼哭》《炮车》《古战场的夜》等富有现实意义的诗篇,同时他也写优美抒情的爱情诗篇,在诗中表达了他爱

---

① 蓝棣之:《〈梦家诗集〉前言》,《梦家诗集》,北京:中华书局,2006 年,第 4—5 页。

的纯真,爱的真诚,爱的苦恼,爱的死去活来,这时他和孙多
慈相爱,向孙多慈献上爱的诗篇。①

据方玮德同父异母的妹妹方徨亲口告诉笔者,她大哥方玮
德也曾恋过孙多慈。1934 年 8 月 19 日《东南日报》上发的一则
消息《陈梦家方玮德复和》说,陈梦家和方玮德同时追求一位女
同学,因此不和,后来女同学与他人订婚,于是彼此释然。

11 月,《梦家诗集》就要出版了,陈梦家于中央大学小营 304
写下《〈梦家诗集〉序诗》。这首序诗在再版时删掉了,在后来的
版本中也不再见到。全诗如下:

> 我走遍栖霞/只看见一片枫叶;/从青天摘下/一条世界
> 的定律。//尽管有我们/自己梦想的世界;/但总要安分,/
> "自然"是真的主宰。//人生是条路,/没有例外,没有
> 变——/无穷的长途/总有完了的一天。②

12 月初,陈梦家和方玮德的同题诗《悔与回》由诗刊社出
版,由徐志摩题签,书名《悔与回》之上,还有一行字写"梦家玮德
诗两首"。这本册子,曾经送给过赵景深,扉页上题词:"景深先
生存政　作者。"③

12 月 10 日,在青岛的闻一多写信告诉朱湘、饶孟侃《悔与
回》出版的事,并且高度评价他的两个学生:

> 陈梦家、方玮德的近作,也使我欣欢鼓舞。梦家是我的
> 发现,不成问题。玮德原来也是我的学生,最近才知道。这
> 两人不足使我自豪吗? 便拿《新月》最近发表的几篇讲,我

---

①郑重:《陈梦家:物我合一的收藏境界》,《海上收藏世家》,上海:上海书
　店出版社,2003 年,第 358 页。
②《梦家诗集》,上海:新月书店,1931 年,第 1—2 页。
③于润琦编著:《唐弢藏书》,北京:北京出版社,2005 年,第 126 页。

的门徒恐怕已经成了我的劲敌,我的畏友。我捏着一把汗自夸。还问什么新诗的前途?这两人不是极明显的,具体的证明吗?

……

仿佛又热闹起来了。梦家、玮德合著的《悔与回》已由诗刊社出版了。大约等我这篇寄到,正式的诗刊就可以付印。①

闻一多还要来陈梦家和方玮德的照片,从此他的案头上,多了两位年轻诗人的身影。

12月14日夜,于中央大学小营,作诗《只是轻烟》。

12月29日,闻一多致信陈梦家,继续称赞《悔与回》,即是后来的《论〈悔与回〉》:

梦家:

在自己做不出诗来的时候,几乎觉得没有资格和人谈诗。诗如今做出了(已寄给志摩先生了),资格恢复了,信当然也可以写。《悔与回》自然是本年诗坛最可纪念的一件事。我曾经给志摩写信说:我在捏着把汗夸奖你们——我的两个学生,因为我知道自己决写不出那样惊心动魄的诗来,即使有了你们那哀艳凄馨的材料。有几处小地方,却有商酌的余地。(一)不用标点,不敢赞同。诗不能没有节奏。标点的用处,不但界划句读,并且能标明节奏(在中国文字里尤其如此),要标点的理由如此,不要它的理由,我却想不出。(二)"生殖器的暴动"一类的句子,不是表现怨毒、愤嫉时必需的字句。你可以换上一套字样,而表现力能比这增加十倍。不信,拿志摩的《罪与罚》再读读看。玮德

_____

① 《闻一多书信选集》,北京:人民文学出版社,1986年,第224—225页。

的文字比梦家来得更明澈,是他的长处,但明澈则可,赤裸却要不得。这理由又极明显。赤裸了便无暗示之可言,而诗的文字(都)〔哪〕能丢掉暗示性呢?我并非绅士派,"苍蝇似的思想垃圾桶里爬",我也有顾不到体面的时候,但碰到"梅毒""生殖器"一类的字句,我却不敢下手。(三)长篇的"无韵体"式的诗,每行字数似应多点,才称得住。(四)句子似应稍整齐点,不必呆板的限定字数,但各行相差也不应太远,因为那样才显得有分量些。以上两点是我个人的见解,或许是偏见。我是受过绘画的训练的,诗的外表的形式,我总忘不记。既是直觉的意见,所以说不出什么具体的理由来,也没有人能驳倒我。(五)我认为长篇的结构,应拿乎玮德他们府上那一派的古文来做模范。谋篇布局应该合乎一种法度,转折处尤其要紧——索性腐败一气——要有悬崖勒马的神气与力量。再翻开《古文辞类纂》来体帖一回,你定可以发现其间艺术的精妙。照你们这两首看来,再往下写三十行五十行,未尝不可,或少写十行二十行,恐怕也无大关系。艺术的 finality 在那里?

讲的诚然都是小地方,但如今没有人肯讲、敢讲。我对于你们既不肯存一分虚伪,也不必避什么嫌疑,拉杂的写了许多,许也有可采的地方。

玮德原来也在中大,并且我在那里的时候,曾经与我有过一度小小的交涉。若不是令孺给我提醒,几乎全忘掉了。可是一个泛泛的学生,在他没写出《悔与回》之前,我有记得他的义务吗?写过那样一首诗以后,即使我们毫无关系,我也无妨附会说他是我的学生,以增加我的光荣。我曾经托令孺向玮德要张相片来,为的是想借以刷去记忆上的灰尘,使他在我心上的印象再显明起来。这目的马上达到了,因为凑巧她手边有他一张照片——我无法形容我当时的愉

快！现在我要《悔与回》的两位诗人,时时在我案头,与我晤对,你们可能满足我这点痴情吗?祝

二位康健!

闻一多 十二月廿九日①

约12月,创作自传体小说《不开花的春天》。《不开花的春天》在《自序》之后是《叙诗》,《叙诗》之后,分为《信》(上)、《信》(下)两部分。

1931 年 辛未 二十一岁

1月,陈梦家第一部诗集《梦家诗集》,由新月书店初版,徐志摩题签,印一千册。诗集共四卷,收入作者 1929 年到 1930 年的诗作四十首,另加序诗一首。序诗之后目次为:

第一卷:《一朵野花》《自己的歌》《有一天》《迟疑》《你尽管》《为了你》《那一晚》《叛誓》《心事》《夜》《露之晨》《歌》。

第二卷:《三月》《星》《一句话》《无题》《寄万里洞的亲人》《古先耶稣告诉人》《信心》《秦淮河的鬼哭》《葬歌》《丧歌》《马号》《炮车》《古战场的夜》《琵琶》《神威》《一幕悲剧》。

第三卷:《像一团磷火》《西行歌》《生命》《十月之夜》《你爱》《观音》《雁子》《红果》。

第四卷:《都市的颂歌》《秋旅》《再看见你》《悔与回》。

《梦家诗集》出版后,不少杂志发表了书评,连广东汕头一家不太知名的刊物《滨海文艺》都发表了专论,使陈梦家的诗名大噪。这部诗集被称为新诗寂寞里的火星②。

1月14日夜,于小营304宿舍,作诗《命运的谎》。

1月20日,《诗刊》季刊创刊。普遍认为《诗刊》的创刊,是

①《新月》第3卷第5、6期合刊,约1931年4月。
②《〈梦家诗集〉出版》(广告),《新月》月刊第3卷3号,1931年1月。

后期新月派形成标志。徐志摩还一再强调，《诗刊》缘于少数几个朋友的兴起，在《诗刊》创刊号的序语中他说："现在我们这少数朋友，隔了这五六年，重复感到'以诗会友'的兴趣，想再来一次集合的研求。"①在《诗刊》第二期的前言中又说："《诗刊》的印行本是少数朋友的兴会所引起；说实话我们当时竟连能否继续一点都未敢自信。"②这少数几个朋友，正是陈梦家、方玮德、方令孺等人。《诗刊》创刊号上，汇集了后期新月派的强大阵容，同时刊登了陈梦家诗《悔与回——献给玮德》、方玮德诗《悔与回——献给梦家》及陈梦家的另两首诗《雁子》《西歌行》。徐志摩评介《悔与回》："梦家与玮德的唱和是难能的一时的热情的奔放。"③在《诗刊》创刊号的序语，徐志摩还交代："本期稿件的征集是梦家、洵美、志摩的力量居多……校对梦家与萧克木君。"④道出了陈梦家在《诗刊》中所起的作用。

　　1月，陈梦家回了一次故里——上虞县百官镇，作诗《白马湖》，落款写"一月二日驿亭"。

　　1月下旬，为翻译莎士比亚戏剧事，胡适前往青岛接洽。1月24日，在去青岛的船上，胡适读起了《梦家诗集》，觉得其中的小诗不可多得，长诗也比较成功，接着写道："此君我未见过，但知道他很年青，有此大成绩，令人生大乐观。"⑤胡适在青岛，还特别向方令孺谈起陈梦家的诗，表达了他的欢喜。

　　约1、2月，方令孺和陈梦家的部分往来书信，以《信》为题发

①徐志摩：《〈诗刊〉序语》，韩石山编《徐志摩全集》，第3卷，天津：天津人民出版社，2005年，第367页。
②徐志摩：《〈诗刊〉前言》，《徐志摩全集》，第3卷，第373页。
③徐志摩：《〈诗刊〉序语》，《徐志摩全集》，第3卷，第368—369页。
④徐志摩：《〈诗刊〉序语》，《徐志摩全集》，第3卷，第368页。
⑤曹伯言整理：《胡适日记全编》第6卷，合肥：安徽教育出版社，2001年，第42页。

表在《新月》第 3 卷第 3 期上,在《信》的题目下,陈梦家写了简短的序文,正文用了《你披了文黛的衣裳还能同彼得飞》的题目。同一期上,还发表了陈梦家的诗《都市的颂歌》,同时还刊出了《梦家诗集》出版的广告。

2 月 3 日,于南京小营,作诗《供》。

2 月初,国立青岛大学放寒假,方令孺回到南京,向陈梦家转达了胡适的话。6 日,陈梦家致信胡适,希望得到胡适的批评:

适之先生:

令孺女士到南京,告诉我你教她转告我欢喜我的诗,我很惭愧,二十年过得太荒唐,平常少读书,所以后此想多多阅读中西的诗,觉到自己能力总不够。今天志摩先生有信来,提到你给他的信,我们同感到诗在今日又有复兴的光景,但自己也深觉应该更加振奋才好。关于我的诗,我盼望你能写一封信批评一下。前在上海,无缘晤教,不知以后可有机会见到。南京大雪,天冷,恕我写得草率。此请

文安

陈梦家上　二月六日①

2 月 8—9 日,与朋友游无锡走太湖山中。2 月 8 日,在太湖别墅,作诗《太湖之夜》。关于这次太湖之行,陈梦家在 2 月 18 日写成的《青的一段》中有所提及:“我已几次想着手写这篇传记了……我身体近来是糟蹋坏了,天气寒又伤风起来,况且正在我构思的时候,一件另外的事又给分了心,我有一次幸福的小旅行。因为这一夜美好的回忆,使我不安于缄默的过活。”②

2 月 9 日,胡适复信陈梦家,他在信中特别提到陈梦家的诗

①曹伯言整理:《胡适日记全编》第 6 卷,第 54—55 页。
②陈梦家:《青的一段》,《梦甲室存文》,第 91 页。

《一朵野花》，谓他和闻一多均极爱这一首，尤其是第二节。这就是后来发表在《新月》第 3 卷第 5—6 合期上的《评〈梦家诗集〉》。

梦家先生：

今日正在读你的诗，忽然接到你的信，高兴的很。

这一次我在船上读你的诗集和《诗刊》，深感觉新诗的发展很有希望，远非我们提倡新诗的人在十三四年前所能预料。我们当日深信这条路走得通，但不敢期望这条路意在短时期中走到。现在有了你们这一班新作家加入努力，我想新诗的成熟时期快到了。

你的诗集，错字太多，望你自己校一遍，印一张刊误表，附在印本内。

你要我批评你的诗集，我很想做，但我常笑我自己"提倡有心，实行无力"，故愿意赏玩朋友的成绩，而不配作批评的工作。自己做了逃兵，却批评别人打仗打的不好，那是很不应该的事。

我最喜欢《一朵野花》的第二节，一多也极爱这四行。这四行诗的意境和作风都是第一流的。你若朝这个方向去努力，努力求意境的高明，作风的不落凡琐，一定有绝好的成绩。

短诗之中，如《自己的歌》《迟疑》《你尽管》《那一晚》《夜》《露之晨》《信心》《马号》《雁子》，都是很可爱的诗。以风格论，《信心》最高，《雁子》也绝好。《雁子》的第三节稍嫌晦一点，其实删去末节也可以。此诗第六行，《诗刊》把"那片云"印作"那个云"，一字之差……不可放过如此！

《信心》的第六行：

年代和名称早记不清，

似不如作：

认不清了年代和名姓。

《葬歌》也很可喜。其第九行：

　　　　鸟莫须唱,清溪停了不流,

不如把"莫""不"二字换过来：

　　　　鸟不须唱,清溪停了莫流。

便都是命令语气了。又此诗的第十四行太弱,不甚相称,似也可修改。

你的诗里,有些句子的文法似有可议之处,如《无题》之第五行：

　　　　我把心口上的火压住灰,

　　　　奔驰的妄想堵一道堡垒。

你的本意是把火来压住灰吗? 还是要给心口上的火盖上灰呢? 又如《丧歌》第五行：

　　　　你走完穷困的世界里每一条路。

《自己的歌》第六节：

　　　　一天重一天——肩头,

这都是外国文法,能避去最好。《叛誓》的末二行也是外国文法。

你的诗有一种毛病可指摘,即是有时意义不很明白。例如《序诗》,我细看了,不懂得此诗何以是序诗? 更就诗中句子来看,栖霞的一片枫叶给你的一条定律怎么会是"没有例外没有变"? 你的明白流畅之处,使我深信你并不是缺乏达意的本领,只是偶然疏懒,不曾用气力求达意而已。我深信诗的意思与文字要能"深入浅出",入不嫌深,而出不嫌浅。凡不能浅出的,必是不曾深入的。

你的长诗,以《都市的颂歌》为最成功。以我的鄙见看来,近来的长诗,要算这篇诗最成功了。

《悔与回》里面有好句子,但我觉得这诗不如《都市的颂歌》。

《悔与回》不用标点,这是大错,留心这是开倒车,虽然也许有人说是学时髦。我船上无事,把这诗标点一遍,稍稍可读。但其中有许多地方,我的标点一定不能符合你诗中的原意。你想,你的读者之中有几个人肯去细细标点一首百行长诗?结果只是叫人不读或误读罢了。

我说不批评,不觉写了一千多字的批评,岂不可笑?写了就送给你看看。你有不服之处,尽管向一多、志摩去上诉。你若愿意发表此信,请送给《诗刊》或《新月》去发表。

你若寄一册《诗集》给我,我可以把我的校读标点本送给你,看看我标点校勘错了没有。

胡适。廿二·九夜。①

2月13日,陈梦家致信胡适,感谢胡适对《梦家诗集》的"热诚的精细的批评",信中详细地谈了诗集的情况,因为感觉错字太多等原因,希望胡适能帮忙让书店在最近期内重印一册校正本,也谈到新诗的前途,并且提议编一本《新月诗选》。

适之先生:

信收到了。先得感谢你热诚的精细的批评。本来,我不想这册初初印出来的诗有什么影响,你的来信,倒使我于惭愧之余,更思努力了。错字太多,实在因为印的时候太匆促,又在年底,而我也没有好好校正过,既是你已为我有更精详的校阅,费心把你那本校正过的诗集寄来,我已经在今晨另邮寄奉一册了。我盼望,你能否代我设法教书店在最近期内替我重印一册校正本②,就根据你所校正的,而另外我自己也有发觉不妥的,及其他友好的意见,详为更正,并

①《新月》第3卷第5、6期合刊,约1931年4月。
②由于胡适的帮助,《梦家诗集》于1931年7月再版,距初版仅半年时间。

想增删几首。那序诗，原先想不要的，印好了我无法，以后一定删掉它。至于该要删掉的几首，是二卷内末了的《琵琶》《神威》《一幕悲剧》等三首，也是早先通知书店删去而未删去的。因《琵琶》一首在技巧上尚未圆熟，其他二首皆十四行，实又未符商籁体的格式，最近写了一首短诗《白马湖》，一首二十四行的《供》，一首商籁体的《太湖之夜》，预备添补进去，不知你的意见如何？有没有要删去的地方？这些我麻烦你给我一个详细的指教。再因为书店省钱，没有多登广告，你可否能为我在北方介绍一下。至于重印的事，更希望向书店提到。

你所写来的信，一些我认为极好极对的意见以外，我有其他要说的：《雁子》那首末节删了很不好，因我的意思没有完，有了末节才是形式一首因物起兴的诗。"那个云"，改"片"字，声韵上要清亮，"个"字太沉浊，和白华谈过，决定"片"字好，你的意思也许如此。《无题》第五行，文法的倒置，志摩先生也说过，定好押韵无法改。《自己的歌》第六节，"一天重一天——肩头"，那个直引号好像记得是饶孟侃加上的，完全是想把声音拉长。其他文法不妥的地方，我很想避免。《悔与回》没有标点，有好些人不赞成，志摩、白华觉得这首似乎不要也可以，但于读者方面，却甚不方便了。《都市的颂歌》我自己并不满意，因为有思想而表现得不圆满，不深刻，这首我原想不存的。但同时说这首好的人也很多，许是我自己不知道自己的好。我觉得《江阴》那首诗倒很美，文法上的错是改过了。《悔与回》是完全靠气势存在的，感情的真率当是全诗集中唯一可纪念的。

新诗的前途看来也许有点子光明，我们极想再掀起一个诗的复兴的风潮。我提议，新月可以出一部《新月诗选》，即是把新月出版的诗集合订卖。

　　南京下了十天雪,今天更大,天冷到不能写字,我写信又潦草又糊涂,得请你原谅。盼望常常能给我信,有什么指教的地方,我愿意多多听到。这刻有人约到鸡鸣寺看雪去。信搁下不写了。祝

著安

梦家上

二月十三日①

　　2月上中旬,南京接连十天下雪,陈梦家受了风寒,但是在病中,于18日夜的中央大学宿舍,他最后完成了自传之一《青的一段》。

　　2月19日,闻一多致信陈梦家,这就是后来的《谈商籁体》:

梦家:

　　商籁体读到了,印象不大深,恐怕这初次的尝试,还不能算成功。这体裁是不容易做。十四行与韵脚的布置,是必需的,但非最重要的条件。关于商籁体裁早想写篇文章谈谈,老是忙,身边又没有这类的书,所以没法动手。大略的讲,有一个基本的原则非遵守不可,那便是在第八行的末尾,定规要一个停顿。最严格的商籁体,应以前八行为一段,后六行为一段;八行中又以每四行为一小段,六行中或以每三行为一小段,或以前四行为一小段,末二行为一小段。总计全篇的四小段,(我讲的依然是商籁体,不是八股!)第一段起,第二承,第三转,第四合。讲到这里,你自然明白为什么第八行尾上的标点应是"。"或与它相类的标点。"承"是连着"起"来的,但"转"却不能连着"承"走,否则转

___

① 耿云志主编:《胡适遗稿及秘藏书信》第35卷,合肥:黄山书社,1994年,第501—505页。

不过来了。大概"起""承"容易办,"转""合"最难,一篇的精神往往得靠一转一合。总之,一首理想的商籁体,应该是个三百六十度的圆形;最忌的是一条直线。你试拿这标准去绳量绳量你的《太湖之夜》,可不嫌直一点吗? 至于那第二行的"太湖……的波纹正流着泪"与第三行的"梅苞画上一道清眉",究竟费解。还有一点,十一、十四两行的韵,与一、四、五、八重复,没有这种办法。第一行与第十四行不但韵重,并且字重,更是这体裁所不许的。"无限的意义都写在太湖万顷的水"——这"水"字之下,如何少得一个"上"字或"里"字? 我说破以后,你能不哑然失笑吗? "耽心"的"耽"字,是"乐"的意思(《书经》:"惟耽乐之从"),从"目"的"虎视眈眈"的"眈",也不对。普通作"单心",也没有讲。应该是"担心",犹言"放不下心"。"担心"这两字多么生动、具体,富于暗示,丢掉这样的字不用,去用那无意义、无生气的"耽心",岂不可惜? 音节和格律的问题,始终没有人好好的讨论过。我又想提起这用字的问题来,又怕还是一场自讨没趣。总之这些话,深的人嫌它太浅,浅的人又嫌它太深,叫人不晓得如何开口。

一多。二月十九夜,青岛。①

2月23日夜,年初七,于南京小营,作诗《摇船夜歌》。

2月28日,诗《白马湖》《城上的星》及译诗《一个杀死的人》(哈代作)载《文艺月刊》第2卷第2期。

约2月,诗《再看见你》《只是轻烟》载《新月》第3卷第4期。这期杂志出版时,未注明出版日期,但杂志上出现《诗刊》创刊号目录,同时《梦家诗集》的广告再次出现:"这是一册最完美

①《新月》第3卷第5、6期合刊,约1931年4月。

的诗。其影响一方在确定新诗的生命,更启示了新诗转变的方向,树立诗的新风格。这集诗的特长,在形式与内容的谐和,是正如德国哲人斯勃朗格尔所说:最高的形式即是最圆满的表现。这诗集将是最近沉默期中的一道异彩,是一册不可忽略的新书。"①

3月13日夜,于南京蓝家庄三姐家,作诗《女人,摩西的杖》。

3月22日夜,作诗《铁路上》。

4月20日,诗《摇船夜歌》《太湖之夜》《女人,摩西的杖》载《诗刊》第2期。

4月,小说《某夕》载《东方杂志》第28卷第7期。

约4月,《新月》第3卷第5、6合期出版。本期《新月》开设"讨论"一栏,刊发三篇通信——闻一多《论〈悔与回〉》、胡适《评〈梦家诗集〉》、闻一多《谈商籁体》,三篇通信的收信人都是陈梦家。

5月1日,《命运的谎》载《创作》创刊号。

5月23日,作诗《仓子》,初刊1931年6月1日《创作》第1卷第2期,收入《梦家诗集》时改名《给薇》,编入自选集《梦家存诗》时,又改名《小诗》。

5月,于中央大学,作诗《二十生辰》。

约5月,作诗《五月》。《供》载《新月》第3卷第7期。

6月1日,《仓子》载《创作》第1卷第2期。

6月19日,雨夜,于南京小营,作诗《告诉文黛》。

6月20日,端午节,作诗《潘彼得的梦》。

本年春至初夏,另作诗《沙漠的歌》《初夏某夜》《嘤嘤两节》。

6月,黄梅雨天,大学快要毕业的陈梦家在他的宿舍小营楼

---

① 《新月》第3卷第4期。

上,写下《〈梦家诗集〉再版自序》。

6 月 30 日,小说《七重封印的梦》载《文艺月刊》第 2 卷第 5、6 期合刊。

7 月,中央大学毕业,陈梦家拿到一张律师执照,但他没有当过一天律师。

7 月 1 日,诗《在雨天里》载《创作》月刊第 1 卷第 3 期。

7 月 8 日,于上海白渡桥,作诗《桥》。

7 月 10 日,诗《天国》载上海《循环》周刊第 1 卷第 5 号。

7 月 18 日,致舒新城信。用上海新月书店用笺纸,原件上并有“中华民国二十年七月份来信第 1952 号,中华民国廿年七月廿日收到”字样:

> 新城先生:
> 　已自北平返否?兹有宗白华、徐志摩两先生介绍鄙友潘君源来所译凯撒经济名著一本,约定下星期一或星期二上午到编译所,将译本及原文奉上,便面洽一切。先此函告,并颂
> 撰安
>
> 　　　　　　　　　　　　　　陈梦家
> 　　　　　　　　　　　　　　十八日①

7 月 19 日夜,于上海天通庵,作诗《雨》。

7 月,于上海天通庵,给小说《不开花的春天》写下短短的自序。

7 月,《梦家诗集》增选后再版发行。再版本中,前面多了《再版自序》,再分别用《给薇》《露天的舞蹈》《只是轻烟》三首诗替换了第一、二卷中的《心事》《神威》《一幕悲剧》三首诗。除原

---

① 《中华书局收藏现代名人书信手迹》,北京:中华书局,1992 年,第 126 页。

有的四卷诗外,增加第五卷"留给文黛",为 1931 年春至夏所作诗 12 首。陈梦家笔下的"文黛",特指方令孺,潘彼得是陈梦家自比。另外,内容和目次也不完全吻合,应该是编辑的失误。

7 月,开始《新月诗选》的编选。

约 7 月,诗《铁路上》载《新月》第 3 卷第 9 期。

8 月 1 日,《二十生辰》载《创作》月刊第 1 卷第 4 期。

8 月 7 日夜,于上海天通庵,作诗《我是谁》。

8 月 10 日夜,于上海天通庵,作诗《我望着你来》。

8 月,于上海天通庵,完成《新月诗选》的编选,并写下《〈新月诗选〉序言》,他在文末落款时,用了"僭拟"两字:"二十年八月陈梦家僭拟于上海天通庵。"

在上海期间,徐志摩请陈梦家为他编一本《志摩诗选》。

8 月 29 日,在暑假结束之前,陈梦家回到南京,他和方令孺同游镇江,登上焦山枕江阁。方令孺作诗《枕江阁》,发表在 1932 年 7 月《诗刊》季刊第 4 期。陈梦家作诗《焦山晚眺》,发表在《新月》第 3 卷第 12 期,后改名《焦山》收入《铁马集》。

9 月,陈梦家编选的《新月诗选》由新月书店在上海出版,是新月派的重要作品集。《新月诗选》选取了徐志摩(8 首)、闻一多(6 首)、饶孟侃(6 首)、孙大雨(3 首)、朱湘(4 首)、邵洵美(5 首)、方令孺(2 首)、林徽因(当时用林徽音的名字,4 首)、陈梦家(7 首)、方玮德(4 首)、梁镇(3 首)、卞之琳(4 首)、俞大纲(2 首)、沈祖牟(2 首)、沈从文(7 首)、杨子惠(3 首)、朱大枬(6 首)、刘梦苇(5 首)等 18 人的诗作 81 首。陈梦家在序言中说是 80 首,实则有误。

9 月 7 日夜,于南京,作诗《蓝庄十号》。

9 月 11 日午夜,于蓝家庄,作诗《相信》。

9 月 14 日夜,于蓝家庄,作诗《天没有亮》。

9 月 16 日,于蓝家庄,作诗《夜渔》。

9月18日,小说《不开花的春天》由良友图书印刷公司初版,印数2000册。这部小说出版之后,反响极大,仅一年的时间就出了五版。1931年10月20日第二版,加印1000册;1931年12月20日第三版,加印1000册;1932年5月1日第四版,加印1000册;1932年9月1日第五版,加印2000册。

"九一八"事变,陈梦家参加学生运动:"'九一八'事变以后,我曾参加了当时的学生运动,提出了'打倒流氓皇帝'的口号。"①

约9月底,诗《我是谁》《我望着你来》载《新月》第3卷第11期。本期《新月》还刊登了《新月诗选》广告和《梦家诗集》的再版广告。《梦家诗集》的再版广告是这样写的:"《梦家诗集》,出世刚六个月,就售完了。他写诗的态度醇正,内容与技巧的完美,已得大众相当的认识。现在再版本又出来了。著者此番将原集详为增删,又多加了一卷新作,有未曾发表的。这一卷新作,比以前表现得更要纯练深刻,要知道新诗已经走到了什么程度,一读这本书,说不定会使你惊喜。"

秋天,开始《雅歌》的翻译,朋友田津生给了他很多帮助,但也是因为田津生的病和死,译事停了下来。

10月5日,诗《桥》《问》《嘤嘤两节》《五月》《告诉文黛》《潘彼得的梦》载《诗刊》第3期。徐志摩《猛虎集》序诗原名《献辞》,由陈梦家改名为《云游》发表于《诗刊》第3期。

10月11日,于蓝家庄,作诗《燕子》。

10月21日,于蓝家庄,作诗《太平门外》。

约10月,诗《焦山晚眺》载《新月》第3卷第12期。

方玮德(也可能是方令孺)曾介绍陈梦家与舒芜的母亲马君宛通信,大约此时陈梦家寄了一本《圣经》给马君宛,对此舒芜在

---

①陈梦家1951年11月16日在清华大学国文系小组会上作自我检讨中的话,见方继孝《碎锦零笺》,济南:山东画报出版社,2009年,第18页。

文章里有记载：

> 堂兄方玮德，比我母亲只小十岁，读中央大学时就以新月派诗人后起之秀著名，与他齐名的是同学陈梦家。方玮德不知道怎样介绍了陈梦家与我母亲通信。陈梦家寄来一本《圣经》，上面题道："君宛女士病中伴读　梦家　二十年深秋寄自秣陵之蓝庄。"民国二十年就是 1931 年。他还寄来他的一张照片，题赠给我说"送给小珪"，其实当然不是送我。母亲与他通信中，不知道怎么谈起了梁实秋翻译的《潘彼得》。陈梦家来信说："希望不要重铸文黛的错误。"母亲把她的回信给我看，信中写道："可惜文黛的错误早已铸成。"还征求我的意见："这样写行不行？"母亲那年还是三十三四岁的盛年，我最多不过十岁吧。①

11 月 18 日，陈梦家和徐志摩在鸡鸣寺的楼上，他俩之间有过唯一一次严肃的谈话，徐志摩谈他的生活，说要改变现状。也在这一天，陈梦家于鸡鸣寺大悲楼阁作诗《铁马的歌》。

11 月 19 日，徐志摩坐飞机自南京飞北平，在济南开山附近飞机触山，机毁人亡。

11 月 20 日，午间，陈梦家于南京得知徐志摩飞机失事，第一时间给方令孺写信告诉她这个消息，并且伤感"人事真是无常吗？"当晚，作诗《吊志摩》。

11 月 21 日，致信胡适，拟为徐志摩编遗著：

> 适之先生：
>
> 昨午惊悉志摩先生济南山下焚毙，南中友好无不同声衰恸。弟拟为其编集遗作，存平诗稿文件，可否检出邮下，

---

①舒芜：《平凡女性的尊严》，上海：上海书店出版社，2007 年，第 78 页。

弟当负责整理之。前次先生南下驾临白下①,曾数探尊址未获,致无法晤教,甚为怅怅。志摩先生尸骨昨已有人往收,此间或将举行追悼会。匆此不一,即请

大安

十一月二十一夜
陈梦家敬上

《诗刊》稿件存平不少,亦请汇寄。《诗刊》仍拟出版也。②

陈梦家在《纪念志摩》一文中又说,洵美要他就便搜集志摩没有入集的诗。可能邵洵美也有这样的想法,对陈梦家提了。

11 月 23 日,于蓝家庄,作诗《致一伤感者》。

11 月 25 日,胡适复书陈梦家。

11 月 29 日,一早接闻一多书信,信中,闻一多嘱托陈梦家和胡适一起整理志摩诗全集,而陈梦家正好也有这样的想法,他计划在寒假回沪时完成。接着,陈梦家致信胡适谈相关事宜。

适之先生:

二十五日大札奉悉,慰甚。兹写就《吊志摩》诗一首,另邮寄上,乞代交追悼会。此间友好于徐灵过宁时,在下关车站致祭,皆流泪。唯追悼会而未定何日举行。

今早接一多先生来信,嘱弟与先生共同整理志摩诗全集,此事不悉书店方面已着手否?犹忆今夏在沪时,志摩曾面嘱弟编《志摩诗选》,事未成,而志摩死矣。弟现甚愿司辑录志摩诗全集之责,以应诗人生前之嘱托,并谢数年指引之

---

① 南京白下区。
② 耿云志主编:《胡适遗稿及秘藏书信》第 35 卷,第 506—507 页。

恩,盼先生即以此意向书店提及,俾于寒假回沪时完成之。

《诗刊》四期将出纪念专号,现正拟写一哀悼之长文,并论诗人之诗。弟明春拟去青岛,一多先生来信,允为设法安插,弟意《诗刊》可交青岛方面负责编辑,先生以为如何?

令孺女士已赴平,见否? 秣陵昨日降小雪,天时已渐寒。此请

文安

> 小弟梦家拜上
> 二十九日①

12 月 1 日,致信胡适:

适之先生:

寄上《吊志摩》诗一幅,希转交追悼会,惟不及糊裱,可否衬一厚纸,俾便悬挂。

前信想已收到,即盼示覆,专此,敬请

文安

> 梦家上
> 十二月一日②

12 月,陈梦家搜集了徐志摩《爱的灵感》《火车擒住轨》等诗,成一册,命名《云游》,这是徐志摩的第四本诗集。

12 月 20 日,致信胡适:

适之先生:

大札并诗收悉,《狮子》或《追悼志摩》编入《诗刊》,此期悼诗合十首,全部大致已聚齐,明年一月当可出版③。

---

①耿云志主编:《胡适遗稿及秘藏书信》第 35 卷,第 510—511 页。
②耿云志主编:《胡适遗稿及秘藏书信》第 35 卷,第 508 页。
③《诗刊》第 4 期后因故推迟到 1932 年 7 月出版。

志摩诗第四集①已由弟编成，不日付梓。全集当依尊意，以年次排列，略需时日整理耳。前函请将存志摩《诗刊》稿寄下，不悉已检出否？至念。

今日在静安寺公祭志摩，吊客尚不少。弟亦以为非有长久纪念办法不可，奖金已收集否？从此《诗刊》决由一多先生主编，弟若在青岛当为襄助。

梦家

十二月二十日

来信暂寄到《新月》编辑部转。②

关于《诗刊》的编辑工作，《闻一多年谱长编》中写道：

是年九月初，徐志摩编完《诗刊》第三期，即将编辑工作移交陈梦家、邵洵美负责。徐志摩失事后，《诗刊》无人主编，陈梦家欲以先生③主持此刊，但先生后来并未接手。④

本日，诗《吊志摩》又载《北晨学园哀悼志摩专号》（北平晨报社1931年12月20日初版）。

12月31日，《青的一段》载《文艺月刊》第2卷第11、12期合刊。

12月，于上海虹口，作诗《圣诞歌》。写下《诗刊》第4期的《叙语》，表示"很想把新诗的内容更要扩大"。本期《诗刊》为"志摩纪念号"。

陈山评论："徐志摩去世后，陈梦家成为新月诗派实际上的

---

① 指陈梦家编的徐志摩遗著《云游》，也推迟到1932年7月出版。
② 耿云志主编：《胡适遗稿及秘藏书信》第35卷，第509页。
③ 指闻一多。
④ 闻黎明、侯菊坤编：《闻一多年谱长编》，武汉：湖北人民出版社，1994年，第418页。

核心人物,当时他年仅二十岁。陈梦家之所以在后期新月系作家中占有重要的地位,是因为他的文学活动具有理论上的自觉,并对三十年代的新诗潮作出了自己独特的理论贡献。"①

12月,莲时的《读〈新月诗选〉》发表在《中国新书月报》第1卷第12号,"肯定了陈梦家的诗歌作品,同时也指出了编选中的一些疏漏"②。

约12月,诗《蓝庄十号》载《新月》第4卷第1期"志摩纪念号",本期并有《云游》定于1932年1月出版的广告,实际出版在1932年7月。

1932年　壬申　二十二岁

1月,于蓝家庄,作诗《海天小歌》之"上"。

1月17日,于南京鸡鸣寺大悲楼阁,作诗《鸡鸣寺的野路》。

1月21日,临别蓝家庄之时,作诗《别蓝庄》。

1月,准备离南京去北平,整理了自己1931年7月到1932年1月的诗稿,结集成《铁马集》。

1月28日夜,日本海军陆战队对上海闸北的国民党第十九路军发起攻击,十九路军随即起而应战。这就是"一·二八"事变,或称淞沪战争。日本海军陆战队占领上海天通庵车站,并向北站、江湾、吴淞等地进攻。

1月29日,这天,陈梦家和刘启华、蒋方夜、卢寿枬三位同学一起,从南京来到上海近郊的南翔前线,参加十九路军六十一师一二二旅旅部英勇抗击日本侵略军的战斗行列。从军前,陈梦家回到小营304宿舍,将刚刚结集的《铁马集》交方玮德

---

① 陈山:《陈梦家论》,《中国现代文学研究丛刊》1988年第3期。

② 史玉辉:《陈梦家研究综述》,《山东师范大学学报(人文社会科学版)》
　　1999年第2期。

寄给远在北平的方令孺①保存。方玮德译诗《他是走了》赠陈梦家赴沪杀敌。2月初,方玮德于南京成贤街,为《铁马集》写了跋文。

2月1日,初驻南翔,军部限令闸北居民迁出战区,从那天起三天三夜沪宁铁路上的难民蜿蜒数十里长,陈梦家在车站也站了三天。

2月13日,季家桥之役,肉搏战,陈梦家等同学也在火线上,夜半在战场上收拾伤亡士兵。

2月16日,移驻唐家桥,敌人飞机来袭。

关于当时在战场的情况,陈梦家在《〈在前线〉序》写道:

> 旅部自南翔逐渐向蕴藻滨战线推进,经驻刘行、嘉定、杨行、顾家宅、真如、大场一带,前后开拔十数次。二月十三日季家桥雪中的大战,由我旅第五六团任前锋,肉搏终日。十六日移驻唐家桥,被敌人侦得我们所住的一个小村庄,有十多架飞机来围攻,是为经历中最危险的两次。②

2月下旬,陈梦家从前线返回。

2月,冠英的《新月诗选》载天津《大公报·文艺副刊》第210期,认为《新月诗选》有明显的标准和流派特色,肯定《新月诗选》的价值。

3月,从上海回到南京,3月上旬又转到青岛,在国立青岛大学做了闻一多的助教,师生两人从此成了同事及朋友。

> 在青岛的半年,我们常常早晚去海边散步,青岛有很好的花园,使人流连忘返。③

---

① 方令孺于1931年11月10日离开国立青岛大学前往北平。
② 陈梦家:《〈在前线〉序》,《梦家诗集》,第219页。
③ 陈梦家:《艺术家的闻一多先生》,《梦甲室存文》,第131页。

> 我记得在青岛的时候，晚间无事，我们两人手持一册，他常常吟诵古代诗人或外国诗人的诗篇。①

闻一多器重陈梦家，梁实秋在《谈闻一多》中说：

> 他的从前的学生陈梦家也是他所器重的。陈梦家是很有才气而不修边幅的一个青年诗人，一多约他到国文系做助教，两人颇为相得。有一天他们踱到第一公园去看樱花，走累了到一个偏僻的地方去休息，陈梦家无意中正好坐在路旁一个"招募新兵"的旗子底下，他蓬头垢面，敞着胸怀，这时节就有一个不相识的老者走了过来缓缓地说："年轻人，你什么事不可干，要来干这个！"一多讲起这个故事的时候，他认为陈梦家是过于名士派了。有一次一多写了一短简给他，称之为"梦家吾弟"，梦家回称他为"一多吾兄"，一多大怒，把他大训了一顿，在这种礼节方面，一多是不肯稍予假借的。②

闻一多在青岛大学的学生中，比较器重臧克家，他常对人说，"我左有梦家，右有克家"，故陈梦家、臧克家两人被称为"闻门二家"。

臧克家还经常去陈梦家的寓所谈诗改诗，给他印象最为深刻的是陈梦家的被子是不叠的，用一根布条捆着；一个烟缸十分别致，黑黝黝的颜色，上面有个骷髅。虽然陈梦家的人生观与臧克家决然不同，但是他活泼新奇的想象，给了臧克家无限的启示，使臧克家知道了怎样展开想象的翅膀。他曾给臧克家讲，把一片落叶比作一只三角的小船，又怎样在梦里飘在天河里；一个

---

① 陈梦家：《艺术家的闻一多先生》，《梦甲室存文》，第132页。
② 刘天华、维辛选编：《梁实秋怀人丛录》，北京：中国广播电视出版社，1991年，第147—148页。

檐前的"铁马"怎样飞到天上去变一颗星……臧克家回忆说自己常受到陈梦家的启发和帮助,他从陈梦家那里学到不少东西,其《烙印》中的《万国公墓》还得到陈梦家的润色。陈梦家作诗,造句美丽,想象活泼。臧克家说"他耀眼的才华,美丽的诗句,也着实打动了我的心"①,从"他技巧的宝山上,我没有空着手回来"②。但是,正像张惠仁在《臧克家评传》中所说:"当他俩一道谈诗的时候,精神就不合调了。"③陈梦家信宗教,臧克家重视现实,怀念革命,向往革命。两人"对人生的看法恰恰相反"④,臧克家曾多次对陈梦家说过:"你的心在天上,我的心在地下。"⑤

在青岛期间,方令孺从北京寄回《铁马集》给陈梦家,并致一信,方令孺引用唐代两位大诗人元稹(元微之)和白居易(白十二郎)之间的感人故事,来比照他俩之间的友谊:

> 梦家:
>
> 　检束你的诗稿寄还你,心上是别有感慨。想你从军前检理稿件寄我时,是心上发生光芒罢?现在上海近郊已为异邦人的马蹄所践,我伤心那几万生灵的消灭。
>
> 　从前元微之病在佛寺的时候,嘱人把他的诗稿寄给白十二郎;这回你从军去时把诗稿寄给我,梦家,我已领悟了往昔友朋的深谊,世界不能给我比这更多的了。
>
> 　祝你在青岛好!

①臧克家:《祖国万岁　母校千秋——山东大学百年校庆纪感》,《光明日报》,2001年9月28日。
②臧克家:《我的诗生活》,郑苏伊、臧乐安编《臧克家散文》第3集,北京:中国广播电视出版社,1993年,第34页。
③张惠仁:《臧克家评传》,北京:能源出版社,1987年,第27页。
④臧克家:《我的诗生活》,《臧克家散文》第3集,第34页。
⑤臧克家:《诗与生活》,《臧克家散文》第3集,第147页。

方令孺　二十一年二十二年①十日北京②

收到方令孺寄回的《铁马集》后,陈梦家对诗集进行了重新编理。

3月10日夜,于青岛,作诗《在蕴藻滨的战场上》。

3月16日,于青岛,作诗《一个兵的墓铭》。

3月17日,于青岛,花了足足一个星期的构思,创作长诗《老人》。从《老人》开始,陈梦家写诗有意摆脱形式上的羁绊:"二十一年三月写《老人》这诗,花了足足一礼拜的构思;我有意摆脱所有形式上的羁绊,在意识上,我也自觉满意。此诗以后,《影子》和《小庙春景》全已经脱开这一切,经过了理性——那比伤感更亲切的天赋——的滤沥。"③

3月20日夜,于青岛,作诗《哀息》。

"经历了一系列血与火的生死考验,战争拓展了生命体验的维度,使其诗歌思维更接地气,其诗歌创作跳出了个人情感范围,多从国家民族的角度摄取意象,凝聚诗思,诗歌意境随之变得博大。"④

4月,重新开始翻译《圣经》中的《雅歌》,用了几个夜晚译完,且作了校正,定名为《歌中之歌》,他把全诗分为十七阕,每一阕立一个小标题,并写《〈歌中之歌〉译序》。陈梦家在序文中说了这次翻译的原因:"在我的血里,我还承袭着父亲所遗传下来的宗教情绪;一位朋友指示我说,我的诗有与别人不同的,只在这一点。我是一个受过洗礼的孩子,但是从小就不曾读过《圣

---

① "二十二年",原文如此,疑排印错误。
② 陈梦家:《铁马集》,上海:开明书店,1934年,"附录·九姑信",第1页。
③ 陈梦家:《〈梦家存诗〉自序》,《梦家诗集》,第223页。
④ 陈改玲、牟利锋:《陈梦家评传》,北京:中国社会科学出版社,2018年,第80页。

经》的全部。近来常为不清净而使心如野马,我唯一的(活)〔治〕疗,就是多看《圣经》,《圣经》在我寂寞中或失意中总是最有益的朋友。"①

4月,于青岛大学,为诗集《在前线》写下序文。这些日子,陈梦家的心情异常复杂,他在这篇序文里,写下他的愤懑:

> 这三首诗②并一首《一个兵的墓铭》,是我于二月下旬从前线回来后,以这曾经为战争所磨砺的心来追写的。如今我想起,我不敢想,那些曾经驻营的小小的村庄,竹林和小桥,现在是给那些铁鞋踩着了。
>
> 我十分羞愧在这里安闲度日子,这里人家的旗杆上挂着恶毒的标帜,每天使我愤懑……
>
> ……
>
> 我以这诗来纪念我们无上荣贵的阵亡将士的忠魂,并以咒诅我命运上可羞的不死。③

在另一篇文章《秋天谈诗》里,也写到这期间的心情:

> 也许这边那边全是一样,但我看到这边的人好像不在意这些荒凉,北京城也许还是像圆明园歌舞的时代。正如我在青岛住的时候,竟然疑惑这一角美妙的半岛是太平洋上另外一个岛,或是一艘异国人的大船。樱花开得像天河的春天,各人去看樱花;天热了,许多人又想到海滩上睡觉,居然是很安详很快乐的。那时我刚从上海前线回来,看到满街的太阳旗就心寒了,不要走错了路罢,但是分明那些日本洋行里有中国的上等人进去买伞。好在这海岛

---

①陈梦家:《〈歌中之歌〉译序》,《梦甲室存文》,第163页。
②指《哀息》《在蕴藻滨的战场上》和《老人》三诗。
③陈梦家:《〈在前线〉序》,《梦家诗集》,第220页。

时常有雾，我可以不当瞧见那些旗子，就使临近东洋学堂晨昏有人狂歌，也不使我害怕，我是听惯了相隔二三里的狂吠，在那可怕的下雪的野地里。到泰山我才遇到真正的山东人，那些忍劳的樵夫，又快又轻两条飞腿滑下山坡时，他们滚着汗珠，向人说："我们不抬东洋人的，要打战，我们就去。"①

4月，于青岛的樱花节，完成自传《十六年夏前后》一文，是《青的一段》的续篇。

4月25日，致信胡适，谈《诗刊》是否要继续办下去。

适之先生：

前闻先生病盲肠入协和割治，想已出院了。我于二月末到南翔投军，三月底回南京即转来青岛，现在青岛大学文学院做些小事，每日很空闲，自己好多读书，曾经写了四首关于战事的诗，已寄《北晨》，不久也许可由该社印成单行本②，已有二首在《北晨学园》刊出，不知见到否？

关于《诗刊》的事，现在没有决定续编还是暂停，孙大雨先生颇主暂停，一多先生现在努力开掘唐代文化，未有意见。我看停了可惜，续编也很多困难，不晓得先生以为如何，我个人似乎还偏向于继续编下去的。一方面，《诗刊》草创已很尽力，不能因为志摩一死也就跟着停刊，这样似乎很对不起辛苦开创的志摩先生。

六月下旬拟到北平一游，并谒先生。近来青岛樱花正好，天气不热。

①陈梦家：《秋天谈诗》，1932年11月7日《北平晨报》副刊《北晨学园》409号，转引自赵国忠著《春明读书记》，第136—137页。
②陈梦家《在前线》(诗集)1932年7月由北平晨报社出版。

祝安。

陈梦家敬启

四月二十五日①

5月8日夜,于青岛,作诗《呼应》。

5月,于青岛,续作《海天小歌》之"下",诗中提到"真妮"。

5月,《〈歌中之歌〉译序》载《南京大学周刊》第131期。在《歌中之歌》最初翻译完成后,陈梦家将其寄给《南京大学周刊》编辑何德明,限于篇幅等原因,当时只发表了《〈歌中之歌〉译序》,何德明在发表这个译序时,写了一个小引。

5月26日,翻译布莱克(原译为白雷客)诗《小羊》,翻译中受到闻一多指点,两人一起推敲。陈梦家手上的布莱克诗集为亡友田津生所赠,在青岛的夜晚他常常拿着诗集在床上念。

5月27日晨,于青岛,作诗《叮当歌》,并作诗的后记:"青岛的午夜有时传来德国教堂的钟声,使我回想十五年前在江南一个神道院中,父亲抱着我倚了栏干唱叮当歌。我祝福父亲康健,如这德国教堂不变的钟声一样。五月二十七晨,记于青岛。"②

6月2日,于青岛咖啡,作诗《白俄老人》。

6月3日,于青岛,作诗《南京某晚》。

6月13日晨,于青岛,作诗《海》。

6月,于青岛,作诗《小诗》。

6月,青岛大学学生为反对学分淘汰制,举行学校成立以来的第三次罢课,要求有三点:解决学校经费问题,恢复原学则,反对新月派把持校务。6月16日,闻一多致饶孟侃信提到陈梦家:

　　我与实秋都是遭反对的,我们的罪名是"新月派包办青

---

①耿云志主编:《胡适遗稿及秘藏书信》第35卷,第512—513页。
②陈梦家:《梦家诗集》,第113页。

大"。我把陈梦家找来当小助教，他们便说我滥用私人，闹得梦家几乎不能安身。情形如是，一言难尽。你在他处若有办法最好。青岛千万来不得，正因为你是不折不扣的新月派。①

青岛大学的这次学潮，矛盾首先直指闻一多。迫于形势，闻一多提出辞职。

7月中旬，闲居无聊，闻一多和陈梦家作泰山之游，因为下雨，他们留在灵岩寺三天，谈笑终日而不谈学校的事。泰山之游结束，他们在泰安车站分手，陈梦家回南，闻一多则手托在泰安庙前买的一盆花回青岛。不久，闻一多也离开了青岛大学。

7月19日，《天津国民日报》副刊《文学周刊》第10期，刊登了刘荣恩《鸡鸣寺的诗心》，是对陈梦家自传体小说《不开花的春天》所作的书评。刘荣恩在文章的前面，提到徐志摩介绍两人认识的情形，说是在许久前的一个夏日，收到徐志摩书信："荣恩：你回来，至喜。……我现在介绍一个诗友给你，陈梦家，你也许见过他的作品。他是鸡鸣寺的诗心。你带回北国的诗情，你俩一定能结交。志摩。"②又谈到初次见面，刘荣恩的印象是，陈梦家"头发也不长，脸也不绿，只是一个平凡的大学生。在我家他连抽了二支烟卷（他自己的），他说，他在家里不敢抽烟。原来，这位先知也在本地家乡里受压迫的。在青烟的漩涡中，真是一位爱好做美梦时代的孩子，醉了诗的人，多是美梦的追求者，幻想的追求者"③。

7月30日，诗《吊志摩》《铁马的歌》《天没有亮》《相信》《太平门外》《圣诞歌》载《诗刊》第4期，本期为"志摩纪念号"，《叙

---

① 《闻一多书信选集》，第227页。
② 转引自赵国忠：《徐志摩的佚诗与佚简》，《文汇报》，2011年3月24日。
③ 转引自赵国忠：《徐志摩的佚诗与佚简》，《文汇报》，2011年3月24日。

语》为陈梦家所写。应该是战争的原因,《云游》和《诗刊》都推迟了出版。

7月,诗集《在前线》①由北平晨报社初版,共收入陈梦家1932年3月在青岛创作的诗四首,即《在蕴藻滨的战场上》《一个兵的墓铭》《老人》和《哀息》,抒写陈梦家投身十九路军抗战的体验。这四首后来全部编入《铁马集》,其中后三首又编入《梦家存诗》。诗集前有序文,序文先在《北平晨报》副刊《北晨学园》刊出过。"目次"附方玮德译诗《他是走了》。

7月,陈梦家编徐志摩遗著《云游》由新月书店出版。

本年夏,陈梦家离开从小生活的南方,来到北平。闻、陈师生两人又常相见了。8月,闻一多被聘为国立清华大学中国文学系教授。

夏,方玮德中央大学毕业,随九姑方令孺到北平,陈梦家与方玮德又相聚了。

8月1日,诗《白俄老人》载《文艺月刊》第4卷第2期,诗《沙漠的歌》载《新时代》第3卷第1期。

9月,陈梦家经燕京大学宗教学院教授刘廷芳推荐入院,当了短时期的学生。赵萝蕤的父亲赵紫宸②时任燕京大学宗教学院院长。陈梦家住在燕京大学南宿舍③。

约1932年秋天,陈梦家和赵萝蕤认识。这时的赵萝蕤刚刚

---

① 封面书名为《陈梦家作诗在前线》,版权页书名为《在前线》,现依据版权页而定。

② 赵紫宸(1888—1979),浙江德清人,中国基督教思想家、神学家、教育家、文学家,历任东吴大学教授、燕京大学宗教学院教授和院长、世界基督教教会协进会(WCC)六主席之一、第一届全国政协委员等。

③ 据方玮德1932年10月13日致常任侠书信。沈宁在《读方玮德致常任侠书札》(《新文学史料》2007年第2期)一文中,据邮戳日期认定此信写作时间在1931年,笔者认为应是1932年。

从燕京大学英语系毕业,考入清华大学外国文学研究所,开始三年的研究生学习。赵萝蕤此前在燕大读书时,曾在朗润园的草坪上演出莎士比亚的《皆大欢喜》,她扮演女扮男装的罗莎林。在清华,赵萝蕤和杨绛成了好朋友。

9月15日,中秋节,于海甸(今北京市海淀区)给《十六年夏前后》文作附记。

9月17日,于香山朗风亭望月,并作诗《西山》。

9月25日夜,于香山客店,作诗《西山夜游片断》。

9月28日,诗《南京某晚》载《北平晨报》副刊《北晨学园》。

10月20日,陈梦家与方玮德等访朱自清,论诗。朱自清日记:"早陈梦家、方玮德诸君来,梦家君与余论诗,余以改造旧诗之说进。陈谓若只论音数不论音节,则余所谓旧诗即白话诗矣,何必作此似立异之论为?余此意本未甚明晰,大约余仍主张多少保存一些旧音节并注重五言一句或七言一句,为间休节,与十字或十字一句不停之新诗究有别。"①

本日,《华北日报》第6版刊出消息《诗人陈梦家讲演》。

本日,《京报》第7版刊出消息《秋天谈诗陈梦家讲演》。

10月22日晚,受北平基督教青年会邀请,陈梦家在青年会南厅②,作"秋天谈诗"的演讲,听众有一百一十多人。演讲之后读新诗,选读了徐志摩、闻一多、孙大雨、方令孺、林徽因、方玮德、卞之琳、俞大纲及陈梦家自己的诗一共十五首。由于日寇的侵略魔爪伸向关内,整个华北处于危急之中,在这次演讲中,陈梦家大声呼吁:

　　在这国家多难的日子,我们不能再做一个永远喜笑的

---

① 朱乔森编:《朱自清全集》第9卷,南京:江苏教育出版社,1998年,第167页。

② 现址东单北大街3号。

丑角。我们也应该听到一种伟大的强烈的呼喊,但是我们听不见。在一些小小的声音中,听见的只是个人颓废的呻吟,和一些假冒为群众的嘈杂。现在正是到了应该觉悟应该振作的日子,该深深的经历各样生活,来倾听大众人不出声的哀泣,让我们个人溶化在这些真实的哀泣中,呼吸这为痛苦所泣湿的空气中;让我们个人的感情渐渐溶化为整个民族的感情,我们的声音化作这大群人哀泣的声音,不只是哀泣,还有那种在哀泣中一声复兴的愿望。

……

我从前写过一首《铁马的歌》,比自己是风中的一个小风铃,"风吹时我动,风停我停"的铁马儿。现在我不愿自己也不愿别人做铁马儿,我们应该是风,是秋风。①

10月23日,《华北日报》第6版刊出《秋天谈诗诗人陈梦家》。

10月24日,诗《燕子》《呼应》载《清华周刊》第38卷第4期(543号)

10月26日夜,应《北晨学园》编辑瞿冰森的要求,陈梦家于燕京大学作《秋天谈诗》一文,是对22日的演讲作追记和补充。

10月28日,自传文《十六年夏前后(一)》载《北平晨报》副刊《北晨学园》404号。

10月31日,自传文《十六年夏前后(二)》载《北平晨报》副刊《北晨学园》405号。

10月底,于海甸燕京大学,作文《纪念志摩》。

11月1日,诗《西山》载《新月》第4卷第4期。

11月5日,陈梦家翻译的圣经《雅歌》部分,以《歌中之歌》

① 陈梦家:《秋天谈诗》,原载1932年11月8日《北晨学园》410号,转引自赵国忠《陈梦家的集外文》,《春明读书记》,第143—144页。

的书名收入"一角丛书",单行本由良友图书印刷公司初版,印数3000册。扉页加了黑框的字写有"谨以此书纪念亡友田津生"。

11月14日,于海甸冰窖,作诗《追念志摩》,以纪念徐志摩逝世一年。

11月15日,诗《耶和华的诘问》载北平《紫晶》(燕京大学主办)第4卷第1期。

11月16日夜,于海甸,作诗《西山野火》。

11月19日,徐志摩周年祭日,和俞大纲的同题诗《追念志摩》发表于《北平晨报》副刊《北晨学园》,俞诗标为一,陈诗标为二。

11月,沈从文小说集《都市一妇人》由上海新中国书局出版,沈从文在题跋中写到陈梦家。《沈从文年谱》:

> 　11月,小说集《都市一妇人》由上海新中国书局出版,该书于1933年再版……沈从文后来在此书自存样书的扉页和封底作有题识,其中扉页题:"书由巴金交书店付印。时在申住一品香饭店中,天极热,由武汉下行。"封底题:"西林至青(彼时尚未与袁太太结婚,袁先生尚生存),每日常在一处吃酒,曾因醉说了些空话。一多时任文学院长,实秋任外文系主任,兼图书馆长(蓝苹则在馆中任一书记),太侔任教务主任,今甫作校长,梦家作助教。"①

约11月,诗《一个兵的墓志铭》载《南开大学周刊》1932年第129/130期。

12月12日夜,于北平海甸,作新诗《有所思·寄均》。

12月19日夜,于北平,为《铁马集》作《序诗》。

12月26日夜,于海甸,作诗《影》,诗末写"记青岛海滨夜步"。

---

①吴世勇编:《沈从文年谱》,天津:天津人民出版社,2006年,第128页。

12月27日,于北平海甸冰窖胡同,作诗《九龙壁》,此前方玮德先有九龙壁的诗。

12月,《一个兵的墓志铭》被翻译成英文 *A SOLDIER WHO DIED IN DEFENCE OF SHANGHAI* 发表在《南开大学周刊》1932年第136期,译者为刘荣恩。

12月,《纪念志摩》载《新月》第4卷第5期。

冬,在东四钱粮胡同北花园十号方玮德八姑方令英家,陈梦家与方玮德常常相聚,冬日围炉夜谈,有时方玮德取出他自订的诗集来共读。方玮德设想出版自己这本诗集,请陈梦家写了一篇短序。

本年某月19日夜,于北平,作诗《自白》。

本年,大约有半年的时间,与一个得了肺病的孩子通信,安慰他、鼓励他:"二年前有个久患肺病的孩子,时常写信给我,诉说若干苦痛和寂寞,他是住在一个极古老的小城里,孤独过日子的。后不久他又假托一个十一岁的小女孩,写信求与我交友,我在鼓中同他们写了半年的长信,这孩子一礼拜两封信来,其中一封是他煞费苦心的伪作。等我知道真情以后,我并不责怪他,一个无人相谈的常病人,他实在有理由去取得双份的友情。"①

陈梦家自述本年起开始了甲骨文的研究。他在自己的文章中曾两次提到,一是在1955年1月为《殷虚卜辞综述》一书所写前言中:"作者在1932年起从事甲骨研究之时……"②二是在1956年10月为《尚书通论》一书所写《叙》中:"我于二十五年前因研究古代的宗教、神话、礼俗而治古文字学,由于古文字学的研究而转入古史研究。"③但未见其有这方面的文章发表,推断

---

①陈梦家:《论朋友》,《梦甲室存文》,第116—117页。

②陈梦家:《殷虚卜辞综述·前言》,北京:科学出版社,1956年,第1页。

③陈梦家:《尚书通论》,"叙",上海:商务印书馆,1957年,第8页。

他在青岛及到北京后,受闻一多影响看了一些甲骨文方面的书。

1933 年　癸酉　二十三岁

1月3日,于北平海甸冰窖胡同,作故事《一个人的降生和复活的故事》。

本年初,日寇的铁蹄践踏在热河的土地上,陈梦家义愤填膺,决定自行出榆关①到前线为保卫祖国效力。1月13日,方玮德、瞿冰森等同学在北平东城灯市口燕京校友会召开欢送会。次日凌晨,陈梦家离北平经古北口奔赴塞外,参加了热河冷口之战。

1月15日,诗《西山野火》载《小说月刊》(杭州)第1卷第4期。

1月17日,《京报》第6版刊出消息《投笔从戎抗日新诗人陈梦家与十七勇士投宫长海部》。

1月19日,《青岛时报》第3版刊出消息《投笔杀敌青年诗家陈梦家壮怀激烈》。

约1月,诗《白马湖》被翻译成英文 *THE LAKE OF THE WHITE HORSE*,发表在《南大半月刊》1933年2期,译者刘荣恩。

3月1日,诗《影》《九龙壁》发表在《创化》季刊1933年第1卷第1期"文学专号"。

3月,由于不抵抗,热河不战而失,陈梦家回到北平。3月12日夜,于北京达园,作诗《塞上杂诗》,包括《古北口道中》《承德道中》两首。

3月,于海甸,作短论《论诗小札》,起因是有人寄三首诗来,要陈梦家批评。这封信不长,但可以看出陈梦家对当时诗歌创作的看法:

---

①即山海关。

有人寄新诗三章来,要我严厉批评,我回信说:新诗现在走到一个很危险的地步,大家似乎一天一天把自己可走的路逼狭了,人人都走在同一条旧路上:"只会用有定限的常用词句","只有相同相似的题材"。这种毛病的最大者即是"抄袭"与"过分模仿"。新诗本来应该是"新酒瓶装新酒的",不幸现在变成"新酒瓶装陈酒"了,内容千篇一律是抒情,形式是小诗。这时我们当极力矫正这弊病,我希望天才不屑重走别人的旧路,自己开辟新途径来,每个人都有创造,都有贡献。长在这混乱的漩涡中是幸福的,这里有最切身的材料,而我们正好经验着。眼前的世界无论如何恶浊,总有一个门接着天堂的,无须乎飞上云霄去找——那会迷路的。这时代本该再有一个杜甫出来的,为什么没有呢,也许是那些可以成为杜甫的不是迷路在天上,就是迷路在齐梁的旧辙上永远走不出来。

三月海甸①

3月,于海甸,为诗《西山野火》写下附记。

3月,《梦家诗集》三版,与再版本内容相同。

春天,对《铁马集》又进行了重编。

3月,诗人俞大纲为陈梦家《铁马集》作序文,俞在序中把陈梦家比作王勃:"我常把梦家比作唐初四杰中的王勃,少年能诗,诗中特具中国人的蕴藉风度,他们很有相似的所在。"②

4月15日,《自白》载《东方文艺》(广州)第1卷第4期。

5月10日,诗《有所思·寄均》载沈祖牟主编的《南天诗刊》第2期。在《南天诗刊》第2期的"编后",沈祖牟还写了一段话:

① 陈梦家:《论诗小札》,《东方文艺》第1卷第5—6期"创作专号",1933年,第380页。

② 陈梦家:《铁马集》,"附录·大纲序",第2页。

"我们偏处南天,全凭一时的兴会,印行诗刊;原不敢稍存奢望,难得的是一群同好的参加,使我们更加自加鞭策。这里,我得谢谢梦家来信,重以'南天'社名冠于诗刊为嘱。这一点,我们已照办。……这一期,远承梦家、大纲、公侠惠诗,此地朋友也给我们稿件上的指助……"①

5月15日,左联诗人陈均发表评论文章《喋血的诗人陈梦家》,对陈梦家上前线进行责疑,认为陈梦家《老人》一诗中的爱是空洞的,还说:"他是这般无条件希望更大的战争的来临!故若是谁要问,诗人陈梦家上前线是干什么去呢?那我们似乎可以说,'他是喋血去的!'"②

6月1日,诗《塞上杂诗》载《新月》第4卷第7期。此次发表时,只有"古北口道中"一个小标题。

6月9日,诗《古北口道中——塞上杂诗之一》载《北平晨报》副刊《北晨学园》。

6月15日,书信《论诗小札》发表于《东方文艺》第1卷第5—6期"创作专号"。

6月26日,诗《古北口道中——塞上杂诗之一》载《南宁民国日报》副刊《浪花》第3版。

7月1日,译诗《梅士斐诗选》之一《在病榻旁》载《文艺月刊》第4卷第1期。《梅士斐诗选》包括梅士斐介绍、梅士斐最近画像、译诗若干,译诗作者有苏芹荪(4首)、方玮德(1首)、陈梦家(1首)、王静因(1首)、曹葆华(1组20首)。陈梦家的译诗后附有陈梦家致方玮德信,道出了陈梦家译梅士斐诗的缘由,由此

①沈丹昆:《陈梦家发表在福建的一首佚诗》,《福州晚报》,2007年6月18日。
②陈均:《喋血的诗人陈梦家》,北平左联《文学杂志》第1卷第2期,1933年5月,第123页。

也可以看出两位年轻诗人之间真挚的友情。这封信全部录于此：

　　玮德：

　　　　你要我代你译梅士斐的一首诗，已经译好。这工作比自己写诗更费劲，而字句间显然掺杂了译者的意解，但极力使不违反原意。这首诗使我想起去年春天在青岛的日子，我看见大海，却无力构模他的形态，读了这诗奇怪梅士斐对于大海的熟悉。译这诗时，有些处为了方便略有字句间的颠置与省略，我自信不是大错。翻诗仿佛是一种自圆其说的曲解，对于原作不能如原作者一样的明白。但对于通篇，字句，我们仍应该严谨的使他成为诗；我以创作诗的态度移译诗，也许对自己是忠心，别人看来也许是叛逆了。

　　　　　　　　　　　　　　　　　　　　　梦家

约 7 月初，陈梦家与赵萝蕤一起到了苏州，在这个酷暑中，他们以同译布莱克诗为乐，7 月 8 日夜，翻译了布莱克的《歌》等诗。

7 月 23 日，于南京鸡鸣寺大悲楼台阁，作诗《叫魂》。

7 月 30 日，于南京蓝家庄，与赵萝蕤合译布莱克诗《泥块与圆石》《患病的玫瑰》《蝇》等。

7 月 31 日，诗《叫魂》载《中央日报》副刊《中央公园》第 2 张第 4 版。

8 月 1 日，诗《白俄老人》载《文艺月刊》第 4 卷第 2 期。

8 月 2 日，于苏州，与赵萝蕤合译布莱克诗《一朵野花的歌》等。

8 月 20 日，于上海，与赵萝蕤合译布莱克诗《夜》等。

8 月 21 日，于上海，与赵萝蕤合译布莱克诗《爱的秘密》等。

8月,有人怂恿陈梦家出版《铁马集》,于是他又对诗集进行了一次删补。

9月初,于南京蓝家庄,作《〈白雷克诗选译〉序》。在序言中,陈梦家讲到恋人赵萝蕤对诗人布莱克(旧译白雷客)的喜爱,还有他和赵萝蕤同译布莱克诗,愿意以此作为纪念。

这之后,陈梦家去芜湖,任广益中学①国文教员,学校坐落在狮子山麓,陈梦家住在山上一座中西合璧的建筑——青阳楼。这期间,学生吴孟复②受到陈梦家的影响,后来走上学术之路。甚至有一位英文教师也受了陈梦家的影响而买了一本英文诗集——波斯诗人奥玛·海亚姆原作、英国诗人菲茨杰拉德英译的《柔巴依集》(即《鲁拜集》)。

9月5日,《大悲楼阁谈》载南京《中央日报·中央公园》第2张第4版。

9月8日,诗《有思》载南京《中央日报·中央公园》第2张第4版。

9月22日夜,于芜湖狮子山,作诗《秋雨偶然作》。

9月24日,于芜湖江干边,作诗《秋江》。

10月1日,译诗《白雷客诗选译》载《文艺月刊》第4卷第4期,译者署名"萝蕤·梦家"。发表在《文艺月刊》上的译诗共十六首,诗前有陈梦家写的序言,接着就是《诗人白雷客 William Blake 之生平》。

10月10日,于芜湖狮子山青阳楼,作诗《秋风歌》,并写下诗的后记。夜,于狮子山,作诗《雨中过二十里铺》。

---

①教会学校,1899年由美籍瑞典人卢义德创办,后改名圣雅阁中学,现为安徽师范大学附属外国语学校。
②吴孟复(1919—1995),名常焘,字伯鲁,改字孟复(以字行),号山萝,安徽庐江人,古籍学家,古典文学研究家。

10 月 11 日,《悼兔子》载南京《中央日报·中央公园》第 2 张第 1 版。

10 月 15 日,于狮子山,作诗《黄河谣》。

10 月 18 日,诗《景山前街》载南京《中央日报·中央公园》第 2 张第 1 版。

10 月 20 日,《"无信仰的世界"》载南京《中央日报·中央公园》第 2 张第 1 版。

10 月 22 日夜,作长诗《往日》之一《鸿蒙》,后从该诗中节录《当初》收入《梦家存诗》。

10 月 23 日,天明前完成长诗《往日》之二《昧爽》。

10 月 25 日,《祀孔夫子皇帝记》载南京《中央日报·中央公园》第 2 张第 4 版。

10 月 26 日,于芜湖狮子山,作诗《泰山》,以记 1932 年春夏间游泰山所感,为长诗《往日》之三《陆离》的一部分,后以《登山》为题编入《梦家存诗》。

10 月 28 日,《悼凌其垲先生》载南京《中央日报·中央公园》第 2 张第 4 版。

10 月 30 日,于芜湖狮子山青阳楼,作诗《塞外》,以记本年初去热河沿途所见,为长诗《往日》之三《陆离》的一部分,后以《出塞》为题编入《梦家存诗》。本日,长诗《往日》之三《陆离》脱稿。至此,八百行长诗全部创作完成。

长诗第一节《当初》,一晚就成了,如今在此删剩六十余行,保持它的统一;但是第二节《登山》第三节《出塞》,为许多人所爱的,却是十多天苦心锤炼造作的诗句,它们只是我造作时手臂上暴起的脉络,是我那时所宠爱的一堆古老的颜色。①

关于《往日》,"全诗分为《鸿蒙》《昧爽》《陆离》三章,风格奇幻瑰丽,多姿多彩,是一部浪漫主义的力作,显示了诗人过人的才气,被人广为称道的是《往日》中的第三章《陆离》,陈梦家从大海写到了泰山,热情奔放的感情一泻千里,读来激情飞扬……火焰般迸喷的爱国主义激情如崩云裂岸的浩荡大江奔泻于一气呵成的湍急的诗行间,令人目不暇接"②。

11月10日,于芜湖狮子山青阳庐,作《何首乌歌并序》,以记他听到的何首乌奇事。

11月11日,于芜湖狮子山,作诗《悼津生》。

11月16日晨,于狮子山,作诗《一半红一半黄的叶子》。

11月20日,诗《悼津生》载《北平晨报》副刊《北晨学园》第603号。

11月下旬,于芜湖,对《铁马集》作第五次删补,并写下附记,准备出版。由于到芜湖,《铁马集》的印事搁置了下来。

11月29日,《何首乌歌并序》载《大公报》文艺副刊。

12月1日,诗《黄河谣》载《文艺月刊》第4卷第6期。

12月4日,《给卢韦(一)》载南京《中央日报·中央公园》第2张第4版,署名"梦家"。

12月,朱湘于5日跳江自杀后,陈梦家与学生吴孟复至江边凭吊。有研究者写到吴孟复:"陈梦家先生教国文,也给了他很大影响……诗人朱湘自杀,他随陈梦家先生至江边凭吊,并有律诗一首。"③

本年末,于芜湖狮子山,陈梦家为《铁马集》写《付印后记》,

---

①陈梦家:《〈梦家存诗〉自序》,《梦家诗集》,第223页。
②陈改玲、牟利锋:《陈梦家评传》,第113页。
③《吴孟复安徽文献研究丛稿》,合肥:黄山书社,2006年,第260—261页。

后记中感谢林徽因为《铁马集》画封面,并感谢其他几位朋友的热心帮助:

> 感谢林徽音女士为我画封面,但因付印时我在芜湖,不曾亲去校择颜色,也许这些颜色调配得不如原意。大纲给我写了一篇序,我只敢接受他的激励,因此放在集后。梁镇、卢韦及膺黄对此集之出版,都极关心帮助,最后又承荫渭、思玄为印刷出版代劳,均使我十分感谢。
>
> 二十二年岁暮。狮子山。①

本年,传教士诗人刘廷芳翻译了《陈梦家修颂主诗集本》。

约此前后,由闻一多介绍认识了唐兰,反右时期唐兰写文章批判陈梦家道:"1933 年前后的一次宴会上,闻一多先生告诉我,有个青年陈梦家敢于说'夏朝就是商朝,夏禹就是商汤',将要访我。隔了几天,这青年来了,长头发,神气傲慢。留下很厚一部稿子,内容荒谬,都是突发奇想,悬空立说。这是我认识他的开始。不久,他入燕京大学研究院跟容庚先生学金文。"②

1934 年　甲戌　二十四岁

1 月 1 日,《泰山》和《塞外》两诗,以《泰山与塞外的浩歌》为题载《文艺月刊》第 5 卷第 1 期。

本日,《造谣篇》载南京《中央日报·中央公园·新岁特号》第 2 张第 4 版。

1 月,诗集《铁马集》由上海开明书店初版,共收入作者 1931 年 7 月至 1933 年 11 月所作诗四十首,其中《在前线》四首曾经单行出版,又重新编入本集。《铁马集》由林徽因设计封面。

---

①陈梦家:《铁马集》,"附录·印付后记",第 11 页。
②唐兰:《右派分子陈梦家是"学者"吗?》,《中国语文》1957 年 10 月号。

　　序诗之后目次为:《桥》《雨》《我是谁》《我望着你来》《焦山》《蓝庄十号》《相信》《天没有亮》《夜渔》《燕子》《太平门外》《铁马的歌》《致一伤感者》《圣诞歌》《海天小歌》《鸡鸣寺的野路》《别蓝庄》《在前线》(四首,前有《小记》,接着是《在蕴藻滨的战场上》《一个兵的墓铭》《老人》和《哀息》,并附方玮德译诗《"他是走了"》)《叮当歌》《白俄老人》《海》《小诗》《西山》《西山夜游片断》《追念志摩》《西山野火》《有所思》《影》《九龙壁》《塞上杂诗》《唐朝的微笑》《秋雨偶然作》《秋江》《雨中过二十里铺》《秋风歌》《黄河谣》《一半红一半黄的叶子》。

　　目次之后是附录。附录之一是《九姑信》,即方令孺1932年写给陈梦家的信一封。附录之二为《大纲序》,是俞大纲1933年3月写于北平的序。附录之三为《玮德旧跋》,是方玮德写于1932年2月的跋文。

　　附录之后是《附记》,最后是《付印后记》。

　　1月16日,于芜湖狮子山,作文《记志摩先生》,陈梦家说:"何以他是人人的朋友呢?因为他以人人为朋友。我们只消和他有一次的会晤就能觉到他是怎样温柔的……你和他谈话,看他常常爱翘起一个大拇指,那是他又在说人好话了。"文中还提到,有一天晚上在南京城南某人的家里,徐志摩谈了很久,谈他在印度经历的夜晚野兽随便到人家里来的惊恐,可他还是用一种平和的笑容讲述他当时的害怕①。

　　1月,于芜湖狮子山,作文《老子哲学之原理及其应用(初稿)》。

　　2月1日,《记志摩先生》载《文化通讯》第1卷第2期,同一卷上,还有《铁马集》的广告。

　　本日,诗《圆规》载南京《中国文学》月刊1934年2月1日创

---

① 陈梦家:《记志摩先生》,《文化通讯》第1卷第2期,1934年,第6页。

始号。本期"画辑"栏有此诗"原作原型"（即手稿）。

2 月 13 日，除夕。闻一多、梁实秋、余上沅、胡适、陈梦家等聚餐，商量办一份刊物，最后定名《学文》。当日，胡适的日记有此记载："午饭在欧美同学会，有两局：一面是孟和、孟真为袁守和①饯行；一面是余上沅约梁实秋吃饭，并有今甫、一多、吴世昌、陈梦家、公超、林伯遵诸人，商量办一个月刊，为《新月》的继承者。杂志的名字，讨论甚久，公超提议《环中》，吴世昌提议《寻常》，一多提议《畸零》，我也提了几个，最后决定《学文》月刊。"②

2 月 16 日，《老子哲学之原理及其应用（初稿）》载上海《文化通讯》半月刊第 1 卷第 2 期。

2 月 27 日，赵紫宸父女请客。顾颉刚日记："到东大地赵宅吃饭，十一时归。今晚同席：吴宓、闻一多、叶公超、陈梦家、张东荪、吴世昌、容希白、予（以上客），赵紫宸及其女萝蕤（主）。"③

2 月，由于闻一多的热心操办，清华大学和欧美同学会联合主办的唐亮西洋画展在北平南沿河举办，闻一多还写了一篇《论形体——介绍唐仲明先生的画》，印在画展的目录前。1956 年，陈梦家写了《艺术家的闻一多先生》一文，与闻一多上文一起发表在《文汇报》上。

2 月 28 日，元宵节。过完了一个春节，陈梦家离开北平又回到芜湖。从春节到离开北平的这段时间，陈梦家参与《学文》月刊的创办。

3 月 1 日，闻一多致信饶孟侃，谈到《学文》，也谈到陈梦家：

①袁同礼，字守和。
②曹伯言整理：《胡适日记全编》第 6 卷，第 324 页。
③《顾颉刚日记》第 3 卷，台北：联经出版事业股份有限公司，2007 年，第 164 页。

"子离:两信均收到。刊物已改名《学文》(行有余力则以学文,在态度上较谦虚)。本星期日我与公超联名请客,许多琐细的事,届时可作最后的决定。大作两诗实以《懒》为最好,好得厉害,公超、梦家均大为赞服,鄙见亦同……仲明本星期六在清华展览。清华及严智开均欲买画,正在接洽中。梦家仍回芜湖去了,昨天离平。"①

本日,诗《天国》《唐朝的微笑》《别蓝庄》载流露社《中国文学》第 1 卷第 2 期。

本日,故事《一个人降生和复活的故事》载《紫晶》1934 年第 6 卷第 1 期。

3 月 27 日夜,大风雨,于芜湖狮子山,作文《论朋友》。

4 月 1 日,穆木天诗评《〈梦家诗集〉及〈铁马集〉》载《现代》月刊第 4 卷第 6 号,这样称道陈梦家的诗:"好如一片秋空,具有着静闲的优然的美。"

4 月 7 日午,于芜湖狮子山,作文论《文学上的中庸论》。

4 月 23 日,《西京日报》第 5 版刊出《陈梦家成名之来历及今后之去向》。

5 月 1 日,《学文》月刊第 1 卷第 1 期出版,作者有饶孟侃、孙洵侯、林徽音(林徽因)、孙毓棠、陈梦家、杨振声、季羡林、李健吾、卞之琳、闻一多等。陈梦家诗《往日》之一《鸿蒙》载于本期。

5 月 10 日,《文学上的中庸论》载《中央日报·文学周刊》第 1 期。

5 月 24 日,《论朋友》载《中央日报·文学周刊》第 3 期。

6 月 1 日,诗《往日》之二《昧爽》载《学文》月刊第 1 卷第 2 期。

---

①《闻一多书信选集》,第 241 页。

6月,于芜湖狮子山,作诗《梦中口占》。

7月1日,诗《往日》之三《陆离》载《学文》月刊第1卷第3期。

8月19日,朱珠的简讯《陈梦家方玮德复合》载《东南日报》副刊《沙发》2064期。

8月,译诗《白雷客诗一章》(William Blake作)载《学文》月刊第1卷第4期。

9月1日,燕京大学考古学会成立,社址暂设在燕京大学燕东园24号,即容庚的住处,第一批社员共84人,容庚、徐中舒、刘节、唐兰、魏建功等五人为执行委员,社员中还包括后来与陈梦家交往颇多的徐森玉、商承祚、于省吾、罗福颐、杨树达、赵万里、叶慈(英国)、董作宾等人。

9月22日,《梦中口占》载《大公报》文艺副刊。

9月26日夜,于北平海淀,作诗《过当涂河》。

9月,成为燕京大学容庚教授的研究生,专攻古文字学,正式开始他的学者生涯。陈梦家在燕京大学男生名录上的编号为34410①。

关于陈梦家的这段经历,扬之水在她的书中曾谈到金克木的说法:"拜访金克木……无意间谈及赵萝蕤,他告诉我,赵的父亲是燕京神学院院长赵紫宸,她的丈夫陈梦家原是金陵神学院的牧师②,后报考清华研究院③,打听得研究古文字最易出名成家,便做了容庚的研究生,就在那时与赵相识……"④

10月1日,翻译小说《两只青鸟》([英]劳仑斯作)载《文艺

①北京大学档案馆:《燕京大学教职员学生名录》(1934—1935)。
②陈梦家的父亲是金陵神学院的牧师。
③应是燕京大学。
④扬之水:《〈读书〉十年》一,北京:中华书局,2012年,第124页。

月刊》第 6 卷第 4 期。

11 月 3 日,诗《十字架》载《大公报》文艺副刊。

受闻一多的影响,在治学初期,陈梦家也热心于神话和礼俗的研究,那时和闻一多谈起这些,两个人会扯得很远,越谈越有劲。后来陈梦家转入古代实物和历史的研究,觉得神话太空,引起闻一多的反对。

本年,在厦门的方玮德致信陈梦家说,陈梦家给他自订诗集写的序文弄丢了,希望陈梦家重写。

方玮德到厦门后,由于不适应那里潮湿的环境,不久便生了病。这年暑假,他到上海看病,呆了一个月,回到南京后又呆了一周,病情有所缓解。9 月初,又带病北上。来到北平,本想和黎宪初订婚,但因为火车上一路颠簸,不得不在几个医院之间进出,看中医,吃中药。12 月,住进德国医院,后回辟才四条六姑家静养,春节期间入北平大学医学院附属医院。陈梦家说方玮德"在静观纷乱的万物中,隐含无数热情的怀抱"。

11 月 27 日,常任侠致信陈梦家:

梦家足下:

前得手札,未即奉复,人事栗栗,匆匆又将期月。自足下与玮德俱北去,同泰寺亦不常往,暇日大率徘徊书店中,买取小书为多。九姑游杭已归,辄一临□之,彼迩来借我书数册,读之颇有兴趣也。玮德处曾去信候问,并寄去《诗帆》数册,彼未有信来,不知渠病究如何。南中日来奇寒,今日下午且霏雪,北方更何似? 匆泐不备,即问起居。

　　　　　　　　　任侠午启,十一月廿七日灯下①

12 月 11 日,《西北文化日报》第 8 版发文《谈谈陈梦家》。

---

① 沈宁整理:《常任侠书信集》,郑州:大象出版社,2008 年,第 60 页。

据反右时期批判陈梦家的文章称，本年冬，陈梦家在燕京大学期间，曾反对郑振铎革新："当时郑振铎先生是燕京大学中国文学系的代理系主任，由于郑先生聘请进步教授，整顿系务，激起了反动当局的忌恨，策动了一批反动的师生起来反对，陈梦家就是学生里面联名反对郑先生最积极的参加者与计谋者之一。"①

1952 年 8 月 6 日夏鼐日记也提到"驱郑"事件："上午所中开会，先对郑所长提意见，先由东区郭宝钧、苏秉琦二人，其次为西区尚爱松、曹联璞、徐旭老三人，西区意见颇尖锐，近代史所荣孟源提意见，语言所罗所长亦对郑攻击，接着吴晓铃提意见，并提及燕京大学于 1934 年冬驱逐郑先生事，此时郑感情冲动，近代史漆侠提意见，郑已停笔下泪，主席刘桂五即宣布休息，郑凄然离席返办公室。"②

关于 1934 年燕大校园发生的"驱郑"事件的起因，另一说法是："郑振铎从北平头发胡同某书铺以四百五十元（一说四百七十元）购得明正统本大藏经残本若干，并有目录。不久郑振铎将此书以一千元转卖给燕京图书馆。当时郑索价一千五百元，时该馆经费不多，仅余一千二百元，当即以一千元购之。一转手间牟利五百元之多，并扣留目录，消息传出，被证实后，燕大希望郑退款并将目录交出。此事弄得郑振铎很是难堪。事情发生后不久，郑振铎向燕大辞职。"③

---

① 考古通讯编辑部：《斥右派分子陈梦家》，《考古通讯》1957 年第 5 期，1957 年 9 月。
② 《夏鼐日记》第 4 卷，上海：华东师范大学出版社，2011 年，第 499 页。
③ 方继孝：《五十年代初期的陈梦家与夏鼐》，《读书》2019 年 2 期。

1935 年　乙亥　二十五岁

2 月 4 日,于北平燕东园,作诗《小庙春景》①。

3、4 月间,方玮德在病中,其堂弟取来方玮德手订的诗稿,后来由陈梦家编入《玮德诗文集》。

4 月 9 日,赵紫宸给女儿赵萝蕤写信,支持女儿和陈梦家的恋爱:

> 萝蕤:
>
> 　　你的信,我能了解,我心中亦能体谅。前日摄影,我本向你母说,请梦家在内,他犹豫,我便不再问。我们都是神经过敏的。我爱梦家,并无一丝恶意。我从去年到现在,竭力将你撇开去,像心底里拔出肉来一样,所以我非冷淡不可。你有你的生命,我绝对不阻挡,因我到底相信你。
>
> 　　现在只有二事:
>
> 　　(1)不要将孩子们的话,认真看。
>
> 　　(2)不必重看母亲之举动(也不必向谁作解释)。
>
> 　　信中之言,关系伦利事,我皆未知。我爱你们是赤诚,我冷淡,请你们撇开我如我撇开你们一般。
>
> 　　我认识梦家是一个大有希望的人。我知我的女儿是有志气的,我不怕人言。你们要文定,就自己去办,我觉得仪式并不能加增什么。
>
> 　　你们经济上我本想稍微补助些,但我目下尚不能,因我支票底根上只有三十一元了。除去新市立刻须寄廿元,尚有十一元,又不肯向徐刘李陆等开口借!

---

①见北京大学档案馆:《燕京大学教职员学生名录》(1934—1935)陈梦家条目下,注明陈梦家所在班级为"国文研",住处为"燕东园"。

以后你有需用，可以写个字来，我可以帮忙，看你认识
我几分；我是没有人认识的！

父宸

民国二十四年四月九日①

据杨绛回忆：那时赵萝蕤正在谈恋爱，追求她的男生很多。
一次，赵萝蕤问杨绛：一个女的被一个男的爱，够吗？赵萝蕤的
追求者之一，是她燕京大学的同学吴世昌。"赵萝蕤最后选定陈
梦家为爱友，家里不赞成。陈梦家家境清寒，此时在燕京大学读
研究生，从容庚习古文字学，住在赵家，生活费需赵萝蕤帮助筹
措。赵紫宸当时在国外，本来每月给宝贝女儿八十元零花钱，听
说陈梦家的事后不再给女儿钱。"②赵萝蕤在清华也是优秀生，
享有奖学金，她每月向杨绛借十元，下月还了又借。

5月2日，访容庚。容庚日记："早授课。黄子通请邵逸轩、
周怀民画家午饭，邀余作陪。周一良、陈梦家来。"③《燕京新闻》
第1版刊出消息《赵萝蕤女士订婚》。

5月5日下午四时至六时，在燕京大学甘德阁，陈梦家和赵
萝蕤订了婚。燕大的甘德阁和麦风阁为南北两阁，结构相同，传
说司徒雷登想念大洋彼岸的两个女儿，才特意建造了这两个阁
楼。陈赵的订婚请柬内容如下：

民国念四年五月五日下午四时到六时，为犬女萝蕤与
陈梦家先生订婚，于燕京大学甘德阁，略备茗点，敬候
光临

赵紫宸拜启

①方继孝：《碎锦零笺》，第48页。

②吴学昭：《听杨绛谈往事》，北京：生活·读书·新知三联书店，2016年，
第92页。

③容庚：《容庚北平日记》，北京：中华书局，2019年，第413页。

　　　　　领

　　谢

　　　　　　　　　　　陈金锺
　　　　　　　　　　　　　　　　□拜①
　　　　　　　　　　　赵紫宸

　　本日,容庚日记:"四时至姊妹楼,观陈梦家订婚礼。"②

　　大约此时,留下了陈梦家、赵萝蕤两人最早的合影。赵萝蕤曾为这张照片作注:

　　　　这张照片大约摄于 1935 年春我初识③梦家时。背后那棵树,就在当时燕京大学西校门(即今天的北京大学西校门)一进门靠右边还未过桥的地方。摄影者是我曾经同窗的老友萧乾。照相机肯定是他的,他是记者,我们没有这种机器。我那时骨瘦如柴,人称"稻草人",而梦家则体格魁梧,他那时已是著名的诗人。④

　　关于陈梦家与赵萝蕤的相恋,在赵萝蕤晚年,扬之水曾经对她有过提问:

　　　　问起她年轻时的一些事情。她说在大学中,她是同年级中最小的一个。王世襄、萧乾等,年岁都比她大,但班级都低于她。那时她的外号叫林黛玉,有许多追求者呢。但她却追求了陈梦家。"为什么? 是不是喜欢他的诗?""不不不,我最讨厌他的诗。""那为了什么呢?""因为他长得漂亮。"

---

①方继孝:《碎锦零笺》,第 49 页。
②容庚:《容庚北平日记》,第 414 页。
③笔者注:不是初识。
④赵萝蕤:《我与陈梦家》,《老照片》编辑部编《尘埃拂尽识名人》,济南:山东画报出版社,2001 年,第 181—182 页。

陈梦家十分活跃,赵却不。所以至今人们提到赵萝蕤,前面总要加一句"陈梦家的夫人"。"他的知名度比我高得多。"①

5月7日,《燕京新闻》第 1 版刊出消息《陈梦家赵萝蕤订婚》。

5月8日,储安平有信致陈梦家。

5月9日,下午二时,方玮德因病于北平大学医学院附属医院去世,年仅 27 岁。玮德弥留之际,只有六姑方孝佶、女友黎宪初和八姑②旧仆老乔三人在场,陈梦家不久赶到。

当天,陈梦家即给在南京的九姑方令孺发去电报。

当晚,陈梦家又致信在南京的储安平:

安平转南京诸友:

　　玮德于去年十二月患膀胱结核,初入德国医院,由克里大夫诊治。今年二月,迁入北平大学医学院附属医院。最近一月,复请施今墨大夫诊治,均属无效。已于今日下午二时去世矣!可痛可痛!弟于气绝后赶到,明白入殓,后日出殡,暂厝法源寺。南京已有电去。希将此消息代达诸友好。平地朋友不多,追悼会六七月间在南京开为妥。匆匆不一。

　　　　　　　　　　　　　梦家　五月九日晚③

5月11日下午,用马车载方玮德灵柩到法源寺暂厝,送丧者有孙大雨、吴宓、闻一多、巫宝三、孙毓棠、章靳以、孙洵侯、卢寿丹、潘家麟、郝昭宓、林庚、曹葆华、瞿冰森、方琦德、方珂德、黎宪初、方孝佶、佛同、陈梦家等 20 余人。这日,大家商量了两件事:

①扬之水:《〈读书〉十年》二,北京:中华书局,2012 年,第 189—190 页。
②八姑方令英和孙伯醇夫妇当时居日本。
③《方玮德先生噩耗》,《中央日报副刊》1935 年 5 月 13 日。

"一于一个月内,在《北晨学园》出一纪念号,一编印遗集。"①

本日,陈梦家有信致宗白华:

> 白华先生:
>
> 　　你们想已得了玮德的噩闻,他已于昨日(十日)正午正式入殓,我看他遗容尚无重苦之色,六姑说他临危时洒脱而去。棺木衣衾都很好,入殓时有文德里二弟、徐中舒、巫宝三及我的三个朋友,黎老太太也在。今天下午二点移灵法源寺,已雇得一玻璃马车运枢,清早大风吹得满地槐花,以为玮德铺一条路。九姑闻信必甚悲痛,请去劝他节哀,玮德虽去,其心甚安。南京友人较多,我意六七月间在鸡鸣寺追悼,此事如何,盼能早日筹备。
>
> 　　　　　　　　　　　　梦家敬上(十一日)②

5月12日,为方玮德纪念文一事,储安平致信陈梦家:

> 梦家鉴:
>
> 　　八日夜二时快信,及十日晚寄洵侯转一信,想均达览。十日下午在九姑处,即得玮德噩耗。撰文纪念事十日在娃娃桥会谈及,九姑谅已有函在途矣。先复数语,容另详述。
>
> 　　　　　　　　　　　　　　安平　十二日晚③

本日,陈梦家有信致宗白华:

> 　　昨日下午四时出殡,送丧者到一多、雨生、大雨等二十数人,玮生前朋友,都已到齐。灵枢由一双马丧车载行,前

---

①见1935年6月11日《北平晨报》副刊《北晨学园》"玮德纪念专刊"陈梦家、瞿冰森的《编后小记》。

②《风雨送情:陈梦家先生寄宗白华先生信》,《中央日报副刊》1935年5月22日"玮德纪念专号"。

③《方玮德先生噩耗》,《中央日报副刊》1935年5月13日。

军乐队,后送者步行出城,时风雨如晦,状至凄惨。八姑的用人老乔说"风雨送情",三时到法源寺,厝入丙房内,花圈甚多。四时在寺中素飨,顺便提到纪念之法,共议二事:(一)六月九日以前在《北平晨报》出一纪念专号,由我负责,(二)搜集遗稿,由我与孙毓棠编理付印。关于前者为时甚迫,务盼你和九姑及南京熟人快寄点文章来,文不在长,只要人人有一篇,以表追悼之意。关于出遗集,拟先搜集,暑中或可付印。南京有何书店肯印否?九姑能快寄一文否?后日阴历四月十二为玮德生日,姑翁为其念经一日云?

梦家又及

五月十二日①

5月13日,储安平在他主编的《中央日报副刊》上,刊出了《方玮德先生噩耗》一篇,内容是陈梦家9日写给他的信及他12日复陈梦家的信。

本日,于蓝家庄,作诗《送玮德》。

5月15日,孙作云在《清华周刊》第43卷第1期发表《论"现代派"诗》,赞扬陈梦家的诗"意境与形式并茂,且不为人藩篱"。

本日,闻一多向朱自清谈起陈梦家新近所作论文中的观点。朱自清日记:"闻告以陈梦家写一有关原始社会的文章,称从甲骨文的记载看,只有殷而无夏。闻认为陈文中有力的论据有七。如:夏之系谱与殷几乎相同。陈还认为,传说中汉字的创造者仓颉就是契,他的名字应是商。契这个字只是表明其技艺,这是古代通常的一种命名方式。商这个字,从'降而生商'这句诗可见,

---

① 《风雨送情:陈梦家先生致宗白华先生信》,《中央日报副刊》1935年5月22日"玮德纪念专号"。

自然应解释为某人之名,而非朝代名称。"①

5月22日,储安平主编的《中央日报副刊》刊出"玮德纪念专号",发表了宗白华、方令孺、吴宓、马仲殊、滕刚、由稚吾等人的文章数篇,并发表了陈梦家11、12日写给宗白华的信件两封。

5月24日,储安平在《中央日报副刊》上又公开发表了邵洵美来信一封,在标题《邵洵美先生来信》之下,是"玮德遗著将由第一出版社出版"一句。邵洵美允诺了出版方玮德遗著的事宜,并且表达了他的悼念之情:"玮德又去了,更叫我做人意懒心灰。天公的哑谜没人猜得透。做一天和尚撞一天钟,想是最好的为人之道,志摩死,我说不出一句话;玮德死,我更说不出一句话。各刊物大概又有纪念文章出现,我辈迎生送死者,实更可怜也。玮德是新诗人中最守本分的,写作从不肯苟且,我当时为经济关系,未为他出版诗集,真对不起他。遗作希能由九姑收集,我当为他印行,一尽朋友的责任也。洵美。"②

6月3日,与瞿冰森为《北平晨报》副刊《北晨学园》"玮德纪念专刊"写《编后小记》。

6月10日,《北平晨报》副刊《北晨学园》刊出"玮德纪念专刊",其中有陈梦家诗《送玮德》。

6月11日,《北平晨报》副刊《北晨学园》继续刊出"玮德纪念专刊",其中有陈梦家所写《玮德得病始末》,最后有陈梦家和瞿冰森两人各写一段合成一篇的《编后小记》,另外闻一多在《悼玮德》一文,称赞方玮德有"中国本位文化"风度,还说到方玮德、俞大纲、孙毓棠、陈梦家等人:

　　　　梦家有一次告诉我,说接到玮德从厦门来信,说是正在

---

① 朱乔森编:《朱自清全集》第9卷,第361页。
② 《邵洵美先生来信》,《中央日报副刊》1935年5月24日。

研究明史。

　　那是偶尔的兴趣的转移吗？但那转移是太巧了。和玮德一起作诗的朋友，如大纲原是治本国史的，毓棠是治西洋史的，近来兼致力于本国史，梦家现在也在从古文字中追求古史。何以大家都不约而同的走上一个方向？我期待着早晚新诗定要展开一个新局面，玮德和他这几位朋友便是这局面的开拓者。可是正当我在为新诗的远大的前途欣慰着的时候，玮德死了，这样早就撇下他的工作死了！我想到这损失的意义，更不能不痛惜而深思。①

6月13日，下午二时，清华大学研究院文科研究所外国文学部在图书馆外语系办公室举行赵萝蕤毕业初试。赵萝蕤从清华外国文学研究所毕业后，转入燕京大学西语系任助教。

6月22日，"据《顾颉刚日记》1935年6月22日载，燕大文学院'决定奖学金领受学生'，共9人，国文系有陈梦家，历史系4人，周一良、张家驹与刘选民这届3人全部在内"②。顾颉刚日记："今日决定奖学金领受学生：国文系：李素英（继续）、李文郁、陈梦家、周杲、（候补）张玮瑛；历史系：邝平樟、周一良、张家驹、刘选民、（候补）姚家积；哲学系：朱宝昌。"③

6月，根据黎宪初讲述方玮德病中情况，陈梦家写下《玮德得病始末》。

7月间，编《玮德诗文集》，其中第二卷"二十一年以后"由陈梦家按年月编定，7月底付排。

①闻一多：《悼玮德》，转引自林文光选编《闻一多文选》，成都：四川文艺出版社，2010年，第3页。
②上海市历史学会编：《上海史学名家印象记》，上海：上海人民出版社，2012年，第225页。
③《顾颉刚日记》第3卷，第358页。

　　7月13日,钱锺书、杨绛在苏州杨绛家一文堂举行婚礼,陈梦家、赵萝蕤因为也在南方,参加了婚礼。钱杨的婚礼共两场,先在杨家举行西式婚礼,把新娘接到无锡钱家后,又进行了中式婚礼。

　　扬之水曾听赵萝蕤讲述:

　　　　访赵萝蕤。自去年为她做生日,至今,已将近一年未见了,此间她曾到美国访问了三个月。

　　　　进门时,她正在读第三期赵一凡谈《围城》的文章。于是,便问起她是否读过《围城》。答曰:《围城》是早就看过的,但对书中所描写种种,并不熟悉。她说,我和钱是清华研究院时的同学(钱比她低一班),和他的夫人也挺熟,他们的婚礼是在杨绛家举行的。杨家有一个很大很大的院子,婚事在一文堂中举办(一文堂,得名由来大约是一文钱一文钱集资修建的)。当时只邀了些亲戚,我们夫妇却参加了,是很少的几位朋友中的一对。因恰好在南方的缘故。我和钱的生活圈子不同,他是有生活阅历的,而我却没有。以后的几十年,我们几乎再没有来往,形同路人。①

　　关于钱锺书和陈梦家之间,当年还有一段广为流传的佳话:有一次在清华大学中文系研究生学科考试答辩会,两人相遇,陈先生见钱先生进来,招呼道:“江南才子钱锺书。”钱锺书应口对答:“上虞诗人陈梦家。”②

　　8月8日,立秋日,离方玮德死近一百天,于上海,写《〈玮德诗文集〉跋》。

---

①扬之水:《〈读书〉十年》二,第36页。
②应锦襄:《师恩心底》之《两个女才子——杨绛和赵萝蕤》,《厦门文学》2008年第2期。

8 月,由于恋人赵萝蕤"温爱的鼓励和谈心",陈梦家编选了《梦家存诗》。

8 月 16 日,于北平燕东园,写下《〈梦家存诗〉自序》,认为选定的这集诗比较醇正。在序文中,陈梦家还写了自己的思考方式:"喝了极浓的茶,吸一卷纸烟,用一双平衡节度的散步来思索。"

9 月 20 日,考古学社在北平东单福生食堂举行第二次年会并聚餐,到会社员二十人,主要是在北平的社员,陈梦家大约此时加入了考古学社。在年底出版的社刊之社员名录中,这样介绍陈梦家:"陈梦家,浙江上虞人,年二十五岁,南京国立中央大学法律系毕业,北平私立燕京大学研究院研究生,曾任国立青岛大学文学院助教。通讯处:燕京大学燕东园。著有《商为人名说》《从古文字中考见上古文化》(甲、祭祀编,乙、刑制编,丙、音乐编),均未出版。"①

9 月 22 日,中午,应《大公报》"文艺副刊"招宴,陈梦家与闻一多、沈从文等同坐一桌喝酒吃饭闲谈。

10 月 27 日,下午,访顾颉刚。顾颉刚日记:"四时,回至李宅,稍息归。到校印所,遇希白,覆校二文讫。陈梦家来。邓持宇来。"②

11 月,陈梦家的小说《不开花的春天》选入《浮世辑》,由上海良友图书公司出版。

12 月 5 日,致信赵萝蕤,谈学习、借书等情况:

> 萝萝:
>
> 　　今天太累了,晚上睡是睡好的,可是十点不到上床,直到息灯楼上才静去。今早又提心要起早,六七点就醒,工厂

---

① 考古学社:《考古》第 3 期,1935 年 12 月,第 240 页。
② 《顾颉刚日记》,第 3 卷,第 404 页。

放哨方起，看了看昨夜抄好的训诂。九点去上课，训诂考得不难，这一次又嫌预备太勤了。午后看报，车胎泄气去修了。二点又上课，真累。三点古音系改为实习，各人一把剪刀一瓶浆，二人一组来拆《广均》，我与骆大姐一伙，此人性缓而手粗笨，不免争论快慢，下次想另找别人合作，但也不好意思。工作到五点才散，路过冰场看很多人 niu 着，小三也在，老毛子洋婆不认，我倒不想去学了。冰上摔跟斗的不多，我就怕一上去连着摔，岂不见笑。在花神庙前遇到东大地三位胖太太，我骑车就回。客堂有客，不敢叫电话了。爱略忒 *The Rook* 原先是新书陈列的，我用"研究保留"的卡片借出，私自用（出馆外），不知可要紧，我的另一张借片已满八本，本想明天还了一本再借 *Rook* 的，恐为人借去，所以如此借了。你早早看一遍，礼拜六带回重去借过为妥。我又借到王国维一本甲骨文，来不及看，还是甲骨学编得有次序，容易懂。你便中去查：罗振玉的《殷虚书契前编》《后编》《菁华》三种及《殷虚书契考释》有没有被人借去，此数种都狠难借到的。

千千记了一天的细账，可是心上真不定，七上八下直想来看你。下课太晚来不及来了，我要要要你，怎么好？明天你三点后就回宿舍等我吧，我也许会早去。我回来黄毯子又放在床上了。明明可好。你的皮袍也做来了，明天同这封信一同到。

祝福明明。

千北上

十二月五日下午六时①

---

① 方继孝：《碎锦零笺》，第47页。

在燕京大学,陈梦家听过钱穆的课。钱穆回忆:"有同事陈梦家,先以新文学名。余在北平燕大兼课,梦家亦来选课,遂好上古先秦史,又治龟甲文。其夫人乃燕大有名校花,追逐有人,而独赏梦家长衫落拓有中国文学家气味,遂赋归与。"①

本年以后,陈梦家始接触铜器实物②。

约本年,应主编《新诗》的戴望舒之约,赵萝蕤翻译艾略特的《荒原》,叶公超为之写序。

1936年 丙子 二十六岁

1月初,收到《玮德诗文集》全部的校样,除原来的诗两卷文一卷外,又增加了一卷古诗文,是玮德的祖父方守敦老人选抄来的。陈梦家开始为《玮德诗文集》作校对。

1月10日,于北平燕东园,为《玮德诗文集》写下《校后记》。

1月18日,陈梦家和赵萝蕤结婚③,婚礼在司徒雷登的住处兼办公室临湖轩举行,主婚人是赵萝蕤的干爹、燕京大学教授陆志韦,证婚人就是司徒雷登。"这段门当户对的姻缘还得到了时任燕京大学校长、陈金镛的老朋友司徒雷登的支持,陈梦家夫妇的婚礼就是在司徒雷登的办公室举行的"④。叶公超送给他们的结婚礼物是"一个可作灯具的朱红色的大磁瓶,矮矮的一个单人沙发床,一套带着硬壳的哈代伟大诗剧《统治者》"⑤。

---

① 钱穆:《八十忆双亲 师友杂忆》,北京:九州出版社,2012年,第193页。
② 陈梦家:《〈中国铜器综录〉自序》,《陈梦家学术论文集》,北京:中华书局,2016年,第652页。
③ 见皮远长:《陈梦家小传》,《武汉大学学报(人文社科版)》1985年第6期。
④ 张九辰:《山水人生——陈梦熊传》,北京:中国科学技术出版社,2013年,第23页。
⑤ 赵萝蕤:《怀念叶公超老师》,《我的读书生涯》,北京:北京大学出版社,1996年,第240页。

本日,容庚日记:"四时参观陈梦家结婚。"①

约1月,方孝岢有贺结婚函:

> 梦家:
>
> 　　多日不见矣,日昨接嘉礼吉帖,《关雎》之所谓"寤寐求之"者。
>
> 　　梦家幸福庆羡庆羡,淑女君子和合百年。岢羁俗外子赴皖,未得登堂申贺,歉仄良深,翘企盛仪,为无量颂,临颖欣祝。敬贺
>
> 双喜不庄
>
> 　　　　　　　　　　　　方孝岢谨拜
> 　　　　　　　　　　　　嘉平二十二日②

2月9日,与唐兰等访容庚。容庚日记:"陈梦家、唐立厂等来。"③

2月25日,访容庚。容庚日记:"陈梦家来。"④

3月9日,访容庚。容庚日记:"早授课。陈梦家来。"⑤

3月12日,因对王国维的《颂壶跋》有疑问,而作器铭考释《颂鼎考释》⑥。

3月20日,访容庚。容庚日记:"早授课。下午孙海波、罗根泽、陈梦家来。"⑦

---

①容庚:《容庚北平日记》,第447页。

②方继孝:《品味书简——名人信札收藏十五讲》,北京:国家图书馆出版社,2016年,第127页。

③容庚:《容庚北平日记》,第449页。

④容庚:《容庚北平日记》,第451页。

⑤容庚:《容庚北平日记》,第452页。

⑥陈梦家:《西周铜器断代》上册,北京:中华书局,2004年,第281页。

⑦容庚:《容庚北平日记》,第453页。

3月29日,访容庚。容庚日记:"李镜池、刘厚滋、陈梦家来。"①

3月,《梦家存诗》由上海时代图书公司出版,为作者自选集,从七年来创作的百来首诗中仅选存二十三首,其中六首选自《梦家诗集》,十二首选自《铁马集》,五首未曾入集,前有自序一篇。陈梦家以此告别诗歌创作。自序之后目次如下:

> 十八年至二十夏(选自《梦家诗集》):《一朵野花》《星》《雁子》《白马湖》《小诗》《潘彼得的梦》
>
> 二十年秋至廿二年(选自《铁马集》):《夜渔》《太平门外》《致一伤感者》《鸡鸣寺的野路》《一个兵的墓铭》《老人》《哀息》《白俄老人》《西山》《影》《雨中过二十里铺》《黄河谣》
>
> 廿三年至廿四年:《过当涂河》《小庙》
>
> 廿二年作长诗所存:《当初》《登山》《出塞》

三十年代,陈梦家诗名很大,与闻一多、徐志摩、朱湘并列为新月诗派的四大诗人。

3月,陈梦家为好友方玮德编订的《玮德诗文集》由邵洵美的上海时代图书公司出版。

4月2日,作古史研究长文《古文字中之商周祭祀》,落款为"二十五年四月二日北平西郊佟府甲八梦甲室"②,佟府为燕京大学教员宿舍之一。

4月5日,考古学社执行委员会推举社员叶恭绰为社长③。

4月9日,陈梦家夫妇访顾颉刚。顾颉刚日记:"饭后士嘉

①容庚:《容庚北平日记》,第454页。
②《燕京学报》第19期,1936年6月。
③《社务纪要》,考古学社《考古》第4期,1936年6月,第367—368页。

来。贻斋来。到伯平处。出,剃头。到哈燕社,晤容女士。到煨莲处、文藻处。出,梦家夫妇来。到校印处。"①访容庚。容庚日记:"陈梦家来。"②

4月12日,正午十二时,考古学社在北平中央公园来今雨轩举行春季聚餐会,到会十七人,推举叶恭绰为社长,获得一致通过③。

4月17日,于佟府甲八(八号甲室),作文《郭沫若〈周易的构成时代〉书后》。后又作《补记三则》④。

4月19日,访容庚。容庚日记:"校稿。陈梦家来。"⑤

5月3日,于佟府,校对《古文字中之商周祭祀》一文并作补遗⑥。

5月15日,于北平佟府甲八梦甲室,作考释文章《令彝新释》⑦。

5月27日,与众人到北京市海淀区北安河阳台山一带游山。顾颉刚日记:

> 五月廿七号星期三
>
> 　上午四时起,五时十分开车,到黑龙潭,继到北安河。七时上山,遇润章先生。到金仙庵访胡泛舟夫妇。十二时,步至润沟,吃饭。遇许首龄及侯君。
>
> 　上顶,遇风雨,在僧寮坐待。雨霁,即行。到金仙庵,遇博晨光等十余人。七时,步至北安河。八时,到家。

---

①《顾颉刚日记》第3卷,第462页。
②容庚:《容庚北平日记》,第456页。
③《社务纪要》,考古学社《考古》第4期,1936年6月,第368页。
④郭沫若:《周易的构成时代》,长沙:商务印书馆,1940年。
⑤容庚:《容庚北平日记》,第457页。
⑥《燕京学报》第19期,1936年6月。
⑦考古学社:《考古》第4期,1936年6月。

希白来。全恭来。

八十里不平之山路一日往返,前所未有也。予上山颇可,下山则甚不如青年,步甚缓。然在同辈中尚可谓健者耳。

本日同游:徐祖甲、周杲、陆钦墀、蒙思明、关斌、王怀中、郑国让、唐子清、陈梦家、陈鼎文、王钟翰、李鲁人、陈孟犹、孙葆、侯仁之、邝平樟、周恩慈、起潜叔夫妇、容希白夫人、履安、自珍。①

5 月 30 日,星期六下午,访顾颉刚。顾颉刚日记:"饭毕,与嗣禹同乘二时车返燕京,校《禹贡》五卷七期稿。梦家来。"②

5 月,诗《雁子》被谱成歌曲发表于《音乐教育》第 4 卷第 5 期。

5 月,于佟府梦甲室,作考释文章《释底渔》③。

6 月 4 日,访容庚。容庚日记:"陈梦家来。"④

6 月 10 日,容庚日记:"陈梦家论文口试。"⑤

6 月 18 日,访容庚。容庚日记:"四时回家。陈梦家来。"⑥

6 月,《令彝新释》《释底渔》载考古学社《考古》第 4 期(1936 年第 1 期)。

6 月,于北平佟府,作考证文章《隹夷考》,此文为"梦甲室商代地理小记"系列之一。

6 月,《古文字中之商周祭祀》载《燕京学报》第 19 期,此为陈梦家的硕士论文。全文分为绪论、第一章商代祭祀概述、第二

①《顾颉刚日记》第 3 卷,第 478 页。
②《顾颉刚日记》第 3 卷,第 479 页。
③考古学社:《考古》第 4 期,1936 年 6 月。
④容庚:《容庚北平日记》,第 462 页。
⑤容庚:《容庚北平日记》,第 463 页。
⑥容庚:《容庚北平日记》,第 463 页。

章商代之褅祭、第三章吉金文中之祭祀、第四商周之天神观念、结论。

6月,所撰《库方二氏藏甲骨卜辞》书讯载《燕京学报》第19期"出版界消息"栏,署名梦家。

约6月,翻译小说《一个绝望的女人》([英]劳伦斯作)载《好文章》1936年第3期。

7月1日,翻译小说《一个绝望的女人》载《文艺月刊》第9卷第1期。

7月,陈梦家燕京大学两年研究生毕业,获得硕士学位。据《燕京大学第二十届本科暨研究院毕业生名录》(民国二十五年七月三日),研究院国文系硕士共八人①。

7月16日,《隹夷考》载《禹贡》第5卷第10期。

约8月,沈从文致信陈梦家:

梦家:

戴望舒拟出《诗刊》,北平多熟人,大家似乎得为他帮帮忙,望您把您的诗同萝葳的诗给他两首,并望问问陆先生,若有什么佳作也寄点给他。他住处是上海亨利路永利村卅号。

他因为在上海一种海派风气下,就常常受人压迫,刊物也极难办,如多得北方朋友帮帮忙,会有生气些。一多读诗札记(《匡斋尺牍》?)若能给他一二则,对刊物尤有帮助。望一转一多说说,甚感。

专颂

安好

从文顿首

廿八②

①见北京大学档案馆档案资料。
②方继孝:《碎锦零笺》,第60页。

9月1日,燕京大学秋季开学,陈梦家留校当助理。

闻一多年谱:"时,陈梦家自燕京大学研究院毕业,常到比邻的清华园看望先生。陈已由诗人一变而为甲骨文研究者,并留在燕大执教。"①

根据燕京大学《教职员名录》(1936—1937)记录,毕业后陈梦家在燕京大学文学院任助理,闻一多、钱穆等为兼任讲师,赵萝蕤兼任研究助理②。

根据1935年5月发布的燕京大学《燕京修正教职员待遇通则》规定,教员薪额:教授 $360—460,副教授 $270—350,讲师 $205—265,助教 $140—200,助理 $35—135,加薪最速是每二年加一次,每次加薪助理是 $10③。

大约此时,陈梦家租住了王世襄家的园子,称为王家花园④,王家花园在燕京大学燕东园外的成府路刚秉庙以东。当时陈梦家和王世襄的交往并不多,四五十年代后因为共同的收藏爱好,两人成了好朋友。晚年的赵萝蕤和王世襄回忆起当年往事:有一个深夜,陈梦家、赵萝蕤听到园外有人叫门,声音嘈杂,把他们吓坏了,以为有强人到来,接着听到一连串的疾行声、嘘气声,随即寂然。过了半晌,觉得没有出事,才敢入睡,原来正是王世襄和一帮人牵了四条狗半夜去玉泉山捉獾,拂晓归来,园丁睡着了,无人开门,只好越墙而入⑤。

9月5日,下午五时,考古学社在北平西单商场半亩园番菜

①闻黎明、侯菊坤编:《闻一多年谱长编》,第486页。
②见北京大学档案馆档案资料。
③见北京大学档案馆档案资料。
④在《燕京大学教职员名录(1936—1937)》上,陈梦家的住址为:燕东园外王家花园。
⑤王世襄:《我与陈梦家》,姜德明主编《七月寒雪·随笔卷》,北京:大众文艺出版社,2000年,第201页。

馆举行第三次年会并聚餐①。

9月21日,于吉永庄,由陈梦家述意,赵萝蕤成诗,作《"井鱼"——庄子〈秋水〉》。

约本年9月25日,闻宥有信致陈梦家:

> 梦家吾兄足下:
>
> 　　不通音问将四月,忍何可使。仆今年以家难频仍(弟死父病)不能远行,故仍在此间。八月杪曾到沪,以兄地址遍觅不得,无法通问。目下谅早抵故都矣。时艰益亟,古城情况一切尚又旧否?仆一年以来迫于养病,绝无成就。惟曾作"罗文分析"一文,不久当登《图书季刊》,约得万余言。刊出时请兄政之。其他绝无可告也。兄又有新著,更望酌谈。匆颂俪安为感。
>
> 　　　　　　　　　　　　　　　　　　　　闻宥手上
> 　　　　　　　　　　　　　　　　　　　　　廿五日
>
> 　一多先生晤请道候。②

9月,于北平西郊梦甲室,作考证文章《史字新释(附尹夷)》③。

9月,北平艺术专科学校校长严智开离职,赵太侔任校长,请闻一多来艺专兼课,"艺专当局按照学生程度分为甲组英文与乙组英文,统由先生④担任。先生嗣以工作繁忙,乃自约赵萝蕤女士代授乙组英文课。先生每周自清华来校一次,为甲组学生讲授两小时"⑤。

---

①《社务纪要》,考古学社《考古》第5期,1936年12月,第381页。

②方继孝:《陈梦家往来书札谈》,《收藏家》2003年第5期。

③考古学社:《考古》第5期,1936年12月。

④指闻一多。

⑤郭良夫致季镇淮信,转引自闻黎明、侯菊坤编《闻一多年谱长编》,第487页。

9 月,张景澄的评论文章《评〈梦家存诗〉》载《国闻周报》第 13 卷第 35 期。

10 月 7 日,还钱给容庚。容庚日记:"陈梦家还《大系图录》十二十元、《殷契佚存》九元、于《新证》川 8 元。"①

10 月 13 日,陈梦家等 104 人在《平津文化界对时局的宣言》上签名②,这份宣言由张荫麟起草,由顾颉刚修改。

10 月 15 日,赴晚宴,顾颉刚做东。顾颉刚日记:"宴客,为谈龙会。九时许归城。今晚同席:杨荫浏、绍虞、希白、侃如、盼遂、鲁安、沈国华、梦家、起潜叔(以上客),予(主)。"③

10 月 28 日,容庚请吃饭。容庚日记:"请陶北溟兄弟、顾起潜、陈梦家夫妇、于思泊④、瞿润缗晚饭。"⑤

10 月,于吉永庄,开始写古史研究长文《商代的神话与巫术》⑥。

11 月 1 日,诗《"井鱼"——庄子〈秋水〉》载上海《大公报》副刊《文艺》241 期,署名"梦家述意,萝蕤成诗"。

11 月 10 日,诗《有赠》载《新诗》第 1 卷第 2 期。

11 月 26 日,重作考证文章《释凡》。

12 月 2 日,于海甸军机处三号,作考证文章《史字新释补证(附论鸟网)》⑦。军机处胡同也为燕京大学教员宿舍之一。

12 月 10 日,《商代的神话与巫术》脱稿于海甸军机处三号

①容庚:《容庚北平日记》,第 476 页。
②中国人民政治协商会议北京市委员会文史资料委员会编:《文史资料选编》第 12 辑,北京:北京出版社,1982 年,第 10 页。
③《顾颉刚日记》第 3 卷,第 543 页。
④于省吾。
⑤容庚:《容庚北平日记》,第 478 页。
⑥《燕京学报》第 20 期,1936 年 12 月。
⑦考古学社:《考古》第 5 期,1936 年 12 月。

梦甲室①。为《释凸》将刊于《考古》作校后附记②。

12月10日，译文《一个绝望的女人》（［英］H·D·劳伦斯作）载《好文章》月刊第3期。

12月25日，燕京大学纪念日放假。

12月，《商代的神话与巫术》载《燕京学报》第20期，全文分上下两编，上编《神话》：第一章、神话的发生，第二章、神话传说中的历史系统，第三章、荒古的记忆一———动物的服用，第四章、荒古的记忆二———人兽之争，第五章、水的神话，余论———凤。下编《巫术》：第一章、巫，第二章、舞，第三章、被襐。

12月，《史字新释（附尹夷）》《史字新释补证（附论鸟网）》《释凸》载考古学社《考古》第5期（1936年第2期）。在本期社员名录中，陈梦家的介绍有所改动，内容如下："陈梦家，浙江上虞人，年二十五岁，国立中央大学法律学士，私立燕京大学文学硕士，国立青岛大学助教，私立燕京大学助理。通讯处：北平海甸军机处三号。著有……"③

12月，所撰《先秦天道观念之进展》《田野考古报告（第一册）》《爨文丛刊（甲编）》《中国古代旅行之研究（第一分册）》《民族学研究集刊（第一期）》书讯载《燕京学报》第20期"出版界消息"栏，署名"梦甲"。

本年，还曾作《黄字新释》一稿（未刊），怀疑"黄"是玉饰④。

本年，伦敦出版的第一部英语版的中国新诗选本《中国现代诗选》，收入了陈梦家的诗。

---

①《燕京学报》第20期，1936年12月。

②考古学社：《考古》第5期，1936年12月。

③《考古学社第三期社员名录》，考古学社《考古》第5期，1936年12月，第377页。

④陈梦家：《西周铜器断代》上册，第171页。

卷 二

1937 年　丁丑　二十七岁

1 月 1 日至 3 日,燕京大学放年假。

1 月 5 日,作诗《述庄子"方生方死"惠施"日方中方睨物方生方死"》。

1 月 16 日,容庚日记:"陈梦家在叶公超家请食饭。"①

1 月 18 日,燕京大学放寒假。

1 月,石灵的评论文章《新月诗派》载《文学》月刊第 8 卷第 1 号,文章"将陈梦家置于新月派发展的角度考察,指出其诗初期字句整齐,后来倾向自由诗"②。

2 月 1 日,燕京大学开学。

2 月 2 日,容庚日记:"文奎取《吉金文字》三部,于省吾一部,陈梦家一部,邃雅斋一部。"③

2 月 8 日,于燕京大学校园遇吴宓。吴宓日记:"复步行穿过燕京,遇陆志韦、陈梦家。"④

---

① 容庚:《容庚北平日记》,第 487 页。
② 史玉辉:《陈梦家研究综述》,《山东师范大学学报(人文社会科学版)》1999 年第 2 期。
③ 容庚:《容庚北平日记》,第 489 页。
④ 吴学昭整理:《吴宓日记》第 6 册,北京:生活·读书·新知三联书店,1998 年,第 69 页。

2月16日—28日,作考证文章《禺邗王壶考释》,在文章的第一节《器之出土、收藏》中,介绍了禺邗王壶出土、收藏的情况及此文写作的缘由:"此壶共二器,相传十余年前,出土于河南卫辉附近……此二壶今为英国客尔(Mr. A. E. K. Cull and Mr. James K. Cull)兄弟所藏……今年二月,容希白先生以本年一月号《柏林敦杂志》见示,其上刊有此壶图影,及叶慈教授(W. Perceval Yetts)摹写之铭文,嘱为考释,遂尽旬日成之,起二月十六日,讫二月廿八日。既成,复于容先生处见叶教授寄来之相片,并《柏林敦杂志》所载叶慈教授所摹之铭文,共为制板,刊于文前。"①

2月,张振亚的评论文章《梦家的诗》载《文学》月刊第8卷第2号。

3月上旬,于海甸军机处,作考证文章《祖庙与神主之起源》。

3月10日,诗《述庄子"方生方死"惠施"日方中方睨物方生方死"》载《新诗》第1卷第6期。

4月1日,于燕京大学访过顾颉刚。顾颉刚日记:"到校,上课二小时。宝瑾、梦瑛来。贻宝来。梦家来。"②

4月5日,与赵萝蕤于燕京大学访过顾颉刚。顾颉刚日记:"到校,梦家夫妇偕丕绳来。"③

4月6日,晚六点,陈梦家、赵萝蕤夫妇赴吴宓晚宴。吴宓在颐园宴请,目的是想介绍黎宪初和周煦良认识,这天的客人还有:冯陈祖怡夫人,姚从吾、陈宜珍夫妇,周煦良的妹妹周叔昭,一共九人。席间,吴宓饮酒不多却醉了,不多时又醒来。到八点

---

①《燕京学报》第21期,1937年6月。
②《顾颉刚日记》第3卷,第625页。
③《顾颉刚日记》第3卷,第626页。

半,酒席散去①。

4月19日,访容庚。容庚日记:"早授课。陈梦家来。"②

4月29日,于燕京大学访过顾颉刚。顾颉刚日记:"到校,上课二小时。……陈梦家来。"③。

4月,于海甸,抄录《禹邗王壶考释》一文④。

约4月底或5月初,在石璋如主持第十五次安阳考古发掘时,闻一多、陈梦家一起到安阳参观殷墟遗址。石璋如回忆:"第十五次发掘的时间是从民国二十六年三月十六日到六月十九日,共有三个多月……因为十三次发掘的 YH127 坑出了许多甲骨,使得安阳殷墟声名大噪,就像西北冈发掘时候的 HPKM1004 是一样的情形,好多学校集体前来,像清华、北大都来过,学者们像叶公超、闻一多、陈梦家等也都来到安阳参观,所以参观者特别多。"⑤

约本年春夏间,弟弟陈梦熊中学毕业,北上投奔三哥陈梦家,准备报考北京的大学。"陈梦熊就寄住在三哥家补习功课……三哥建议陈梦熊报考北京大学地质系,并告诉他地质学与开发矿业密切相关,是国民经济建设的重要组成部分。"⑥

5月1日,于海甸梦甲室,作考释文《释敄释豸》⑦。

5月6日,于燕京大学访过顾颉刚。顾颉刚日记:"到校,上

①吴学昭整理:《吴宓日记》第6册,第102页。

②容庚:《容庚北平日记》,第498页。

③《顾颉刚日记》第3卷,第635页。

④《燕京学报》第21期,1937年6月。

⑤陈存恭、陈仲玉、任育德访问,任育德记录:《石璋如先生口述历史》,北京:九州出版社,2013年,第125—126页。

⑥张九辰:《山水人生——陈梦熊传》,第32页。

⑦考古学社:《考古》第6期,1937年6月。

课二小时。选民来,为写介绍函二。宾四来。梦家来。"①。

5月7日,闻一多"在清华大学中国文学会报告安阳之行的观感"②。

5月14日,作考证文章《畎夷考》,收入《商代地理小记(二)》。

5月15日,作考证文章《贯国串夷考》,收入《商代地理小记(二)》。

5月23日,访容庚。容庚日记:"写《金文编》卷十四六页。陈梦家夫妇来。"③

本日,于海甸梦甲室,作考证文章《高禖郊社祖庙通考》。

5月24日,闻一多为陈梦家《高禖郊社祖庙通考》一文作跋。

5月25日,为《高禖郊社祖庙通考》一文作补记。

本日,于海甸梦甲室,作文《"风""谣"释名——附论国风为风谣》,文章由叶公超的提问写起。

5月,于海甸梦甲室,另作考证文章《归夷考》《方夷考》《虎方考》《武王伐纣所率西南夷考》,收入《商代地理小记(二)》。

5月,《祖庙与神主之起源》载燕京大学国文学会《文学年报》第3期。

6月1日,《商代地理小记(二)》载《禹贡》1937年第7卷第6、7合期。

6月5日,与顾颉刚谈事,又一起应邀午餐。顾颉刚日记:"到校印所,校《禹贡·古代地理专号》稿。与陈梦家谈。丕绳病,伴之归。到撷英番菜馆吃饭。今午同席:希白、绍虞、荫浏、侃

---

① 《顾颉刚日记》第3卷,第639页。
② 闻黎明、侯菊坤编:《闻一多年谱长编》,第497页。
③ 容庚:《容庚北平日记》,第501页。

如、梦家、心芜、起潜、鲁安、子植（以上客），盼遂（主）。……"①

6 月 12 日，《"风""谣"释名——附论国风为风谣》载《歌谣》第 3 卷第 11 期。

6 月 13 日，端午节，晚上顾颉刚等请吃饭。顾颉刚日记："……过端午节，祀先，留起潜叔夫妇饭……今夜同席：舒又谦、陈梦家、孙时敏（以上客），佟晶心、于道源、方纪生、徐芳、予（以上主）。"②

6 月 15 日，于军机处梦甲室，校《禹邘王壶考释》，并作附记③。

6 月 24 日，于梦甲室，为《高禖郊社祖庙通考》一文作《校后补录》。

6 月 29 日晚，唐兰、于省吾、孙海波等请吃饭。顾颉刚日记："到成达师范，开图书馆委员会。会毕，同赴东来顺吃饭。世五来，签学会付款各单。赴春华楼再吃饭。送元胎兄弟及思泊归。失眠。今日同会：……今夕同席：……今晚又同席：希白、元胎、盼遂、梦家、予（以上客），立庵④、思泊、海波（以上主）。"⑤

6 月底，臧克家访闻一多，闻一多谈到陈梦家：

> "你知道梦家成了重要的考古学家了吗？"忽然，他大有意味的笑着说，"各地发掘的古董，多半邀请他去鉴别呢。""他很有才气，一转向，就可以得到成功。""他也是受了我的一点影响。我觉得一个能写得出好诗来的人，可以考古，也

---

①《顾颉刚日记》第 3 卷，第 650 页。

②《顾颉刚日记》第 3 卷，第 653—654 页。

③《燕京学报》第 21 期，1937 年 6 月。

④唐兰。

⑤《顾颉刚日记》第 3 卷，第 661 页。

可以做别的,因为心被磨得又尖锐又精练了。"①

梁实秋写闻一多时谈到陈梦家:

> 他的学生陈梦家已由诗人一变而为甲骨文研究者,而且颇有发明,在燕京大学执教,一多甚为激赏,曾屡次对我说一个有天分的人而肯用功者陈梦家要算一个成功的例子。我想他们师生二人彼此之间相互影响必定甚大。②

本月,陈梦家夫妇到胡适府上走访③。

本月,《禺邗王壶考释》载《燕京学报》第 21 期,文前附有叶慈所摄禺邗王壶图片及摹写的禺邗王壶铭文及其他图片。全文分为"器之出土、收藏""器之写名、形制""同形制诸壶之比较""铭文分释""铭文通释""诸家之考释""伐齐会晋与运河"等章节。另在杂志最后的《本期论文英文提要》中以"A STUDY OF THE HU OF KING YU HAN"为题介绍了这篇论文。

本月,所撰《屈原》《张菊生先生七十生日纪念论文集》《国立中央大学文艺丛刊二卷二期》《教育部第二次全国美术展览会专刊》书讯载北京《燕京学报》第 21 期"出版界消息"栏,署名"梦甲"。

本月,赵萝蕤收到新出版的她翻译的艾略特《荒原》一书,有10 本简装本和若干豪华本。

约本月,《释攸释豕》载《考古》第 6 期。

约 7 月之前,某月 28 日,容庚致信陈梦家:

---

①李闻二烈士纪念委员会编印:《人民英烈:李公朴、闻一多先生遇刺纪实》,第 140—141 页。

②梁实秋:《谈闻一多》,《梁实秋怀人丛录》,第 152 页。

③耿云志主编:《胡适遗稿及秘藏书信》第 35 卷,第 514 页。

梦家兄：

　　今日下午六时请与嫂夫人来弟家便饭为希，即颂

□安

弟庚上

廿八日①

　　7月1日，与容庚从北京出发到开封，为河南博物馆鉴定古物②。

　　7月2日，抵达开封。容庚日记："下午十时乘京汉车至开封。八妹及陈梦家同行。大雨。车中遇徐庆丰。"③

　　本日，张天授在赠给陈梦家的《诗志》一卷三期上题道："梦家先生指正。张天授七月一日。"另附语："很想一读先生译《歌中之歌》，苦不从购得，先生处如有存书，祈假我一读。——通县，潞河中学。"④

　　本日，商承祚也抵达开封，与陈梦家同住一间房。6日离开。"民国二十六年七月一日，余与容希白先生游汴京，锡永先生后一日至，同寓一室，为河南博物馆鉴定辉县古物，不意离汴次夕，卢沟桥之战起，彼此离散，不通音讯。"⑤

　　7月15日，赵紫宸留下大儿子赵景心，让妻子、二儿子赵景德、三儿子赵景伦和陈梦家、赵萝蕤一起离开北京，同时离开北

---

① 方继孝：《方继孝说书信的收藏与鉴赏》，北京：中国工人出版社，2011年，第 112 页。

② 陈梦家：《〈长沙古物闻见记〉序》，《图书季刊》新第 2 卷第 3 期，1940 年9 月。

③ 容庚：《容庚北平日记》，第 506 页。

④ 吴心海：《〈小雅〉诗人张天授与陈梦家、吴宓》，《点滴》2018 年第 2 期，第89 页。

⑤ 陈梦家：《〈长沙古物闻见记〉序》，《图书季刊》新第 2 卷第 3 期，1940 年9 月。

京的还有陈梦家的弟弟陈梦熊。路经天津时,站台已布满日军,火车被扣数小时。陈梦熊到南京三姐家留下,陈梦家、赵萝蕤夫妇等人先到苏州小住,再到嘉兴,然后乘船回到德清新市祖屋,住了三个月①。

这期间,陈梦家写信请闻一多介绍工作,其时,清华大学、北京大学、南开大学三校组成长沙临时大学,而闻一多则到了武汉。

10月13日,已抵长沙的朱自清接到闻一多书信,信中推荐陈梦家到清华大学任教。朱自清日记:"接一多信,信中推荐陈梦家,又催薪水。"②

10月15日,朱自清致梅贻琦信,拟聘陈梦家为清华教员:"临时大学尚缺文字学教员一人,拟由清华聘陈梦家先生为教员,薪额一百二十元,担任此类功课。陈君系东南大学卒业,在燕大国学研究院研究二年,并曾在该校任教一年。其所发表关于古文字学及古史之论文,分见于本校及燕大学报,甚为前辈所重。聘请陈君,不独可应临时大学文字学教员之需要,并可为本校培植一研究人才。"③

经闻一多推荐,朱自清赞同,梅贻琦签发,10月20日,清华大学封发聘书,聘请陈梦家为清华大学中国文学系教员,每月薪金为"国币120元","自民国二十六年十月一日起至民国二十七年七月卅一日止"④。

10月16日,顾颉刚有信致陈梦家。顾颉刚日记:"写侃燮、

①参赵景伦:《我的姐姐赵萝蕤》,《湖州师范学院校报》第352期,2013年7月1日;赵萝蕤:《浙江故里记》,《读书生活散札》,南京:南京师范大学出版社,2009年,第30页。
②朱乔森编:《朱自清全集》第9卷,第490页。
③转引自闻黎明、侯菊坤编:《闻一多年谱长编》,第505页。
④清华大学档案馆:《致陈梦家先生:聘为中国文学系教员》。

申报馆、陈梦家信。"①

10月中下旬,陈梦家一行先到杭州,将赵萝蕤的母亲送上去北平的列车,然后过京杭国道到南京,再乘船到武汉,又乘火车到长沙,来到位于浏阳门外韭菜园一号的圣经学校。这是一所由基督教会创办的学校,在长沙的是主校,还有一个分校在南岳衡山集贤峰下白龙潭一带,叫圣经暑期学校,是牧师们夏天避暑用的②。

11月1日,长沙临时大学正式开学,由于长沙圣经学校的校舍不够用,临时大学文学院设在衡山的圣经暑期学校。

约11月初,应孙望(1912—1990)之请题辞一帧。

> 陈梦家的题辞写于一页发笺纸上,顶格以甲骨文写卜辞九字,分为二行,其后皆低二格,写考释文字七行:"此刘惠之所藏甲骨残辞,文曰:'卜,又于五山,才齐。'即'祐于五山,在齐'也。齐地后世颇传三山神仙之境,而卜辞中已有此语,甚可宝也。录以应自强兄之属。"
>
> "自强兄之属"五字换行另起,并提一格写,落款作"上虞陈梦家记。二十六年十一月,长沙"。③

11月3日,九时,长沙临时大学教员二十人雨中乘车离长沙赴南岳衡山,同行者有柳无忌、朱自清、陈梦家、叶公超、罗皑岚、金岳霖、冯友兰、罗廷光、吴俊升、周先庚、燕卜荪等,当日抵达南岳山上的圣经学校。从柳无忌当年写的《南岳日记》里,基本上可窥见当时风貌:

---

① 《顾颉刚日记》第3卷,第709页。
② 参赵萝蕤:《我的读书生涯》,《我的读书生涯》,第3页;吴学昭整理:《吴宓日记》第6册,第257页;岳南:《南渡北归:南渡》,长沙:湖南文艺出版社,2011年,第45页。
③ 申闻:《陈梦家的苏州行》,《南方都市报》2016年8月5日。

一辆可容四十旅客的长途汽车，塞得满满的象装沙丁鱼。人倒不多，只有二十个，可是大大小小的行李却至少在百件以上。冒着长沙秋天时有的蒙蒙细雨，于九点一刻开车；路上的风景不错，惟车行太快，惊弓之鸟的我不免悸悸。幸而一路平安，雨也渐止，天霁了。车在下摄司摆渡，经湘潭、衡山，在一点左右到达南岳市公路车站。在站旁中国旅行社招待所进午餐，我们一行人就出发上文学院所在地圣经学院。在市内买手杖一枝。步行，经南岳寺、图书馆、黄庭观、白龙潭，约一小时许而达圣经学院。又自校址上，石阶三百四十四级，拾级而登，汗流气喘，乃抵临大文学院教员宿舍，即圣经学院西人教员住舍。为一小洋房，住在校址之颠，下望溪谷，仰视群山，四周尽是松树花草，堪称胜地。建筑亦坚固适用，分上下两层，楼下有饭堂、客厅及房舍，楼上有房十间，又有一大洋台，可以远眺山景，风景秀美，无可伦比。

同来此者为临大学院之大部分教授，有朱自清、闻一多、陈梦家、叶公超、罗暟岚、金岳霖、冯友兰、吴俊升、罗延光、周先庚及英人燕卜孙等。（后来陆续到的有陈雪屏、刘崇铉、容肇祖诸人。）我们先抽签决定单双房间，再定房间号数。我抽了双人房，复与罗暟岚同抽得楼上二〇一号。房较小，朝北，但风景极佳。开窗一望，高山数头，松树千枝，亭亭直立，颇觉幽爽。

此下尚有宿舍一座，现住中央研究院工作人员，得晤旧友王家揖（仲济），生物研究所所长，十年前耶鲁同学也。新港一别，匆匆十载，相见极欢。①

①柳无忌：《南岳日记》，《柳无忌散文选——古稀话旧》，北京：中国友谊出版公司，1984年，第88—89页。

本日,朱自清日记也有记载:

> 九时离长沙,下午抵山上住所。行李在车顶,幸而我的未湿。我们在中国旅行服务公司用午餐。杜先生安排脚夫给我们搬行李,学校为我们付这笔费用。在此遇行政负责人杨先生,他脚登马靴,像个士兵,人很精明。谓曾在军事委员会见一工作,最近被免职了。
>
> 我们抽签分房。幸而我得一单间,在三层楼。
>
> 教会学校的职员黄为我们准备午餐,其妻系厨师,菜肴颇佳。①

在12月下旬中央研究院迁走后,临大的教授们迁来山下中央研究院的宿舍居住,免了上下山的辛苦。

11月12日,文学院学生有八十人来到南岳山中。其时学生宿舍、教室已初具规模。

11月15日,赵萝蕤坐了四小时的车,来到南岳镇上,然后进山,这时陈梦家已租到了房子。到了圣经学校之后,走过一条红泥小路,转过两个弯,便见到三间茅屋,边上有一棵很大的楮树。房东老先生姓旷,是个读书人。赵萝蕤描写:

> 我们家面前有一片打稻的地,平滑而金亮。旷老先生引宾入幕,打开板门,老秀才真是不凡!堂屋中间就是一张光亮的画桌,站在平滑胜如水门汀和地板的黄泥上,两边两套太师椅,墙北两扇透明纸所糊的大窗,窗下一只书案,上有各种文具,永和九年的晋砖,老树根的笔筒,各种书画斗笔。墙东南角又是八仙桌和毛竹椅四把,又在靠近放下一口平矮的碗厨,老秀才把文房四宝、饮食百器全赐给我

---

① 朱乔森编:《朱自清全集》第9卷,第495页。

们了。①

旷老先生第三次续弦,他们的儿子才七岁,只认得梨和栗子。当天晚上,房东夫妇请客招待了陈梦家夫妇。当地有很多旷姓人家,女仆旷嫂子也到了。

11 月 17 日,朱自清来访。朱自清日记:"看望陈梦家,其住处很好。"②

11 月 18 日,文学院开学。本学年度,陈梦家任清华大学教员,在国立长沙临时大学中国文学系授课课程:文字学,6 学分③。

11 月 24 日,前一天日机轰炸长沙一事传到南岳,大家都为之不安④。

12 月 11 日,临时大学同人组织游衡山,浦江清为经理,每人缴费两元,分两批出发,一去祝融峰,一去方广寺。午饭后一点半,两批人会同出发登山。陈梦家夫妇选择去祝融峰线路。他们到南台寺稍作休息,进茶点,继续上山,经过磨镜台等名胜,再向上,经过南天门,看过日落,到上封寺住下,已是晚上六点了。这天行程有 40 里⑤。

12 月 12 日,继续游山,很多人登上南岳绝顶祝融峰附近的望日台看日出,陈梦家夫妇也在其中,又到方广寺,其时已是下午两点左右,谒二贤祠,游黑龙潭。一些人决定继续住宿,一些人决定回去,赵萝蕤乘轿子,陈梦家、吴宓、吴俊升等随轿步行。

---

①赵萝蕤:《楷庐记》,《读书生活散札》,第 7 页。
②朱乔森编:《朱自清全集》第 9 卷,第 497 页。
③清华大学档案馆:《国立西南联合大学各院系必修选修学程表(民国廿六年至廿七年度)》。
④柳无忌:《南岳日记》,《柳无忌散文选——古稀话旧》,第 99 页。
⑤柳无忌:《南岳日记》,《柳无忌散文选——古稀话旧》,第 103 页。吴学昭整理:《吴宓日记》第 6 册,第 272 页。

先由小道上山,崎岖费力,然后是大道。到西岭谈义兴饭馆,稍作休息又继续前行,接着从小道沿着石级下山,到晚上九点半抵达圣经学院①。

12 月 31 日,文学院师生举行新年联欢会。吴宓日记:"晚,在图书馆,即宓等居室之楼下,开分校师生新年同乐会。沿长案列坐,进简朴之糕点。以视昔在北平清华,真可谓流离中之欢聚矣。有冯、钱诸公演讲;有自前线工作归来之学生报告;有各种谐谈;有涂文、李劼、傅幼侠等之唱京戏,浦江清、沈有鼎之唱昆曲。又有奏乐器者。8：00 开会,12：00 始散。"②

12 月,于衡山楷庐,作考证文章《五行之起源》③。

本年,为了躲避战火,二嫂搬到了香港④。

本年,写成文稿《殷代的自然崇拜》(未发表),较早地论及卜辞中的四风问题⑤。

本年,《高禖郊社祖庙通考》载《清华学报》第 12 卷第 3 期。

1938 年　戊寅　二十八岁

元旦,放假。

1 月 4 日,文学院教师接到通知,本学期大考提前进行,文学院迁回长沙⑥。

1 月上旬,赵萝蕤的母亲和小弟赵景伦也来衡山看望陈梦家

①吴学昭整理:《吴宓日记》第 6 册,第 272—273 页。
②吴学昭整理:《吴宓日记》第 6 册,第 276 页。
③《燕京学报》第 24 期,1938 年 12 月。
④张九辰:《山水人生——陈梦熊传》,第 34 页。
⑤王世民:《陈梦家》,陈清泉等编《中国史学家评传》,郑州:中州古籍出版社,1985 年,第 1691 页。
⑥柳无忌:《南岳日记》,《柳无忌散文选——古稀话旧》,第 10 页。

夫妇,并在山上住了半个月①。

　　约 1 月中旬,根据国民政府指令,长沙临时大学迁往昆明,另行组建国立西南联合大学,学校要求于下月初开始迁校,3 月 15 日昆明集合。

　　1 月 20 日,文学院考试结束,开始放假,此后大家陆续离开南岳到长沙②。在离开南岳前,为了纪念宾主的融洽,陈梦家一家和房东一家各请对方吃告别宴,先是陈家请客,赵萝蕤的母亲帮女儿杀了一只鸡清炖,又做了几个荷包蛋,几盘蔬菜,请旷氏一家吃午饭。次日,旷氏一家回请,菜是红烧肉,还有装了肉丸、肚片、火腿、腊肉和鸡蛋的大火锅。他们还互赠礼物③。

　　1 月 21 日,文学院教师已有一半离开南岳。以后的几天里,大家陆续离开。到长沙后,大都住在圣经学校教员宿舍。陈梦家夫妇住何处不详。

　　在此前,陈梦家将《禹邢王壶考释》寄给时在长沙的常任侠,到 21 日,常任侠读完此文,并作回信,同时在日记里对陈梦家作了几句评价:"梦家所贻《禹邢土壶考释》读毕。近来考古又成一时髦学问,虽写新诗习法律者,亦改辙为此。乃至鄙其故业,亦太过矣。收季信函。写寿昌、梁淑德、梦家等人函。"④

　　1 月 30 日,除夕。在长沙市偶遇商承祚,并相约去长沙雅礼中学访古。"秋日自浙去衡山,除夕忽遇先生于长沙,乱后重逢,欢快逾恒,在衡山时,闻长沙近岁多出古物,遂约往雅礼中学访钱、左二君,因以识蔡君,观三家所藏器,此长沙访古之

---

① 赵萝蕤:《楷庐记》,《读书生活散札》,第 10 页。
② 柳无忌:《南岳日记》,《柳无忌散文选——古稀话旧》,第 106 页。
③ 赵萝蕤:《楷庐记》,《读书生活散札》,第 10 页。
④ 常任侠:《战云纪事》,深圳:海天出版社,1999 年,第 96 页。

始也。"①

2月5日,在南岳的文学院全体学生抵长沙②。

2月8日,容庚有信寄陈梦家。容庚日记:"寄陈梦家信。"③

不久,师生们从长沙往昆明,分为三批,第一批由樊际昌、梅关德、钟书箴等教授率领,走水路,包括教师及眷属、体弱的男生及全体女生,计600多人,分批经粤汉铁路到广州,转香港,乘轮船到安南(越南)海防,再乘火车由滇越铁路入滇。第二批由陈岱孙、朱自清、冯友兰、郑昕、钱穆等10余名教授组成,乘汽车经桂林、柳州、南宁,取道镇南关(友谊关)进入河内,转乘滇越铁路入滇。第三批为"湘黔滇旅行团",由290多名学生和教师黄钰生、闻一多、曾昭抡等组成,经湘西穿越贵州入滇。陈梦家夫妇在第一批中,2月中旬(约15日)出发,这时赵萝蕤的母亲已回北平。这次由湘入滇,校中津贴旅费65元④。

3月1日,陈梦家夫妇于香港上船,下午四点开船。船票是从法国邮船公司 Messageries Maritimes 所购从香港到安南海防的广东轮船 S. S. Canton 船票,三等舱,费用为港币22元。同舱内还有赵萝蕤的弟弟赵景伦、吴宓、范崇武等。舱内闷热。吴宓详细地描述了他们所居三等舱的情景:"下午4:00开船,出海较舒适。此时已晴。宓等所乘之三等舱在船头。宓居左舱室之上横床。梦家在宓下,而萝蕤则与梦家床成直角,景伦又在其上,均沿壁窗。三等舱外,人货满堆,厕所亦极不洁。且甲板上之左

---

① 陈梦家:《〈长沙古物闻见记〉序》,《图书季刊》新第2卷第3期,1940年9月。

② 吴学昭整理:《吴宓日记》第6册,第293页。

③ 容庚:《容庚北平日记》,第522页。

④ 岳南:《南渡北归:南渡》,第139页。

方为羊栏,群羊居拥,污秽可想,然比津、沪间之轮船已远胜之矣。每日三餐,即在舱内中室。宓如恒进食。至晚八九时,船颠簸甚,宓尚可安卧,而萝蕤等已病,且呕矣。"①

3月2日,船上颠簸减轻了许多。吴宓到一等舱甲板,认识了王烈等,由于王烈的介绍,吴宓和陈梦家屡次到船尾的二等舱中厅买咖啡面包吃。傍晚时分,船已过琼州海峡,雾很重,水很蓝,舟行平稳。这个晚上,月亮很亮,三等舱外,有安南演员等数十人奏乐唱歌②。

3月3日,晨,已近安南海口,不久进入富良江,富良江又名红河。船行很慢,到九点才抵达安南的海防 Haiphong 停泊。中国领事刘某及临时大学办事处徐锡良、雷夏等,到码头船边迎接。这日,行李在海关都免检。当晚,住在天然大旅店,共住了两天③。

在海防的两天,陈梦家夫妇等到欧洲大饭店喝著名的法国咖啡,在一家法国公司遇到同乡如见亲人。

3月4日,这晚,小偷入室,偷走毛子水、范崇武等人的随身西服,陈梦家将青衫借给毛子水穿④。

3月5日,早上大家同乘滇越四等火车,七点出发。陈梦家、赵萝蕤、吴宓、毛子水等同座。同车还有清华毕业生助教曹保颐夫妇、周新民夫妇、夏震寰等。晚上六点半抵安南老街市,临大办事处雷寿荣教官率张起钧持白旗在车站迎接,行李免检。老街与中国河口实在同一镇市,只是中间隔了一条小河。当晚住

---

①吴学昭整理:《吴宓日记》第 6 册,第 311—312 页。
②吴学昭整理:《吴宓日记》第 6 册,第 312 页。
③吴学昭整理:《吴宓日记》第 6 册,第 312—313 页。
④吴学昭整理:《吴宓日记》第 6 册,第 314 页。

在老街的天然旅店。护照由旅店代办入境签字①。

　　3 月 6 日，早晨，天下小雨，过桥，上火车，约七点开车，即入中国境内。吴宓日记："今日所经，万山重叠，林木丛茂，如在太古未开辟之境界。而铁路盘旋上下，危桥山洞极多，工程艰巨可知。又车之门窗洞开，车行迅速，故同车有患眩晕者。与萝蕤谈英国文学及刘廷芳夫妇之行事，有为宓所未知者。"②下午天晴，四点半过碧色寨，傍晚六点半到开远，住了下来。

　　3 月 7 日，早上约七点，乘火车出发。这几天里，白天上车晚上住店，过了一百八十几个山洞，傍晚六点，火车抵昆明。长沙临时大学已更名西南联合大学，联大校务委员蒋梦麟、云南大学文学院长林同济夫妇等在车站迎接，最后把他们安排在拓东路的迤西、全蜀两家会馆，分别住宿③。

　　一到昆明，赵萝蕤和赵景伦就生病。吴宓日记："萝蕤到此即病。宓三月九日由云南大学归，即至登华街联大女职员、女学生宿舍报命，萝蕤隔帷而语。旋与其弟景伦同迁入陆军医院。梦家导宓往探候，遇其素识之医生孙剑夷君……及梦家夫妇奠居于林同济寓宅之另一座房中，宓数往访，且与子水在其家晚餐。萝蕤自治菜饭，叹言：淘米烧柴，半日，已苦死矣！子水数请宴。宓临行，始宴之。"④

　　陈梦家夫妇又忙着找房子，终于在圆通山的圆通街找到两小间房子，房租是每月二十五大洋。这是云南教育厅长龚仲钧的房子，龚把一部分房间租给林同济，林同济又把其中的两间租

①吴学昭整理：《吴宓日记》第 6 册，第 314 页。
②吴学昭整理：《吴宓日记》第 6 册，第 315 页。
③吴学昭整理：《吴宓日记》第 6 册，第 315—316 页。
④吴学昭整理：《吴宓日记》第 6 册，第 320—321 页。

给陈梦家①。

对于刚到昆明在圆通山的这段经历,赵萝蕤曾写过文章:"路上极为辛苦,因此一到昆明,就生了三天病,住了医院。除病之外,就是奔走找房子,十天的辛苦才算弄了两间鸽子棚。每月廿五元大洋,电灯算是加亮,因这里的电灯比洋烛还黯小,自来水也算有,但是常常不来水,一天要闹几次旱灾。房子既贵,又要押租,我们幸亏租的二房东的两间。天天上馆子,昨天自开火,又没老妈,换了篮子上街,忙了一上午,吃了一锅焦饭,一锅焦肉。今天吃烂饭,总算略有进步……"②

赵萝蕤的三弟赵景伦也写道:"初到昆明,住在圆通山。第一次自己管家。姐弟二人用小火炉一边烧饭菜,一边读书。结果是一锅焦饭,一锅焦肉。姐姐还以此为题,写了一篇文章,发表在香港《大公报》上。"③

从吴宓日记来看,这段时间,陈梦家夫妇与吴宓、毛子水等人关系密切,互相请客吃饭是很多的,同时,吴宓还向云南大学校长熊庆来推荐赵萝蕤任英文讲师④。

约3月12、13日,天下了雪。平时则天气晴朗。附近是圆通公园,昆明街市因多牛马而很脏,但圆通公园红墙金瓦,树木茂盛,很是让人喜爱。有时陈梦家夫妇与吴宓一起到租居在圆通公园内的毛子水、程毓淮房内喝茶聊天⑤。

3月13日,顾颉刚有信致陈梦家⑥。

---

①吴学昭整理:《吴宓日记》第6册,第321页。

②赵萝蕤:《一锅焦饭,一锅焦肉》,《读书生活散札》,第5页。

③赵景伦:《我的姐姐赵萝蕤(二)》,《湖州师范学院校报》第352期,2013年7月1日。

④吴学昭整理:《吴宓日记》第6册,第319页。

⑤吴学昭整理:《吴宓日记》第6册,第318页。

⑥《顾颉刚日记》第4卷,第42页。

3月15日，左冀诗人蒲风著《现代中国诗坛》出版，作者以政治标准评价了陈梦家。

约3月16、17日，有近二十人出城游览，还是浦江清任经理，费用每人一元多。推测这次出游陈梦家夫妇也在其中。早晨出城西门，共乘两船，沿河向西，与马路并行。过大观楼，即入滇池，再过滇池北角到西山，登山，前后游了三寺，华山寺、上清寺等，上清寺在悬崖中，下临滇池。傍晚，乘原船回，最后于海棠春吃晚饭①。

约此时，接商承祚成都来信，告诉陈梦家搜集长沙古物的情况。"余以学校西迁，匆遽离湘抵滇后，得先生成都来书，告以长沙古物收获之富，至足羡也。"②

3月21日，顾颉刚有信致陈梦家③。

3月底，西南联大决定将文法学院设于蒙自县城外旧法国领事馆、海关、银行等处④。

3月31日，晚上，吴宓在共和春请客，酒用山楂酒，客有林同济及其美国夫人、陈梦家赵萝蕤夫妇、赵萝蕤的弟弟赵景伦、毛子水及贺麟。吴宓请客的目的是"欲林君助萝蕤谋得英文教职也"。次日，林同济还为此写了一首诗⑤。

4月1日起，陆续有教员南下蒙自。陈梦家先到蒙自，后赵萝蕤与张遵骝同行到蒙自，吴宓虽已多次接站，赵萝蕤等来时，也是他去接站⑥。

---

①吴学昭整理：《吴宓日记》第6册，第318页。
②陈梦家：《〈长沙古物闻见记〉序》，《图书季刊》新第2卷第3期，1940年9月。
③《顾颉刚日记》第4卷，第45页。
④吴学昭整理：《吴宓日记》第6册，第324页。
⑤吴学昭整理：《吴宓日记》第6册，第325页。
⑥吴学昭整理：《吴宓日记》第6册，第326—329页。

4月19日,朱自清日记:"陈梦家夫妇来蒙自。"①

陈梦家夫妇租住在蒙自城内桂林街十四号王维玉住宅内。在吴宓眼眼里,其房屋陈设均敞洁而华美。文法学院则在蒙自城外,校区主要分三部分:一是原蒙自海关作为学生上课的教室,二是法国东方汇理银行、领事馆作为图书馆和教职员宿舍,三是希腊人歌胪士开办的洋行作为全体男生和部分教职员宿舍。海关、法国银行、领事馆在一个大院中,这是一座法国式花园,园内种有热带植物棕树、榕树等,陈寅恪认为,这种榕树可提炼出玉树神油,其汁可避瘴气,制金鸡纳霜。歌胪士洋行属于前后两进的楼房,面湖临街。临街一进的楼上作为教职员宿舍,楼下作为男生宿舍。女生借住在城内周伯斋宅内第一幢被学生称为"听风楼"的三层小楼内。

小城之南,联大文学院附近有一大片洼地,大雨过后,积水成湖,被称为南湖。南湖的北面是蒙自师范学校、蒙自中学和歌胪士洋行,南面有瀛洲亭,西为堤,有桥,有树,堤西是一个大湖,种有荷花,南湖的东面是由学校进城的石子路②。

赵瑞蕻曾回忆在蒙自的陈梦家夫妇:"在蒙自时我常看见陈、赵两位在南湖边散步。陈梦家先生教文字学课,穿着蓝布大褂,布鞋,手里老拿着一个灰布包,里头装着书和讲义走进海关大院去上课。他那时对上古先秦史、甲骨文已很有研究了。赵萝蕤学长1936年已译了 T. S. 艾略特的《荒原》出版,叶公超先生写了一篇极好的序。我那时看见她比较瘦,修长的体态,很潇洒。"③

---

①朱乔森编:《朱自清全集》第9卷,第524页。
②吴学昭整理:《吴宓日记》第6册,第334页。
③赵瑞蕻:《离乱弦歌忆旧游——纪念西南联大六十周年》,《离乱弦歌忆旧游——从西南联大到金色的晚秋》,上海:文汇出版社,2000年,第18页。

还有一段关于《论语》的妙解：

> 陈梦家在西南联大任教，有一段佳话，广为流传。陈梦家每次讲《论语》，诵到"暮春者，春服既成，冠者五六人，童子六七人，浴于沂，风平舞雩，咏而归"时，他便挥动双臂，长袍宽袖，飘飘欲仙。有学生问他："孔门弟子七十二贤人，有几人结了婚？几人没结婚？"陈梦家信口作答："冠者五六人，五六得三十，故三十个贤人结了婚；童子六七人，六七得四十二，四十二个没结婚，三十加四十二，正好七十二贤人。"此番对答，可见陈梦家的机智和幽默。①

4 月，于蒙自城中，重录《五行之起源》一文②。

5 月 4 日，联大文学院开学。自开学起，几乎无日不雨。

5 月 8 日，朱自清日记："九时半在礼堂举行庆祝二十七周年校庆典礼……晚七时半参加校庆茶会……"③推测陈梦家也是参加的。

5 月 26 日，闻一多致妻子高孝贞信，叮嘱妻子从老家来蒙自途中应注意诸事，其中提及到广州可在白宫酒家住一夜，那是陈梦家亲戚开的，有介绍信④。

4—6 月，因学校书籍未到，陈梦家用文字学的方法解释《老子》，后成《老子分释》一书。除此之外，还作有关于老子时代考订的文章⑤。

6 月 5 日，冯友兰夫人抵蒙自，冯家与陈梦家夫妇住一起。

---

① 刘宜庆：《浪淘尽——百年中国的名师高徒》，北京：华文出版社，2010年，第 228—229 页。
② 《燕京学报》第 24 期，1938 年 12 月。
③ 朱乔森编：《朱自清全集》第 9 卷，第 530 页。
④ 《闻一多书信选集》，第 295 页。
⑤ 陈梦家：《老子分释》，"自序"，重庆：商务印书馆，1945 年。

冯友兰年谱:"下午六时任夫人等抵蒙自。安家桂林街王维玉住宅内,先生一家住楼下,陈梦家、赵萝蕤夫妇住楼上。"①

6月7日,郑天挺等来访。郑天挺日记:"七时起。上午偕金甫至街,便道访梦家、膺中、佩弦。"②

6月22日,闻一多致妻子高孝贞信,谈到陈梦家在蒙自的房子:"陈梦家住的房很宽绰,他愿分一半给我,但有一条件,他的嫂嫂现住香港,也有来意,如果来,就得让给他嫂嫂住了。"③

6月27日,文法学院又要搬家。陈梦家给闻一多茶叶。闻一多致妻子高孝贞信:"今日校中得到确实消息,军事当局令联大文法学院让出校舍,因柳州航空学校需用此地,这来我们又要搬家……快一个月了,没有吃茶,只吃白开水,今天到梦家那里去,承他把吃得不要的茶叶送给我,回来在饭后泡了一碗,总算开了荤。"④

在蒙自时,陈梦家有一天因看到钱穆的《上古史纲要》而希望他写出一整部国史纲要,后来钱穆果真完成了《国史纲要》。钱穆在《师友杂忆》写道:"及是(陈梦家)夫妇同来联大,其夫人长英国文学,勤读而多病。联大图书馆所藏英文文学各书,几乎无不披览。师生群推之。梦家在流亡中第一任务,所至必先觅屋安家。诸教授群慕与其夫妇游,而彼夫妇亦特喜与余游。"接着又记述了两人在两个晚上的对话,陈梦家的话让钱穆下决心写《国史大纲》:"余之有意撰写《国史大纲》一书,实自梦家此两夕话促成之。而在余之《国史大纲》引论中,乃竟未提及。及今

---

①蔡仲德:《冯友兰先生年谱初编》,郑州:河南人民出版社,2000年,第219页。

②郑天挺:《郑天挺西南联大日记》,北京:中华书局,2018年,第68页。

③《闻一多书信选集》,第302页。

④《闻一多书信选集》,第304—305页。

闻梦家已作古人,握笔追思,岂胜怅惘。"①

7 月 7 日,联大蒙自分校全体师生在旧海关旷地举行抗战周年纪念礼,由樊际昌任主席并致辞,文学院院长冯友兰演讲。这天正常上课,并举行救国捐款,教员多有捐助者②。

本日,有信致董作宾:

> 彦堂先生赐鉴:
>
> 　日前下乡亲聆教益,至为快慰。又承尊夫人殷勤款待,尤为感激。昨日守和先生③来谈,述及《甲骨丛编》之计划,彼甚热心赞成,并先由图书馆自印出版。关于报酬办法已由馆方草拟方案寄来,嘱代寄奉于先生,尊意如何? 并可提出修改。版税抽百分十五,并预支千元。至分期出版,期限二月似太短促,凡此皆可从长计议者也。《殷墟文字外编》编成后,似可续编此书,将来全书告成,实契学空前之大著也。
>
> 　昨途遇立庵先生④,因天雨并未去呈贡。彼下季决开"六国文字研究"云。联大迁徙与否,尚在未定之中,何日入城,请临舍详谈,并望下榻此间也。专此,并请
> 撰安
>
> 　　　　　　　　　　　　　　　　梦家谨上
> 　　　　　　　　　　　　　　　　七月七日⑤
>
> 　承先赐书之件,亦盼早日书就带下。

---

①钱穆:《八十忆双亲　师友杂忆》,第 193—194 页。

②吴学昭整理:《吴宓日记》第 6 册,第 338 页。

③袁同礼。

④唐兰。

⑤转引自陈远:《信札之美,源于自由》,来自微信公众号"拍卖时光",2017年 4 月 6 日。

7月9日,顾颉刚有信致陈梦家①。

约7月中旬,陈梦家先行到昆明找房。

7月21日,容庚寄书给陈梦家,并复信。容庚日记:"寄三弟及陈梦家《吉金续录》,复梦家信。"②

7月23日,西南联大文学院课程结束。

7月25日,西南联大文学院举行大考,这时闻一多已赶往昆明。在陈梦家的帮助下,闻一多租到了昆明武成路福寿巷三号姚宅楼上的几间房子,为迎接家眷来昆明做准备。7月28日,闻一多致信妻子高孝贞:"昆明的房子又贵又难找,我来了不满一星期,幸亏陈梦家帮忙,把房子找好了,现在只要慢慢布置,包你来了满意,房东答应借家具,所以钱也不会花得很多。"③

7月29日,朱自清来访。朱自清日记:"上午访陈梦家,商量住房问题。在师范学校午餐。"④

8月1日,陈梦家的态度引起朱自清的不快。朱自清日记"下午看望郑昕,相谈虽短,但甚愉快。近来心绪不佳,陈梦家太尖刻了。"⑤

本日起,学校放暑假。由于柳州航空学校要迁来蒙自占用海关大楼西南联大的教室,文法学院决定八月中旬迁回昆明,又由于昆明没有地方安置学生,改到月底迁。于是刚刚安定下来的生活又开始变得纷乱了⑥。

8月间,随文学院从蒙自迁回昆明,住在登华街。冯友兰年谱:"上、中旬 联大文、法两院自蒙自迁昆明昆华工业学校校

①《顾颉刚日记》第4卷,第99页。

②容庚:《容庚北平日记》,第542页。

③《闻一多书信选集》,第309页。

④朱乔森编:《朱自清全集》第9卷,第544页。

⑤朱乔森编:《朱自清全集》第9卷,第545页。

⑥吴学昭整理:《吴宓日记》第6册,第342—343页。

舍,先生一家住登华街,租用云南教育厅厅长龚自知房屋,仍与陈梦家、赵萝蕤夫妇为邻。"①

本学年度,陈梦家任清华大学教员,在国立西南联合大学中国文学系授课课程有:国文读本(庚),一年级必修,4学分;文字学概要,二年级必修,4学分;卜辞研究(上学期),四年级选修,3学分;铜器铭文研究(下学期),四年级选修,3学分②。

夏天,陈梦熊考取西南联大地质系,取道香港、越南,9月间到达昆明,兄弟两个在西南边陲相聚了③。

9月12日,朱自清访陈梦家④。

9月13日,昆明城初次响起空袭警报。

9月28日,日机首次轰炸昆明,从此师生们开始跑警报。在空袭中,西南联大租来作为教职员和学生宿舍的昆华师范学校被炸,闻一多头部受伤,陈梦家等闻讯纷纷前去探望⑤。

10月24日,顾颉刚来访。顾颉刚日记:"赴宴。与文藻同到其家。访梦家、芝生,不遇。到北平研究院,晤钱临照。与辰伯到莘田处,并晤建功、佛泉、子水,梦家亦来。"⑥

10月30日,致信胡适,请胡适帮忙联系出国事宜。

> 适之先生:
>
>   去年六月间在府上晤教之后,迄今已一年又半了,七七事变之后,我与内人离平南下,住在浙江德清县岳家,八九月间曾有一信寄教育部转先生,其后阅报,先生已渡洋

①蔡仲德:《冯友兰先生年谱初编》,第221页。
②清华大学档案馆:《国立西南联合大学各院系必修选修学程表(民国廿七年至廿八年度)》。
③张九辰:《山水人生——陈梦熊传》,第35—36页。
④朱乔森编:《朱自清全集》第9卷,第550页。
⑤闻黎明、侯菊坤编:《闻一多年谱长编》,第558页。
⑥《顾颉刚日记》第4卷,第152页。

赴美,那封信一定没有收到。长沙临时大学于去秋十一月
开学,清华国文系教授到者尚少,即电召我去任教文字学
一课,遂于十月去湘,文学院在衡山开课,又与内子同住衡
山一茅庐,后有峭壁清泉,前有楮树成林,茅屋筑于一绝径
的山冲上,风景甚佳,伏庐其中,温读从前所不能整读的书
籍,除了写文字学讲义外,成《先秦的天道性命》一书,此
书以商卜辞中所见的自然崇拜为始,追溯古代关于天道天
命种种的来源和看法。南岳三月,又因为学校迁滇,从海
道过安南而抵昆明,文法学院在蒙自,又达蒙自,小城生活
简易,南湖而外,无处可游,所以也能多多看书,把老子思
想来源和《老子》一书其自身的思想系统,略为考究一下,
成《老子考释》①。八月间又由蒙自撤回省城,暑中读容希
白②改编的《金文编》的蓝本,把金文全部看了一遍,现在着
手整理《甲骨文编》,重加考订,将《甲》《金》两编附以《说
文》小篆,不案《说文》十四卷的分类,而以形体为主,依类分
系如谱系,作成一表,可由古文字之形以定形声,因此对于
上古音系也得一材料上的资源。本学期我还是教文字学和
卜辞研究两班,课余或者可以把上述的计划逐渐作成,此是
一年半以来东奔西走和读书研究的大概。

　　这五年以来,我埋首于甲骨辑录和古籍之中,知道了清
代人的考据,和如何应用古文字以窥探古代的历史、社会、
制度、宗教。我的兴趣在古代,而尤集中于宗教和历史制
度,因古文字的研究,常常把湮籍中所埋沉的发掘出来。这
五年的苦愤,救疗了我从前的空疏不学,我从研究古代文
化,深深的树立了我长久从事于学术的决心和兴趣,亦因了

①实为《老子分释》,1945年11月由商务印书馆出版。
②容庚,字希白。

解古代而了解我们的祖先，使我有信心在国家危急万状之时，不悲观不动摇，在别人叹气空愁之中，切切实实从事于学问。但是虽然从事国学，我自己往往感到许多缺欠，而尤其是国学，不但尽量整理旧典籍新材料，更重要的是新方法以及别国材料方法的借镜。最近看增订的《金文编》，材料加多了，编制考释一仍吴大澂之旧，而清代古文字学，自吴大澂、孙仲容①、罗氏、王氏、容氏②，或精于文字剖析，或博于典籍，然而由我们今日看，某一字可释而不释，某一字释而有误，其原因：（1）但释字，而不管某字在一句中之地位，即不管文法；（2）但释字，而不管此字所代表之制度，盖往往由研究一制度而发现某文字的新注释；（3）虽然注重历史，援用典籍，而不能由比较材料得征信。所以，我常时时警惕自己，我们生于吴、孙、罗、王之后，我们所从事者为古史学、古文字学、考古学、考据学的汇合，有前人为我们准备道路的（如清人的注疏，二王之学），但我们今日则不但是继承之，而是发展为新的。我们读先生的《胡适文存》，觉其最大的价值在承清儒之后而开新学之端，而我看近今的学者，承此制度而发扬的固多，仍然覆蹈清儒故辙而不改者还是不少，则是这类学问不是不增加价值，而是不变新不创造。我尝想及此，总想对于典籍材料稍稍涉猎后，要注意训练自己的新方法新态度，而研究古代文化，西洋的考古学、人类学，尤为急需。因此，老愿意有机会出国一次，而苦于经济，无力自费，一年半以来，消耗于行旅，而此想望更成泡影。我倘肯甘心老死于中国式学者之事，倒也罢了，但我总觉得自己处此际会，也极难得，总可以尽其所能，略有贡于

①孙诒让，字仲容。
②罗氏、王氏、容氏分别指罗振玉、王国维、容庚。

学术。

我今以诚恳急渴的希望，要求于先生，希望先生对于我之从事学业，有最大的援助。在过去，先生于我的爱护提携，使我铭刻不忘，而我今日想到出国深造，以为唯一可以求托者，只有先生一人而已。我想先生必能了解我的渴望，而予以同情援助。我的希望，最好能在哈佛读书，我今确受聘于清华，而燕京尚保留我的事，故若入哈佛，我可因哈佛燕京学社之关系而稍得便利，如哈佛不行，则 Yale① 亦甚合宜。我希望能得一笔奖学金，以便专心读书，否则一半做事一半有奖学金也可以，所做之事最相宜者为博物院、图书馆（藏有中国器物书籍需人整理考证者）或汉文教员或其他。我的妻子亦同来，他可以做的事比我多。

他（名赵萝蕤 Chao Lo Rui）从燕京西洋文学系毕业，即入清华研究院，凡四年所受的教育比我彻底得多，自幼即有系统的读书。在大学研究院时代，即深入英法文学，凡大家均统读其全集。所以他的文学造诣，不知比我高出多少，他对于中国文学，亦涉猎很深，也常写新诗，我不愿因他是我的妻故，而故意夸说，然他之西洋文学造诣，实在很高，可惜他以一女子的原因，虽有所作，不愿发表，除读书外，郁郁不能伸其素志。二三年前，他同时攻读英美语言学，现从罗莘田②先生游，受其指导。果若我们能一同游美，则他甚愿于文学之外，兼习语言学。不然以他的英语，或可得一点职业，以便同时入学读书。总之，我们并不想偷懒，能专心读书最好，否则我们得愿以工作来换到读书的权利。

---

①耶鲁。
②罗常培，字莘田。

希望能快得回音，而能将具体的办法告诉我，至于我的英语，看书可无问题，也可以普通会话。另邮寄上我的一些论文单行本及内子作品数种。专此敬请

秋安！

陈梦家敬上

二十七年十月卅日

昆明

来示请寄"昆明西南联合大学文学院"。①

10 月 31 日，吴宓到登华街 25 号访赵紫宸及陈梦家夫妇。吴宓日记："偕水至登华街 25 号楼上，访赵紫宸君，及陈梦家、赵萝蕤夫妇。并见紫宸次子②赵景心……即在其宅中午饭。"③

11 月 1 日，毛子水在光华街海棠春菜馆设宴，宾客有赵紫宸、陈梦家全家及吴宓、张敬等，徐芳未到④。

11 月 6 日，吴宓在光华街海棠春菜馆设宴，客人有赵紫宸、陈梦家、赵萝蕤、陈慈、张婉英、毛子水，请而未到者有罗常培、张敬、徐芳、赵景心⑤。

11 月 9 日，顾颉刚来访。顾颉刚日记："访芝生。又访梦家夫妇，并晤紫宸。"⑥

11 月 10 日，顾颉刚来访，同日，陈梦家也访顾。顾颉刚日记："与履安、自珍同到芝生处，又同到梦家处，看屋。出，到圆通公园，小坐。到翠湖公园，小坐，吃松子。五时还寓。文藻来。

---

①耿云志主编：《胡适遗稿及秘藏书信》第 35 卷，第 514—517 页。

②应为长子。

③吴学昭整理：《吴宓日记》第 6 册，第 369 页。

④吴学昭整理：《吴宓日记》第 6 册，第 371 页。

⑤吴学昭整理：《吴宓日记》第 6 册，第 374 页。

⑥《顾颉刚日记》第 4 卷，第 160 页。

梦家来。得眠。"①

　　11 月 17 日，陈梦家夫妇迁居。吴宓日记："过赵紫宸君，道别。又悉梦家迁居。"②这时陈梦家夫妇大约是搬到平政街。

　　11 月 24 日，西南联合大学开学。

　　11 月 30 日，吴宓来访。吴宓日记："钱锺书来，11：00 同步入城。大西门。过翠湖，遇徐芳。（新亚）欧美餐（2.10）。次至梦家宅（12 号）。"③

　　本日，与顾颉刚路上相遇④。

　　11 月，于昆明一丘田，为《五行之起源》作补遗三则⑤。

　　12 月 1 日，西南联合大学上课。

　　本日，诗《雁子》由陈歌辛谱成歌曲发表在《音乐世界》1938 年第 1 卷第 5 期上，同时发表的还有陈歌辛《关于"雁子"》一文。

　　12 月 18 日，于昆明圆圆下舍，作研究文章《商王名号考》⑥。

　　12 月 21 日，访顾颉刚⑦。

　　12 月 25 日，朱自清来访，谈学生训练事。朱自清日记："访陈梦家夫妇，商谈学生训练问题。陈强调语文方面的训练之必要，意见十分正确。语文学生一向少，其原因盖出于缺乏训练。"⑧

　　12 月 29 日，陈梦家夫妇到东月楼赴宴。顾颉刚日记："到东月楼赴宴，未见主人，暗侃如夫妇、梦家夫妇等。归，和绳来。雁

①《顾颉刚日记》第 4 卷，第 160 页。
②吴学昭整理：《吴宓日记》第 6 册，第 378—379 页。
③吴学昭整理：《吴宓日记》第 6 册，第 381—382 页。
④《顾颉刚日记》第 4 卷，第 168 页。
⑤《燕京学报》第 24 期，1938 年 12 月。
⑥《燕京学报》第 27 期，1940 年 6 月。
⑦《顾颉刚日记》第 4 卷，第 174 页。
⑧朱乔森编：《朱自清全集》第 9 卷，第 566 页。

冰来,仍邀赴东月楼吃饭。"①

12月,《五行之起源》载《燕京学报》第24期。

1939年 己卯 二十九岁

1月16日,朱自清日记:"晚饭后陶先生来访,谓刘叔雅②尖锐地批评了陈梦家。"③

1月20日,访跌伤股骨的徐森玉。刘节日记:"上午九时得张君信,转向兴中公司裴仁杰先生购买联票。余于十时至同仁街该公司,适遇裴仁杰君,得其许可,买到自昆明直达重庆之联票一纸,计洋伍拾元。亦云幸矣! 归寓,森丈大为称羡! 时陈梦家亦在座,为言北平诸友情形甚详。据云容希白近出一书,曰《颂斋彝器读录》;郭子衡出一书,曰《浚县所出车器》;孙海波出一书,曰《娄思④三体石经集录》。余于三书颇欲一读,而昆明皆无有。"⑤

3月3日,于昆明,作文论《白话文与新文学》。

3月15日,时在重庆中央大学的常任侠将发表在1939年3月13日《时事新报·学灯》上的《重庆沙坪坝出土之石棺画像研究》一文寄给多位朋友(常任侠石棺画像这篇文章的续稿后来又在19日的《时事新报·学灯》刊出),其中有徐中舒、商承祚、陈梦家、郭沫若等人。常任侠日记:"以《学灯》所载《沙坪坝所出石棺画像研究》一稿,分赠中舒、锡永、沫若、瀛南、浅哉、梦家、铭

---

① 《顾颉刚日记》第4卷,第178页。

② 刘文典,字叔雅。

③ 朱乔森编:《朱自清全集》第10卷,南京:江苏教育出版社,1998年,第7页。

④ "娄思",疑"魏"字之误。

⑤ 刘显曾整理:《刘节日记》,郑州:大象出版社,2009年,第16—17页。

竹、黄文弼、江鹤笙、袁菖等人。"①

陈梦家接到文章后，转给闻一多看，两人都很感兴趣。后来常任侠曾有回忆：

> 1939 年初我到重庆时，曾任中英庚款协助的考古艺术研究员，作过一些四川民俗艺术考古的工作。在重庆沙坪坝松林坡中大所在地，发现了两具汉代石棺，以及随葬的陶俑铜镜等物。我写了一篇考古论文《重庆沙坪坝出土之石棺画像研究》，刊登在《时事新报》的《学灯》上，我把这寄给了西南联大的旧友考古学者陈梦家教授，陈复转赠闻一多教授，引起他很大的兴趣，驰书研讨，并收集了丰富的资料，写成专论《伏羲考》，驰誉国内外，因此神交已久。②

大约春天以前，著有《中国文字学》讲义，其中一节"古文考略"，后收入《尚书通论》，作为该书第二部分专论中的第四考。

4 月 3 日，上午九至十时访吴宓③。

4 月 5 日，上午十至十一时访吴宓④。

5 月 3 日，常任侠复信陈梦家，此前陈梦家向常任侠索求《重庆沙坪坝出土之石棺画像研究》续稿及汉石棺画像拓片。复信内容如下：

> 梦家兄如晤：
>
> 奉读手翰，不胜晤言。拙作⑤颇有改订补充处，续稿刊

---

① 常任侠：《战云纪事》，第 176 页。
② 常任侠：《永念李公朴闻一多两好友》，《北京盟讯》1986 年第 7 期，转引自《闻一多年谱长编》，第 608 页。
③ 吴学昭整理：《吴宓日记》第 7 册，北京：生活·读书·新知三联书店，1998 年，第 16 页。
④ 吴学昭整理：《吴宓日记》第 7 册，第 17 页。
⑤ 指在 1939 年 3 月 13 日、19 日重庆《时事新报·学灯》上发表的《重庆沙坪坝出土之石棺画像研究》。《学灯》由宗白华主编。

出后所以未寄左右者以此。现弟处报纸已无。白华先生处容有一二份，当往索之。今正谋单印分赠友好指疵也。石棺画像全份八张，弟处仅有一份，及镜片一张。昨往寻中央博物馆李济云，馆中拓片已尽。且石棺又复埋入石坎中封固保存，即自拓印亦不可能。日昨商锡永兄来函，嘱弟为求一份，亦无以应也。当石棺放置中央图书馆前时，弟日过其侧，恨未拓之。拙稿引用苗瑶材料，半为自集，半为友人黄君芝冈所藏。黄君剪取广西及各地报纸杂志记述至夥，且自至苗瑶中，求其民俗材料，今俱携来重庆。弟亦尝自邀一苗人至家，学习语言，并述苗民神话，与黄君所记，无甚出入也。传说歌谣部分，多系原材料，相识中惟黄君有之。弟受英庚款协助，自拟研究大纲，为《汉唐间西域乐舞百戏东渐史》，旧向国外各博物馆所求实物照片，及弟历年所藏珍贵图片资料，存合肥二十余箱，今俱失去，重新缔构，每感困难，而重庆各大学图书馆又缺此项材料，故进度甚缓。今略写就者，惟百戏全部与舞蹈一部分耳。西域舞蹈由唐东渐日本之一节，曾发表于《学灯》，但只有文而无图。在日本所得古图数种，今亦失矣。兄如获此类材料（唐以前乐器照片或散乐石刻舞俑及乐谱等），窃愿惠助。

　　庚款协助研究考古艺术史同事中，有北平刘节、黄文弼，山东王献唐等。刘节今亦居重庆，想兄之所识也。昔年在京，曾与白华先生等组织中国艺术史学会①，会员滕固、马衡、朱希祖等二十余人，在重庆者，不满十人。在此曾开年会，弟虽司会务，而无工作进行。豺虎遘患，国难方殷，学术失坠，不可胜言，何日与兄共论之乎。行李在贵阳，白华先生、九姑常见面，当为致意，不尽一一，即颂

①中国艺术史学会于1937年5月18日于南京成立。

撰安！

弟常任侠顿首　五.三①

5月14日,《白话文与新文学》载《今日评论》第1卷第20期。

5月27日,顾颉刚来访②。

5月28日,父亲陈金镛去世。

5月,赠送唐兰《五行之起源》,上面题有:"立庵先生教正 作者谨上　廿八年五月　同客昆明。"③

春,作器铭考释《小盂鼎》初稿④。

6月8日,朱自清日记:"早,访陈梦家,给了一份著作目录。"⑤

6月10日,于昆明梦甲室,为唐兰影印甲骨拓本作书评《读〈天壤阁甲骨文存〉》⑥。

6月29日,赵景伦来昆明。吴宓日记:"(下午)4∶30出,遇 陈梦家、赵萝蕤夫妇,伴其至火车站迎候其弟赵景伦。时甚寒, 将雨。"⑦

7月初,致信常任侠,7日,常任侠复信。常任侠日记:"写覆 函,计陈梦家、张元吉、孙望、刘碣叔(附《死城》一诗)、家信(附 二十元)、张良谋、陈正平各一函。"⑧

7月28日,顾颉刚来访并请吃晚饭。顾颉刚日记:"…… 到紫宸、梦家处……今晚同席:赵紫宸夫妇、陈梦家夫妇、郑庭

---

①沈宁整理:《常任侠书信集》,第60—61页。

②《顾颉刚日记》第4卷,第234页。

③方继孝:《碎锦零笺》,第5页。

④陈梦家:《西周铜器断代》上册,第113页。

⑤朱乔森编:《朱自清全集》第10卷,第29页。

⑥《图书季刊》新第1卷第3期,1939年9月。

⑦吴学昭整理:《吴宓日记》第7册,第21页。

⑧常任侠:《战云纪事》,第199页。

椿、陈矩孙、程应镠、李宗瀛、费孝通、李有义（以上客），予
（主）。"①

约7月起，赵萝蕤教一个军官夫人弹钢琴，每次都上军官家
去教②，大约有七个月时间，当时她和陈梦家住在昆明城西。

夏，陈梦家将文字学的授课讲义编订成册，为《文字学甲
编》，此时仅完成六章，分别为："古文字学的形成""文字的开
始及其基本类型""汉字的结构""传统的六书说""字体变异
的原因""历史上的字体"，后收入中华书局《中国文字学》
一书③。

8月9日，访顾颉刚④。

8月13日，常任侠致信陈梦家：

> 梦家兄如晤：
>
> 　　来书及大作均收到，如续刊甚盼再寄来。川中古物诚
> 多，汉代石刻建筑随处有之，弟曾撰川中汉代崖墓与石阙一
> 稿⑤，尚未刊出，印出后当奉教正。前论石棺画像已重加增
> 补，所举实物传说证例多出一倍以上，仍谋再刊也。弟前曾
> 请庚款协助旅费，拟赴全川各地调查，未获成功，今营造学
> 社能来考察，实所深盼，主者何人，请一介绍，弟当以其所知
> 未见著录者，贡其查考也。弟乐舞论文写成三卷二十二章，
> 计音乐一卷，舞蹈一卷，百戏一卷，版图百余幅，大率唐以前
> 图像用实物照片。弟重在纪元前二世纪至八世纪期间之研

---

① 《顾颉刚日记》第4卷，第260页。
② 赵萝蕤：《"象牙"的故事》，《读书生活散札》，第14—20页。
③ 陈梦家：《中国文字学（修订本）》，北京：中华书局，2011年。
④ 《顾颉刚日记》第4卷，第265页。
⑤ 原题为《重庆附近发见之汉代崖墓与石阙研究》，载《说文月刊》第2卷
第2期，1940年5月15日。

究。王静安氏著《宋元戏曲史》，重在唐以后；日友青木正儿著《中国戏曲史》，重在明清；弟思补写上代卷，故先撰《中国原始音乐与舞蹈》一稿，继成此编。惟力有未逮，且参考图籍亦缺耳。川中石刻画像，商锡永兄有志集印，彼正努力收访也。希常惠教，即颂

撰祺！

弟　八．一三①

8月21日，顾颉刚来访陈梦家、赵紫宸②。

8月22日，在云南大学遇顾颉刚。顾颉刚日记："到云大访为衡，不值。到进之处，并晤冯、靳诸君。遇梦家。"③

8月25日，陈梦家、赵紫宸同访顾颉刚④。

8月26日，唐兰等请客吃晚饭。顾颉刚日记："到南堂赴宴。九时归，贤璋来谈……今晚同席：若渠、伯苍、梦家、予（以上客），从吾、元胎、立厂（以上主）。"⑤

8月，李小缘到昆明参加史学会会议，陈梦家赠他《五行之起源》（《燕京学报》24期），并在封面题写一行字："小缘先生教正，陈梦家谨上。二十八年八月，昆明。"

本学年度，陈梦家任清华大学教员，后至专任讲师，在国立西南联合大学中国文学系授课课程有：国文（读本）六，一年级必修，4学分；国文（作文）六，一年级必修，2学分；文字学概要，二年级必修，4学分；铜器铭文研究（上学期），四年级选修，3

---

① 《常任侠书信集》，第61—62页。
② 《顾颉刚日记》第4卷，第270页。
③ 《顾颉刚日记》第4卷，第271页。
④ 《顾颉刚日记》第4卷，第272页。
⑤ 《顾颉刚日记》第4卷，第273页。

学分①。

大约秋天搬到平正街十号,赵景伦回忆:

> 后来我们搬到平正街十号,跟当时的文学院长冯友兰
> (芝生)和理学院长吴有训(政之)住同院。冯家的小妹钟
> 璞和小弟钟越,吴家的大妹小妹都叫我"三哥"。隔壁胡同
> 里住着闻一多。我曾经教过他的儿子立鹏和立鹤几天英
> 文。当时,闻先生忙着跟凤子演出曹禺的《雷雨》②。"③

当时冯友兰、金岳霖、钱端升等人已在龙头村租房,汤用彤
租住在麦地村,冯友兰"同时在城内平政街租房,每周上课三天
即住于此,所租为楼房,房东住楼下,先生(指冯友兰)、吴有训及
陈梦家与赵萝蕤三家住楼上"④。

9 月 6 日,吴宓来访。吴宓日记:"(下午)3—4 至平政街 68
访赵紫宸、陈梦家。适梦家、萝蕤夫妇在厨下制蒸馍,并煮牛肉。
须臾熟,乃奉宓饱食,至以为美,而不易得也。"⑤

9 月,《读〈天壤阁甲骨文存〉》载《图书季刊》新第 1 卷第
3 期。

9 月,《良友》第 146 期上发表了一组《昆明的作家》的照片,
其中有"诗人陈梦家",杨立达摄。

10 月 3 日,容庚日记:"早临蔡嘉画牛,拟寄陈梦家。"⑥

---

①清华大学档案馆:《国立西南联合大学各院系必修选修学程表(民国二十
　八年至二十九年度)》。
②实际上是演曹禺的《原野》。
③赵景伦:《我的姐姐赵萝蕤(二)》,《湖州师范学院校报》第 352 期,2013
　年 7 月 1 日。
④蔡仲德:《冯友兰先生年谱初编》,第 244 页。
⑤吴学昭整理:《吴宓日记》第 7 册,第 64 页。
⑥容庚:《容庚北平日记》,第 590 页。

10月8日,在《读书周刊》新1号上发表增改后的《商王名号考》的一节要。

10月23日,常任侠将在《时事新报·学灯》上发表的墓阙论文赠若干朋友,其中有陈梦家。常任侠日记:"《学灯》所刊墓阙论文赠若渠、梦家、道藩、霞光各一份。"①

秋,商承祚寄来《长沙古物闻见记》一书的书稿,请陈梦家作序。"先生以余与此书之成不无因缘,命为之序。"②

11月6日,常任侠复信陈梦家。常任侠日记:"夜将石棺汉画研究一稿,加以增补,明日寄滕若渠,并复梦家一函。"③

11月21日,与吴宓路上相遇。吴宓日记:"9:00往访赵紫宸,为'心社'事。途遇寅恪等。在知味轩食米酒。遇陈梦家于途。及抵平政街68赵宅,而紫宸适外出。萝蕤陪待,并进茶及蜜枣二枚。谈至10:30,乃辞归。"④

11月22日,朱自清来访。朱自清日记:"下午访二弟和梦家。并理发。"⑤

12月,所撰《铁云藏龟零拾》介绍载北平《图书季刊》新第1卷第4期"图书介绍"栏,署名"梦甲室"。

本年末,于昆明梦甲室,为金祖同《殷契遗珠》一书作书评《评〈殷契遗珠〉并论罗氏前编的来源》⑥。

约本年末,于昆明西南联合大学,为商承祚著《长沙古物闻

①常任侠:《战云纪事》,第217页。

②陈梦家:《〈长沙古物闻见记〉序》,《图书季刊》新第2卷第3期,1940年9月。

③常任侠:《战云纪事》,第221页。

④吴学昭整理:《吴宓日记》第7册,第93—94页。

⑤朱乔森编:《朱自清全集》第10卷,第63页。

⑥金祖同编《殷契遗珠》1939年5月由上海中法文化出版委员会出版,为孔德图书馆丛书第一种。

见记》一书作序,称赞其"洋洋乎考释之精且详也!"并从墓制、器制、币制、地理、巫俗等五个方面考证长沙楚墓所出古物为战国晚期之遗物,即楚怀王时或其前后楚大夫墓中古物①。

大约本年开始,在《中央日报·读书副刊》任编辑,曾约唐兰撰写文章,唐兰投来《未有谥法以前的易名制度》发表在 10 月 8 日的《中央日报·读书副刊》新 1 号上。

大约从本年起,"在昆明因北京图书馆之约,编辑《海外中国铜器图录》,虽作三集而仅出一集,其它二集,因香港为日军所占,未能续印"②。"由图书馆致函欧美博物馆,收集关于中国铜器的照片,我据此材料编成二集附有考释,都已交商务影印,因面临战事不能出版"③。袁同礼写于 1940 年 6 月的《〈海外中国铜器图录(第一集)〉序》中说到这本书编辑的经过:

> 我国古物历年流失于国外者,不可胜记。近人虽有《海外吉金图录》诸作,乃收藏既不限于一隅,征访更非朝夕所克奏功,偶获吉光片羽,诵览者犹以未窥全豹为有憾也。民国二十三年适有欧美之行,爰从事调查列邦所藏之中国古器物,稿已盈尺,未克刊布。二十五年复承中央古物保管委员会之委托,乃继续征集;本拟将影片记录,分类刊行,工作未竣,而卢沟变作,进行事宜,胥受影响。本年春乃将铜器部分,重行整理,并承陈梦家先生之赞助,编成图录,分集刊行……④

①陈梦家:《〈长沙古物闻见记〉序》,《图书季刊》新第 2 卷第 3 期,1940 年 9 月。

②陈梦家:《〈中国铜器综录〉自序》,《陈梦家学术论文集》,第 652 页。

③见陈梦家 1945 年 2 月 17 日致胡适书信,耿云志主编《胡适遗稿及秘藏书信》第 35 卷,第 519 页。

④袁同礼:《〈海外中国铜器图录(第一集)〉序》,陈梦家编著《海外中国铜器图录(第一集)》,台北:台联国风出版社,1976 年。

约本年前后,认识庞薰琹。"由于闻一多先生的介绍,庞薰琹很快和杨振声先生熟识,并得考古学者陈梦家以及好几位学者、专家之助,他借阅了大量的古代文化的专著,看到过不少珍贵的古文物,据他对笔者谈:当陈梦家、闻一多、杨振声等不断借给他看有关铜器的书,器物,使他产生极大兴趣,他边读边作笔记,并收集描绘纹样;还由王天木介绍,了解到汉代画像砖和画像石;由吴金鼎介绍,他又读了并收集到彩陶方面的书和彩陶纹样、汉砖纹样;陈梦家还为他收集到不少平时看不到的介绍中国古文化方面的书籍。"①

1940 年　庚辰　三十岁

约本年初,赵母来看儿女。

1 月 18 日,与朱自清、浦江清到才盛巷看图书目录。朱自清日记:"与浦江清、陈梦家同到才盛巷看图书目录并选书。在冠英家晚饭。梦家告以北大《国学季刊》两种已付印。"②

1 月 20 日,容庚写信给陈梦家。容庚日记:"写信与九妹、将兆和、陈梦家。"③

2 月,于昆明平政街,重录《商王名号考》④。

3 月 6 日,为《商王名号考》写下附记两则,附记二说:"关于下乙即祖乙说,胡厚宣有文在'北大四十周年纪念刊'发表,兹承胡君以节略见示,抄录于下……"⑤

因为研究甲骨文的关系,陈梦家在西南联大时与胡厚宣交

---

①袁韵宜:《庞薰琹传》,北京:北京工艺美术出版社,1995 年,第 98 页。
②朱乔森编:《朱自清全集》第 10 卷,第 77 页。
③容庚:《容庚北平日记》,第 602 页。
④《燕京学报》第 27 期,1940 年 6 月。
⑤《燕京学报》第 27 期,1940 年 6 月。

往较多。谭其骧日记记载了胡厚宣的回忆:"1947 年冬,陈梦家从美国回来,已曾抄了我的材料,我们以前私交很好,在西南时交往很密切。"①

3 月 11 日,容庚赠书给陈梦家。容庚日记:"赠《西清彝器拾遗》与:三弟、陈梦家、梅原末治、叶慈、于思泊、燕大图书馆、沈兼士、罗子期、孙海波。"②

3 月 18 日,应宗白华之约,陈梦家在《时事新报·学灯》(渝版)第 77 期上发表《越王诸咎粤滑考》,宗白华写了编辑后语,说:"陈梦家先生根据铜器铭文推断越国历史上'王翳'与'无余'的中间空了十三年,应该加出一世,即越王诸咎粤滑。他所根据材料和方法都是属于我们现代的新史学的。"③

3 月 29 日,吴宓、李唐晏等来访。吴宓日记:"(下午)2—3寝息。旋李唐晏来。4:00 偕晏及杨业治、沈有鼎出。步至万锺街,耳巷,盐政局访徐芳。未遇,留片。次导晏等访陈梦家于平政街 68 宅,并见宸与黄燕仪女士(Leatrice Wong)。宓请晚饭于家庭食社($ 6.30)。"④

3 月,《评〈殷契遗珠〉并论罗氏前编的来源》和《述方法敛所摹甲骨卜辞》两文载《图书季刊》新第 2 卷第 1 期。

3 月,小说《不开花的春天》收入上海良友复兴图书印刷公司出版的《浮世画及其他——名家小说集》。

3 月,所撰 *Frühe Chinesische Bronzen Aus der Sammlung Oskar Trautmann*(《使华访古录》)介绍载北平《图书季刊》新第 2 卷第

---

①谭其骧:《虔诚的忏悔——思想改造手记》所记胡厚宣 1952 年 3 月 6 日
　交代,葛剑雄编《谭其骧日记》,上海:文汇出版社,1998 年,第 310 页。
②容庚:《容庚北平日记》,第 607 页。
③林同华主编:《宗白华全集》第 2 卷,合肥:安徽教育出版社,2008 年,第
　260 页。
④吴学昭整理:《吴宓日记》第 7 册,第 147—148 页。

1 期"附录"栏,署名"梦甲室"。

3 月,《郭沫若〈周易的构成时代〉书后》载《周易的构成时代》(郭沫若著,"孔德研究所丛刊"之一,商务印书馆 1940 年 3 月初版)。

约 3、4 月,应国立北平图书馆馆长袁同礼之邀,陈梦家协助北平图书馆编辑《考古丛刊》《图书季刊》,"我受北平图书馆的嘱托,编辑考古学丛书"①。

4 月 29 日,容庚校陈梦家文稿。容庚日记:"校陈梦家《商王名号考》稿。"②

4 月,于国立西南联合大学,完成长文《中国铜器概述》,作为《海外中国铜器图录》的文字介绍。全文共分十个部分,分别为:时期、地域、国族、分类、形制、文饰、铭辞、文字、铸造、鉴定等③。

5 月 14 日,容庚给陈梦家寄书。容庚日记:"寄陈梦家《三体石经》等书。"④

5 月 28 日,父亲周年忌日,于昆明,作考证文章《周公旦父子考》。

约 5、6 月间,因《述方法敛所摹甲骨卜辞》一文的发表,得白瑞华寄赠他所编著的各书⑤。

6 月 15 日,常任侠收到陈梦家书信⑥。

①见陈梦家 1945 年 2 月 17 日致胡适书信,耿云志主编《胡适遗稿及秘藏书信》第 35 卷,第 519 页。

②容庚:《容庚北平日记》,第 613 页。

③陈梦家编著:《海外中国铜器图录(第一集)》,第 1—60 页。

④容庚:《容庚北平日记》,第 614 页。

⑤陈梦家:《述方法敛所摹甲骨卜辞补》,《图书季刊》新第 2 卷第 3 期,1940 年 9 月。

⑥常任侠:《战云纪事》,第 263 页。

约 6 月,《周公旦父子考》载《金陵学报》第 10 卷第 1、2 期合刊。

6 月,《商王名号考》载《燕京学报》第 27 期。

6 月,于平政街梦甲室,撰文识别《库方二氏藏甲骨卜辞》一书的伪刻部分,包括全部伪刻 63,部分伪刻 39,总数 112,即《述方法敛所摹甲骨卜辞补》一文①。

6 月,袁同礼为陈梦家编著的《海外中国铜器图录》作序。

6 月,在《图书季刊》新第 2 卷第 2 期上介绍《商代至唐代之中国铜器》(纽约美术博物馆 Metropolitan Museum of Art 编)。

8 月 28 日,和向达到柿花巷的北平图书馆,遇吴宓。吴宓日记:"(上午)9—11 访守和②于北平图书馆柿花巷。……向达、陈梦家来。"③

本学年度,陈梦家任清华大学专任讲师,后至副教授,在国立西南联合大学中国文学系授课课程有:文字学概要,二年级必修,4 学分;铜器铭文研究(二),四年级选修,3 学分;中国语言文学专书选读一种(下学期),四年级必修,3 学分④。

9 月 16 日,《梦甲室字话》载《国文月刊》第 1 卷第 2 期。

9 月 21 日,致信金陵大学中国文化研究所的李小缘:

小缘先生赐鉴:

前借商先生为拙稿书崈,承先至感,惟因少写一字,故特将商先生原书寄还,敬烦转交(因据其来书又曰下乡也)。

①陈梦家:《述方法敛所摹甲骨卜辞补》,《图书季刊》新第 2 卷第 3 期,1940 年 9 月。

②袁同礼,字守和。

③吴学昭整理:《吴宓日记》第 7 册,第 218 页。

④清华大学档案馆:《国立西南联合大学各院系必修选修学程表(民国廿九年至卅年度)》。

此间正议迁川，人心殊多不安，现闻已定一年级在川上课，其他院系亦拟逐步入川，大约仪器书籍先行，而本学期仍旧在此上课也。将来校址大约在叙永一带，近日越南之事甚紧，战事难免，则入川拜晤之期当不甚遥。北平图书馆书随联大入川后，此工作又多阻难，为之奈何？□后特问，并请教安。

> 陈梦家谨上
> 九月二十一日
> 昆明平郑街 88 号①

9 月 30 日，敌机轰炸昆明城的金碧路、南屏街、大小东门等处，死伤不少②。"敌机旋至，轰炸及机关枪、高射炮之声极清晰可闻，同避者多惊恐，至下午二时余始解除警报"③。

9 月，《〈长沙古物闻见记〉序》和《述方法敛所摹甲骨卜辞补》载北平《图书季刊》新第 2 卷第 3 期。

9 月，所撰《诚斋殷虚文字》《河南古物志腾稿》《西清彝器拾遗》《新郑彝器》介绍载北平《图书季刊》新第 2 卷第 3 期"图书介绍"栏，署名"梦甲室"。

10 月 1 日，于昆明东兴楼宴客。曾昭燏日记："晨八时又有空袭警报，仍至西北林中避之。敌机未到昆，下午二时始归，知敌机炸开远。陈梦家请在东兴楼夜膳。"④

10 月 3 日，于昆明，作《孟子养气章的几点解释》。

10 月 7 日，昆明又遭敌机轰炸。吴宓日记："约（下午）1：00 敌机 27 架轰炸拓东路一带之纱厂、机器厂等。远见黑烟

---

①姜庆刚：《陈梦家先生的两封信》，《温故》第 11 期，2008 年 4 月。
②吴学昭整理：《吴宓日记》第 7 册，第 238 页。
③《曾昭燏文集·日记书信卷》，北京：文物出版社，2013 年，第 103 页。
④《曾昭燏文集·日记书信卷》，第 104 页。

上冲。闻至晚犹燃烧,火光可睹云。"①

10 月 8 日,由于昆明受到敌机频繁轰炸,陈梦家到昆明郊外的龙泉镇桃园村物色房子。曾昭燏日记:"陈梦家来看桃园村房子。"②

10 月 9 日,又到桃园村,大约还是看房。曾昭燏日记:"陈梦家又来。"③

10 月 10 日,和袁同礼一起访曾昭燏。曾昭燏日记:"陈梦家又来,袁守和先生同来,谈编《考古丛刊》事。今日昆明又被炸。"④

本日,于昆明平政街,作《认字的方法》,文章说:"我希望将来能写一部通俗的文字学,为一般中学生和大学生读。"⑤

本日,容庚有信寄陈梦家。容庚日记:"寄陈梦家、刘坦璧、佟孙信。"⑥

10 月 12 日,又访曾昭燏。曾昭燏日记:"陈梦家来,再谈编《考古丛刊》事。"⑦

10 月 13 日,昆明城中又遭轰炸。

10 月 14 日,胡小石、曾昭燏来访陈梦家,并在他昆明家中吃晚饭。曾昭燏日记:"下午三时余归,途中遇一神庙,小坐饮茶。回至云大,见医学院科学馆被炸后之残破情形,为之感慨不已。同夏庐师往看陈梦家。在其家晚餐,夜归联大女生宿舍……"⑧

---

①吴学昭整理:《吴宓日记》第 7 册,第 241 页。
②《曾昭燏文集·日记书信卷》,第 104 页。
③《曾昭燏文集·日记书信卷》,第 104 页。
④《曾昭燏文集·日记书信卷》,第 104 页。
⑤《国文月刊》第 1 卷第 5 期,1941 年 1 月。
⑥容庚:《容庚北平日记》,第 631 页。
⑦《曾昭燏文集·日记书信卷》,第 104 页。
⑧《曾昭燏文集·日记书信卷》,第 104 页。

　　10月15日,曾昭燏到桃园村邀请赵萝蕤晚餐,这时陈梦家夫妇已搬到龙泉镇的桃园村起凤庵,中央博物院筹备处也租用了起凤庵的房子作库房,陈梦家夫妇住楼下。陈梦家在西南联大上课时住昆明城内,每周二进城,周四回乡下。曾昭燏日记:"清晨往绍曾处看仲兄,值其已出。乃径来龙头村,又另搬一房间,收拾房子。换衣至桃园村,邀陈太太来晚餐。"①

　　陈梦家夫妇在桃园村前后住了一年多。赵萝蕤与乡人顶包、张发留等成了朋友,他们教她种菜等②。

　　10月17日,曾昭燏来访。曾昭燏日记:"今日城中又大炸。往桃园村看陈梦家夫妇。"③

　　10月19日,曾昭燏来访。曾昭燏日记:"晨往市上,遇仲兄自城来,同往怀姐家④。又至梁先生⑤家小坐。下午同仲兄往拜母亲墓。至陈梦家处小坐。"⑥

　　10月22日,曾昭燏来,借书并午餐。曾昭燏日记:"上午读《明史纪事本末》,往陈梦家处午餐,借得《北京大学国学季刊》四本……"⑦

　　10月25日,曾昭燏来访并午餐。曾昭燏日记:"上午往桃园村,在陈梦家处午餐,下午洗衣。"⑧

　　约11月下旬,中央研究院史语所、中央博物院筹备处、中国营造学会等几个组织机构一起搬至四川李庄后,陈梦家夫妇从

①《曾昭燏文集·日记书信卷》,第104页。
②赵萝蕤:《龙泉杂记》,《读书生活散札》,第34—43页。
③《曾昭燏文集·日记书信卷》,第105页。
④傅斯年与俞大綵家。
⑤梁思永,当时住龙头村。
⑥《曾昭燏文集·日记书信卷》,第105页。
⑦《曾昭燏文集·日记书信卷》,第105页。
⑧《曾昭燏文集·日记书信卷》,第106页。

起凤庵楼下搬至楼上。

12月12日,于昆明桃园,作《书语》。

12月22日,于桃园村致信当时在四川彭山中央研究院川康古迹考查团的曾昭燏,谈别后诸事及胡小石近况等,其中有对貉子卣及洹子孟姜壶的考证,从信中还可知陈梦家每周二进城,周四回龙泉:

> 昭燏学兄:
>
> 　　途中想极劳苦①,前闻卡车眷车已先客车到泸②,欣慰之至。不知近日生活已就绪否,念念。卡车同行之日,梦等即由楼下搬上(大忙了半天)。是日晚闻车子俟至黄昏始开,悔不曾到镇相送也。丁大妈仍为厨师,自此略觉清闲。屡次入城均拜小石先生,惟每次均有人在左右,未尝独谈,其左右仍怂恿其回渝,或寒假中离此亦未可知。守和先生日内赴港转美。《考古丛刊》仍照常刊行。
>
> 　　大著大约何日可以完稿?胡先生《书法史》引用材料最好用《书道全集》,只需注明卷页,可令人在沪制板也。禹铭③先生《陶器》亦盼早日寄下,便中请代致意。梦近日考貉子卣及洹子孟姜壶略有新获,前者读"王各于吕畋,王牢于陟",后者则阮元所藏,一器多出二十余字,实为伪作也(此从《缀遗斋》),另一器一百四十二,器不伪。小石先生近读方濬益《缀遗斋彝器考释》甚得意,以为先获我心,盖其卷前《彝器说》中论文字派别与小石先生说不谋而合。便中请参阅之,方氏考释颇多精审,郭沫若所发明诸条,方氏亦

---

①中央研究院史语所、中央博物院筹备处、中国营造学会等机构迁四川省
　南溪县李庄。
②四川泸州。
③吴金鼎。

有同说,惜其书晚出(貉子卣述王馈貉子以鹿三,而卣上绘鹿形,此花纹与铭辞相应之例,郭沫若已言之)。

此间一切就绪。梦等住楼上,楼下储书,大殿分作两间,一间范红南,一间万赵,南厢住胡氏夫妇,楼上与人隔离,有地板,此其好处,惟少阳光,暗而冷,此其蔽也,现仍于每周星期二入城,星期四回乡。一切渐渐有序。近日桃园萝卜出土,果甚可口。到川后生活如何,便请示一二,匆此即请

撰安

陈梦家谨启

十二月二十二日

萝蕤附笔问好。①

约本年,写一便条将余施水兰夫人介绍给李小缘,请其予以研究上的方便:

兹介绍余施水兰夫人于李小缘先生(金大中国文化研究所所长)。余夫人研究戏剧,于中国古代艺术尤有兴趣,请予以研究上之方便,实为至幸。浙江上虞陈梦家。②

本年,赠冯友兰《商王名号考》(《燕京学报》第 27 期抽印本)③。

约本年,与王献唐订交:"1940 年前后,以齐鲁古陶文的探讨,始与先生订文字交。"④

---

①转引自张蔚星:《南京博物院藏曾昭燏师友书札考略(上)》,《收藏家》2010 年第 1 期。

②姜庆刚:《陈梦家先生的两封信》,《温故》第 11 期,2008 年 4 月。

③蔡仲德:《冯友兰先生年谱初编》,第 257 页。

④陈梦家:《〈山东古国考〉后记》,《西北大学学报(哲学社会科学版)》1980 年第 3 期。

1941 年 辛巳 三十一岁

年初,于昆明,作《〈海外中国铜器图录(第二集)〉编后附言》。

1 月 16 日,《认字的方法》载《国文月刊》第 1 卷第 5 期。

1 月,于昆明东郊龙泉镇,作《介绍王了一先生汉字改革》。

2 月 16 日,《书语》载《国文月刊》第 1 卷第 6 期。

2 月,寒假后开学。

2 月,于昆明东郊龙泉镇起凤庵,作《射与郊》,"今年适逢国立清华大学三十周年纪念,因述古代学校的起源并附郊祀典礼,谨以为献"①。

3 月初,为《射与郊》作附记。

3 月 19 日,吴宓日记多次提到陈梦家、赵萝蕤夫妇,还提到本学期转学来西南联大的方令孺女儿陈庆纹。吴宓日记:"入校,为访琼于生物系,不遇。遇陈梦家、赵萝蕤夫妇……下午 1—2 上《欧文史》课。毕,新来女生陈庆纹自陈为方令孺长女 Betty,在联大外文系二年级借读。宓观其人雅谈秀美,且确貌似令孺……已而 3—4 萝蕤来,宓以宁②之 Jameson《文学史》一册及宓所编《大纲》一全份借与之,并约宴……5—6 访子水,遇梦家。"③

3 月 25 日,吴宓在状元楼宴客,有陈庆纹等,推测请陈梦家夫妇吃饭也是这一次。吴宓日记:"(下午)6—9 宴诸人(庆纹

---

①陈梦家:《射与郊》,《陈梦家学术论文集》,第 243 页。
②李赋宁。
③吴学昭整理:《吴宓日记》第 8 册,北京:生活·读书·新知三联书店,1998 年,第 56—57 页。

等)于状元楼($28)。"①

3月31日,于昆明桃园,为收入《海外中国铜器图录》一书中的《中国铜器概述》一文写下《校后附记》两则,前一则说明英文提要更改之处,后一则说此文成后,又读方濬益《缀遗斋彝器考释》和胡小石《齐楚古金表》,与自己的见解相近,作为补证。此前,陈梦家还完成了《铜器铭文研究》和《金文编校记》两个稿本②。

4月2日,有信请吴宓转交陈庆纹。吴宓日记:"下午1—2上课。以梦家函交庆纹……遇梦及纹。知纹已迁往女生宿舍。"③

4月9日,请吴宓等午餐。吴宓日记:"府前街早餐。遇沈从文兄妹。入校,遇纹,允赴宴。至图书馆,遇梦家、萝蕤夫妇,同坐。……9:30纹来,梦家乃请至凤翥街京沪面馆午餐,并邀彤往。萝蕤偕纹赴工校如厕,再回图书馆。"④

4月15日,吴宓与陈梦家、赵萝蕤一起便饭,其时赵萝蕤在云南大学任教。吴宓日记:

> 宓归舍,遇梦家,偕至云大邀萝蕤,同至家庭食社晚饭($3.50)。在云大遇逵。赵诏熊告知敬之婚期等。饭后,访水。水与宓送萝蕤回家。梦先在,谈至10:00始归。
>
> 晚饭时,梦、蕤以宓爱琼戏谑,谓宓不久即婚琼。又据纹言,琼一切甚好云云。宓心亦甚喜。⑤

4月30日,吴宓到云南大学找赵萝蕤,为陈庆纹送信给陈梦

---

①吴学昭整理:《吴宓日记》第8册,第61页。
②陈梦家编著:《海外中国铜器图录(第一集)》,第95—96页。
③吴学昭整理:《吴宓日记》第8册,第64页。
④吴学昭整理:《吴宓日记》第8册,第67页。
⑤吴学昭整理:《吴宓日记》第8册,第71页。

家夫妇。吴宓日记:"下午1—2上课,讲各国文学大要。2—3与黄维沿马路步谈。即至云大,为纹送函与梦家夫妇。归舍,作日记。"①

5月28日,闻一多致清华大学聘任委员会公函两封,分别为许维遹和陈梦家申请晋升为副教授,为许维遹申请晋升函中有"本校章程规定,教师'于所任学程有重要学术贡献者',得聘为副教授"句,为陈梦家申请晋升函中写道:"本系讲师陈梦家先生,研究甲骨、铜器文字及相关问题成绩卓著,历年所撰论文十余篇,释疑、解惑,发明甚多,拟请升任为副教授,以示尊异,而符校章,敬希贵会审议裁夺,是为至荷。"②

5月29日,清华大学召开迁昆明后第十二次聘任委员会会议,议决续聘闻一多、朱自清、陈寅恪、刘文典、王力、浦江清为文学院中国文学系教授,改聘许维遹、陈梦家为副教授③。

7月,清华大学文科研究所成立,所长为文学院院长冯友兰,闻一多为中国文学部主任④。

8月26日,应罗常培之约,老舍自重庆飞抵昆明,住青云街靛花巷。老舍在昆明的这段日子里,见到了罗常培、杨振声、郑天挺、陈雪屏、冯友兰、冯至、陈梦家、沈从文、闻一多等人,有的请他吃饭,有的陪他游玩,老舍还作了六次演讲⑤。

本学年度,陈梦家任清华大学副教授,在国立西南联合大学中国文学系授课课程有:文字学概要,二年级必修,4学分;铜器铭文研究(上学期),三、四年级选修,3学分;中国文学专书选读

①吴学昭整理:《吴宓日记》第8册,第80页。
②转引自闻黎明、侯菊坤编:《闻一多年谱长编》,第611页。
③闻黎明、侯菊坤编:《闻一多年谱长编》,第611页。
④闻黎明、侯菊坤编:《闻一多年谱长编》,第613页。
⑤闻黎明、侯菊坤编:《闻一多年谱长编》,第614页。

（《说文古籀补》）（下学期），三、四年级必修，3 学分①。

　　9 月初，陈梦家为清华大学文科研究所找到距龙泉镇四里远的司家营的房子，闻一多年谱这样记载：

　　　　（闻一多）与助教何善周一起到昆明北郊司家营选择清华大学文科研究所的所址，何善周《千古英烈万世师表》："九月初的一天，我们二人从陈家营进城，又从城里到龙泉镇来，看好了司家营的房子，和住在镇上的王了一、陈梦家两位先生商定了研究所设在这里之后，下午三点又赶回城去。"

　　　　司家营的房子，是陈梦家找到的。当时陈住在龙泉镇北二里桃园村，冯友兰住在龙头山上寺前院西房。这天中午，先生和何善周在王力家吃的午饭，王力的夫人还特意加了几个菜。②

　　龙泉镇司家营 17 号清华大学文科研究所，是两层土木结构的小楼，二楼正面为研究所的办公室，清华大学图书馆的许多书籍就放在这里。楼上两侧住人，楼下为厨房、食堂。10 月，闻一多全家搬到清华大学文科研究所楼上，后来，朱自清、浦江清、李嘉言、何善周、许维遹等也住在所里，清华研究院的研究生也常来这里读书研究。冯友兰、王力、陈梦家等住在附近，常相往来交流，因远离市区，不受敌机骚扰，一时学术氛围很浓。由于司家营地方较小，后又在紧邻的麦地村桂家祠堂租了房子，进行古籍整理③。

　　老舍在昆明呆了两个月，很多时间在乡下，此时，查阜西和陈梦家同住一院：

①清华大学档案馆：《国立西南联合大学各院系必修选修学程表（民国三十年至三十一年度）》。
②闻黎明、侯菊坤编：《闻一多年谱长编》，第 614—615 页。
③闻黎明、侯菊坤编：《闻一多年谱长编》，第 617—621 页。

在龙泉村,听到了古琴。相当大的一个院子,平房五六间。顺着墙,丛丛绿竹。竹前,老梅两株,瘦硬的枝子伸到窗前。巨杏一株,阴遮半院。绿荫下,一案数椅,彭先生弹琴,查先生吹箫;然后,查先生独奏大琴。

……

查阜西先生精于古乐。虽然他与我是新识,却一见如故,他的音乐好,为人也好。他有时候也作点诗——即使不作诗,我也要称他为诗人呵!

与他同院住的是陈梦家先生夫妇,梦家现在正研究甲骨文。他的夫人,会几种外国语言,也长于音乐,正和查先生学习古琴。①

10 月 2 日,填《国立西南联合大学教职员调查表》,陈梦家所填地址为:城内,平政街六十八号;乡下,龙泉镇邮局转。其母地址为:上海龙华路元昌里卅二号②。

10 月 7 日,吴宓邀午饭。吴宓日记:"晴。府前早饭。入校。8:30—10:00 连上《欧文史》课。遇陈梦家、赵萝蕤夫妇,请昆华午饭。陪访赵景伦。"③

10 月 28 日,与吴宓谈谢扶雅。吴宓日记:

上午 8—10 上课。请陈梦家文林午饭。遇沈有鼎。梦家述谢扶雅事,宓有感。鼎假宓吕澂《佛教研究法》,归读之。

水④宅陪梦家晚饭。宓述婚姻恋爱往事之激愤。Paul-

---

①老舍:《滇行短记》,《老舍散文》,太原:北岳文艺出版社,2008 年,第
　134 页。
②清华大学档案馆档案资料。
③吴学昭整理:《吴宓日记》第 8 册,第 184 页。
④毛子水。

ine 似甚知感。晚,读至深宵。①

　　约 11 月,陈梦家夫妇迁到龙头街里的棕皮营村居住,也就是常说的龙头村,同住龙头村的还有王力等人。关于龙头村,有一本连环画这样介绍:

　　　　龙头街位于昆明市北部的龙泉镇,因原境内有黑、白、蓝、青等龙潭而得名"龙泉镇"。在龙泉镇境内有一山叫宝台山,山脚下分散着五个相去不远的村庄,龙头村居中,是昆明北郊唯一的农村集市。昆明人把"赶集"叫"赶街",所以又称龙头街。

　　　　……

　　　　龙头村原来分为龙头大村和龙头小村,龙头大村……又称龙头街。龙头小村现在叫做棕皮营。②

　　11 月 12 日,查阜西迁居龙泉镇龙头村,赵萝蕤与北大文科研究所的阴法鲁曾跟他学琴。

　　11 月 20 日,朱自清邀午餐。朱自清日记:"邀梦家共进午餐。餐后访了一,见到著作甚多。"③

　　11 月 27 日,邀朱自清午餐并谈所撰文章。朱自清日记:

　　　　在梦家处用午餐,读其所写关于书写形式的散文出现在诗以前的文言文文章,文章虽有趣,却并未解决在我们历史上,诗是否首先出现这个基本问题。

　　　　访了一,他以《中国现代语法》手稿相示,我带回。读郭

---

①吴学昭整理:《吴宓日记》第 8 册,第 194 页。
②秦东刚绘画:《龙头街的历史奇迹》(连环画),昆明:云南人民出版社,2009 年。
③朱乔森编:《朱自清全集》第 10 卷,第 132 页。

沫若的《周易之制作年代》与梦家的《跋》。同意梦家的看法。①

11 月 28 日，与朱自清谈及高本汉对《尚书》的看法。朱自清日记:"……梦家告卡尔格林谓《尚书》之《无逸》《多方》《康诰》中皆为韵文。"②

11 月 30 日，陈梦家夫妇受邀聚餐。朱自清日记:"郭太太邀午餐,客有陈梦家夫妇及钱太太。话题为谈清华大学女生,甚有趣。钱太太喋喋不休,致不注意别人谈话。三时左右回城,路甚滑,跌倒一次。"③

12 月 8 日，《论散文先于韵文》载昆明《当代评论》周刊第 1 卷第 23 期。

12 月 12 日，吴宓请张振先帮助打印赵萝蕤致布林·马尔女校的信。吴宓日记:"托张振先打印萝蕤请致 Bryn Mawr 女校④当局函。"⑤

12 月 13 日，朱自清日记谈到罗常培回到西南联大国文系任职事,涉及陈梦家及闻一多对陈梦家的态度:

> 下午芝生来访,给我看莘田的信,信中提出三条,须在学院与系之间、两所大学的系主任之间加以遵循。还给我看了回信,系芝生与一多签字。他们接受莘田之主张,但他们怕莘田要徐与陈教大一国文。这种做法不公平,且将令人尴尬。这是一难题。我提出由我先去与莘田协商,但他们认为他可能下了决心而因此辞职。结果是芝生亲自将回

①朱乔森编:《朱自清全集》第 10 卷,第 134 页。
②朱乔森编:《朱自清全集》第 10 卷,第 134—135 页。
③朱乔森编:《朱自清全集》第 10 卷,第 135 页。
④布林·马尔女校,美国著名的女子大学。
⑤吴学昭整理:《吴宓日记》第 8 册,第 212 页。

信交给莘田,并就这一点与之面谈。

这时,梦家也来访,芝生一走,他便到一多室内询问有关情况。出我意料之外,一多向他和盘托出。但我只是无意中听到而已。①

12 月 16 日,《释"国""文"》载《国文月刊》第 11 期。

12 月 25 日,邀朱自清午餐。朱自清日记:"上午与莘田同归,交谈相当坦率,在陈家午餐。"②此处陈家疑为陈梦家的住所。

12 月 29 日,毛子水请吃饭。吴宓日记:"夕,访琼取件,不遇。留柬,约宴。访水。水请同陈梦家适园晚饭。伴水行至大西门。水极愿屈已助成宓与琼事,意殊可感。"③

12 月末,于昆明龙泉镇,作书评《评张荫麟先生〈中国史纲〉第一册》,文章除了介绍这本著作之外,还顺便介绍了另两本书:钱穆的《国史纲要》和顾颉刚的《上古史》。

12 月,于昆明,作《关于上古音系的讨论(附录高本汉〈中国文法绪论〉④及其他)》。

本年,《射与郊》载《清华学报》第 13 卷第 1 期。

本年底,于昆明东郊棕皮营,作器铭考释《毛公鼎》⑤。

本年起,作关于古代策命制度的研究:"1941—1943 年间,曾因讲授《大盂鼎》《毛公鼎》和《尚书》作了关于古代策命制度的研究。"⑥

---

①朱乔森编:《朱自清全集》第 10 卷,第 138 页。
②朱乔森编:《朱自清全集》第 10 卷,第 140 页。
③吴学昭整理:《吴宓日记》第 8 册,第 223 页。
④《中国文法绪论》,高本汉撰,赵萝蕤译。
⑤陈梦家:《西周铜器断代》上册,第 292 页。
⑥陈梦家:《西周铜器断代》上册,第 400 页。

本年起,作西周年代方面的考证:"这本小书,《西周年代考》,是作者 1941—1944 年在昆明龙泉镇读书的札记。"①

1942 年 壬午 三十二岁

1 月 1 日,陈梦家夫妇访毛子水。吴宓日记:"11:00 至水斋中。梦家、萝蕤夫妇来。"②

1 月 9 日,朱自清来访。朱自清日记:"日常工作。下午访了一,请他太太帮忙为我补袜子,并缝邮包。访陈先生及太太,吃点心。又访端升。晚写信给公权,连续两天未午睡,甚疲倦。"③此处陈先生疑指陈梦家。

1 月 16 日,朱自清来访。朱自清日记:

> 参加了一的午餐会,未多食,然晚饭时胃仍痉挛。真恨这里的饭食。

> 送别郭锦尧君。访陈君夫妇,在彼处吃三块饼干。提早就寝。莘田告知《国文月刊》下周拟举办晚餐会,望我能出席……④

1 月 17 日,举行茶会。朱自清日记:"有空袭警报。上午例行工作。未能午睡。下午参加陈君夫妇茶会。"⑤上述两处陈君夫妇疑指陈梦家夫妇。

1 月 22 日,朱自清日记:"参加《国文月刊》举办的晚餐会,茶不错。"⑥疑陈梦家一起出席。

①陈梦家:《西周年代考 六国纪年》,北京:中华书局,2005 年,第 7 页。
②吴学昭整理:《吴宓日记》第 8 册,第 227 页。
③朱乔森编:《朱自清全集》第 10 卷,第 143 页。
④朱乔森编:《朱自清全集》第 10 卷,第 145 页。
⑤朱乔森编:《朱自清全集》第 10 卷,第 145 页。
⑥朱乔森编:《朱自清全集》第 10 卷,第 146 页。

2月4日,朱自清日记:"上午写信。读陈梦家的《高本汉中国文法之评判》,渠对古音的意见颇可贵。到邮局寄《中国近百年来文艺思潮》,附审查意见。访了一,借来《中国语法》稿并《说文诂林》二册。访陈君夫妇,听他太太说陈君进城,未停留就回来。读《骆驼祥子》,读王越的《南北集》。我想,这些都是白费力气。"①

2月8日,得朱自清赠礼。朱自清日记:"上午日常工作。下午到桃源村买点心,然后到陈、王、钱各处赠礼。"②

2月11日,朱自清日记:"读陈太太翻译的卡尔格林的《中国语法绪论》③,写得很好。卡尔格林关于《经典释文》的评论对我很有启发。"④

2月12日,访朱自清,其时赵萝蕤因胃病辞云南大学的教职。朱自清日记:"例行工作。下午陈梦家来,其夫人因胃病不得不休养,此在余意料之中……将《中国文法绪论》的翻译稿归还陈,并交给他印章,请他帮助到学校取挂号信。"⑤

2月15日,大年初一,邀朱自清午餐。朱自清日记:"陈先生写信邀我十二时用午餐,十时多去那里,午餐已经开始,不悦于这种缺乏一定礼节的款待,但菜肴不错。又进食逾量!"⑥

3月5日,朱自清日记似提及陈梦家晋升教授事:

> 访陈梦家。其夫妇二人对我不如过去友善。我理解这是他们好客的多面性,但我可能并未猜中。今天陈太太不

---

① 朱乔森编:《朱自清全集》第10卷,第148页。
② 朱乔森编:《朱自清全集》第10卷,第150页。
③ 此处指赵萝蕤翻译的高本汉撰《中国文法绪论》,刊于《清华学报》第13卷第2期。
④ 朱乔森编:《朱自清全集》第10卷,第151页。
⑤ 朱乔森编:《朱自清全集》第10卷,第151页。
⑥ 朱乔森编:《朱自清全集》第10卷,第152页。

在家,陈君暗示我向大学推荐他,我表示注意到这一暗示,但未作任何允诺。我要考虑一下是否插手此事。

……

访胡上校、唐先生与冯大夫。陈曾无情地指责后者,但不一定公平。我也不喜欢冯。其妻是我同乡,像是一位驯良的家庭主妇。①

3 月 10 日,吴宓向当时的西南联大外文系主任陈福田(F. T.)推荐赵萝蕤,得到陈福田的同意。吴宓日记:"再 10—11 上《中西诗》课,讲《婉容词》。荐萝蕤于 F. T.,即聘任。正午访水,托函梦家。"②

3 月 11 日,赵萝蕤获准在西南联大兼职教一年级英语③。朱自清日记:"上午赋诗一首。写信给竹与公权。下午归来。陈梦家太太已经吴君推荐获准教授一年级英语。"④

3 月中旬,于龙头村棕皮营,作器铭考释《不娶段盖》⑤。

3 月 28 日,朱自清来访。朱自清日记:"分别访问陈、王、冯君,归还王君两册《说文》,陈君还我两本期刊,借冯君论人的新论文手稿第一册。冯谓汤、陈二位已列入国立大学教授候选人名单。他认为教育委员会已将两件事混在一起:首先,他们想把一些教授调到急需他们的大学中去;其次,他们想建立教授职位的荣誉制度。这些设想,分别来看是好的,但不加区别地合在一

---

① 朱乔森编:《朱自清全集》第 10 卷,第 156 页。
② 吴学昭整理:《吴宓日记》第 8 册,第 262 页。
③ 关于赵萝蕤在西南联大教课一事,渭南师范大学任葆华教授是这样分析的:"据杨绛《我们仨》中讲,清华旧规夫妻不能同校专任教师,但兼任(拿钟点工资)却允许。我估计聘赵可能属兼任吧!"(来自微信圈留言)。
④ 朱乔森编:《朱自清全集》第 10 卷,第 157 页。
⑤ 陈梦家:《西周铜器断代》上册,第 323 页。

起,就会弄得一团糟。"①

4月3日,陈梦家夫妇晚餐会。朱自清日记:"访端升,参加陈君夫妇晚餐会。烫面饺很好吃,菜肴亦好,我很满意。"②

4月6日,于昆明,毛子水请吃晚饭。吴宓日记:"出遇铮,陪访水。水请梦家、铮、宓文林晚饭。"③

4月7日,于昆明,请吴宓吃午饭。吴宓日记:"梦家请宓新新午饭。"④

4月14日,于昆明,请吴宓吃午饭。吴宓日记:"文林遇陈梦家,请宓午饭。"⑤

4月20日,于昆明,吴宓带赵萝蕤上英领事馆荐职。吴宓日记:"归舍。3:00萝蕤来,水斋中茗坐。4—5导萝蕤英领事馆见 Reicher。荐职,考译事。水请昆联晚饭。"⑥

4月下旬,续作文字学讲义《文字学甲编》第七章《古文字材料》之"一、甲骨文",后收入《中国文字学》⑦。

5月22日,朱自清来访。朱自清日记:"访了一、梦家与端升。了一告以昨日教授会上发生之事。讨论敌人之进攻,做出某些建议。与端升共进晚餐。读季镇淮《原法家》。"⑧

春,对古铜器同卣作考释,未得其解⑨。

6月9日,昆明,向吴宓谈及赵紫宸、陆志韦被捕一事。1941

---

①朱乔森编:《朱自清全集》第10卷,第161页。
②朱乔森编:《朱自清全集》第10卷,第162页。
③吴学昭整理:《吴宓日记》第8册,第276页。
④吴学昭整理:《吴宓日记》第8册,第276页。
⑤吴学昭整理:《吴宓日记》第8册,第279页。
⑥吴学昭整理:《吴宓日记》第8册,第283页。
⑦陈梦家:《中国文字学(修订本)》,第143页。
⑧朱乔森编:《朱自清全集》第10卷,第173页。
⑨陈梦家:《西周铜器断代》上册,第140页。

年 12 月,日军偷袭美国珍珠港,太平洋战争爆发,燕京大学也被
日军关闭,除外籍教职工被羁押外,一些中国教授和学生被捕入
狱,赵紫宸是其中的一位。吴宓日记:

> 梦家请同水文林午饭。过昆北操场,遇琼迎面来。梦
> 家谓"琼见宓,眉皱,似不悦宓。又面赪。因晨间再遇故"。
> 饭时,梦家述宸等在平被捕后,受日人严刑陆志韦齿尽落。
> 拷问。下陆军监狱。今已分别判处徒刑云云。宸夫人,今居
> 北平砖塔胡同 41 号。按宸为真正之基督教徒。今兹就义受
> 苦,正如基督之上十字架。足以证明其生平所言所志,抑亦
> 文文山《正气集》之继轨者矣。宓闻宸等消息,惨戚累日。①

在监狱中,赵紫宸写下想念女儿赵萝蕤和女婿陈梦家的诗,
分别为:"人说吾家凤,声清甚可听。《荒原》新道路,锦瑟归珑
玲。斗室兰心素,书城玉案清。碧梧栖欲老,离乱几年经。""佳
客温文辈,清誉已及时。旧诗延旧学,《新月》载新诗。雅俗均能
赏,崇庳俱不辞。居然成长者,渐得丈人知。"②

6 月 18 日,赵紫宸出狱。吴宓 8 月 26 日日记:"遇梦家、萝蕤
夫妇,欣悉宸已于六月十八日释出。宸六月三十日有亲笔函萝蕤。
谓在寓休养,并可著作。惟经济甚窘,当俭省过日。云云。"③

6 月,弟弟陈梦熊从西南联大毕业,考入地质调查所,开始从
事地质研究。

7 月 9 日,朱自清来访。朱自清日记:"访陈君夫妇,归来甚
迟,陈告我毛先生系中央大学中文系毕业。他赠王、陈各一只
鸡,并各附一文风甚好之短信。陈认为他这样做是替军队收买

---

①吴学昭整理:《吴宓日记》第 8 册,第 311 页。
②转引自姜德明:《赵紫宸的〈系狱记〉》,《寻书遇存》,南京:南京师范大学
　出版社,2011 年,第 83—84 页。
③吴学昭整理:《吴宓日记》第 8 册,第 369 页。

人心,我倒是有点相信这种看法。"①

　　7月18日,陈梦家、朱自清等听查阜西弹琴。朱自清日记:"应陈邀晚饭。听查先生弹琴。"②

　　7月31日,与毛子水一起访吴宓,毛子水劝吴宓留在联大,吴宓听从他的劝。吴宓又将田德望寄赠的银耳送给陈梦家。吴宓日记:"(晚)11:00水及梦家来。水力劝宓留联大勿行。谓'应从大处着眼,留此乃为讲学传道,不当重视个人恩怨及待遇末节'云云。宓从水劝,遂决留。田德望寄赠银耳即以转赠梦家。及 Colgate shaving soap 又 Lord's 皮鞋油,适于今晚送到。"③

　　7月,于龙泉镇之梦甲室,重录《关于上古音系的讨论(附录高本汉〈中国文法绪论〉及其他)》一文。

　　8月6日,送面包给朱自清。朱自清日记:"下午陈梦家赠面包一个。"④

　　8月26日,遇吴宓,谈赵紫宸出狱事。

　　8月29日,朱自清来访。朱自清日记:"继续写《论朗诵》,下午头痛。访梦家,陈太太始终在厨房里。吃面包、黄油。"⑤

　　夏,作《六国纪年表》。此表在1948年《燕京学报》上最初发表时,陈梦家在文前加了一段"叙"文,记录了作此表的缘起和大致过程:"九年前在昆明国立西南联合大学,曾设立东周铜器铭文一课。于战国时期铜器,常感《史记》《六国年表》的不能适用,遂有意据金文和《竹书纪年》重作一种年表。当时参考书籍甚不完备,即清人所考校的《竹书纪年》各书,也不容易读

①朱乔森编:《朱自清全集》第10卷,第185页。
②朱乔森编:《朱自清全集》第10卷,第187页。
③吴学昭整理:《吴宓日记》第8册,第351页。
④朱乔森编:《朱自清全集》第10卷,第190页。
⑤朱乔森编:《朱自清全集》第10卷,第194页。

到。不得已从宋代及其前诸书所引古本《竹书纪年》，重为一一辑录出来，据此试为谱成《六国纪年表》。此是民国三十一年间夏日所作。"①又说，当时避居在昆明龙泉镇，日以考定古年代遣时。

8月，因治西周年代与西周金文，于昆明，撰写《尚书》研究文章，完成五篇，即《先秦引书篇》《汉世传本篇》《篇目篇》《书序篇》《考实篇》，作为西南联大的讲稿，后归入《尚书通论》的第一部分，即通论部分②。

本学年度，陈梦家任清华大学副教授，在国立西南联合大学中国文学系授课课程有：文字学概要，二年级必修，4学分；铜器铭文研究（上学期），三、四年级选修，3学分；中国文学专书选读（《尚书》）（下学期），三、四年级必修，3学分③。

9月16日，于昆明龙泉镇，完成《尚书》研究文章《古文尚书作者考》，后作为《尚书通论》第二部分专论中的第一考④。

9月20日，费正清经过二战时期著名的"驼峰航线"从印度抵达昆明。"在昆明的一周里，我已经去过6个住所，并与居住在里面的12个人进行了交谈。"⑤其中就到过龙头村，这交谈的12个人中，大约就有陈梦家。

9月21日，吴宓请吃午饭。吴宓日记："11：00文林请梦家午饭。"⑥

---

①陈梦家：《六国纪年表》，《燕京学报》第34期，1948年6月。

②陈梦家：《尚书通论》，第113页。

③清华大学档案馆：《国立西南联合大学各院系必修选修学程表（民国三十一年至三十二年度）》。

④陈梦家：《尚书通论》，第135页。

⑤〔美〕费正清：《费正清中国回忆录》，北京：中信出版社，2013年，第199页。

⑥吴学昭整理：《吴宓日记》第8册，第387页。

9月27日，朱自清来访。朱自清日记："下午读《翁牖问墨》。访梦家。"①

10月8日，周四，与杨振声一起请晚宴。朱自清日记："下午访伯伦。今甫与陈君星期四举办晚餐会，后者送一请柬给金君与余，日期定为今日。如今天饶君不通知余，金先生与余肯定今晚会去参加，但我已另有一晚餐会，系范洗人与卢芷芬两先生所邀。他们在曲园定菜，甚精美。我们饮真正的葡萄酒。芝生就版税支付提出建议，主意很好。"②金先生为金岳霖。

10月12日，与赵萝蕤访吴宓。吴宓日记："文林午饭。回舍，寝息。梦家、萝蕤夫妇来。"③

秋，于龙泉镇，据罗振玉《三代吉金文存》拓本，将小盂鼎铭文重写了一遍④。

11月19日，邀朱自清吃点心。朱自清日记："晚金、陈邀食点心。"⑤

11月24日，浦江清来访。浦江清自5月离沪，11月21日抵昆明，11月23日就到龙泉镇，24日到棕皮营访陈梦家、游国恩等朋友。浦江清日记："留研究所⑥中看书。又到梦家处、游国恩处。"⑦

12月7日，朱自清来访赵萝蕤，赵萝蕤约浦江清12月14日

①朱乔森编：《朱自清全集》第10卷，第200页。

②朱乔森编：《朱自清全集》第10卷，第202—203页。

③吴学昭整理：《吴宓日记》第8册，第397页。

④陈梦家：《西周铜器断代》上册，第113页，小盂鼎铭文抄写稿影印图见第105页。

⑤朱乔森编：《朱自清全集》第10卷，第209页。

⑥指清华文学研究所。

⑦浦江清：《清华园日记 西行日记（增补本）》，北京：生活·读书·新知三联书店，1999年，第224页。

吃晚饭。朱自清日记:"访陈太太,取一本《汉书》归,她约江清下星期一晚餐。"①

12 月 12 日,朱自清来访。朱自清日记:"上午如例工作。先后访冠英、梦家及芝生。"②

12 月 19 日,似与梅贻琦等人一起办鸡尾酒会。朱自清日记:"参加陈等的鸡尾酒会,品尝梅校长之好酒,未能安眠。"③

12 月 26 日,朱自清来访。朱自清日记:"上午访端升、梦家并理发。……有警报。"④

约 12 月,《陈口壶考释》载《责善》半月刊第 2 卷第 23 期。

约本年,《关于上古音系的讨论(附录高本汉〈中国文法绪论〉及其他)》载《清华学报》第 13 卷第 2 期。

冬,桃园村张留发的一个小辈结婚,陈梦家、赵萝蕤被邀请去桃园村吃了三天喜酒,"作了主人的上宾"⑤。

1943 年 癸未 三十三岁

1 月 17 日,因为冯友兰夫妇将有重庆之行,闻一多、朱自清等五人宴请冯友兰、陈梦家等朋友。浦江清日记:"是日,余等宴请冯芝生夫妇、陈梦家夫妇、余冠英夫妇、郭先生⑥。主人为闻一多、朱佩弦⑦、许骏斋⑧、何善周及余五人。借郭家厨子,骏斋为提调。郭厨老李,北平人,烹调甚佳。是晚宾主甚欢。冯先生

---

①朱乔森编:《朱自清全集》第 10 卷,第 212 页。
②朱乔森编:《朱自清全集》第 10 卷,第 213 页。
③朱乔森编:《朱自清全集》第 10 卷,第 214 页。
④朱乔森编:《朱自清全集》第 10 卷,第 215 页。
⑤赵萝蕤:《龙泉杂记》,《读书生活散札》,第 39 页。
⑥许维遹的朋友。
⑦朱自清。
⑧许维遹。

夫妇将有重庆之行,为设钱也。一席费约千元。"①

1月21日,访郑天挺②。

1月26日,郑天挺来访。郑天挺日记:

> 十一时诣梦家。谈近校《孔丛》,于孔家世系深有所获,并谓《孔丛子》非伪书,本名《孔丛》,《隋》《唐志》犹然,附《论语》后,不知何时加"子"字,遂列入子书矣。又以《后汉》《世说》对勘,知《孔丛》不后于范宁,胜于范晔也。③

1月,《评张荫麟先生〈中国史纲〉第一册》载《思想与时代》第18期。

1月,于龙泉镇棷庐,作《上古天文材料》。

约1月间,陈梦家夫妇搬到龙头村棕皮营的李氏园中,房屋数间,门前有三四棵尤伽俐树,又有菜园,隔壁是李氏茶花园,出门是金汁河,此处仍被陈氏夫妇称为棷庐。陈梦家夫妇分别写过文章称赞这个后棷庐。赵萝蕤这样说:"在我们这六年逃难的生活中,最可恋念的是只住了三个月的南岳的棷庐,而在后来的三五年中,又以最近的这半年,能够又重复近似的宁静:因也把这远不如前棷庐的寄寓也名之为棷庐。棷树已非,代以三四棵尤伽俐树守卫着大门,旷嫂子已非,代以一日三顾的厨下。"④"在最近的半年,找到了一个比较满意的地方,又搬了一次家。在这家的外幅附有一片菜园,至今成了我的工作及游戏的场所。菜园的总顾问当然是老朋友张发留君了。我从他学会了如何点刀豆,两颗一堂,今天之下顿顿吃清香鲜嫩无比的刀豆,谢谢张

---

①浦江清:《清华园日记　西行日记(增补本)》,第232—233页。

②郑天挺:《郑天挺西南联大日记》,第652页。

③郑天挺:《郑天挺西南联大日记》,第656页。

④赵萝蕤:《龙泉杂记》,《读书生活散札》,第41页。

发留。"①

2月6日,大年初二。春节期间,教师们结伴相互拜访。朱自清日记:"访游、陈、钱先生,遇吴之椿夫妇,他们正要来看望我。并遇了一。"②

在浦江清子女回忆浦江清的文章里写道:"这年春节,因为世界战局形势好转,胜利在望,教师们情绪振奋,便像战前在清华园里一样,连日结伴相互到各家拜年,先去棕皮营陈梦家、游国恩、钱端升、金岳霖等家,再到汤用彤、查阜西家。对此,他曾戏吟'一去二三里,烟村四五家'之句来形容。"③

2月15日,朱自清来访。朱自清日记:"读完《大学英语教学》。下午访陈、钱、游,取回新诗集。"④

2月16日,《介绍王了一先生汉字改革》载《国文月刊》第19期。此文大约就是为王力著《中国现代语法》一书写的跋文。

2月22日,西南联大寒假结束,开学。

3月6日,朱自清来访。朱自清日记:"上午归来,下午访钱与陈,在钱家晚餐,遇李约瑟(Needham Joseph)博士,据说他对中国着迷。"⑤

3月16日,请孙毓棠、闻一多和朱自清等午餐。朱自清日记:"陈邀一多与余午餐,毓棠系主宾。访陈之房东并赏其花,他告以如何种植。"⑥

3月30日,访朱自清。朱自清日记:"梦家来,并谈及古代中

①赵萝蕤:《龙泉杂记》,《读书生活散札》,第40页。
②朱乔森编:《朱自清全集》第10卷,第224页。
③浦汉明:《"吾心安处皆乡土"——先父浦江清先生在昆明的生活》,《抗战时期文化名人在昆明》二,昆明:云南人民出版社,2002年,第115页。
④朱乔森编:《朱自清全集》第10卷,第226页。
⑤朱乔森编:《朱自清全集》第10卷,第228页。
⑥朱乔森编:《朱自清全集》第10卷,第230页。

文句读,非常有趣。"①

　　这一段时间,赁居乡下,陈梦家作《尚书》研究,并把写成的讲稿用于西南联大的教学。为了研究,他常常到半里处的司家营清华大学文学研究所借书,并与闻一多、朱自清、许维遹等讨论问题。陈梦家写道:

　　　　回忆当时赁居于龙泉镇的楷庐,茅屋数间而有菜圃可种,有花可种。隔壁则有李氏茶花园,出门则是金汁河的堤岸,常于此徘徊散步。距所居半里是司家营,清华大学文科研究所设在此。当时闻一多先生治《毛诗》《周易》,许维遹先生治《尚书》与三《礼》,朱自清先生正在写《经典常谈》。此稿作时,得与三先生相讨论于小楼之上。②

　　　　此书③初稿作于昆明东郊龙泉镇棕皮营李氏园中,距清华大学文科研究所所在的司家营才半里,常常步往借书,得与研究所同事相析疑义于木楼之上。有感于此书的编作,多赖研究所同事的帮助,故于初版序中,曾以此书纪念已故的同事闻一多、朱自清、许维遹三先生。④

　　此外,还有一位杨树达老先生,在陈梦家之前,于清华大学讲授文字学和古代经典,他和陈梦家经常函牍往来,陈梦家觉得颇获教益。

　　4月11日,于昆明龙泉镇的棕皮营,作《尚书》研究文章《孟子泽水考》⑤。

---

①朱乔森编:《朱自清全集》第10卷,第232页。
②陈梦家:《尚书通论》,"叙",第6—7页。
③指《尚书通论》。
④陈梦家:《尚书通论(增订本)》,"重版自叙",北京:中华书局,1985年,第9页。
⑤陈梦家:《尚书通论(增订本)》,第348页。

4月13日,晚餐宴客。朱自清日记:"上午洗衣,未午睡……参加陈君夫妇宴会。方国彤谈有关重庆方面的传闻,其中所谈中国历史协会的消息,打消了我想组织类似团体的念头。"①

4月15—16日,于昆明,作《尚书》研究文章《甘誓》,后成为《尚书通论》第三部分《尚书讲义》中的第一篇②。

4月23—24日,于昆明,作《尚书》研究文章《汤誓》,后成为《尚书通论》第三部分《尚书讲义》中的第二篇③。

4月30日—5月4日,于昆明,作《尚书》研究文章《般庚上》,后成为《尚书通论》第三部分《尚书讲义》中的第三篇④。

5月2日,朱自清来访赵萝蕤。朱自清日记:"访陈太太与钱、秦,在钱家晚餐,谈秦郁文事,但未尽言。"⑤

5月13日,于昆明,作《尚书》研究文章《大诰》,后成为《尚书通论》第三部分《尚书讲义》中的第四篇⑥。

5月22日,得朱自清赠书《经典常谈》。朱自清日记:"上午访今甫,赠以《经典常谈》。下午访端升。赠梦家以《经典常谈》。"⑦

5月,于昆明龙泉镇,完成《尚书》研究文章《尧典为秦官本尚书考》,后成为《尚书通论》第二部分专论中的第二考⑧。

6月6日,得朱自清所赠礼品。朱自清日记:"上午改学生作文。参加冠英夫妇的午餐会,菜佳。谈及远走高飞的五名学生,

①朱乔森编:《朱自清全集》第10卷,第234页。
②陈梦家:《尚书通论》,第186页。
③陈梦家:《尚书通论》,第193页。
④陈梦家:《尚书通论》,第207页。
⑤朱乔森编:《朱自清全集》第10卷,第238页。
⑥陈梦家:《尚书通论》,第220页。
⑦朱乔森编:《朱自清全集》第10卷,第242页。
⑧陈梦家:《尚书通论》,第146页。

其中有冠英的儿子。向钱、陈赠礼品。访游,去橘皮营两次。"①
橘皮营,疑为棕皮营。

6月13日,朱自清来访。朱自清日记:"文章写成。晚饭后
访梦家、端升。"②

6月23日,暑假开始。

8月14日,朱自清来访。朱自清日记:"下午访陈与钱太太,
在城内耽搁过久。"③

8月21日,招待朱自清午餐。朱自清日记:"上午访钱太太,
交付八百元。陈招待午餐。继续写文章。"④

8月23日,访朱自清,谈到正研究《尚书》事。朱自清日记:
"继续写文章。梦家来,他正在写一篇《尚书》与秦始皇关系的
文章。"⑤

8月29日,借钱给朱自清。朱自清日记:"读海明威著作。
承梦家情,借二千七百元交钱太太。"⑥

9月6日,国立西南联合大学开学。本学年度,陈梦家任清
华大学副教授,后升至教授,在国立西南联合大学中国文学系授
课课程有:文字学概要,二年级必修,4学分;铜器铭文研究(上
学期),三、四年级选修,3学分;文字学史(下学期),三、四年级
必修,3学分⑦。

9月7日,朱自清来访,招待午饭。朱自清日记:"例行工作。

①朱乔森编:《朱自清全集》第10卷,第245页。
②朱乔森编:《朱自清全集》第10卷,第246页。
③朱乔森编:《朱自清全集》第10卷,第256页。
④朱乔森编:《朱自清全集》第10卷,第256页。
⑤朱乔森编:《朱自清全集》第10卷,第257页。
⑥朱乔森编:《朱自清全集》第10卷,第257页。
⑦清华大学档案馆:《国立西南联合大学各院系必修选修学程表(民国三十
　二年至三十三年度)》。

访陈先生及钱太太。陈招待午餐。"①

9 月 11 日,朱自清来访。朱自清日记:"上午归来。参加钱太太午餐会,菜佳。访陈。晚继续读《中国社会史论》。"②

9 月 13 日,西南联大正式上课。

9 月 18 日,致信陶云逵:

> 云逵先生:
>
> 　　日前匆匆一聚,未及畅叙,甚以为憾。自有一事请教,便请示复。汉策有仓颉因鸟迹造字之说,此事先秦文籍毫无记载,前睹西昌一杂志,述倮㑩造字故事一则,谓系其始祖因见鸟迹而造文字,似汉人之说,本诸夷俗,不知关于倮㑩此种传说尚有较详之记载否?又倮㑩以外之非汉族,如□人是否已有造字之传说,并请拨冗见告,不胜感激之至。
> 专此,并请
> 教安
>
> 弟陈梦家谨上
九月十八日
龙泉镇邮局转或联大收发室转③

9 月 25 日,朱自清来访。朱自清日记:"上午归来。访钱太太、陈先生。读完《国文杂志》。"④

9 月 29 日,昆明,同吴宓吃午饭。吴宓日记:"11∶30 同梦

①朱乔森编:《朱自清全集》第 10 卷,第 259 页。
②朱乔森编:《朱自清全集》第 10 卷,第 259 页。
③南开大学校史研究室编:《联大岁月与边疆人文》,天津:南开大学出版社,2004 年,第 498 页。
④朱乔森编:《朱自清全集》第 10 卷,第 261 页。

家及淑京沪午饭（＄92）。"①

10月20日，陈梦家请吴宓吃午饭。吴宓日记："入校，梦家请京沪午饭。"②

秋，于昆明，作《尚书》研究文章《王若曰考》，后成为《尚书通论》第二部分专论中的第三考③。

约秋天，另作有尚书研究文章《论尚书体例》④。

11月9日，陈梦家将赵紫宸的信转给吴宓。吴宓日记：

> 梦家送阅宸八月十五日片函，托夫人童定珍名（住址：北京宣内，南沟沿，七号）。云在家种菜，读杜诗，日日不辍。并近作一首："霁月脱层云，楼台静夜氛。蝉声延断唱，阁影接清闻。饮露高堪守，吟秋意更勤。白头今寂寞，叹息有空文。"且询宓诗兴如何云。⑤

11月25日，闻一多致信臧克家，谈到他自己思想转变的决心，对新诗的态度和正在着手的选诗、译诗工作，同时也谈到陈梦家对他的了解：

> 我只觉得自己是座没有爆发的火山，火烧得我痛，却始终没有能力（就是技巧）炸开那禁锢我的地壳，放射出光和热来。只有少数跟我很久的朋友（如梦家）才知道我有火，并且就在《死水》里感觉出我的火来。⑥

---

①吴学昭整理：《吴宓日记》第9册，北京：生活·读书·新知三联书店，1999年，第127页。
②吴学昭整理：《吴宓日记》第9册，第137页。
③陈梦家：《尚书通论》，第166页。
④陈梦家：《尚书通论》，第325页。
⑤吴学昭整理：《吴宓日记》第9册，第145—146页。
⑥《闻一多书信选集》，第316页。

当时,闻一多在编选《中国新诗选译》,计划八个月后同时在英、美出版,其中选取了陈梦家诗多首,计有:《一朵野花》《雁子》《潘彼得的梦》《鸡鸣寺的野路》《白俄老人》《西山》《影》《雨中过二十里铺》《小庙春景》《当初》。

11 月,李一鸣著《中国新文学史讲话》出版,提及陈梦家。

12 月 26 日,早上九点多,陈梦家夫妇访吴宓,吴宓请他们一起吃早餐,又一起访江泽涵。吴宓日记:"晨 9:00 淑来,旋梦家、萝蕤夫妇来。宓请简洁早餐($162)。同至江泽涵宅。"①

12 月,《古文尚书作者考》载《图书季刊》新第 7 卷第 3—4 期合刊。

本年,完成《尚书》研究文章《论尚书体例》初稿②。

本年,另作《中国文字学》两章,与 1939 年的讲稿《文字学甲编》略有重复,作者在手稿上标为"重订本"。后收入中华书局 2006 年出版的《中国文字学》和 2011 年出版的《中国文字学(修订本)》中。

本年,臧克家在《我的诗生活》(重庆学习生活社 1943 年版)中"特别强调梦家的活泼美丽的想象,耀眼的才华和美丽的诗句"③。

据说昆明时期,还曾发生过陈梦家对老师闻一多不恭的事。据夏鼐 1978 年 9 月 9 日日记:"3 时许偕同许、钱、丁三位同志散步,游览市容。返旅馆,在门口围坐小桌闲谈,钱(锺书)谈起在昆明时,闻一多先生曾对他说起陈梦家在《平民》上发表文章,开头说:'请教于闻师一多,师曰……余以为非也。'批判老师,抬高

---

①吴学昭整理:《吴宓日记》第 9 册,第 174 页。
②陈梦家:《尚书通论(增订本)》,第 329 页。
③史玉辉:《陈梦家研究综述》,《山东师范大学学报(人文社会科学版)1999 年第 2 期。

自己,拿老师的未成熟的口头意见,作为靶子来攻,深致不满,此与偷窃老师见解作为己见,为另一种利用老师的方法。"①章乃器主编的《平民》创刊于 1946 年,其时陈梦家在美国,此处《平民》为何刊物不详。

①《夏鼐日记》第 8 卷,第 232 页。

卷　三

1944 年　甲申　三十四岁

为推荐陈梦家去美国,金岳霖和费正清(John King Fair-bank)一起在美国援华的项目中为陈梦家争取到基金支持,费正清是哈佛大学历史学家,时任美国国会图书馆远东代表,与袁同礼密切合作以支持在战争威胁下的中国学者继续从事学术研究。1 月 1 日,金岳霖致信洛克菲勒基金会人文部门负责人、芝加哥大学前副院长戴维·哈里森·史蒂文斯(David Harrison Stevens):

> 上次我在纽约时,曾向您提到我同事陈梦家想来美国的愿望。在其所从事的古代中国历史和语言研究的领域中,他是年轻而才华横溢的学者。他下一个学期开始休假,但是他想在这里停留更长的时间,以便自己更多地了解美国及其他国家在其研究领域所取得的成就,同时学习更多的技术和方法。不知您是否知道各大学的中文系有无空缺职位。对于您提供的任何帮助,他和我都将十分感激。①

---

① 潘思婷(Elinor Pearlstein)撰,王睿、曹菁菁、田天译:《陈梦家:中国铜器,西方收藏,国际视野》,陈梦家《中国铜器综述》,北京:中华书局,2019年,第 376—377 页。

1月11日,史蒂文斯复信建议金岳霖将陈梦家介绍给芝加哥大学:

> 关于您直接建议同事陈梦家在美国停留一个学习期,除了洛克菲勒基金会将来可能提供的机会之外,我还有两个建议:一是你应该与叶理绥谈谈,然后是与芝加哥大学的人商洽。你的朋友是顾教授研究领域的专家,他最终会发现在芝加哥大学所能利用的资源堪比哈佛大学。①

1月16日,朱自清来访。朱自清日记:"出城。访陈与钱太太,在钱家晚餐。"②

1月29日,中午,陈梦家夫妇邀友聚餐。朱自清日记:"上午闻太太招待吃软饼,但因面粉不好而未成功。赴陈梦家夫妇午餐会。遇钱临照及陈遵妫夫妇。下午自城内归。"③

2月,文《孟子养气章的几点解释》载《理想与文化》月刊第5期。

3、4月,为方便陈梦家在芝加哥大学开展工作,芝加哥大学埃及学教授和东方学系主任约翰·艾伯特·威尔森(John Albert Wilson)与史蒂文斯多次往来信件讨论。威尔森指出,为延续陈梦家以前的工作,他增加了保护性条款,以免陈梦家在不属于自己的研究领域内独自工作而感到不适④。

5月11日,星期四,时在呈贡的昆明国立东方语文专科学校任教的常任侠到昆明数日,这日一早来访陈梦家,没有找到陈梦

---

①潘思婷(Elinor Pearlstein)撰,王睿、曹菁菁、田天译:《陈梦家:中国铜器,西方收藏,国际视野》,陈梦家《中国铜器综述》,第377页。
②朱乔森编:《朱自清全集》第10卷,第276页。
③朱乔森编:《朱自清全集》第10卷,第278页。
④潘思婷(Elinor Pearlstein)撰,王睿、曹菁菁、田天译:《陈梦家:中国铜器,西方收藏,国际视野》,陈梦家《中国铜器综述》,第378页。

家的住所。常任侠日记："晨访陈梦家,未得其住所。"①

5月底,于昆明龙泉镇,作战国纪年考证文章《汲冢竹书考》②。

5月,于龙泉镇之楮庐,写下《西周年代考》一书的《附记》③。

5月,《王若曰考》载《说文月刊》1944年第4卷(吴稚晖先生八十大庆纪念专号)。

6月6日,闻一多致清华大学校长梅贻琦两函,一函为副教授许维遹、陈梦家晋升为教授事,一函为何善周晋为教员事。其中为许维遹、陈梦家晋升函中这样写:

> 涵师校长道席:
>
> 　　敬启者,本系副教授许维遹、陈梦家二先生升任现职已届三年,并于教课之余肆力著述,初不以物质生活之清苦、图书设备之简陋稍改其志。许先生除完成其巨著《管子集释》廿四卷、《韩诗外传集释》十卷外,又尝致力于《尚书义证》一种,会通古训,发明辞旨,误正文字,创获之多,盖自晚清瑞安孙氏以来,罕有其匹。至其《释夑》《缋礼考》二文,于古代礼俗之研究亦能辟一新途径。陈先生于研究金文之余,亦尝兼及《尚书》,而于两周年代及史实之考证,贡献尤夥。"年历学"为治理古文之基础,挽近学者渐加注意,实迩来史学界之一新进步。陈先生本其研究金文之心得,致力斯学,不啻异军突起,凡时贤所不能解决之问题,往往一经陈氏之处理,辄能怡然理顺,豁然贯通。要之,二先生数年来,不但于先秦典籍沉潜日深,且能处处利用新材料与新方

---

①常任侠:《战云纪事》,第485页。
②陈梦家:《西周年代考　六国纪年》,第189页。
③陈梦家:《西周年代考》,重庆:商务印书馆,1945年,第48页。

法,故其成就乃得如此,一多于二先生之工作,深所钦佩,特征得本系教授同人之同意,拟请师座转呈聘任委员会,自下学年度起升任二先生为正教授,用励贤劳,而崇硕学,如何之处,敬竢卓裁。专此布达,祗颂道祺。①

6月8日,清华大学召开迁昆明后第二十一次聘任委员会会议,议决续聘闻一多、朱自清、王力、浦江清为中文系教授,改聘许维遹、陈梦家为教授②。

6月21日,陈梦家所获得的特别助学金(人文,RF4404)6500美元正式拨付。芝加哥大学同时为陈梦家补贴了1200美元的工资,拨付人文学院和图书馆执行③。

6月29日,暑假开始。

6月30日,威尔森电告陈梦家,将提供给他为期九个月(1944年10月1日起到1945年6月30日)的研究合作,同时发了信件:

> 今天给您所发电报如下:
>
> "芝加哥大学自十月起提供您为期九个月的研究教学职位,包含您和您妻子的旅费及生活津贴。随函奉上。"
>
> 芝加哥的职位要求教学和研究。我们希望您能够参考远东地区目前的情况,做一些教学工作。如果您也希望在您自己的古代文学领域工作,我们也可以安排。我们中文书图书馆也可能提供一些工作机会。我们会保证您有足够的时间从事自己的学习研究,这样您在这里的时间将有利于您的发展。

---

① 闻黎明、侯菊坤编:《闻一多年谱长编》,第717页。
② 闻黎明、侯菊坤编:《闻一多年谱长编》,第718页。
③ 潘思婷(Elinor Pearlstein)撰,王睿、曹菁菁、田天译:《陈梦家:中国铜器,西方收藏,国际视野》,陈梦家《中国铜器综述》,第377页。

　　这个职位从 1944 年 10 月 1 日开始,定为副研究员级别,为期九个月。资助金额总额为 7700 美元,其中不含您和陈太太的往返旅行费用。我想您会立即协商赴美事宜,我会尽力提供给您必要的资金以确保您和陈太太的旅行。

　　在芝加哥大学,您将与负责我们中国教学与研究计划的邓嗣禹博士一起工作。如果您能回复"接受"这个词给我,我将十分感激。

　　　　　　　　　威尔森,芝加哥大学,芝加哥①

　　6 月末,于昆明,作考证文章《秦刻石杂考》。

　　7 月 6 日,下午三时,清华大学文科研究所中国文学部在西仓坡五号该校办事处,举行研究生傅懋勣毕业初试,考试范围为"汉赋研究"。闻一多、游国恩、邵循正、沈有鼎、朱自清、浦江清、王力、许维遹、陈梦家、彭仲铎为考试委员②。

　　7 月 9 日,下午三时,清华大学文科研究所中国文学部在西仓坡五号该校办事处,举行研究生季镇淮毕业初试,考试范围为"魏晋以前的人品观念"。闻一多、汤用彤、罗常培、冯友兰、雷海宗、朱自清、浦江清、王力、许维遹、陈梦家为考试委员③。

　　夏,读《竹书纪年》作札记而成《六国纪年表》及《六国纪年表考证》④。"三十三年夏作考证若干条,未完而忽有远行。"⑤

　　8 月 14 日,给威尔森回电文如下:"我接受您提供的好机会,中国政府想知道您可提供的生活和旅行津贴,以便安排外汇兑

①潘思婷(Elinor Pearlstein)撰,王睿、曹菁菁、田天译:《陈梦家:中国铜器,西方收藏,国际视野》,陈梦家《中国铜器综述》,第 377—378 页。

②闻黎明、侯菊坤编:《闻一多年谱长编》,第 729 页。

③闻黎明、侯菊坤编:《闻一多年谱长编》,第 733 页。

④陈梦家:《西周年代考　六国纪年》,第 171 页。

⑤陈梦家:《六国纪年表》,《燕京学报》第 34 期,1948 年 6 月。

换事宜。电报回复 Y T KU,电报号 7526,重庆陈梦家。"①

8 月 21 日,吴宓、毛子水陪赵萝蕤到美国驻华领事馆了解赴美手续。吴宓日记:"至水斋中,共陪萝蕤至美领馆,见馆员吴宝善君,询赴美手续。"②

9 月 2 日,陈梦家、赵萝蕤夫妇在吴宓的陪同下去申请护照,请吴宓吃午饭。吴宓日记:"梦家、萝蕤夫妇来,陪往英领馆签护照……梦家、萝蕤请宓约而精午饭。"③

9 月 5 日,闻一多致清华大学校长梅贻琦信,并代转陈梦家请假一年函。"时,陈梦家应美国芝加哥大学之约将前往讲学并主持研究工作。先生④曾明确表示不赞成陈此时出国,认为国内的事更紧要。但陈觉得机会难得,执意赴美,先生便不再说什么。"⑤

9 月 8 日,于昆明龙泉镇楷庐,写下《老子分释》一书的《自序》,感谢几位师友,并纪念父亲:"此稿曾先后经冯友兰、金岳霖、钱穆、闻一多、沈有鼎、许维遹诸位先生看过,承赐予批评,对于文字、训诂、思想系统都有很多见教之处。本想用较长的时间,将诸位先生见教之点,再详细修改一下。况且近来所见,与作此稿时亦已小有不同。但迁延至今,忽忽六年之久,自己还是在铜臭龟壳之中弄得不能翻身。今将远行,不得不把他重新翻理出来,匆匆加此小序付印,自写此稿以后,坊间也有几本解释《老子》的书出版,都不是用此方法整理者,所以不揣简陋,公之于世。回想当年在桂林街的时候,先父尚在人间,曾将此稿述作

①潘思婷(Elinor Pearlstein)撰,王睿、曹菁菁、田天译:《陈梦家:中国铜器,西方收藏,国际视野》,陈梦家《中国铜器综述》,第 378 页。
②吴学昭整理:《吴宓日记》第 9 册,第 318 页。
③吴学昭整理:《吴宓日记》第 9 册,第 326 页。
④指闻一多。
⑤转引自闻黎明、侯菊坤编:《闻一多年谱长编》,第 743 页。

大意告诉过他。今日重睹此稿,而老人谢世亦已五易寒暑。现在印行此稿,亦用它来纪念先父陈金镛先生。"①

9月13日,下午,与吴宓道别。吴宓日记:"梦家、萝蕤夫妇来道别,赴美。宓托购薤刀及刃片。"②

9月15日,赴清华校长梅贻琦的晚宴。梅贻琦日记:"晚约莫泮芹夫妇、陈梦家夫妇(将赴美者)、吴雨僧(将休假赴川)、冯芝生夫妇、王了一夫妇、闻一多、吴辰伯③便饭,郁文因患疟疾未能陪座。晚幸未雨,客去时尚少安也。"④

本日,吴宓日记也有记载:"晚7—9先赴梅校长夫妇饯宴,未开筵,即告退。"⑤

9月15日,晚上,郑天挺等来访,不遇。郑天挺日记:"八时家骅来,欲同往才盛巷,偕行数武,遇自昭,谈公事,遂与家骅别。自昭谈毕,去。余亦不复往才盛巷,折道诣华炽,遇锡予、子水、泽涵。九时同访梦家,不值。梦家夫妇明日将飞印度转美国芝加哥大学任教。"⑥

秋,由美国哈佛大学教授费正清和清华大学哲学系教授金岳霖介绍,得到洛克菲勒基金会给予的经济上的资助⑦,陈梦家到美国芝加哥大学东方语言文学系教授古文字学。

9月16日,陈梦家、赵萝蕤夫妇由昆明机场出发,越过喜马拉雅山,飞往加尔各答,在印度作短暂停留,期间结识金克木。

---

①陈梦家:《老子分释》,"自序"。
②吴学昭整理:《吴宓日记》第9册,第336页。
③吴晗,字辰伯。
④黄延复、王小宁整理:《梅贻琦日记(1941—1946)》,北京:清华大学出版社,2001年,第163页。
⑤吴学昭整理:《吴宓日记》第9册,第338页。
⑥郑天挺:《郑天挺西南联大日记》,第928页。
⑦以后还受到哈佛燕京学社和芝加哥大学的资助。

"夫妇二人 1946 年①间去美国,途经印度,短暂驻留,于时结识
金克木。赵与金同年(只长他一个月)。"②

9 月 22 日,在印度加尔各答旅途中,为即将出版的《西周年
代考》写下《自序》:"此处所载仅为西周年代的推测,而于古历
亦略有商榷。另外作有附论有关汉历诸事的单篇论文,方欲整
理而忽有远行,只得留待日后补充发表。"③

9 月,《汲冢竹书考》载《图书季刊》新 5 卷 2—3 期。

据芝加哥大学东方研究院档案所存 1944 年 11 月 24 日赵萝
蕤致威尔森函,他们夫妇的行程大略如下:昆明—加尔各答(飞
机)—孟买(火车)—洛杉矶(船)—芝加哥(火车)。他们在加尔
各答待了 10 天,在孟买度过了 18 天。战时交通状况延迟了陈
梦家和赵萝蕤抵达芝加哥的时间,到达已经是 11 月 24 日,大学
的秋季学期④。

据此推测,陈梦家夫妇大约在 9 月 26 日离开加尔各答乘飞
机到孟买,10 月 14 日左右在孟买坐上运兵船,途中绕道澳洲,约
一个月后抵达美国西海岸洛杉矶,在 11 月 24 日到达芝加哥。

来到芝加哥大学后,两人都兼职教学工作。陈梦家主持中
国古文字学讨论课,赵萝蕤负责中文口语课程。二战期间芝加
哥大学每年有四个学期(每三个月一学期)。由于他们延迟抵
达,大学行政部门将其停留时间延期至夏季学期,于 1945 年 9
月中旬结束⑤。

---

①实为 1944 年。
②扬之水:《〈读书〉十年》一,第 124 页。
③陈梦家:《西周年代考　六国纪年》,第 9 页。
④潘思婷(Elinor Pearlstein)撰,王睿、曹菁菁、田天译:《陈梦家:中国铜器,
　西方收藏,国际视野》,陈梦家《中国铜器综述》,第 378 页。
⑤潘思婷(Elinor Pearlstein)撰,王睿、曹菁菁、田天译:《陈梦家:中国铜器,
　西方收藏,国际视野》,陈梦家《中国铜器综述》,第 378 页。

　　不久,陈梦家开始旁听人类学和考古学的课程,参加了人类学系的研讨会。在一封陈梦家给费正清的手写函中,他提到自己在修这些课程。授课教授包括近东史前考古学先驱者罗伯特·布瑞伍德(Robert Braidwood),研究美国本土文化的人类学家苏·泰克斯(Sol Tax),墨西哥和中亚文明专家罗伯特·莱特菲尔德和妻子玛格丽特(Robert and Margaret Park Redfield)①。

　　大约本年 11 月底或 12 月初, 陈梦家从芝加哥致信当时在华盛顿的顾立雅②:

> 　　我的休假时期为 1945—1946 年,所以我可能在美国呆更长的时间。在过去的七年里,我写了一些关于铜器、《尚书》和古代年表的著作。它们几乎未出版,但我带来了这些手稿,希望我们见面时您能看到。我在此的计划是继续我的研究并有机会参观保存在美国的铜器和甲骨。您是否可以介绍一些收藏家和博物馆馆长以便我电话联系他们?③

12 月 17 日,顾立雅回复陈梦家:

> 　　很高兴得知您已在芝加哥大学,并且能够减轻邓教授目前的工作负担……现在,有一位杰出的同事,他不会再有理由过度工作了。……
>
> 　　我真的很伤心,我在华盛顿这里。如果我在那里,我们可以就有关古代中国的各种问题展开有趣的讨论。……至

---

①潘思婷(Elinor Pearlstein)撰,王睿、曹菁菁、田天译:《陈梦家:中国铜器,西方收藏,国际视野》,陈梦家《中国铜器综述》,第 380 页。

②顾立雅(Herrlee Glessner Creel,1905—1994),有的译柯律尔或克里尔,汉学家,芝加哥大学哲学学士、硕士,中国哲学博士,美国哈佛大学远东语言系系主任。

③潘思婷(Elinor Pearlstein)撰,王睿、曹菁菁、田天译:《陈梦家:中国铜器,西方收藏,国际视野》,陈梦家《中国铜器综述》,第 379 页。

于私人收藏的铜器,我几乎没有看到过。没有去访查过,我的一无所知应当受到批评。至于博物馆馆长,恐怕我所知道的大多数博物馆馆长都已经因为战争而离岗了。但你会发现博物馆很欢迎前去拜访的学者……①

顾立雅最后推荐陈梦家联系芝加哥美术馆、明尼阿波利斯艺术学院、堪萨斯城纳尔逊美术陈列馆、华盛顿特区弗利尔美术馆、纽约大都会艺术博物馆、波士顿美术博物馆、哈佛大学福格美术博物馆②。

12月中旬,寄给顾立雅一份手稿③。

12月圣诞前数日,应张彭春④之约,陈梦家夫妇前往纽约,住在白宫旅馆。

12月23日,由张彭春介绍,陈梦家认识了卢芹斋,自此,卢芹斋为陈梦家的青铜器研究提供了很大的帮助。可以说,陈梦家在美国的研究工作,是从卢芹斋的卢公司开始的。

12月26日,参观纽约大都会艺术博物馆,拜访了该馆初级研究员韩寿萱。韩寿萱带领陈氏夫妇参观了博物馆的中国艺术馆⑤。

关于这段经历,陈梦家先后有文记述:

> 我们乘船从孟买绕道澳洲而至美国西岸的洛杉矶,是

---

①潘思婷(Elinor Pearlstein)撰,王睿、曹菁菁、田天译:《陈梦家:中国铜器,西方收藏,国际视野》,陈梦家《中国铜器综述》,第379页。
②潘思婷(Elinor Pearlstein)撰,王睿、曹菁菁、田天译:《陈梦家:中国铜器,西方收藏,国际视野》,陈梦家《中国铜器综述》,第379页。
③潘思婷(Elinor Pearlstein)撰,王睿、曹菁菁、田天译:《陈梦家:中国铜器,西方收藏,国际视野》,陈梦家《中国铜器综述》,第372页。
④张彭春(1892—1957),字仲述,天津人,张伯苓的胞弟,教育家、外交家。
⑤潘思婷(Elinor Pearlstein)撰,王睿、曹菁菁、田天译:《陈梦家:中国铜器,西方收藏,国际视野》,陈梦家《中国铜器综述》,第382页。

在一九四四年十一月中旬。将芝加哥寓处安顿后,于圣诞节前先去纽约逛。是月二十三日赴卢公司看古物,二十六日参观纽约市博物馆,实为我在美国工作的开始。后来的三年多,除教书外几乎以全力搜集中国铜器照片并到各博物院作短期工作,都是因这次纽约之行而引起的。自此以后,除跑各码头外,经常到纽约总是消磨在古董铺中,而纽约的琉璃厂遂成为极熟悉之地。东区四十九街离开这个琉璃厂不远,而有较好的旅馆,故常下榻于此。①

在另一篇文章中,也写道:

民国三十三年十一月,我们初到芝加哥,当时张仲述夫妇已由土耳其到纽约,约我们去纽约一游。大约在圣诞节前数日,我们同住于纽约上市的白宫旅馆。有一日同游无线电城,即在东四十九条街吃中国馆,我问起纽约的卢公司,张先生立即给我通电话,当天下午我们到了那儿,是在东五十七条街。卢先生是浙江吴兴人,年纪已六十开外,身体瘦小,而精神极好,行动敏捷。他的北方官话很差,故我们都讲家乡话。他说在他经营中国古物四十年间,时常有英欧和日本学者到他地方寻材料,这一次他难得的逢到自己国人,更觉欢喜非常,告我凡一切他可帮助的,他都衷心地乐意为我做。

我在外四载,集中心力搜集中国铜器之流传于美加欧者,在经济上多得罗氏基金会的人文学组、哈佛大学的哈佛燕京社和芝加哥大学的帮助。然在进行工作之际,除了各大博物馆外,卢先生的贡献最大。我工作的起始可说从卢

---

①陈梦家:《记纽约五十七街中国古董铺》,《周论》第 2 卷第 6 期,1948 年 8 月 20 日。

公司出发。由他的通信卡片中寻到所有私人收藏家的地址和所藏的铜器;由他出售铜器的底本上寻到所有博物馆的收藏;由他的照相底片中我得到千数以上的铜器照片;由他助手开罗君的帮忙,我们摄了凡可到手的铜器;而在他的仓库中我亲手观摩了数百件精美的铜器。我们两次到纽约仓库看法国富豪大卫魏尔的中国古铜并一一摄影。卢公司发源于巴黎,故我后来赴欧,颇得他的便利。在纽约他的店里,经常是学者与收藏家的集会之所,我到纽约看铜器也以卢公司为歇脚处。①

陈梦家还谈到三年里与博物馆及商人的合作方式:

就我和这些人往返的经验,他们为人尚不十分可厌。因我系局外之人,博物院或收藏家虽常征询我的意见,我总是公平答复,我的报酬只是让我仔细一看,送我照片两张而已。因此他们倒对我事事"合作",尽量给你看。其中只有一个犹太人,永远不给照片;又有一个英国人要我写书面鉴别书而酬谢美金被我一再拒绝,颇觉不好意思。②

在《卢芹斋传》一书中,也简略地提及:"卢芹斋慷慨为陈梦家的研究提供便利,为他在各地参观私人和公共博物馆打开方便之门。他一口气为陈梦家联系了 W·K·范德堡(W. K. Vanderbilt)夫人等众多圈中名流,还把自己的摄影师和摄影棚都交给了陈梦家,拍了 850 张文物图片。"③

初到纽约,陈梦家接受一家小报的记者采访时说,他到美国

---

①陈梦家:《洛阳出土嗣子壶归国记》,《梦甲室存文》,第 310 页。
②陈梦家:《记纽约五十七街中国古董铺》,《周论》第 2 卷第 6 期,1948 年 8 月 20 日。
③罗拉:《卢芹斋传》,香港:新世纪出版及传媒有限公司,2013 年,第 145 页。

来主要是要编一部全美所藏中国铜器目录①。

在纽约期间,还拜访了胡适。

因这次纽约之行,更重要的人脉介绍随之而来,包括大都会艺术博物馆中国艺术馆馆长普利斯特(Alan Priest)、纽约大学美术学院教授扎尔莫尼(Alfred Salmony)、纽约大学教授布瑞顿(Roswell Sessoms Britton)……他们将陈梦家介绍给美国最著名的早期中国艺术品收藏家之一——明尼阿波利斯的皮斯百(Alfred Fiske Pillsbury),让陈梦家可以在回芝加哥途中拜访他②。

12月29日,布瑞顿致信陈梦家③。

12月30日,致信普利斯特④。

赵萝蕤进入芝加哥大学英语系学习。赵萝蕤的英文名为赵露西(Lucy Chao)。陈梦家鼓励妻子一定要取得博士学位,赵萝蕤原本三年的学业延长到四年。

> 姐姐在芝大进修。当时正值芝大英语系的全盛时代。有文艺理论和 18 世纪英国文学世界闻名专家克莱恩教授,莎士比亚和玄学派诗人的专家乔治·威尔森教授,19 世纪小说,文本精读(explication de texte)的专家著名法国学者 Louis Cazamian 的高徒 E. K. Brown,狄更斯与英国文学专家 Morton D. Zabel,古英语、中世纪英语与乔叟专家 Hubert 教授。她师从美国文学专家 Napier Wilt,专门研究小说家

①赵萝蕤:《忆梦家》,《梦家诗集》,第 241 页。

②潘思婷(Elinor Pearlstein)撰,王睿、曹菁菁、田天译:《陈梦家:中国铜器,西方收藏,国际视野》,陈梦家《中国铜器综述》,第 382 页。

③潘思婷(Elinor Pearlstein)撰,王睿、曹菁菁、田天译:《陈梦家:中国铜器,西方收藏,国际视野》,陈梦家《中国铜器综述》,第 382 页。

④潘思婷(Elinor Pearlstein)撰,王睿、曹菁菁、田天译:《陈梦家:中国铜器,西方收藏,国际视野》,陈梦家《中国铜器综述》,第 382 页。

Henry James。她的博士论文《〈鸽翼〉(*The Wings of the Dove*, 1902) 源流考》公认为对 James 最深刻敏锐的解读。在当年的六名博士生当中,她被评为成绩最佳。芝大校长说:多年来,赵萝蕤是第一位获得全校英美文学第一名殊荣的东方人。

她还收集了大量 James 作品,包括小说,书评,多种旅行杂记,书信集,传记,自传,未完成小说等。Wilt 教授说她算得上美国第三名 James 收藏家。她还收集了许多其他著作。她对我说,"你学经济,要最新版本。我学文学,要的是第一版。"她藏书之丰,无与伦比。逝世后,全都送给了燕京研究院。

她在芝大,跟杨振宁、李政道同时。尽管隔行如隔山,他们仍然常在"I House"谈天,听姐姐弹钢琴。①

1945 年　乙酉　三十五岁

1 月 2 日,致信皮斯百,告之《海外中国铜器图录》是其主编的中国考古学系列丛书中的一本②。

1 月 8 日,致信胡适:

适之先生:

此次到纽约得以拜见,很觉愉快,可惜你那里客人太多,不能尽兴畅谈,希望以后到哈佛再得领教。

回芝以后,业已正式工作。此地有一个研究生,对于中国古文字略有根底,他很想努力一下。我和 Wilson 先生又谈过一次,决定今年六月以前的工作由我和萝蕤合作教书与研究,但萝蕤另外在研究院选习三门功课,所以很忙。我

①赵景伦:《我的姐姐赵萝蕤(三)》,《湖州师范学院校报》第 353 期,2013 年 9 月 1 日。
②潘思婷(Elinor Pearlstein)撰,王睿、曹菁菁、田天译:《陈梦家:中国铜器,西方收藏,国际视野》,陈梦家《中国铜器综述》,第 382、375 页。

们在此没有什么固定的名义,七个月薪水及二人来回川资共七千七百元(其中另需抽去百分之三十所得税),这笔钱十分之八九由罗氏基金出,芝大只出一小部分。此地中文系附设在文字院内的东方语文学系内,它和东方学院的关系也不很确定(只借用东方学院的房作图书室及办公室,东方学院内的博物馆是不放中国古物的)。其实照道理说,中国古文字和考古学,应该和近东的古文字和考古学发生联系才对,此地中文系也不介绍中国思想,它的自身和它和东方学院的关系都有些不伦不类,故与老威谈话时并未提到我的未来工作,希望你去信给 John A. Wilson 说说中国学问的重要,也请为我的事提醒他一声,如此一定有很大的效果。这里的图书室没有《藏晖室札记》,可否寄一部来。朱汝华还没有把毛公①的书寄来。我离纽约时已经看到你在中国艺术学会的讲辞,十分钦佩。

芝大课程小册稍后即寄上,专此并请

文安

梦家敬上

一月八日

萝蕤附候。②

1 月 29 日,卢芹斋致信陈梦家③。

2 月 17 日,致信胡适:

适之先生:

前天收到先生十二月七日手教,异常欢喜,使我对于治

---

①毛子水。

②耿云志主编:《胡适遗稿及秘藏书信》第 35 卷,第 522 页。

③潘思婷(Elinor Pearlstein)撰,王睿、曹菁菁、田天译:《陈梦家:中国铜器,西方收藏,国际视野》,陈梦家《中国铜器综述》,第 385 页。

学的前途更多一点鼓励,你来信中对我所担忧的正是我近年来自己感到的,正是我想要出来重新学习的缘故,这七年中我在昆明得有更多的机会和北大清华同系的先生们常常谈论,并且因为教学之故,自己也多能专心研究一些,渐渐感觉,我们这班弄国学的前头还有不少危机,就是在有些方面走回清代考据家的旧径,并且更走在较狭隘的路上,而西洋的汉学家在有些方面超过我们了,在我们中间有两种相反而并存的趋向,一种是守旧的倾向,一种是新奇的探险,而对于所谓科学方法以及西洋学者治学的方法和精神没有充分的利用,在昆明时我常常翻读先生的总集,发现有许多地方我们正在讨论的,先生早已看到,又由现在过重分析,而忽略了普遍而广博的浏览与综合的研究,常常钦佩先生在这些方面的超越。

现在我在此地的工作非常清闲,下学期(正月二日起)只教一门文字学,其它自己研究,我想整理一下旧稿以外,多去听一点历史学、人类学和埃及学的课。我自己想要做的事大致有三项:一把我的文字学讲义改编成一本英文的课本①;二把我研究上古史(偏重金文,尚书和古年代的)写成一个英文本;三看一看所有在美国的古铜器,作详尽的记录和考订②。这三件事和我近年的工作有关,我可以简略说一说。

我的文字学讲义是用白话写的,教过七次,改过三四次,因为总不能满意和印刷的困难,一直没有印过,到此地后看了许多外国学者所写的关于此类的书,觉得很需要一

①即后来的"An Introduction to Chinese Paleography",中华书局 2006 年 7 月出版陈梦家著《中国文字学》时收入了这部英文稿。
②即后来的《美国所藏中国铜器集录》。

本简单而新的文字学导论,现在打算先做它,对于治汉学的外国学者,或者有一点利益。

我现在觉得我们要援引很零星的甲骨材料来治史,治文字学都嫌太早,一则因为甲骨本身的技术问题(如定时代、配合□□□、天文等等),待解决的正多;其次,我们对于商代的语言系统和文法例还不大明了。所以我近来总偏重西周金文和《尚书》的比较研究,对于周初历史和《尚书》的年代可以稍稍清楚一些,譬如《尚书》里的"王若曰",从西周金文可知其为史官代宣王命的一种形式,凡王将策命交史官宣读的,有时写"王若曰"云云,如此我们可以看到现在《尚书》凡一篇之中,有两个"王若曰"的,必是两个不同的策命,后来附合而成一篇;又如西周金文以穆王为界,穆王以后属于后期,凡前期金文只有"作册"而无"内史",只有"拜稽首"而无"拜手稽首",那末如今《酒诰》里的"内史友"、《益稷》里的"拜手稽首"一定经过西周后期的修改,以上二例可以推测现今的《尚书》有不少的西周文献,是经过西周后期的改编的。

四年以前我受北平图书馆的嘱托,编辑考古学丛书,由图书馆致函欧美博物馆,收集关于中国铜器的照片,我据此材料编成二集附有考释,都已交商务影印,因面临战事不能出版,很想乘我在美之便继续做此工作,附上旧作的英文节略,请先生看过后再寄回我。

我前此和邓君谈起请人来此讲演,想请你放第一炮,不知还有兴趣再来玩几天否,有什么别的人可一请的。

我查了一下,此地只有《胡适文存》,而无《藏晖室札记》,后者尊处若有多的,可否寄一份来?《说文月刊》"吴稚晖纪念号"上有拙作《王若曰考》,因未带底稿来,可不可以照一份(与董作宾的一同照)寄下,或将杂志寄下借用两星期。听说董氏的《殷历谱》托人带了一份给你,我很想一看,因为他到四川后,历次和我讨论及此而均语焉不详,他的结论似乎近于刘歆(和新城、吴其昌相似),而我却比较信《竹书》(我只做了西周的一部分)。

朱汝华还没有把毛公的书寄来,希望便中告诉他一声,我最近在东方学院占了一个研究室,七年来这是最阔气的书房了,另寄 Time Schedules① 一份,此请

撰安

梦家敬上

二月十七日

萝蕤附笔问候。②

2月19日,致叶理绥函中直言自己想替代梅原末治获得资助③。

2月29日,致信卢芹斋④。

2月,因袁同礼的建议,陈梦家向叶理绥提交了一份详细的计划书,其中他设想了一份关于美国收藏古代中国铜器包括容器、钟、铜镜和兵器情况的全面而详细的研究报告⑤。

3月,芝加哥艺术学院东方艺术馆馆长查尔斯·法本斯·凯利(Charles Fabens Kelley)邀请陈梦家共同为博物馆藏中国铜器

---

①意为“时间表”,疑指前信所言“芝大课程小册”。

②耿云志主编:《胡适遗稿及秘藏书信》第 35 卷,第 518—520 页。

③潘思婷(Elinor Pearlstein)撰,王睿、曹菁菁、田天译:《陈梦家:中国铜器,西方收藏,国际视野》,陈梦家《中国铜器综述》,第 382 页。

④潘思婷(Elinor Pearlstein)撰,王睿、曹菁菁、田天译:《陈梦家:中国铜器,西方收藏,国际视野》,陈梦家《中国铜器综述》,第 385 页。

⑤潘思婷(Elinor Pearlstein)撰,王睿、曹菁菁、田天译:《陈梦家:中国铜器,西方收藏,国际视野》,陈梦家《中国铜器综述》,第 382 页。

撰写目录①。

4月1日,致信费慰梅:"我们试图从不同角度,从设计和装饰,以及我从铭文和历史方面进行分析统计,看看我们是否会在更精确的分期上得到相同的结果。我们已经分析了大约一百件青铜器,有了非常有趣的结果。"陈梦家表示,他和巴克佛主要专注于有铭的西周铜器,他们"在铜器铭文与形制风格研究方面展开辩论,虽然始于不同的角度,但仿佛两者都基于欧几里得几何理论并追求欧氏精度,最后意见统一了"②。

据4月9日的哈佛燕京学社董事会会议记录,哈佛燕京学社为陈梦家提供了一笔3000美元的补助金,以延长他在芝加哥停留的时间(1945年7月1日至1946年6月30日)。由于叶理绥的推荐,这笔补助金中包含了美国学术社团委员会(一个著名的学术组织联合会)补贴的1000美元③。

4月20日,致信卢芹斋④。

4月20日,致信加拿大多伦多安大略皇家博物馆馆长怀履光(William Charles White)⑤。在这封信里,陈梦家请怀履光提供铜器和甲骨的照片⑥。

---

① 潘思婷(Elinor Pearlstein)撰,王睿、曹菁菁、田天译:《陈梦家:中国铜器,西方收藏,国际视野》,陈梦家《中国铜器综述》,第381页。
② 潘思婷(Elinor Pearlstein)撰,王睿、曹菁菁、田天译:《陈梦家:中国铜器,西方收藏,国际视野》,陈梦家《中国铜器综述》,第381页。
③ 潘思婷(Elinor Pearlstein)撰,王睿、曹菁菁、田天译:《陈梦家:中国铜器,西方收藏,国际视野》,陈梦家《中国铜器综述》,第382—383页。
④ 潘思婷(Elinor Pearlstein)撰,王睿、曹菁菁、田天译:《陈梦家:中国铜器,西方收藏,国际视野》,陈梦家《中国铜器综述》,第383页。
⑤ 潘思婷(Elinor Pearlstein)撰,王睿、曹菁菁、田天译:《陈梦家:中国铜器,西方收藏,国际视野》,陈梦家《中国铜器综述》,第383页。
⑥ 潘思婷(Elinor Pearlstein)撰,王睿、曹菁菁、田天译:《陈梦家:中国铜器,西方收藏,国际视野》,陈梦家《中国铜器综述》,第390页。

4月27日,怀履光致信陈梦家①,答应为陈梦家提供一份在博物馆的临时工作岗位②。

本日,吴有训致信陈梦家,谈别后生活情形:

梦家兄:

别后时在念中。去年年底,弟已搬入学校新盖宿舍,地点在西仓坡,对于弟及诸儿甚便当,房子似较小东城乡为佳,租金每月七千。因弟自己装修,费四万元,实租近万元。然较外间已属最低价格矣!最近物价飞涨,米已到六万,弟等每日菜米千五百元,简直吃得苦不堪言,诸儿嗷嗷,有时殊令人心酸也。好在本年为最后关头,总可胡涂过去,内人绣花业不佳,因卖价不易加,而原料价格已数倍,且做者更多,惟寒家维持,仍靠此业,亦可叹也。

吾兄托端升兄带来之物品三色,早经收到,谢谢。如有便人,盼代内人购手表一只,或派克51式水笔及铅笔一套。校中一切如恒。每日所急者,为同人生活,其他无法顾到。弟最近到渝一次,中研院事,旧事重提,仍不敢就,另一事体更不敢自讨苦吃。

吾兄在支,想能安心工作,内人极羡,嫂夫人能有机进修,将来多一女教授,彼极言之得意,彼意嫂夫人多才多艺,应有此一机会也。专此,敬请

俪安

弟训上
四廿七日

①潘思婷(Elinor Pearlstein)撰,王睿、曹菁菁、田天译:《陈梦家:中国铜器,西方收藏,国际视野》,陈梦家《中国铜器综述》,第383页。
②潘思婷(Elinor Pearlstein)撰,王睿、曹菁菁、田天译:《陈梦家:中国铜器,西方收藏,国际视野》,陈梦家《中国铜器综述》,第390页。

内人嘱代候。

嫂夫人未另。茶叶有便当带上些,又及。①

4 月 28 日,吴有训的女儿吴湘如致信陈梦家夫妇:

亲爱的干爹干妈:

自从您们离开我之后,我非常想念。前天钱伯伯从外国回来,带了一个别针给我,说是干爹干妈给我的,我高兴极了,我别在头上真是美丽。谢谢干妈干爹。从前干妈送我的衣料,妈妈还没有替我做衣服,说我太小,长大了再帮我做。现在我们搬到西仓坡,联大教职员宿舍,十七号,离学校很近。我现在上联大附小二年级,功课很容易,第一个月考,我考得很好,国语 96 分,常识 90 分,算术 83 分,音乐 85 分,都没有下 80 分的,妈妈爸爸都很高兴。我希望干爹干妈快点回来。再会。

敬祝

金安

干女湘如躬鞠

四月廿八日②

从这年开始,陈梦家遍访美国青铜器藏家、博物馆等。中国铜器收藏在美国的分布,主要在博物馆、私人和古董商之间,博物馆东部以华盛顿、纽约和波士顿为重心,中部以芝加哥、堪萨斯和明尼阿波利斯为重心,西部只少数。"1945 年 4 月,他向哈佛燕京学社申请经费开始为编写美国所藏的中国青铜器目录做资料的准备。陈先生向美国各大博物馆寄送了查询所藏青铜器资料的表格,在古董商人卢芹斋的帮助下又与众多的

---

① 方继孝:《碎锦零笺》,第 51 页。
② 方继孝:《碎锦零笺》,第 51 页。

私人藏家建立了联系,在美的时间也由一年延长至三年。"①

4月,在芝加哥见了弗利尔美术馆主任温利(Archibald Gibson Wenley)②。

春,在美国明尼阿波利斯市的私人藏家皮斯百(A. F. Pillsbury)处见到貉子卣原器,有对貉子卣的再度考证:"第二器……盖已失去,器为李氏所得。李宗岱旧藏,今在美国米里阿波里斯市皮斯百 A. F. Pillsbury 处,其盖是第一器之盖,器是第二器之器……1945 年春,我于皮氏处一再审视原器,定其盖是第一器之盖,是真的;其器是第二器之器,乃是伪作。"③

5月9日,卢芹斋致信陈梦家④。

5月23日,Florence Waterbury 致信陈梦家⑤。

5月28日,致信休斯小姐:

> 亲爱的休斯小姐:
>
> 　　这周或者下周末我会到堪萨斯城来。我想知道,什么时候方便去参观博物馆……⑥

6月8日至10日的周末,访问了堪萨斯城的纳尔逊美术陈列馆,代理馆长胡斯(Lindsay Hughes)向陈梦家介绍了馆藏铜

①王睿:《遗落的章节》,《读书》2002 年第 2 期。

②潘思婷(Elinor Pearlstein)撰,王睿、曹菁菁、田天译:《陈梦家:中国铜器,西方收藏,国际视野》,陈梦家《中国铜器综述》,第 383 页。

③陈梦家:《西周铜器断代》上册,第 123 页。

④潘思婷(Elinor Pearlstein)撰,王睿、曹菁菁、田天译:《陈梦家:中国铜器,西方收藏,国际视野》,陈梦家《中国铜器综述》,第 387 页。

⑤潘思婷(Elinor Pearlstein)撰,王睿、曹菁菁、田天译:《陈梦家:中国铜器,西方收藏,国际视野》,陈梦家《中国铜器综述》,第 387 页。

⑥[美]Peter Hessler(何伟)著、赵欣译、赵步阳校:《甲骨文:游走在中国和西方之间》,未出版,第 149 页。

器,随后胡斯加入了芝加哥大学陈梦家的课程①。在堪萨斯城的最后一个晚上,陈梦家看了一场电影。

6月14日,致信休斯小姐:

> 亲爱的休斯小姐:
>
> 我在堪萨斯城过得很愉快。再次感谢你的热情款待。如果时间允许的话,我可能会在今年秋天之前与我的妻子一道再去拜访你……我在堪萨斯城的最后一晚去了市中心,终于看了一场电影。无论从哪方面来说,这次旅程都非常愉快……②

7月和8月初,对美国东海岸和中大西洋州的收藏进行了第一次系统调查。

7月2日至5日,访问华盛顿弗利尔美术馆,与馆长温利进行了第二次面谈。这次拜访是陈梦家四次访问弗利尔美术馆的第一次,他为《美国所藏中国铜器集录》选择了51件铜器③。

7月5日至6日,访问宾夕法尼亚州费城宾夕法尼亚大学博物馆和费城艺术博物馆。宾夕法尼亚大学的卜德(Derk Bodde)教授将宾夕法尼亚大学博物馆研究助理、费城艺术博物馆馆员李(Jean Gordon Lee)引荐给陈梦家。在陈梦家留美期间,李向陈梦家提供博物馆目录及销售目录,并以陈梦家的名义向私人收

---

①潘思婷(Elinor Pearlstein)撰,王睿、曹菁菁、田天译:《陈梦家:中国铜器,西方收藏,国际视野》,陈梦家《中国铜器综述》,第383页。

②[美]Peter Hessler(何伟)著、赵欣译、赵步阳校:《甲骨文:游走在中国和西方之间》,第149—150页。

③潘思婷(Elinor Pearlstein)撰,王睿、曹菁菁、田天译:《陈梦家:中国铜器,西方收藏,国际视野》,陈梦家《中国铜器综述》,第383—384页。

藏家和基金会写信查询①。

7月7日至20日，到纽约，访问中国画廊，其秘书长魏格（Harald G. Wacker）收购了荷兰著名古董商杰·利开普（Jan W. A. Kleijkamp）的库存，陈梦家从这个画廊中选择了30件铜器用于他的《美国所藏中国铜器集录》②。

在纽约，又访卢芹斋。接下来的两年里，卢芹斋的助手弗兰克·考罗（Frank Caro）翻拍西方公私收藏寄给纽约卢芹斋的铜器照片，又拍摄了数百件铜器铭文的拓本，以满足陈梦家编纂目录的需要③。

陈梦家在回忆文章中写到另一位藏家，他是美国的面粉大王，年逾七十，收藏中国铜器有十年了，每收一器，即寄存博物馆，十年之中，已陈列了四间大房子。一旦他故去，全部收藏即时遗赠博物馆。每一次陈梦家去，面粉大王必亲自来馆同看，并且详细告诉陈梦家，哪一些是假的，哪一些是配补的。他们每次去都要徘徊一二小时④。

访学一年之后，陈梦家要求继续留在美国，以完成他的青铜器调察：

> 芝加哥大学访学一年期限结束后，陈梦家给他留在西南联大的旧友冯友兰去信，试图向清华大学申请一年的休假："……今年哈佛燕京社赞助梦编制《全美中国青铜器》之

①潘思婷（Elinor Pearlstein）撰，王睿、曹菁菁、田天译：《陈梦家：中国铜器，西方收藏，国际视野》，陈梦家《中国铜器综述》，第384页。
②潘思婷（Elinor Pearlstein）撰，王睿、曹菁菁、田天译：《陈梦家：中国铜器，西方收藏，国际视野》，陈梦家《中国铜器综述》，第384页。
③潘思婷（Elinor Pearlstein）撰，王睿、曹菁菁、田天译：《陈梦家：中国铜器，西方收藏，国际视野》，陈梦家《中国铜器综述》，第384—385页。
④陈梦家：《海外中国铜器的收藏与研究》，《梦甲室存文》，第309页。

计划,原以印刷需费甚巨,而收集材料有美国学术机关合作较为方便,故除由该社担任印刷外,仅略补助旅费及购取书籍之费,并不计薪水在此……梦之请求休假,系欲学校发给生活费用,俾得留美一年。在此期间,除收集材料外并加整理研究,明秋即可返校。以上经过尚祈先生转商一多先生,再向学校申请。"

……

据收藏家方继孝先生考证,在给冯友兰的正式信件里,陈梦家将"以上经过尚祈先生转商一多先生,再向学校申请"这句删去,而冯友兰和梅贻琦商谈的结果也并不尽如人意:陈梦家才成为清华大学(西南联大时期)国文系正教授一年,无法享受清华大学"宽松休假制度"。这也意味着,1945 年 7 月到 1946 年 7 月,甚至是再往后的日子,他将陷入困窘。

但 34 岁的陈梦家矢志要完成这项计划……时任北平图书馆馆长的袁同礼决定支持陈梦家的计划,"照片费用参考用书等可由北平馆担任,不必列入预算"。①

7 月 6 日,冯友兰致信陈梦家:

梦家兄:

五月廿六日信及前一次信均收到。评议会今天开会,兄休假案提出讨论时,出乎弟意料之外,竟有许多人不以为然,理由有二点:(一)兄到芝加哥本是罗氏基金会之钱,基金会之意是要兄在美住十二个月,此十二个月中均须在芝加哥大学服务,十二个月后若领路费,必须回国。

---

① 索马里:《陈梦家:考古学家之陨》,《三联生活周刊》2014 年第 21 期,2014 年 11 月 27 日。

若继续在美,则必须仍在芝加哥大学服务。今兄到芝加哥大学不足十二个月而遽他去,则予基金会以不好印象,将来我校与基金会合作之事方多,恐于将来不利。(二)即兄于十二个月满后,既受哈佛燕京社之托作铜器之事,哈佛燕京必有薪报。据他们说哈佛燕京之钱亦是罗氏基金会来的,照例如有作品以□□的名义发表,他是非给钱不可的。既已有俸给,如再支休假薪,似有重复。众人言之凿凿,弟亦难于分辩。盖一人难抵众口也。结果是作为弟将原案撤回,盖恐付表决如不通过,则更僵也(照会场情势,如表决恐难通过)。本来外国人的钱是不容易使的,用他的钱自然有些不痛快的事发生。兄不用哈佛钱,弟深了解。但大家既以为兄已用了他的钱,则似亦不必只耽了个空名。照现在的情势,兄最好是在芝加哥大学服务满十二个月以后,支哈佛燕京社的薪水作铜器工作。哈佛燕京社的工作完毕后,再在清华设法。至于购买幻灯及铜器照片事,现在清华每系分有美金一千元,作为预备复校买书籍仪器之用。弟意国文系及历史系可各出五百元作为此用。惟此事最好由兄与一多信言之,由一多提出。因若弟与一多说,恐他心中感觉不快也。昆明物价高涨,猪肉一千五百元一斤余,称是惟战局好转,精神上感觉愉快。沈有鼎、孙毓棠、邵循正、洪谦均将于暑假中赴英国牛津大学。内子近来甚忙,看见陈太太的信,他极感愉快,但此信要快发,他来不及写回信了。

　　此请

俪安

弟冯友兰启

七月六日

钟□□带去有兄的论文单行本一包收到否?

内子附候。

大约本日,冯友兰又写信补充:

> 再者,兄走时留下稿本二种,已交商务,并已订好契约,由弟代兄签字。惟尚未出版。如哈佛燕京社不能支薪,则最好请哈佛燕京社与清华一公函说明工作性质范围及待遇。有此函,则可以再向校中评议会说明。
>
> 弟又及①

7月31日,查阜西致信陈梦家、赵萝蕤,称他这次赴美,原本没准备带琴,"来时因 Dr. Van Gulik② 之敦劝,故将宋琴'寒泉'随身携带"。

7月下旬至8月初,访问马萨诸塞州剑桥和波士顿,集中访问了哈佛大学的福格美术博物馆。在那里,研究了温索浦(Grenville Winthrop)的遗产,从中选择了29件铜器(几乎全部是容器)用于出版。在波士顿,会见了美术博物馆馆长富田幸次郎,他根据陈梦家的要求开始记录该馆所藏所有铜器的信息——登记号、尺寸、前主人姓名,后来还协助陈梦家确定和注释日本参考书书目。然后,陈梦家前往罗得岛图案学校,其博物馆提供了一件铜器。陈梦家又到马萨诸塞州斯普林菲尔德,首次拜访毕德威尔(Raymond Bidwell)夫妇,他们为他的《美国所藏中国铜器集录》提供了五件铜器以及他们收集的大量中国铜镜和陶瓷的照片③。

陈梦家在哈佛大学花了两个多星期制作了一份详细的调查

----

① 据信函原件图片。
② 高罗佩。
③ 潘思婷(Elinor Pearlstein)撰,王睿、曹菁菁、田天译:《陈梦家:中国铜器,西方收藏,国际视野》,陈梦家《中国铜器综述》,第385页。

问卷,邮寄给美国的博物馆馆员、收藏家、古董商以及怀履光和高本汉,用于采集信息:

> 亲爱的先生:
>
> 　我很高兴能写信征求您的合作。在哈佛燕京学社主持下,我正在编写一本中国青铜器的资料汇编(不含用于佛教的铜器)。
>
> 　你会发现函内有空白表格一张,如果您能填写此表并寄回上述地址,那么您就是施惠于我们了。
>
> 　这项工作中最重要的一点是,对每件铜器都要采集足够的照片。在某些情况下,需要多个角度拍摄并附加细节拍摄。当然,我是准备为这些照片支付费用的。照片需要亮膜冲洗。
>
> 　我完全意识到表格中有几条不用填写,无论怎样,我恳求您的善意,我将毫不犹豫地把您的配合当作您对国际学术的贡献。
>
> 　相信我。
>
> 　　　　　　　　　　　你非常真诚的陈梦家

对于每一件铜器,陈梦家都要求描述形状和装饰,评估保存现状,提供出版物、前收藏者、已知或传闻的来源地等信息。对于每一件有铭铜器,他还要求提供铭文的照片、拓本或者摹本。年代和地理分布两项需要空着不填①。

8月30日和11月14日,卢芹斋致信陈梦家。两信都提到卢芹斋在巴黎档案中的照片,由卢芹斋在巴黎的经理、外甥沈玉

---

① 潘思婷(Elinor Pearlstein)撰,王睿、曹菁菁、田天译:《陈梦家:中国铜器,西方收藏,国际视野》,陈梦家《中国铜器综述》,第385—386页。

森复制并邮寄①。

9月9日,朱自清致信陈梦家:

梦家先生:

　　暑假前奉手教,敬悉——。彼时曾开评议会一次,未及讨论休假研究事。嗣清即回成都。上月底返昆。询知先生休假事尚待决定。前日又开评议会,通过此事。但附一条件,即本年先生在美所得他项津贴须不超过美金二千四百元。学校想已有正式通知矣。学校复员恐须俟滇越路畅通,当在明夏。燕大已在北平招生,定双十节开学。蓉校明春或即可北迁。闻先生已将须剃去。夫人均此致意。即颂

俪祉!

朱自清谨启

九.九②

　　学校已请陈福田先生先赴北平,梅先生或亦拟往视察,又及。

9月10日,朱自清发出致陈梦家的书信③。

9月中旬,收到了第一份寄回的调查问卷。陈梦家发现自己最初拟定用6个月的时间来收集他所需要的资料是不够的。他既没有预料到美国藏品中中国铜器数量之大,也没有预期到提供资料的博物馆人员、摄影师以及相纸在战后会出现短缺。有的博物馆寄来了可用的照片、拓本和部分填写的问卷,还有一些人,感觉自己学术上修养不足或被工作量

---

①潘思婷(Elinor Pearlstein)撰,王睿、曹菁菁、田天译:《陈梦家:中国铜器,西方收藏,国际视野》,陈梦家《中国铜器综述》,第385页。

②方继孝:《陈梦家往来书札谈》,《收藏家》2003年第5期。

③朱乔森编:《朱自清全集》第10卷,第366页。

吓退,寄回未完成的问卷,并鼓励陈梦家亲自前往收藏单位进行他的研究①。

9月16日,致信叶理绥,提到他在剑桥度过了16天②。

9月20日,温利致信陈梦家:"我收到你的信和约250份问卷表格……我们有大概684件青铜器……你提出的问题等于让我们给整个收藏重新编目……还要回答差不多8208个问题……如果你来弗利尔自己填写问卷我们会感到非常高兴。"③

9月23日,致信怀履光,10月29日,致信高本汉,都表示希望《美国所藏中国铜器集录》增订时可以收录他们的收藏④。

10月1日,怀履光致信陈梦家⑤。

10月29日,于美国芝加哥,致信叶理绥⑥。

本日,致信瑞典东方博物馆馆长高本汉。此时陈梦家和芝加哥美术馆东方艺术部主任凯莱合作完成了《白金汉所藏中国铜器图录》一书,已经交付出版,而陈梦家在哈佛燕京学社赞助下的《美国所藏中国铜器集录》也已经开始编撰。

---

①潘思婷(Elinor Pearlstein)撰,王睿、曹菁菁、田天译:《陈梦家:中国铜器,西方收藏,国际视野》,陈梦家《中国铜器综述》,第386页。

②潘思婷(Elinor Pearlstein)撰,王睿、曹菁菁、田天译:《陈梦家:中国铜器,西方收藏,国际视野》,陈梦家《中国铜器综述》,第385页。

③潘思婷(Elinor Pearlstein)撰,王睿、曹菁菁、田天译:《陈梦家:中国铜器,西方收藏,国际视野》,陈梦家《中国铜器综述》,第386页。

④潘思婷(Elinor Pearlstein)撰,王睿、曹菁菁、田天译:《陈梦家:中国铜器,西方收藏,国际视野》,陈梦家《中国铜器综述》,第385页。

⑤潘思婷(Elinor Pearlstein)撰,王睿、曹菁菁、田天译:《陈梦家:中国铜器,西方收藏,国际视野》,陈梦家《中国铜器综述》,第390页。

⑥潘思婷(Elinor Pearlstein)撰,王睿、曹菁菁、田天译:《陈梦家:中国铜器,西方收藏,国际视野》,陈梦家《中国铜器综述》,第390页。

尊敬的高本汉教授：

我已经八九年没有和您通信了。此间我任教清华大学，并在昆明滞留七年。在这个时期，我们系对云南以及中国西南各地的非汉族语言做过许多考察。我相信您知道并已经收到您有关中国音韵学大作的中译本，这对我们的学生阅读您的大作有很大的帮助。作为《中国考古丛刊》（*Chinese Archaeological Series*）的编辑，我很幸运可以借助北平国立图书馆提供的方便，阅读您的《汉文典》（*Grammata Serica*）。我的妻子翻译了《汉文典》的前言部分和我在《清华学报》（*Ts'ing Hua Journal*）第十三卷二期上发表的很长的评论。我相信您已经有一份副本，不过我还会再给您寄一份的。

我于一九四四年秋天应洛克非勒基金会和芝加哥大学东方语言系的邀请来到美国短期教书。我也在哈佛燕京学社的赞助下完成美国收藏中国青铜器的图录的编纂计划。我在此附一张工作草案，它可能会引起您的兴趣。

我们在北平丢失了所有的图书，我渴望得到一整套东方博物馆馆刊。直到昨天，我只看到了该刊的前十卷，我很高兴今天在芝加哥美术研究所看到该刊第十四至第十七卷。能否请您费心寄给我一整套馆刊，它不仅对我个人也会对整个清华大学有极大帮助。我下月会寄给您一篇讨论中国青铜器器形的拙作，明年春天再为您寄一份白金汉（Buckingham）收藏中国青铜器的图录。我希望明年哈佛能够出版我的有关美国收藏中国青铜器的图录。如果您能给我提些建议，我会很高兴。

我现在非常需要照片来帮助我的比较研究，我想知道您能否从瑞典各种收藏里寄给我一些相关材料。非常感谢您就此研究提出的任何建议。当然，我愿意出钱购买我需要的照片。

您最忠诚的

陈梦家

一九四五年十月二十九日①

11月4日，致信胡适：

适之先生：

好久没有写信问候，先生想必一切都好。前闻先生将回国主持北京大学，不胜欢喜。我今年秋季仍旧在芝加哥大学教两门课，一门论语，一门文字学，每班有六七个学生，程度都不坏，因此兴趣尚佳。为哈佛燕京社所作的铜器目录，也已开始，所得材料比意料的好，且有许多重要之器，我想乘此机会对于形制花纹、年代和地域分布三事，特别注重，作一有系统的研究，十一月底到纽约时再要当面请教。

先生虽则你常谦虚的以外行自居，但我以为先生的批评与指教必大有益于我的计划。

联大准备复原后，明春四月迁回北平，想你早已知道，我们都盼望早日回到那里。萝蕤去年对美国文学大大用了一番功夫，今年选了板本学和古英文，读得很有滋味，只是太忙一点，我希望他圣诞节来纽约、波士登玩几天。

专此并请

撰安

梦家敬上

十一月四日

---

① 陈星灿、马思中：《陈梦家致高本汉的两封信》，《万象》第7卷第12期，2005年12月。

我想借用先生的《六同别录》和《殷历谱》，不知方便否？①

11 月 17 日，查阜西致信陈梦家、赵萝蕤。

11 月 30 日，在美国纽约市大都会博物馆举行全美中国艺术学会第六次年会，陈梦家作了题为《中国青铜器的形制》（"The Style of Chinese Bronzes"）的演讲，对 250 多件铜器进行详细的类型学分析，讨论其发展谱系与年代，该文原载《全美中国艺术学会年报》（*Archives of the Chinese Art Society of America*）第 1 期，第 26—52 页，1945—1946 年，后来张长寿将其译成中文，收录于 2004 年出版的陈梦家《西周铜器断代》一书。陈梦家在文中还谈到他的计划："……为了节省篇幅，我在这篇论文中只讨论了器形的发展。除了必须，原则上我不涉及图样和纹饰。这些，我将在未来的著作《美国收藏的中国青铜器集录》中详细讨论。这项工作，在哈佛燕京学社的赞助下，我正在进行。由于同样的原因，我不打算发表按我的分类在文中列举的各种型式的每一件标本的所有细节。"②他的演讲是由卢芹斋提议、美国中国艺术学会赞助的③。

在《中国青铜器的形制》附件中，陈梦家提到，他不能同意他的朋友贝希霍弗（Bachhofar）教授对于青铜器的结论。

11 月，所著《西周年代考》由重庆商务印书馆出版，土纸印行。全书分为四部分，第一部分为《西周积年》，第二部分为《西周金文》，第三部分为《有关西周年代的文献》，第四部分为《附表》。书前还有写于 1944 年 9 月 22 日的《自序》，后有写于 1944

①耿云志主编：《胡适遗稿及秘藏书信》第 35 卷，第 521 页。

②陈梦家：《西周铜器断代》上册，第 536—537 页。

③潘思婷（Elinor Pearlstein）撰，王睿、曹菁菁、田天译：《陈梦家：中国铜器，西方收藏，国际视野》，陈梦家《中国铜器综述》，第 387 页。

年5月的《附记》。

11月，所著《老子分释》由重庆商务印书馆出版，熟料纸印行。全书共分二十二章，前有《自序》。此书是陈梦家用文字学的方法来解读《老子》一书的成果。

11月下旬至1946年2月初，进行了第二次铜器调查。增加了马里兰州的乔治城和巴尔的摩、马萨诸塞州的剑桥和伍斯特城、康涅狄格州的纽黑文、纽约的柏弗罗和俄亥俄州的克利夫兰等地的公私收藏①。

12月5日，史蒂文斯致信美国学术社团委员会格里佛，提到他12月4日与陈梦家有一次会谈②。

12月31日，毕德威尔致信陈梦家，并赠给他一张自己的肖像③。

冬，在纽约古肆见古铜器趑卣④。

约本年，陈梦家把在美国的中国文字学讲义改编成英文讲义稿，名为"An Introduction to Chinese Paleography"（《中国文字学概要》），后收入中华书局2006年版的《中国文字学》一书。

1946年　丙戌　三十六岁

约本年1月8日，周培源致信陈梦家：

梦家兄嫂赐鉴：

敬悉者，近从陶孟和先生处得悉兄嫂等曾到东方旅

①潘思婷（Elinor Pearlstein）撰，王睿、曹菁菁、田天译：《陈梦家：中国铜器，西方收藏，国际视野》，陈梦家《中国铜器综述》，第386—387页。
②潘思婷（Elinor Pearlstein）撰，王睿、曹菁菁、田天译：《陈梦家：中国铜器，西方收藏，国际视野》，陈梦家《中国铜器综述》，第390页。
③潘思婷（Elinor Pearlstein）撰，王睿、曹菁菁、田天译：《陈梦家：中国铜器，西方收藏，国际视野》，陈梦家《中国铜器综述》，第385页。
④陈梦家：《西周铜器断代》上册，第60页。

行,谅此时已近芝加哥。兹有恳者,陈省身兄不日将来西岸候航返国,虽不知何日可以到达,渠有自国内寄来信件多封,封面上说若省身兄尚未到西岸,可先转到前一站,弟想省身兄不日将过芝加哥,或可晤到兄嫂,乞代转告并请陈兄以抵达 Pasaleng 或 Los Angeles 之火车号码及抵达时间示知,或电知,届时当往站迎候也。费神种种,容后再谢。此上即请

俪安

弟周培源顿首
一月八日

内子附笔问好。①

1月25日,在芝加哥致信马衡:

叔平先生赐鉴:

昨奉一月二十四日手教,拜悉一一。欣闻贵院将大肆开展,前途无量,可预祝也。晚离国来美忽忽一载有半,去夏今春两度赴东部各博物院参观,为期四月。此邦华夏古物集中东部与中部公私藏家,所见已在七八成之上,以铜器一项而论,数逾千数,玉器等是,石刻亦不在少数,惟书画不多,其品质亦属平常。近十年来铜器流入此间数量之大,至足惊人,而商周及战国精品之多,观后每多兴叹。以管见所及,其数量品质已远过英欧,亦可与日本旧藏抗衡。国家瑰宝为少数商估博厚利,言之至堪痛心。晚在纽约时,骨董商已以禁令势在必行,稍具戒心。甚盼政府藉此良机严格厉行,将来可以交换办法与外国博物院将中国复制品易西方艺术品,如此既可收合作流通之效,并可建中国之西方博物

---

①方继孝:《方继孝说书信的收藏与鉴赏》,第115页。

馆之基础,实属利。晚去夏以还,准备编作存美中国铜器,收集材料已在一千五百品左右,现在编作。本拟今秋返国,但因工作未能如期告毕,或将展延一年。于参观各博物院时亦时时留意其组织,其陈列方法及研究方针和教育意义,可资借镜之处不少。有若干博物院如华府及哈佛颇侧重中国古物,尤以近年为甚。惟主其事者于中国历史典籍究属隔阂,彼等常愿我国政府来美举行如伦敦之展览会。此事若预立规程,选以精品,分期分地,划成数组,附以详细说明,分类讲演,对于西方人之了解中国文化并提高国家地位,收效必宏。来美后甚感此邦人士对我国之超越感,而其惟一尊敬中国之处厥为古物,以如此精美之文物必有甚高甚远之文化。因势利导,甚盼。①

2月14日,梁思成致信陈梦家:

梦家兄:

手示敬悉。兄主编全美铜器目录,庆幸得人,不胜钦幸。弟在此工已上轨道,功课进□颇为顺利,虽弟本是木匠出身,对于石匠活,亦因调查所见摩崖不少,颇可吹嘘一翻,但对于画史,则从未有系统的"研究"过,不免多抱佛脚耳。

承指示各博物馆之可看者,不胜感谢。弟最近更因被外交部强派(未征同意即已发表)为联合国新会址建筹顾问团中国代表,且须在 NY 工作三天,四个月为期,一时恐更无法畅游矣。参观之举恐须在暑假中,联国工作完毕之后,沿路西行停留参观而已。芝城一时怕难去的,兄何时

---

①潘思婷(Elinor Pearlstein)撰,王睿、曹菁菁、田天译:《陈梦家:中国铜器,西方收藏,国际视野》,陈梦家《中国铜器综述》,第398页。

离美？弟拟八月中旬设法直航塘沽或秦皇岛,若能同舟则妙矣。

半月前,弟曾上 Princeton,Rowley 正以兄不能出席为失望,不知能否改变计画？Sickman 届时亦将去,当可会面,但弟到坎荷布亦恐须在暑假中,彦老亦被请,不知能去否？

附上致彦老函,乞转交。专此,敬颂

俪福

弟思成拜上
二月十四日①

2月14日和2月20日卢芹斋给他的秘书贝思·奥利弗(Bertha Oliver)夫人的两次函中,提到了一些公私收藏者的通讯地址,卢芹斋让她转交给陈梦家②。

2月17日,致信胡适:

适之先生:

纽约告别,差不多又近两个月了。我在康桥③住一月,沿 Buffalo④ 而至 Detroit⑤,沿途看了不少公私藏家,回来后,满架的像片还没有工夫仔细去整理,其中有许多意外的收获。最近拟将自新郑出土,以及历次史语所的发掘,依照年代地域作一简明的叙述,看看近二十年来的考古工作究竟到了怎样程度。中央研究院的安阳总报告尚未出版,只

---

①方继孝:《方继孝说书信的收藏与鉴赏》,第72页。
②潘思婷(Elinor Pearlstein)撰,王睿、曹菁菁、田天译:《陈梦家:中国铜器,西方收藏,国际视野》,陈梦家《中国铜器综述》,第384页。
③指美国马萨诸赛州的 Cambridge,现译为“剑桥”。
④布法罗,美国纽约州西部城市,在纽约以西。
⑤底特律,美国密歇根州城市,在布法罗以西。

能就零星发表的记载试作一作,因此急于要用《六同别录》
上的石璋如君的报告,今天特地写了封信给韩寿萱君,若他
到府上,把此书与《殷历谱》一并取下寄来,要是这两本书都
尚未收回,要劳先生的神催一催,先生定能谅解"缺少"一本
要查的书的苦恼的。我们甚愿知道,先生何日荣行归国,说
不定也可一来纽约送一送。务请拨冗写几个字让我知道,
萝蕤要我附笔敬祝

起居安顺

> 梦家敬上
> 二月十七日①

2月19日,致信吉美美术馆图书管理员利维夫人(Mme.
Levy)②。

2月19日,致信史蒂文斯,描述了与叶理绥的会面:"他和沃
纳(Langdon Warner)都同意我最好能延长工作一年,以便我可以
找出美国所有的中国铜器。他们将在4月的哈佛燕京学社教育
委员会会议上讨论这种可能性。"在那次会议上,叶理绥指出陈梦
家参观了大约三十家博物馆,但低估了美国所藏中国铜器的数量;
按照陈梦家的计算,他需要现有资助年度的剩余时间(截至1946
年6月)收集资料,以及另一个资助年度组织和准备稿件③。

2月20日,尤金·梅约夫人(Mrs. Eugene Meyer)致信陈
梦家④。

---

①耿云志主编:《胡适遗稿及秘藏书信》第35卷,第523页。
②潘思婷(Elinor Pearlstein)撰,王睿、曹菁菁、田天译:《陈梦家:中国铜器,
　西方收藏,国际视野》,陈梦家《中国铜器综述》,第384页。
③潘思婷(Elinor Pearlstein)撰,王睿、曹菁菁、田天译:《陈梦家:中国铜器,
　西方收藏,国际视野》,陈梦家《中国铜器综述》,第387页。
④潘思婷(Elinor Pearlstein)撰,王睿、曹菁菁、田天译:《陈梦家:中国铜器,
　西方收藏,国际视野》,陈梦家《中国铜器综述》,第385页。

2 月下旬,陈梦家请求哈佛燕京学社能资助他在美国延期到第三年。根据叶理绥的建议,哈佛燕京委员会为陈梦家提供了第二笔研究经费,1946 年 7 月—1947 年 6 月有效。而他在清华大学的学术休假也相应地延长。陈梦家在芝加哥大学有一间办公室,作为无薪的助理研究员兼职授课①。

第二次拨款使陈梦家得以在 1946 年夏季和秋季对中大西洋和东部各州展开第三次和第四次搜求铜器的调查。第三次调查他依次到访了纽约、普林斯顿、费城、华盛顿特区和剑桥等地。第四次则是依次前往普林斯顿、费城、纽约、剑桥和华盛顿特区②。

除了经常打电话给芝加哥艺术学院、菲尔德博物馆(芝加哥自然历史博物馆的前身)和芝加哥的布仑代奇(Avery Brundage)之外,陈梦家还访问了明尼阿波利斯、堪萨斯城、圣路易斯、克利夫兰、底特律和安娜堡(密歇根大学)以及其他城市③。

3 月,前往加拿大安大略省多伦多的皇家安大略博物馆,搜集并记录该馆所藏我国河南安阳与洛阳两地出土的铜器资料。该馆专门注重考古学,由圣公会驻开封主教怀履光主持,收藏安阳及洛阳金村古物,极有考古学价值,其收藏之富,比任何美国博物院为多④。在多伦多期间,曾致信胡适⑤。

---

①潘思婷(Elinor Pearlstein)撰,王睿、曹菁菁、田天译:《陈梦家:中国铜器,西方收藏,国际视野》,陈梦家《中国铜器综述》,第 387 页。
②潘思婷(Elinor Pearlstein)撰,王睿、曹菁菁、田天译:《陈梦家:中国铜器,西方收藏,国际视野》,陈梦家《中国铜器综述》,第 387 页。
③潘思婷(Elinor Pearlstein)撰,王睿、曹菁菁、田天译:《陈梦家:中国铜器,西方收藏,国际视野》,陈梦家《中国铜器综述》,第 387—388 页。
④陈梦家:《海外中国铜器的收藏与研究》,《梦甲室存文》,第 309 页。
⑤参本年 4 月 21 日致胡适信。

3月13日,怀履光致信马歇尔,谈到陈梦家:

> ……他是一个勤奋又利落的工作者,在调查中非常细心,也非常彻底,对事实有很好的判断,从不妄加臆断,所以他取得了很好的进展。与他合作非常快乐,我很高兴能看见他有新的进展。在我看来,陈教授在中国考古学领域非常杰出,我觉得自己至今还没遇到任何人在这项工作上能与他匹敌。①

怀履光对陈梦家获得哈佛燕京学社或洛克菲勒基金会的资助非常乐观,他批准了陈梦家使用大约五百张馆藏铜器照片的请求。怀履光还建议陈梦家考虑在安大略皇家博物馆和多伦多大学同时任职一年,并提出陈梦家可以对他1934年出版的《洛阳故城古墓考》(*Tombs of Old Lo-yang*)一书进行增补与修订②。

3月15日,致信马歇尔③。

约春天,陈梦家和凯莱合编的《白金汉所藏中国铜器图录》(*Chinese Bronzes from the Buckingham Collection*)由芝加哥美术馆出版,书的内容为露西·莫德·白金汉收藏的中国青铜器捐赠给芝加哥美术馆的那部分。查尔斯·法本斯·凯莱(Charles Fabens Kelley,1885—1960)是芝加哥美术馆东方艺术部主任。当时美国人所定的铜器年代,多半粗疏而有错误,该书采用陈梦家自己的年代分期方法,把铜器分为商、周与汉。

---

① 潘思婷(Elinor Pearlstein)撰,王睿、曹菁菁、田天译:《陈梦家:中国铜器,西方收藏,国际视野》,陈梦家《中国铜器综述》,第390—391页。

② 潘思婷(Elinor Pearlstein)撰,王睿、曹菁菁、田天译:《陈梦家:中国铜器,西方收藏,国际视野》,陈梦家《中国铜器综述》,第391页。

③ 潘思婷(Elinor Pearlstein)撰,王睿、曹菁菁、田天译:《陈梦家:中国铜器,西方收藏,国际视野》,陈梦家《中国铜器综述》,第391页。

但他们认为的许多汉器实是战国期器,战国器中又混入春秋器等等。

全书目录为:序、前言、正文及图版(商代青铜器、周代青铜器、汉代青铜器)、概述、考释、中国朝代年表。其中《序——露西·莫德·白金汉纪念收藏》由芝加哥美术馆馆长丹尼尔·卡顿·里奇所写,前言由查尔斯·法本斯·凯莱所写,正文及图版由查尔斯·法本斯·凯莱完成,概述和考释由陈梦家完成,中国朝代年表也是陈梦家编制,全书收入商代青铜器9件,周代青铜器29组32件,汉代青铜器8件。

里奇馆长在《序》里,对陈梦家作了高度评价:"为了出版这部著作,芝加哥美术馆有幸与考古学家、古文字学家、北平国立清华大学教授陈梦家先生合作。陈教授是青铜器研究领域的最杰出的学者,他对铭文的释读有其真知灼见,利用青铜器对史实的考证亦颇有建树。研究青铜器的学者会从陈先生的考释中发现新材料,而普通的读者也会从陈先生的论述中体会到他对一些旧说的纠谬。"①

中国国家博物馆田率博士在《白金汉所藏中国铜器图录》一书的《译后记》中,谈到陈梦家的治学特点:"从书中的'概述'和'考释'部分我们可以领会到陈先生治学的几个特点:第一,注重年代学对青铜器研究的特殊意义……第二,利用考古类型学的方法对青铜器进行分期断代研究。"②

据4月1日的哈佛燕京学社董事会会议记录显示,哈佛燕

---

① [美]查尔斯·法本斯·凯莱(Charles Fabens Kelley)、陈梦家著,田率翻译:《白金汉所藏中国铜器图录(汉英对照)》序,北京:金城出版社,2015年。

② [美]查尔斯·法本斯·凯莱(Charles Fabens Kelley)、陈梦家著,田率翻译:《白金汉所藏中国铜器图录(汉英对照)》,第334页。

京学社董事会向陈梦家提供资助 5500 美元，薪金 3600 美元，研究助理津贴 1200 美元，旅行、照片和办公费用 700 美元①。

4 月 9 日，于省吾致信陈梦家：

> 梦家仁兄阁下：
>
> 　别来已久，驰系为劳。顷奉台笺犹念，新况胜常至慰。远怜存美彝器得大笔编著，诚不朽之盛业。拙作《古器物图录》②存书甚少，兹检出一部，已遵交顾君子刚转寄矣。兹有恳者，小儿世正去年在辅大经济系毕业，今年暑假拟留美，兹有三事奉询，祈早日见覆（愈速愈好）为感。（一）留学生每人一年学费书籍衣食住行共需美金若干；（二）报考大学或研究院之手续如何；（三）芝加哥大学入学简章及大学一览，能寄来一份为盼，如不便邮寄，写一概览亦可。烦渎惟希见谅。希白在广西大学任职，胡厚宣有《甲骨论丛》一书已出版。专此遥颂
>
> 著祺
>
> 　　　　　　　　　　　　弟于省吾顿首
>
> 　　　　　　　　　　　　卅五年四月九日
>
> 现住北平东城大佛寺西街卅七号。③

4 月 19 日，致信叶慈，提到在中国时就已经阅读了叶慈的《柯尔藏中国青铜器》(*The Cull Chinese Bronzes*, London: Courtauld Institute of Art, 1939)，并且对叶慈同意他关于"壶"的论

---

① 潘思婷(Elinor Pearlstein)撰，王睿、曹菁菁、田天译：《陈梦家：中国铜器，西方收藏，国际视野》，陈梦家《中国铜器综述》，第 387 页。
② 《双剑誃古器物图录》，1940 年影印。
③ 方继孝：《耿介敢言忠诚于学术的一代学人——于省吾与陈梦家》，《关东学刊》2017 年第 10 期。

述,表示很高兴①。

4 月 21 日,在芝加哥致信胡适:

适之先生:

    在 Toronto② 曾寄上一信,谅已收到。日前承寿萱兄将先生的《六同别录》寄下,谢谢。上有先生的批点,尤觉可贵。闻《殷历谱》已转赠它人,所幸此处最近到一整部,可以应用。我拟作存美中国铜器书,想不到因材料过多,一时无法结束,已由哈佛延长一载,庶可完成。萝蕤明秋前后也可告一结束,大约要明年回北平了。我以后大半仍长住芝加哥,见到子水③、泽涵④诸先生,请代致候。他们托买的书多是绝板,遍访不得,无以应命。本期有一门孟子课,因此得到六月中才能去纽,不克亲送,甚以为歉。守和先生明晨到此,大约月杪前可到纽约,还来得及与先生见面,此祝

一路顺风!

梦家敬上
四月二十一日

萝蕤附笔致候。⑤

4 月 26 日,朱自清致信陈梦家⑥。

4 月,从福格美术博物馆选取了 37 件匿名捐赠的铜器,准备收入《美国所藏中国铜器集录》。根据陈梦家于本年 4 月 19 日

---

①潘思婷(Elinor Pearlstein)撰,王睿、曹菁菁、田天译:《陈梦家:中国铜器,西方收藏,国际视野》,陈梦家《中国铜器综述》,第 372 页。

②多伦多。

③毛子水。

④江泽涵。

⑤耿云志主编:《胡适遗稿及秘藏书信》第 35 卷,第 524 页。

⑥朱乔森编:《朱自清全集》第 10 卷,第 401 页。

和 4 月 23 日与捐赠人的通信，可以判定捐赠人是黑格森先生（T. L. Higginson）①。

截至 1946 年 4 月，陈梦家已经收集了两千多张美国所藏中国铜器的照片②。

5 月 8 日，于省吾致信陈梦家：

> 梦家仁兄阁下：
>
> 　　前承惠书，曾覆一缄，想邀公览。拙著《古器物图录》存书无多，已捡出一部交与顾君子刚转寄矣。兹有恳者，小儿世正与其媳妇翟雅明拟就学支加哥大学，小儿系在辅大经济系毕业，教育部今年暑期考试，官费生名额仅百人，而经济只数名是官费，已无考取希望，自费优待汇总办法业经部令取消，惟有自谋出国，而出国护照亦极难领。弟之经济力量有限，千祈我兄分神，与顾立雅先生（顾系弟之旧友）商量，设法代为申请入学并筹画领取护照办法，早日示知，至所盼祷。专此奉□，并颂
>
> 撰祺
>
> 　　　　　　　　　　　　　　　　　　弟于省吾拜
> 　　　　　　　　　　　　　　　　　　　五月八日
>
> 　　于世正，二十六岁辅大经济系 1945 年毕业，拟入研究院习工商管理。
>
> 　　翟雅明，二十二岁辅大国文系 1946 年毕业，拟入经济系。
>
> 　　如能在美谋得伪聘书二份（月薪须书百元以上方有

---

①潘思婷（Elinor Pearlstein）撰，王睿、曹菁菁、田天译：《陈梦家：中国铜器，西方收藏，国际视野》，陈梦家《中国铜器综述》，第 385 页。

②潘思婷（Elinor Pearlstein）撰，王睿、曹菁菁、田天译：《陈梦家：中国铜器，西方收藏，国际视野》，陈梦家《中国铜器综述》，第 387 页。

效），寄来用以为申请护照凭证之一法也，又及。

通讯处：北平东城大佛寺西街卅七号①。

5月14日，致信叶理绥②。

5月23日，芝加哥大学东方研究院罗伯特·布瑞伍德（Robert Braidwood）教授给陈梦家写便签《求助!》，目的是为了寻求1937—1946年间中国重要考古资讯③。

5月26日，朱自清收到陈梦家信，陈述下学年不能回国。朱自清日记："下午访金及林徽音，停留时间过长。得梦家信，他下学年回不来。"④

5月27日，朱自清有信致陈梦家⑤。

5月29日，致信叶慈："我的《海外中国铜器图录》一书1941年即已完成，但因战争缘故未能出版，我自己在中国只有一份证明。国立北平图书馆的袁同礼博士上个月告诉我，他在中国已经看到这本书，但由于航空公司的限制，他无法为我带一本来美国。我相信这些书在上海的商务印书馆销售，但出版社总是罢工，我不知道如何买到。"⑥

5月，清华大学校长梅贻琦给陈梦家写聘任书，用"国立清华大学用笺"：

兹聘请陈梦家先生为本大学中国文学系教授，即希查

---

① 方继孝：《碎锦零笺》，第62页。
② 潘思婷（Elinor Pearlstein）撰，王睿、曹菁菁、田天译：《陈梦家：中国铜器，西方收藏，国际视野》，陈梦家《中国铜器综述》，第391页。
③ 潘思婷（Elinor Pearlstein）撰，王睿、曹菁菁、田天译：《陈梦家：中国铜器，西方收藏，国际视野》，陈梦家《中国铜器综述》，第375、380页。
④ 朱乔森编：《朱自清全集》第10卷，第405页。
⑤ 朱乔森编：《朱自清全集》第10卷，第405页。
⑥ 潘思婷（Elinor Pearlstein）撰，王睿、曹菁菁、田天译：《陈梦家：中国铜器，西方收藏，国际视野》，陈梦家《中国铜器综述》，第375页。

照后列聘约办理为荷。

（一）此项聘约以一年为期（自民国三十五年八月一日起）（至民国三十六年七月三十一日止）。

（二）薪金每月国币肆佰肆拾元整。

（三）一切待遇照本大学教师服务及待遇规程办理。

国立清华大学校长梅贻琦

中华民国三十五年五月　日①

5月，陈梦家编著的《海外中国铜器图录（第一集）》由国立北平图书馆出版，上海商务印书馆发行，珂罗版印刷。全书分上、下两册，扉页有容庚的金文题签。上册有袁同礼写于1940年6月的序，有陈梦家写于1940年4月的《中国铜器概述》一文，另有"目录并说明"，附录有"参考用书"和"英文提要"；下册为"藏家中西名对照及藏品引得"和"图版1—150"，收入150件铜器的照片。

春天，在纽约一仓库中见到令毁："此两器今藏巴黎David Weill处②，1946年春见之于纽约一仓库中，当时摄影并量其尺度如下：高25，口径17，宽28.2，方座宽19.1×19.1厘米。铭在器内底。两器俱失盖，自来著录诸书误以两铭为一盖一器，不知实是二器，并无盖铭。"③

6月1日，致信皮斯百④。

6月，《图书季刊》新第7卷第1、2期合刊上刊登陈梦家两本新书《老子分释》和《西周年代考》的介绍。

---

①方继孝：《碎锦零笺》，第12页。

②原注：现藏巴黎基美博物馆。

③陈梦家：《西周铜器断代》上册，第30页。

④潘思婷（Elinor Pearlstein）撰，王睿、曹菁菁、田天译：《陈梦家：中国铜器，西方收藏，国际视野》，陈梦家《中国铜器综述》，第385页。

7 月 26 日,致信马歇尔①。

7 月,陈梦家夫妇在哈佛见到艾略特。赵萝蕤回忆:"1946 年 7 月梦家在哈佛大学会见了回美国探亲的艾略特,并打电报给我立刻起程东行到哈佛与艾略特见面。7 月 9 日晚上艾略特请我在哈佛俱乐部晚餐,晚餐后他为我朗诵了《四个四重奏》中的片断,并嘱我下一个任务就是翻译这首和《荒原》的风格很不相同的长诗。他还为我带去的两本书:《1909—1935 年诗歌集》和《四个四重奏》,签上他的名字。在前者的扉页上题写了'为赵萝蕤签署,感谢她翻译了《荒原》'。他还给了我两张照片并在上面签上了名字。这两张照片后来在多次的抄家中丢失了。梦家告诉他我也写了许多诗,他听了十分高兴,建议我把它们译成英文,先在英国出版,当时我把我写的诗抄在一个本本上,但后来它遇到了与照片同样的命运,没有留下片言只字。"②

本年,赵萝蕤获芝加哥大学英语语言文学硕士学位。

9 月 14 日,致信叶理绥,要求考罗拍摄 300—400 份拓本③。

约本年 9 月 21 日,冯友兰致信陈梦家:

梦家兄:

真不巧的很,我同钟辽于前天(星期四)上午九点半到芝加哥(这是 Standard Time,兄所用的或是 Daylight Saving Time④),在月台入站口处接客人队里看了两次没有见兄。想着兄或已到别处去了。更不巧的是你的住址及电话号码

---

① 潘思婷(Elinor Pearlstein)撰,王睿、曹菁菁、田天译:《陈梦家:中国铜器,西方收藏,国际视野》,陈梦家《中国铜器综述》,第 391 页。

② 赵萝蕤:《我与艾略特》,《我的读书生涯》,第 242 页。

③ 潘思婷(Elinor Pearlstein)撰,王睿、曹菁菁、田天译:《陈梦家:中国铜器,西方收藏,国际视野》,陈梦家《中国铜器综述》,第 385 页。

④ Standard Time,标准时间;Daylight Saving Time,夏令时制。

我写在一个手册上,这本手册在船上失去了,所以也没法去找,只可吃了一顿中国饭(比起萝蕤夫人的饭有天渊之别),于下午两点半就又去了。于昨日上午……①

……再者,兄的款除了买书等外(弟到北平后又买了两部书约十八万),尚余七十万左右。弟离北平,佩弦尚未到平,弟已将账目及存款本子交与内人,俟佩弦到即交与他。兄的书本打算到上海时到商务去取几本带来,谁知那几天商务总公司罢工了,所以甚么书都没有带来。还有兄的板税账单,约一万多块钱,弟带来了,因到上海时忘带兄图章(钟越替你刻了一个图章为领薪之用),故未取出,俟兄来时可将板税账单交兄。

弟又及。②

9月26日,致信夏威夷檀香山的卢昆斯(Huc Mazelet Luquiens)夫人,请其提供第二套铜器照片用于《美国所藏中国铜器集录》中文版的出版③。

10月10日,致信考罗,提出在考罗家的暗室里当个"学徒"晚上工作④。

10月,马歇尔和叶理绥联合批准了1000美元的资助,由洛克菲勒基金会支付,哈佛燕京学社管理,以供陈梦家完成第二年在安大略皇家博物馆的调查工作⑤。

---

①此处缺页。
②巴金故居编:《点滴》,2017年第2期。
③潘思婷(Elinor Pearlstein)撰,王睿、曹菁菁、田天译:《陈梦家:中国铜器,西方收藏,国际视野》,陈梦家《中国铜器综述》,第396页。
④潘思婷(Elinor Pearlstein)撰,王睿、曹菁菁、田天译:《陈梦家:中国铜器,西方收藏,国际视野》,陈梦家《中国铜器综述》,第385页。
⑤潘思婷(Elinor Pearlstein)撰,王睿、曹菁菁、田天译:《陈梦家:中国铜器,西方收藏,国际视野》,陈梦家《中国铜器综述》,第391页。

11月,清华大学成立"整理闻一多先生遗著委员会",包括朱自清、雷海宗、潘光旦、吴晗、浦江清、许维遹、余冠英七人,拟为闻一多整编遗稿等,朱自清为召集人,然后作分工,在美国的陈梦家也负责了文字学和古史两个方面稿子的整编。朱自清在《〈闻一多全集〉编后记》有提及:"家属主张编全集,我们接受了。我拟了一个目,在委员会开会的时候给大家看了。委员会的意思,这个全集交给家属去印,委员会不必列名;委员会的工作先集中在整编那几种未完成的巨著上。于是决定请许维遹先生负责《周易》和《诗经》,浦江清先生负责《庄子》和《楚辞》,陈梦家先生负责文字学和古史,余冠英先生负责乐府和唐诗,而我负总责任。但是这几种稿子整理完毕,大概得两三年。我得赶着先将全集编出来。"①

12月9日,朱自清和雷海宗(字伯伦)谈及陈梦家。朱自清日记:"决心自今日起有秩序地做事。下午访伯伦谈梦家问题。阅报告及试卷。"②

约本年12月9日晨,致信也在美国的王重民,请他联系在美国的袁同礼,请袁同礼与中国政府协商关于陈梦家想去德国搜集中国铜器资料的事。

12月11日,王重民复信陈梦家,希望陈梦家在16日赶到纽约一晤:

> 梦家先生:
>
> 　　九日晨写的信,今天转到了。因为上信未说搬家,自九月间,我们已经搬到400, A Shut S. E., Washington 3, D. C.来了。极希望你十六日能赶到纽约,在彼一晤。弟暂不回来,要转到 Princeton 住三个礼拜。守和先生前往之旅馆

---

① 朱乔森编:《朱自清全集》第4卷,南京:江苏教育出版社,1990年,第498页。

② 朱乔森编:《朱自清全集》第10卷,第434页。

Bellerne Hotel, 15, E ST H. W. 离 Fren 最近, 离车站也近。总是礼拜六以前最拥挤, 礼拜天晚以后, 最不拥挤。所以离纽之前, 给他拍一电报, 一定可有房子, 不必订。我劝公赴纽亦因此。(如十五日来此, 找不着房子。)

　　即请

旅安

弟重民顿首

十二月十一日①

12 月 15 日,《先秦卫有驰道考》载《文讯》第 6 卷第 9 期。

约本年 12 月 19 日, 冯友兰致信陈梦家:

梦家我兄:

　　十四日函敬悉。尊文亦已收到拜读矣。弟定于廿五日到纽约, 廿七日回来。又与恒慕义及王重民约于下月十四日到华盛顿, 中间留出空闲, 预备兄来时可以招待。弟功课约在星期一、二、三。兄来时最好在星期四、五、六, 俾可多谈, 弟寓附近亦有旅馆可住, 俟兄来有定期即当定房间也。

此颂

近安

弟冯友兰谨启

十九日

　　萝蕤夫人均此。②

　　12 月,《图书季刊》新第 7 卷第 3、4 期合刊上刊登了陈梦家编著《海外中国铜器图录(第一集)》的介绍。

　　本年, 有信致唐兰:"我忘记你对金村年代好像有一个说法,

---

①方继孝:《碎锦零笺》, 第 8 页。

②巴金故居编:《点滴》, 2017 年第 2 期。

它决非韩墓,怀氏对此颇含糊不清,便中请赐数行。"唐兰未复信,但写了《洛阳金村古墓为东周墓非韩墓考》在报上公开答复①。

到本年,陈梦家基本上遍访了美国各处藏有铜器的城市:

> 这个笔名叫"漫哉"的漫游者名副其实。他游历了底特律、克利夫兰、圣路易斯、明尼阿波利斯、纽约、纽黑文市、波士顿、普罗维登斯、普林斯顿和三藩市。他甚至去了檀香山。每到一个城市,他就和当地的博物馆和私人收藏家联系,研究他们的中国文物。有两年时间,他不断徘徊在中国古代青铜器和美国现代文明之间。②

本年,三次前往普林斯顿。主要目的是建议乔治·罗利(George Rowley)教授在普林斯顿大学两百周年校庆时举办一次以中国为重点的关于远东文化与社会的学术会议③。

1947年 丁亥 三十七岁

1月11日,致信史蒂文斯:

> ……美国和多伦多意想不到的宝藏鼓励我将我的工作延伸至英国和欧洲大陆。那么,我便可以完成中国铜器在全世界范围内收藏情况的调查。我希望这些材料的收集和编辑对中国和西方学者都有价值。虽然清华大学要求我明年秋天恢复教学,但我已经与人文学院院长冯友兰博士谈了我的计划并申请续延六个月的短期休假。他看到了这项

---

①唐兰:《右派分子陈梦家是"学者"吗?》,《中国语文》1957年10月号。

②[美]Peter Hessler(何伟)著,赵欣译,赵步阳校:《甲骨文:游走在中国和西方之间》,第149页。

③潘思婷(Elinor Pearlstein)撰,王睿、曹菁菁、田天译:《陈梦家:中国铜器,西方收藏,国际视野》,陈梦家《中国铜器综述》,第388页。

工作的重要性,愿意竭力帮忙,完全同意了我的请求。①

1月31日,冯友兰致信陈梦家:

梦家兄:

　　廿日信收到了。今晨梅先生的信来了,消息不佳,他说:"陈梦家兄照片校中现似无力购买,虽图书补充费现正在筹划中,但恐一时顾不及此。至于其他补助办法亦有困难,即烦婉告梦家。再中文系同人希望梦家今夏能早返校。"信中又说:"高本汉可以聘请,即烦梦家兄代为接洽。"又说:"冯家昇君似可考虑聘请,如有著作亦请寄示。"冯家昇《火器起源考》,弟有一份,但其人类学方面不知有著作否? 兄可否写信问之,如有可嘱其选寄弟处一份。高本汉处即请去信接洽如何? 梅先生信中又说,普校之会,大约只陈通夫一人可来。此间六月初考完,弟打算六月底七月初返国。兄欧游既不成功,我们同行如何? 此颂
俪安

弟冯友兰启
一月卅一日

　　见报载宴堂②已到旧金山,见时代为致候为感。③

2月5日,冯友兰致信陈梦家:

梦家兄:

　　来信收到。清华消息已先函告矣。British Council④ 有

---

①潘思婷(Elinor Pearlstein)撰,王睿、曹菁菁、田天译:《陈梦家:中国铜器,西方收藏,国际视野》,陈梦家《中国铜器综述》,第392页。
②董作宾,字彦堂。
③巴金故居编:《点滴》,2017年第2期。
④British Council,英国文化协会。

一代表在中国(Roxby),凡帮助中国学术界之事由彼决定。休士在英恐不能有所作为也。清华函中言系中希望兄暑假早归,盖兄在外已三年,而现在三校分离,各门功课非如联大时三校人才互可通融。兄若不归,系中实感困难也。故兄即可决暑假中我们同舟共济矣。不必再三心二意了。此颂

俪安

弟冯友兰
二月五日

致彦堂信乞转交。①

春,陈梦家决意回国。在回国前,与时任清华大学国文系主任的朱自清多次通信,了解学校现状,朱自清对他提的问题一一回复。

2月8日,朱自清致信陈梦家:

梦家先生:

去年十一月五日及十二月十二日信均到。学校于去年十一月五日上课,新生十一月廿五日上课,现在一切渐上轨道。园内亦渐复旧观,图书方面丛书损失百余种,此最难补充,因太贵也。其余损失尚待细查。关于补充图书仪器经费,学校正在筹划。来示假各系有一千美金买书,诚然。中文系书即请先生与冯先生商量购置,但请留一百元,俾资活用。校中现购刘半农先生遗书,中文系恐须摊书费用也。系中现专任者四人,浦、许、余(冠英)及清矣。又寅恪先生系与史学系合聘,另张政烺先生任文字学,张清常先生任语音学等。王了一先生任广东中大文学院长,请假一年。渠本代语文系主任,今该主任尚虚悬也。系中开课不太多,无

---

①巴金故居编:《点滴》,2017年第2期。

新名目,教员助教则达十五人之多,因大一及先修班学生至千
余人也。教员中有王瑶君,系去年在研究所毕业,除大一国文
外,尚任文学史第二段,学生连临大分校者约不足卅人。系方
亟盼先生暑后早日返校,并盼早将担任学程示知。承寄铜器
款式一书已到,甚佩。容即交图书馆。铜器目录尚未到。高
本汉闻有来东意,务乞为校接洽,校方已另函兰老。住屋事已
商准宿舍分配主委王明之先生,代表先生加入胜因院(新建
四十所)抽签。但请求者闻达百家,或有抽不到之可能。校
方已声明尽量供给住宅,但住宅如已满员,亦无办法,只好请
另租,校方可贴租金若干。闻家来平,住西城前京畿道十一。
立鹤修养,余四位弟妹似均已入学。闻先生全集已由清拟一
目,正在抄写,接洽出版不难,但清华将为编全集。

　　祝好!

朱自清顿首
二.八

　　先生存折,冯太太并未交下。去年曾代垫二万元交顾
子刚先生。近当函顾先生径向冯太太接洽。

　　太太均此问候,不另。其身体较前大好,可贺之至!

　　务祈于今年九月回校,以壮阵容,千祷千祷!①

2月12日,朱自清致信陈梦家②。

3月2日,冯友兰致信陈梦家:

梦家兄:

　　廿四日函敬悉。高本汉处似可回一信,言四九年到中国,
清华欢迎,若能早去更好,所说青年有机会当为介绍。兄及夫

---

①据信函原件图片。
②朱乔森编:《朱自清全集》第10卷,第444页。

人若于四月一日前到此,我们一同去普校最好。休士亦从英
国来,先到此一同赴普校,龙头村的人又聚在一起了。我想旅
舍总可以找到,不过你们若有定期,望早一点通知,以便先下
手为强。弟已定六月廿日由旧金山开之船,但近有人约七月
间讲演,或须改船期,但尚未拿定主意也。此颂
俪安

弟冯友兰启
三月二日①

3 月 5 日,致信朱自清,告知自己 9 月内到校②。

3 月 24 日,冯友兰致信陈梦家:

梦家兄:

来函均悉。我们附近旅馆不易定,因为他们都欢迎 by
week 的客人,对于只住一两天者,他们不愿先定,因为恐怕
耽误了长期客人。现定妥房间在大学附件之 Hotel Nar-
mandie,36 and Chistnut Streets(旅馆定房间的名字是 Mr.
Chen)。自纽约来可在三十街东站下,顺高架电车路向 up
Town 方向行至三十六街,向左转弯 one block 即到。房间保
留至廿九日下午六时前。

此颂
俪安

弟冯友兰启
三月廿四日

我们三十一日下午去普。

---

① 巴金故居编:《点滴》,2017 年第 2 期。
② 参本年 5 月 13 日朱自清信。

Miss Lee 廿九晚上请我们吃饭。①

4月1日至3日,美国普林斯顿大学为纪念建校二百周年,举行了一次国际东方学术会议,内容分为社会科学和艺术考古两组。艺术考古组曾于事前请陈梦家筹划并布置一铜器展览,因与当事人意见冲突,陈梦家拒绝出席和演讲。后经对方再三道歉,才在会前数日前往。

东方学术会议的艺术考古组特别提出中国的铜器、绘画与建筑为讨论的中心。与陈梦家同时与会的,还有同在美国又同是清华大学教授的冯友兰和梁思成等人。清华大学美术系邓以蛰因时间仓促不克赴会。与会的几位中国同仁深感中国艺术在国际上有着超越的地位,而沟通中西文化,介绍中国的精粹于西方,中国艺术实为最好的媒介。然而,当时国内大学尚未组建专门机构从事中国艺术研究,他们深感在大学中设立艺术系,创办大学博物馆的必要。这次初步的会谈,便是日后清华大学成立文物成列室的起因。

那次会上,赵紫宸也与会并获得名誉学位。

陈梦家与扎尔莫尼同在"艺术考古组",他的发言题目是《关于中国铜器研究的一些建议》("Some Suggestions for the Study of Chinese Bronzes")②。陈梦家提出,对于铜器,需要注意其本身的各方面,即花纹、形制、铭文、字体、出土地、组属、表面处理与铸造技术等,同时又要注意其与书籍的互相印证。

陈梦家还与袁同礼及国立北平图书馆的其他联络人合作,帮助罗利举办了国立北平图书馆藏书在美国的第一场展览,主要是艺术和音乐方面的书籍。同时还计划帮助罗利举办一场中

---

①据信函原件图片。

②潘思婷(Elinor Pearlstein)撰,王睿、曹菁菁、田天译:《陈梦家:中国铜器,西方收藏,国际视野》,陈梦家《中国铜器综述》,第388页。

国铜器展览①。

从普林斯顿回来后，陈梦家用两个半月集中完成了《美国所藏中国铜器集录》的手稿，同时博物馆馆员、收藏家和古董商还在继续向他寄送他们新近收购铜器的照片。其中有波士顿美术馆 3 月从卢芹斋处买来的一件三足鬲，陈梦家从其铭文断定此器为鲁国第四任国君鲁炀公（前 994—前 989 在位）铸造的铜器。陈梦家立即将它收入《美国所藏中国铜器集录》，并把他的研究交付扎尔莫尼，发表在下一期的《亚洲学刊》（Artibus Asiae）上②。

4 月 2 日，苏·泰克斯（Sol tax）致信陈梦家③。

4 月 14 日，于芝加哥大学东方学院，为董作宾摄像。董作宾将照片寄与夫人熊海萍，并在照片背面题词："海萍夫人索像片，乃借一照像机，穿上新衣，'立正'！梦家为摄此小照，以寄我海萍夫人。彦堂。"另一张董作宾为陈梦家拍摄的在芝加哥大学东方学院的照片，也应摄于当日④。董作宾于本年 1 月来到芝加哥大学讲学，据称在此期间曾与陈梦家有隙⑤。

约本年 4 月 18 日，致信袁同礼，谈关于赴欧洲等事。

4 月 19 日，密歇根大学的马歇尔·帕拉姆（Marshall Plu-

①潘思婷（Elinor Pearlstein）撰，王睿、曹菁菁、田天译：《陈梦家：中国铜器，西方收藏，国际视野》，陈梦家《中国铜器综述》，第 388 页。

②潘思婷（Elinor Pearlstein）撰，王睿、曹菁菁、田天译：《陈梦家：中国铜器，西方收藏，国际视野》，陈梦家《中国铜器综述》，第 389 页。

③潘思婷（Elinor Pearlstein）撰，王睿、曹菁菁、田天译：《陈梦家：中国铜器，西方收藏，国际视野》，陈梦家《中国铜器综述》，第 379 页。

④照片见中华书局《西周年代考 六国纪年》。

⑤朱渊清：《在变与不变之间》，《知识的考古——朱渊清自选集》，上海：上海人民出版社，2012 年，第 172 页。

mer）教授致信陈梦家①。

　　春天，完成了美国资料汇编的工作，之后开始寻找欧洲战后博物馆和私人收藏者的信息。陀里多艺术博物馆（Toledo Museum of Art）的助理馆员布莱尔（Dorothy Blair）向陈梦家提供了一份清单，包括英国、法国、荷兰、比利时、丹麦、瑞典和挪威等国的博物馆、私人藏家和学者，还提供了一封介绍信。卢芹斋也向陈梦家提供了其巴黎藏品的照片，并承诺向陈梦家引荐欧洲可以拜访的收藏家和博物馆馆长②。陈梦家请求洛克菲勒基金会将以前资助多伦多研究的资金转付他期待已久的欧洲之行③。

　　5月2日，袁同礼复信陈梦家，建议先行返国：

梦家吾兄：

　　　奉到四月十八日手启，欣悉种切。中德外交关系一时不易恢复，前曾建议由政府派台端赴德接收铜器，此时尚嫌过早，敝意不如先行返国，俟将来有机会时再行赴欧，如此时愿由美短期赴英，一行往返川资（约四万元），及在英两月住宿旅行（约四万元），可托人向 British Council④ 设法补助，似可由尊处函（附介绍函）陈通伯（源）先生，以前杨金甫⑤、汪敬熙赴英均 British Council 招待，惟目前由美赴英及由英返美，订购船票均属不易，似宜早办是荷，鄙馆经费困难，

---

①潘思婷（Elinor Pearlstein）撰，王睿、曹菁菁、田天译：《陈梦家：中国铜器，西方收藏，国际视野》，陈梦家《中国铜器综述》，第389页。

②潘思婷（Elinor Pearlstein）撰，王睿、曹菁菁、田天译：《陈梦家：中国铜器，西方收藏，国际视野》，陈梦家《中国铜器综述》，第392页。

③潘思婷（Elinor Pearlstein）撰，王睿、曹菁菁、田天译：《陈梦家：中国铜器，西方收藏，国际视野》，陈梦家《中国铜器综述》，第392页。

④英国对外文化协会。

⑤杨振声。

已向北大借款,勉维现状,更不易购到外汇也,余容再陈,顺颂

旅安

弟同礼顿首

五月二日

陈通伯通讯处:

Dr. Chen Yuan

SinoBritish Cultural Association

62 New Carendish Street, London, w. l. ①

5 月 4 日,冯友兰致信陈梦家:

梦家兄:

别来已一月了,十四日信收到。因为等相片洗出,所以至今始写回信。像片都照坏了,原因是底片的号数标错了,与他实际不同,所以光线不对,兹随封寄去。夏威夷已来电报答应弟去半年,所以就算决定去了。弟已打电与梅先生,一面请假至明年一月,一面通知内人办护照来美,但至今尚未得到回信。高本汉事有点麻烦,若是他自己有旅费,到北平时我们请他讲讲。在北平的时候,我们招待他,再送点讲演费,这是顺理成章的事,很容易办。若是教我们出旅费,只讲短时,恐怕就困难了。他所谓 Various Low-stratum T'u-Hua② 不知是甚么,似乎是他有他的计划,可以问问他 to start some students in certain dialect investigation③ 的计划详细情形,然后看我们能否与他合作。若有一个计划,我们能

①方继孝:《碎锦零笺》,第 9 页。

②Various Low-stratum T'u-Hua,意为:各类低层次的土话。

③to start some students in certain dialect investigation,意为:动员一些学生做方言调查。

与他合作,就可向学校提议了。Redfield① 的事,今年是否太晚,弟于一月间写信回清华请定一请外国教授办法,回信只说可以有办法,确切情形,例如旅费若干、月薪若干均未说,再去信问也没有回信。可否非正式打听 Redfield 需要月薪若干,路费若干,俾向学校作具体提议。弟暑假中的计划已定者是六月底离费城到 New Jersey② 一个州立学院,那里有 China Institute③ 主办的一暑期讲演会,至七月十二日纽约住下以后的事,要看内人的信,看他来不来或是什么时候来,再决定。此颂

俪安

弟冯友兰启
五月四日④

5月13日,朱自清致信陈梦家,主要谈的是陈梦家回校开课的事:

梦家先生惠鉴:

前接三月五日手示,欣悉先生九月内决可到校,至慰。所开学程,除文字学(二小时)外,尚拟请开卜辞研究(三小时,下学期),铜器铭文研究(三小时,下学期),及说文(二小时)。古文字学及尚书,本年已开过,拟隔年再开。其说文一科,至希惠允开讲,俾可一新陈容,并盼早日惠覆。至住宅事,已请校长特许保留一所,与战前在校园同人同例。至何处住宅现尚未定,惟盼台端务于九月内到校,免生枝节。

高本汉来平事不知能提前否? 至念。冯先生有去檀岛

①Redfield(雷德菲尔德),美国人类学家,社会学家。

②New Jersey,新泽西州。

③China Institute,华美协进社。

④巴金故居编:《点滴》,2017 年第 2 期。

一年之意,此间却切盼其回校,除另行去信外,并请函劝其打消去檀岛之原议。至托。

了一先生①同校与否,尚无确信,下年度系中新聘李广田先生,任现代文学方面课程。并拟聘张清常先生②任音韵训诂等课,尚未大定。

系中学生本年度共二十七人,语文组只四人。二十七人中联大分发者甚多,联大无语文组,亦语文组人少之一原因,但主因实在教授方面,无专授语文者。下年度先生回校,好极。了一如若亦能回,则更圆满矣。

清华复员情形尚称迅速。昆明文科研究所书籍大部到平。先生一小部分书籍亦已到此,至存毛先生处之等书,前晤毛先生谈及,据云尚存昆明,想毛先生已有信奉告矣。系中下年度许骏斋兄拟休假在国内研究。匆此即颂
近安!

又,在美购书,中文系约有三千美金,请酌购汉学、语言学、文学理论及批评、英译中国文学名著四方面书籍,但校中正式信恐尚未寄出,现所想到者,Waley③译《诗经》二部,Stern, *Meaning, change of meaning* 一部,Lowes, *Road to Xanadu*④ 一部,Meucken 美国语言的 Supplement 一部。

自清顿首

卅六.五.十三日

---

①王力。

②张清常(1915—1998),语言学家。贵州省安顺县人。1937年毕业于清华大学研究院中文系。曾任教于浙江大学、西南联合大学、内蒙古大学、南开大学、清华大学、北京师范大学、北京语言学院等校。

③亚瑟·威利(Arthur Waley,1889—1966),英国著名汉学家、文学翻译家。

④1927年约翰·利文斯通·洛斯(John Livingston Lowes)著《仙那度之路》(*The Road to Xanadu*)。

又著者名忘记,书名 *Gusta Word* 一部。

夫人均此致意。

闻先生集已定交开明印,现在编辑中。①

5月14日,朱自清在日记中提到陈梦家、冯友兰、罗常培等在郾城,地名似有误。朱自清日记:"进行考试。竹为种花不如意而生气,我亦为此不安和不快。得知莘田、梦家、芝生、鸿基、静希、董庶等在郾城,此消息迟到。"②

6月5日,朱自清为陈梦家选定住宅,为胜因院平房12号。朱自清日记:"晚,代梦家选定住宅,为胜因院四十二号③。"④

6月6日,朱自清给陈梦家写信,并附上聘书。6月10日,又在信上附加几句话,请陈梦家代为购书:

> 梦家先生大鉴:
>
> 　　前寄一书,计已达览。住宅已于昨日代为选定,系新建胜因院平房十二号,较近学校中心,在旧大门外河南岸偏西。聘约一年寄奉,应聘书乞早日寄回秘书处。国内近有学潮,现虽略平静,但一切仍在动荡中。北平情形表面如常,但物价涨,人心殊不安也。匆此即颂
> 俪安!
>
> 朱自清顿首
卅六.六.六
>
> 　　又,英文翻译的中国文学作品,请尽量代为购储,本系有美金三千元作购书之用,请与孟治先生接洽。又及。
>
> 六.十⑤

---

①方继孝:《碎锦零笺》,第11页。

②朱乔森编:《朱自清全集》第10卷,第455页。

③实为胜因院12号。

④朱乔森编:《朱自清全集》第10卷,第459页。

⑤方继孝:《碎锦零笺》,第10页。

6 月 6 日,冯友兰致信陈梦家:

梦家兄:

　　两次来信均收到。弟因即将离费,而卜德亦于十七八间别去避暑,故赶紧结束工作,颇觉忙碌。Redfield 事,如来书所说,在清华惠而不费,自是极合算之事。弟过芝时当极愿与他一谈,但他如决定今秋去尚须早一点通知(弟一面即写信与清华),俾可早函告校中预备房子也。

　　弟大约八月间过芝,届时想兄已自坎拿大回芝矣。甚愿在兄离芝回国以前一谈也。弟到夏威夷半年已说定,但上星期接内子信言,国内情形不佳,他不能留下璞、越而独来,因此希望弟不要到夏威夷,俾可早点回来,以便大局有变时照料家事。若此信早到,弟即决不到夏威夷矣。但现在已与夏威夷有成约,似不便反悔,故仍是打算去。而兄返国前一谈,亦可带些口信及东西也。弟将尽量将可邮寄及转运公司转运之东西寄回运回,其不可寄及转运者则将托兄带也。弟离此后住址电话当随时通知。六月以内,此处原住址不动,六月以后,此原通信处亦可用,但转折费时耳。

此请

俪安

弟冯友兰启

六日

　　弟十五日赴普林西顿,届时可遇紫宸先生。十七日回来即整理行装矣。Bielenstein① 履历,弟即寄到清华,看有机会否。②

---

①Bielenstein,汉学家毕汉思(Hans Bielenstein)。
②巴金故居编:《点滴》,2017 年第 2 期。

6月16日,卢芹斋致信陈梦家①。

6月19日,布莱尔致信陈梦家②。

6月26日,冯友兰致信陈梦家:

梦家兄:

弟定月之廿九日赴纽约转赴 Montclair③,然后参加华美协进社主办之夏令会。孙毓棠亦已来纽约,弟约其于廿九日下午一时到 Chinese Village Restaurant, 141 – 5 W. 33rd Street 聚会,兄若到纽约望亦来一谈。弟之通信处自六月卅日至七月十二日为 China Institute Summer Session, Montclair Teachers' College, Upper Montclair, New Jersey,十二日后可由孟治转。此颂

近祺

弟冯友兰启

六月廿六日④

7月初,最后一次到访哈佛大学,将在美国期间调查铜器的研究成果——题名为 Chinese Bronzes in American Collections: A Catalogue and A Comprehensive Study of Chinese Bronzes(《美国所藏中国铜器集录和中国铜器综述》)的英文打印稿、照片、对应的器物编号、比较数字、铭文拓本以及详细的"排印指南"交付哈佛燕京学社社长叶理绥教授。这部书稿包括近600页的文本和一份目录,其中记录了来自37个机构、76个私人藏家和画廊的

①潘思婷(Elinor Pearlstein)撰,王睿、曹菁菁、田天译:《陈梦家:中国铜器,西方收藏,国际视野》,陈梦家《中国铜器综述》,第392页。

②潘思婷(Elinor Pearlstein)撰,王睿、曹菁菁、田天译:《陈梦家:中国铜器,西方收藏,国际视野》,陈梦家《中国铜器综述》,第392页。

③Montclair,新泽西州城市蒙特克莱尔。

④巴金故居编:《点滴》,2017年第2期。

850件青铜器,按照提供的铜器数量排序,主要收藏有:卢芹斋130件,皮斯百(借展于明尼阿波利斯艺术学院)54件,纽约大都会艺术博物馆53件,弗利尔美术馆51件,哈佛大学福格美术馆匿名捐赠37件,波士顿美术博物馆35件,纽约魏格(Harold G. Wacker)的中国画廊30件,哈佛大学温索浦(Grenville Lindall Wintrop)遗赠29件,芝加哥美术馆29件,堪萨斯城纳尔逊美术陈列馆29件,芝加哥布仑代奇28件①。书稿后来下落不明。

目录几乎只收录了容器,但也包括钟和几件工具,如匙和长柄勺。无铭铜器仅仅记录了简短的登记资料,但是有铭铜器特别是那些根据铭文可以联系组合的铜器,则有非常详细的注释。中国及外国收藏的出处,不论私人还是古董商,有则必备,这些记录可在索引中相互参照。每件器物都有图片,此外附录中还有79件器物以及450余个铭文及纹饰图案的拓本②。

在书稿中,陈梦家为英文读者把附注的书目、历史和文化概述、专业学者所需的有关古文字学和铭文的详细讨论均附上英文翻译。最后一部分是他在芝加哥大学教课时自编的教材③。

7月9日,冯友兰致信陈梦家:

梦家兄:

　　来信敬悉。兄决赴英,可谓有志竟成矣。弟定于十二日下午赴纽约,旅馆已托孟治办事处人代定,尚未接回信,

---

① 潘思婷(Elinor Pearlstein)撰,王睿、曹菁菁、田天译:《陈梦家:中国铜器,西方收藏,国际视野》,陈梦家《中国铜器综述》,第389页。

② 潘思婷(Elinor Pearlstein)撰,王睿、曹菁菁、田天译:《陈梦家:中国铜器,西方收藏,国际视野》,陈梦家《中国铜器综述》,第390页。

③ 潘思婷(Elinor Pearlstein)撰,王睿、曹菁菁、田天译:《陈梦家:中国铜器,西方收藏,国际视野》,陈梦家《中国铜器综述》,第390页。

我们可于星期六晚上或星期日早晨见面(若兄无他事,即定在星期六晚上)。弟约于十二日下午五时左右到纽约,俟旅馆定后,即打电话与兄约定见面地点。买书事,弟已与孟治说妥,由弟负责动用清华款项,兄可开书单,由弟交于孟治。弟定廿八日以前到芝加哥,其时兄或仍在芝也。余面馨。此颂

近祺

弟冯友兰启
九日①

7月12日,朱自清致信陈梦家②。

7月14日,似有记者专访:《史蒂文斯与陈梦家先生》③。

7月15日,朱自清致信陈梦家④。

梦家先生:

　　日前一信计可先承惠览。关于先生所任课程,兹拟略加变动,除说文及文字学概要照原议外,拟加古文字学三学分,在下学期讲授。此系语文组必修学程,下年度至少有四年级语文组学生一人,故必须开设。至铜器铭文一科,仍拟开在上学期。卜辞研究一科,下年度可暂不开设。至希惠允,为感! 致颂

旅祺!

朱自清请启
卅六.七.十五

---

①巴金故居编:《点滴》,2017年第2期。

②朱乔森编:《朱自清全集》第10卷,第464页。

③潘思婷(Elinor Pearlstein)撰,王睿、曹菁菁、田天译:《陈梦家:中国铜器,西方收藏,国际视野》,陈梦家《中国铜器综述》,第393页。

④朱乔森编:《朱自清全集》第10卷,第465页。

又，先生住宅暂由李广田先生借住，李先生住宅在达园，俟修理竣工即迁入，附一奉闻。又及。①

7月16日，冯友兰致信陈梦家：

梦家兄：

弟定廿六日下午九点三十一分从费城上车，廿七日一点二十分（夏季时间二点二十分）到芝加哥六十三街车站，车名是 Manhattan limited，不过兄不必往接，弟自叫黄包车到尊寓。听说小件手提东西亦可以交费城车站，而到芝加哥车站取，如果东西只能到 Union 车站，弟即到 Union 车站下车，看情形而定。威斯康辛讲演定在二十八日晚上八点。他们已在 University Club 定了房间，看样子是希望住三天。墨西哥对于中国人入境要有他的政府允许，领事才能签字，照普通手续要办两个月，今天张平群说他打电报与中国驻墨大使，向他们的外交部直接办，不知有无结果，没想到这样麻烦。此问

俪安

弟冯友兰

八月十六日②

7月中旬，怀履光从中国回到加拿大，撤回了早前为陈梦家将来的研究和出版重检库存器物、查阅博物馆档案并提供照片的承诺。至于先前拍摄的照片，用怀履光的话说，"因拍摄匆忙以至于冲印效果不如我们所期望的那么好"③。

---

①方继孝：《陈梦家往来书札谈》，《收藏家》2003年第5期。

②巴金故居编：《点滴》2017年第2期。此信落款时间"八月十六日"或为笔误。

③潘思婷（Elinor Pearlstein）撰，王睿、曹菁菁、田天译：《陈梦家：中国铜器，西方收藏，国际视野》，陈梦家《中国铜器综述》，第391—392页。

7月19日,怀履光致信陈梦家①。

7月21日,洛克菲勒基金会同意修改陈梦家的补助金条件,"以避免对研究地点的限定"②。

7月24日,朱自清致信陈梦家③。

约于春夏间,在纽约见盂一对:"1947年在纽约见抗战间出土'燕侯作旅盂'一对,有盖,口径19,高19厘米;惜不记其形制。"④

大约此时,还见到尹姞鬲:"曾与公姞鬲先后见之于纽约市。"公姞鬲:"1947年见之纽约市古肆中。"⑤

7月29日,朱自清致信陈梦家:

梦家先生惠鉴:

　　前日《大公报》载胡小石先生新任中央大学中文系主任,宣称新聘教师,有大名在内。校方行政同仁及清均甚惶惑,佥信不致有此事,当系报纸误传,或仅胡先生有此意向。兹特函达,想承兄覆,如其所望也! 又前有一函提及古文字学一学程。兹事现拟暂不定夺,或拟仍请授卜辞及铜器铭文,若荷惠许由清酌定,幸甚! 即颂

旅祺!

朱自清谨启

卅六.七.廿九⑥

---

①潘思婷(Elinor Pearlstein)撰,王睿、曹菁菁、田天译:《陈梦家:中国铜器,西方收藏,国际视野》,陈梦家《中国铜器综述》,第392页。

②潘思婷(Elinor Pearlstein)撰,王睿、曹菁菁、田天译:《陈梦家:中国铜器,西方收藏,国际视野》,陈梦家《中国铜器综述》,第393页。

③朱乔森编:《朱自清全集》第10卷,第466页。

④陈梦家:《西周铜器断代》上册,第49页。

⑤陈梦家:《西周铜器断代》上册,第135、136页。

⑥方继孝:《方继孝说书信的收藏与鉴赏》,第21页。

约 7 月底,冯友兰抵芝加哥:"在芝加哥遇陈梦家、赵萝蕤夫妇及董作宾,并与芝加哥大学社会学教授韦德菲尔相识。"①

8 月 1 日,陈梦家由纽约飞往欧洲,开始游历英、法、丹麦、荷兰、瑞典等国。临行之际,陈梦家向卢芹斋告别,并希望他对于自己回清华筹备博物馆有所赞助,卢一口答应了,并且说凡有铭文的重要铜器,他很愿意它们回国。陈梦家当时即指名要嗣子壶("命瓜壶",现为一级文物,存放于国家博物馆),卢说等清华的博物馆稍有眉目,即邮寄过去。

"嗣子壶"是战国中期的重要青铜器,传于 1928—1931 年于洛阳金村出土,现存共有两件,一件原存于美国 C. T. LOO(即卢芹斋所办的公司)处,而另一件现藏于加拿大的安大略博物馆。卢芹斋收藏的那一件通高 46.3 厘米,器高 40 厘米,口径与宽各 15.2 厘米和 29.5 厘米,颈外镌有铭文共 50 字。陈梦家在编著《美国所藏中国铜器集录》时,对于该器的定名是"命瓜壶"而非"嗣子壶",此壶回归中国后,原藏于清华大学文物陈列室,1959 年中国历史博物馆成立前夕被征集调入该馆陈列。

8 月 1 日,卢芹斋致信陈梦家②。

8 月 5 日,卢芹斋致信陈梦家③。

8 月 6 日,牛津大学主攻中国文学、哲学和宗教的著名历史学家欧内斯特·理查德·胡斯(Ernest Richard Hughes)致陈梦

---

①蔡仲德:《冯友兰先生年谱初编》,第 340 页。

②潘思婷(Elinor Pearlstein)撰,王睿、曹菁菁、田天译:《陈梦家:中国铜器,西方收藏,国际视野》,陈梦家《中国铜器综述》,第 392 页。

③潘思婷(Elinor Pearlstein)撰,王睿、曹菁菁、田天译:《陈梦家:中国铜器,西方收藏,国际视野》,陈梦家《中国铜器综述》,第 384 页。

家欢迎函①。

8月7日,阿姆斯特丹的赫伯特·威瑟(Herbert Visser)致陈梦家欢迎函②。

陈梦家在欧洲期间的行程是:

先到荷兰。荷兰有一二位私人收藏家,铜器数量也不多,但那儿有戴文达主持的汉学研究所,陈梦家作了参观。在荷兰,戴文达教授赠书给陈梦家,问起陈梦家的《六国纪年表》。

再到瑞典斯德哥尔摩停留了一周,参观了远东博物馆。远东博物馆那时由汉学家高本汉教授主持,纯粹是一个研究东方学术的独立研究机关,是当时欧洲研究汉学的重镇。高本汉和陈梦家对《六国纪年表》作竟日之谈,高本汉和戴文达一样,都希望陈梦家此表早日问世。接着,由高本汉陪同,陈梦家见到了酷爱中国文物的瑞典王储古斯塔夫六世。他也是一位考古专家,领导远东考古,并且是"淮式"名字的发起人。陈梦家去时,正是他叔父故去的第三天,因陈梦家不能久留,他在一个下午接见了陈梦家。他已是六十岁的人,在那个毫无兵卫的皇宫内,他有一间古物陈列室。他亲自取出每一件古物,与陈梦家作热烈的讨论。

在斯德哥尔摩,陈梦家还见到铁路工程师、收藏家卡尔贝克(Orvar Karlbeck)。卡尔贝克陪同他参观了艾利克斯·郎格恩(Axel Lundgren)的收藏③。

接着又到巴黎,时间还是8月,停留了一周。卢公司发源于

①潘思婷(Elinor Pearlstein)撰,王睿、曹菁菁、田天译:《陈梦家:中国铜器,西方收藏,国际视野》,陈梦家《中国铜器综述》,第393页。

②潘思婷(Elinor Pearlstein)撰,王睿、曹菁菁、田天译:《陈梦家:中国铜器,西方收藏,国际视野》,陈梦家《中国铜器综述》,第393页。

③潘思婷(Elinor Pearlstein)撰,王睿、曹菁菁、田天译:《陈梦家:中国铜器,西方收藏,国际视野》,陈梦家《中国铜器综述》,第393页。

巴黎,陈梦家到巴黎后,卢芹斋安排他的外甥沈玉森负责协调陈梦家在巴黎的约见时间表①。吉美博物馆是中国古物集中之处,陈梦家作了参观,还看了卢浮宫博物馆。

又到英国,在伦敦待了两周。英国以收藏瓷器著称,但大英博物馆铜器也还可观,私人藏家十位左右,研究铜器的人更不多。一位英国老爵士 Herbert Ingram,住在伦敦以外四小时可达的庄园,陈梦家于离英前一日才去,此老亲自来车站迎接,并且不顾他太太的烦言,一下午帮陈梦家拓墨测量,并寻找六十件铜器的照片。在伦敦期间,陈梦家还参加了同为铜器藏家的某夫人的茶会。

8 月 30 日,叶慈致信陈梦家②。

陈梦家在伦敦见到康侯簋:"器在英国 Neill Malcolm 处,1947 年夏见于伦敦。"③

陈梦家在欧洲期间,朱自清分别于 8 月 26 日和 9 月 1 日致信陈梦家④。

9 月 4 日,于英国伦敦机场,致信高本汉,当晚乘飞机赴芝加哥。

尊敬的高本汉教授:

在贵馆停留数日是我的莫大荣幸。真不知道该怎样感谢您。我在巴黎停留一周,又在伦敦待了三天⑤。离伦敦不远有一家很好的私人收藏(Herbert Ingram 爵士旧藏),昨

---

①潘思婷(Elinor Pearlstein)撰,王睿、曹菁菁、田天译:《陈梦家:中国铜器,西方收藏,国际视野》,陈梦家《中国铜器综述》,第 393 页。
②潘思婷(Elinor Pearlstein)撰,王睿、曹菁菁、田天译:《陈梦家:中国铜器,西方收藏,国际视野》,陈梦家《中国铜器综述》,第 393 页。
③陈梦家:《西周铜器断代》上册,第 11 页。
④朱乔森编:《朱自清全集》第 10 卷,第 468、469 页。
⑤疑有误。

天我在那里看了整整一天。

我今晚起程赴芝加哥,本月十九日离开旧金山乘船回国。我希望我们不久能在北平火车站欢迎您。请不要让我们失望。

顺致最美好的祝福。

非常忠诚的

陈梦家

伦敦机场

一九四七年九月四日①

回到芝加哥后,9 月 7 日,致信史蒂文斯告别:

我很高兴地向您报告,我的欧洲之旅非常成功。我在英国和欧洲呆了整整一个月(1947 年 8 月 2 日—9 月 4 日),在伦敦花了两个星期,在斯德哥尔摩和巴黎各花了一个星期。我在英国停留期间,访问了伦敦、牛津和剑桥的所有博物馆以及许多私人藏家,如塞利格曼夫人(Mrs. Seligman)、塞吉维克夫人(Mrs. Sedgwick)、艾伦·巴洛爵士(Sir Alan Barlow)、尼尔·玛律科姆爵士(Sir Neil Malcolm)和赫伯特·英格拉姆爵士(Sir Herbert Ingram)。在斯德哥尔摩,我很高兴能与卡尔贝克教授用六天时间讨论我的资料汇编工作,并一直呆在远东博物馆。王储(古斯塔夫六世)允许我在他的城堡里观摩他的私人收藏。我有幸与他谈话并讨论了两个小时。重新开馆的吉美博物馆(Musée Guimet)和赛努奇博物馆(Musee Cernuschi)精美展览令我惊讶。

我带回了许多照片和拓本,希望有一天可以公诸于世。

---

① 陈星灿、马思中:《陈梦家致高本汉的两封信》,《万象》第 7 卷第 12 期,2005 年 12 月。

我只能懊悔自己不能在欧洲停留更长的时间以便访问这三国首都以外的其他国家和博物馆。我知道有很多规模小但相当重要的收藏需要调查。

我必须要再次告诉您我是多么感激您为我所做的一切。我就要满载这些财富回家了，未来它们将占用我很长的时间。9月19日我将从旧金山坐船出发，希望10月底前能到达北平。请接受我深切的感谢和最美好的祝愿。①

根据史蒂文斯关于陈梦家资助项目的最后报告，这些"财富"包括四大箱西方所藏中国铜器及其他文物的照片②。陈梦家的来往信件表明他的照片文档不仅包括他最初为《美国所藏中国铜器集录》要来的照片副本，还有其他的铜器、甲骨、玉器、陶器、瓷器、雕塑、漆器以及一些绘画的照片，其中一些材料无疑就是陈梦家从芝加哥发货的海关清单中所说的"712片幻灯片/玻璃板"③。

在离美回校之际，洛克菲勒基金会人文科学的负责人来到陈梦家办公室，希望他暂时不要回国，陈梦家还是决定回国④。

陈梦家回国前在旧金山作了短暂的停留。他从长期经营中国艺术品的甘浦斯百货公司（Gump's department store）以及《中国新闻》（Cathay News）的前摄影师、收藏家梅叶尔（Eric Mayell）

①潘思婷（Elinor Pearlstein）撰，王睿、曹菁菁、田天译：《陈梦家：中国铜器，西方收藏，国际视野》，陈梦家《中国铜器综述》，第393—394页。
②潘思婷（Elinor Pearlstein）撰，王睿、曹菁菁、田天译：《陈梦家：中国铜器，西方收藏，国际视野》，陈梦家《中国铜器综述》，第394页。
③潘思婷（Elinor Pearlstein）撰，王睿、曹菁菁、田天译：《陈梦家：中国铜器，西方收藏，国际视野》，陈梦家《中国铜器综述》，第394页。
④陈梦家：《补充关于中美文化合作的认识》，方继孝《碎锦零笺》，第21—28页。

处获得了一批新照片。他还拜访了新任命为加州大学伯克利分校东亚图书馆馆长的伊丽莎白·胡佛(Elizabeth Huff)①。

9月18日,在离开旧金山的前一天,陈梦家给布仑代奇寄了一张告别明信片,请求这位芝加哥收藏家将以后新收的铜器的照片全部转发至他在清华大学的办公室②。

9月19日,陈梦家离开旧金山乘船回国③,赵萝蕤则继续留在芝加哥,完成她的博士论文。

一个星期后,陈梦家乘坐的船停靠在太平洋中的檀香山,这使他能够进行对美国领土上中国铜器收藏情况的最后一次调查。刚刚被任命为檀香山艺术学院院长的罗伯特·格里芬小姐(Robert P. Griffing, Jr.)向陈梦家展示了博物馆的藏品,并寄给他一些铜器的照片以补充他的资料汇编④。

在美三年,陈梦家见到的重器约二千件左右,车器、用器等约数千件,还不计汉以后佛教铜器在内。

陈梦家介绍,关于在美的中国古代铜器,仅三代礼器一项约有二千件左右,主要分为三大类:一类是艺术价值极高的精品,如弗利尔美术馆收藏的一对西周铜虎,是用专用飞机运出境的;一类是有历史价值的,如易州出土的春秋时的齐侯四器,是由当时在北京的美国人福开森经手劫运到纽约博物馆的;一类是有重要铭文而形制精美的铜器,如美国弗利尔美术馆的令方彝和芝加哥美术馆的克盉。

----

①潘思婷(Elinor Pearlstein)撰,王睿、曹菁菁、田天译:《陈梦家:中国铜器,西方收藏,国际视野》,陈梦家《中国铜器综述》,第394—395页。

②潘思婷(Elinor Pearlstein)撰,王睿、曹菁菁、田天译:《陈梦家:中国铜器,西方收藏,国际视野》,陈梦家《中国铜器综述》,第395页。

③王睿:《遗落的章节》,《读书》2002年第2期。

④潘思婷(Elinor Pearlstein)撰,王睿、曹菁菁、田天译:《陈梦家:中国铜器,西方收藏,国际视野》,陈梦家《中国铜器综述》,第395页。

　　上述重器中,既有历史价值又有艺术价值的约一千件,主要分布在:弗利尔美术馆(华盛顿)、哈佛大学福格艺术博物馆(麻省康桥)、波士顿艺术博物馆(波士顿)、纽约大都会美术博物馆(纽约)、芝加哥艺术馆(芝加哥)、纳尔逊艺术博物馆(堪萨斯)、明尼阿波利斯艺术博物馆(明尼阿波利斯)、宾西法尼亚大学博物馆(费城)、克里夫兰艺术博物馆(克里夫兰)、火奴鲁鲁艺术博物馆(火奴鲁鲁)等。除上述这些博物馆的情况,陈梦家还了解了美国其他城市博物馆中国铜器收藏的情况,约二十七处。

　　三年中,他得到多方帮助,得以完成庞大的流散在美国的中国青铜器的全面调查,并编写了英文书稿《美国所藏中国铜器集录和中国铜器综述》。其中图录部分《美国所藏中国铜器集录》收有845件青铜器的照片和描述,在1962年8月以《美帝国主义劫掠的我国殷周铜器集录》为书名由科学出版社出版。据该书附录《器物所在简目》介绍,这些青铜器为37家博物馆、图书馆和大学等公家收藏机构,61位私人收藏家以及13家古董商所藏。其他为综合研究部分,名《中国铜器综述》,共分十五章,这部著作系统总结了青铜器研究的理论和方法,使传统方法与考古学最新成果相结合。陈梦家将英文手稿打印两份,在回中国以前,把一份手稿和照片寄给了哈佛,希望能出版。哈佛的兰登·华纳教授写了封信给陈梦家:"今日,一个来自亚洲的男人需有很大的勇气,才能面对来自政治和财政双方的困难。你选择这个时候回国,我对此表示崇敬。"①

　　关于陈梦家在美国期间的工作,赵萝蕤在她的回忆文章中有较为详细的记载:

　　　　他在芝大教授古文字学的合同只一年。虽然后来他和

①[美]Peter Hessler(何伟)著、赵欣译、赵步阳校:《甲骨文:游走在中国和西方之间》,第150页。

这个大学已没有工作上的关系,但是他的活动基地仍在该校的东方学院。从第二年开始他遍访美国藏有青铜器的人家、博物馆、古董商,然后回到芝加哥大学的办公室整理所收集到的资料,打出清样。就是这样,周而复始:访问、整理,再访问再整理。凡是他可以往访的藏家,他必定敲门而入,把藏器一一仔细看过,没有照相的照相,有现成照片的记下尽可能详尽的资料。不能往访的,路途遥远的,或只藏一器的,写信函索,务必得到他需要的一切:比如演《海狼》(杰克·伦敦小说改编)的著名电影演员爱德华·G·罗宾逊藏有一器,他远在洛杉矶,于是就给他去一封信。多数私人收藏家都是富贵之家。否则,谁买得起一件、两件,乃至数件精美绝伦、价值昂贵的中国青铜器呢?流散在美国各地的祖国瑰宝又何止成百成千成万?梦家是无所顾忌的,只要是有器之家,他是必然要叩门的。他访问了纽约赫赫有名的M夫人,因经营地产而成富豪的O.K.夫人,《华盛顿邮报》的老板某某夫人,等等。他当然也造访了纽约的所有拥有铜器或铜器资料的古董商如卢芹斋和其他国籍不同的古董商人,也访问了美国各地藏有铜器的博物馆①。只要有可能,他就要把每一件铜器拿在手里细细观察,记下必要的资料。逗留在博物馆的时候,他也顺便收集各馆的印有中国文物或其他藏品的图册。他和所有藏家、古董商、博物馆几乎都有通信关系,并留有信件的存底。所有这些资料现在都保存在科学院考古研究所。在美国期间他也曾去加拿大看了多伦多博物馆的藏器。据我所知,他胜利地完成了他尽全力想要完成的工作,只有一个例外。那一次梦

---

①原注:有些古董商和博物馆中国文物部分的负责人都曾亲自到我国来盗买我国的许多珍贵文物。

家与之打交道的是一个特别狡猾的纽约奸商 B 某。他是一个声名狼藉的奸商，尤其和北京琉璃厂奸商岳某，狼狈为奸，盗买过不少珍贵文物。梦家曾多次找他，希望得到一份由他经手的铜器图录。某天深夜将到第二天凌晨的时刻，他微笑着抱着一部图录回到旅馆。不幸的是第二天 B 某使出了各种招数又把图录索讨了回去。这是一部两册带套的线装图录。他遇到了一次重大的失败。①

对于这段时间，陈梦家也在文章中多次提及，其中一处这样说：

> 从民国三十三年秋到三十六年秋，我因受罗氏基金会与哈佛大学的资助，得以游历并观摩北美坎拿大、英、法、荷和瑞典的博物馆，而特别注意于各博物馆、大学、私人收藏的中国铜器。此项计划的实现，尤多赖哈佛燕京社与各大博物馆友人的帮助，得以顺利完成。此行的结果，使我深感博物馆事业与保存古物的重要。②

在美国的三年中，除编写《美国所藏中国铜器集录和中国铜器综述》和《白金汉所藏中国铜器图录》外，"并用英文在西方发表了论文《商文化》(Shang Culture)、《中国铜器的形制》(Style of Chinese Bronzes)、《康侯簋及其组合》(Malcolm's K'ANG Hou Kuei and its Set)、《伟大的周代》(The Greatness of Chou)、《关于中国青铜器研究的一些意见》(Some Suggestions of the Study of Chinese Bronzes) 及英文手稿《中国青铜器随笔》(Some Notes on Chinese Bronzes)、《文化合作》(Cultural Cooperation)"。"他与当时的西方著名汉学和中国美术史专家如美国的史克门

①赵萝蕤:《忆梦家》,《梦家诗集》,第 241—242 页。
②陈梦家:《海外中国铜器的收藏与研究》,《梦甲室存文》,第 303 页。

（Lawrence Sickman）、柯律尔、巴克夫（Bachhofer）、谢门李（Sherman Lee），瑞典的高本汉（Bennard Karlgren），加拿大的怀履光（Bishop White），英国的叶慈（Percival Yetts）有着频繁的学术往来"①。

关于美国时期的生活，赵萝蕤也有文章提到：

> 我和梦家商量，必须尽我们所能，享受美国社会所能提供的和个人文化教养有关的一切机会，不论是听音乐、看戏、参观各种博物馆等。我们听了许多音乐会，不论是交响乐、器乐、歌剧。其中最著名的如瓦格纳歌剧的著名女高音柯斯敦·弗莱格斯旦德，黑人歌唱家保罗·罗伯逊主演的莎翁名剧《奥赛罗》，弗里茨·克莱斯勒的小提琴演奏会，著名古巴女高音比杜·萨姚的《艺术家的生活》，著名男高音劳力兹·梅尔克欧的《帕西发尔》等，我还看了芝大资料馆播放的西方电影史：包括卓别麟和葛丽泰·嘉宝的名片。我们回国时的行李中装满了书籍和唱片，钱包里的余款只够旅费。②

回国时，陈梦家带了自己的学术专著和"四大箱流落于西方的中国文物资料"③。"1947年9月，陈梦家带着成堆的文献资料回国时，'身上只剩10元，还要借垫付税'。这里的税款是指他要为超重的文献书籍补税。所幸之前他先取道香港，去找开药店的二哥陈梦士，二哥赠他港币40元（他用了买了一件羊毛衬衣，理发），国币100万。一到上海，他就去拜见时任中央航空公司副总经理的查阜西，请他为自己购置一张从上海回北京的

---

① 王睿：《遗落的章节》，《读书》2002年第2期。
② 赵萝蕤：《我的读书生涯》，《我的读书生涯》，第5页。
③ 王睿：《遗落的章节》，《读书》2002年第2期。

机票"①。

10 月 3 日,格里芬致信陈梦家②。

约 10 月上旬回到北京,此后陈梦家任教于清华大学,住在胜因院 12 号,同时在燕京大学做兼任教授。陈梦家在清华大学的课程有:文字学、卜辞研究、铜器铭文研究,共八小时③。在燕京大学专讲"文字学"。

10 月 21 日,朱自清日记:"选书。梦家到来,陪他看房。端升提交校方一批徐树铮的书目,我被请去看目录。因其中大部分校方已有,故建议不买。因行政委员会在开会,致独自一人在对面客厅等候甚久。梦家谈□□贩子的秘密。称体重,得四十八点八公斤。"④

10 月 22 日,朱自清致信陈梦家⑤。

10 月 24 日,参加中国文学会的迎新会,言语引起朱自清的不快。朱自清日记:"晚参加中国文学会之迎新会,学扭秧歌。晚会甚有趣,惟梦家的话令人不快。"⑥

10 月 29 日,访范天祥、包贵思,晚上,和李广田等参加吴泽霖所设宴会。朱自清日记:"进城,祝贺桂的生日,并访绍谷夫妇。见到用银丝编织的小玩具,甚有趣。出席泽霖为迎接新同仁所设宴会,客有陈、李两先生。访从文夫妇和张充和小姐,张

①索马里:《陈梦家:考古学家之陨》,《三联生活周刊》2014 年第 21 期,2014 年 11 月 27 日。
②潘思婷(Elinor Pearlstein)撰,王睿、曹菁菁、田天译:《陈梦家:中国铜器,西方收藏,国际视野》,陈梦家《中国铜器综述》,第 395 页。
③清华大学档案馆:《国立清华大学三十六年度教员名册》。
④朱乔森编:《朱自清全集》第 10 卷,第 476 页。
⑤朱乔森编:《朱自清全集》第 10 卷,第 476 页。
⑥朱乔森编:《朱自清全集》第 10 卷,第 476—477 页。

颇拘谨。"①

10月,《上古天文材料》载《学原》第1卷第6期。

10月,《尧典为秦官本尚书说》载《清华学报》第14卷第1期。

11月1日,入城,访胡适,又与刘仁政去天桥买家具。致信赵萝蕤:

> 小妹:
>
> 　昨日寄信后,收到廿一日信。知道德文考过了,正在大读HJ,极为欢喜。昨天上一天课,去谢了范天祥,他自己运了三十多件,我请带六件为小数,不要我付钱,甚客气。顺便看包贵思,正在院中与老木头wood吃茶,坐在曾经借过我们的小方桌上。老包与在纽时差不多,房子一点未变,木头老了。将告老,或将住到包处。包送我Desk pad一张。口口声声念你不止。晚间吴泽霖(现作教务长)请饭,朱自清也去了。我已见过林徽音,他腰子有TB,将入院。今日再入城,中央公园小坐春明馆。于胡适处见到端公,他明日飞沪,未托带物,不知其突然走了。胡欢迎你回,将提出北大请你,给路费四百。我请他帮忙赴英之事,他说希望极小,因英国人要自己安排,排定某人去某校住一年半载,不能请人去二三个月,他希望你即回,此事令人失望。去看印度教授及汤太太,均在胡宅后,皆未遇。与仁政午饭之后上天桥买定八仙桌二,一黄花梨者,一红木。如此大件已定,尚缺凳子,柜子,书架,须我自己买,不能劳他再买,因他已填了千万左右。
>
> 　闻你欲作衣,在其店中挑一件古铜色的缎子(□世货)

---

①朱乔森编:《朱自清全集》第10卷,第477页。

并里子(他说算是吴保送的,你收到后,照例谢他一谢),即交□子作了交老三带。那里无深(蓝紫)的,只可取古铜者,市价约七八十万。硬木货皆能相配合(尺寸太大一些),请放心。北大文科研究所甚努力,进展极快,而清华国文系死气沉沉,殊可虑,今年李广田加入为副教授,王瑶讲师,教员何、冯、季、毕奂午、赵仲邑,助教范、马汉麟、叶金根、朱德熙、王宾阳、陆永俊(以下缺失)①

11月8日,与刘仁政上街买家具,致信赵萝蕤:

今日一早入城,刘仁政在青年会门口等我,一同逛私宅、隆福寺、东四、天桥北大街等小市访硬木家具,奔走到晚,中间去振德兴看绣衣,甚可观。今日买到大明紫檀大琴桌(如画桌,而无屉,伍佰三十万),两半月形红木小圆矮桌(作咖啡桌用,伍拾伍万),长方小茶几(花梨木,二十五万),长条琴桌板(需配二茶几作腿,板六十五万),各款除琴板外均由刘付,紫檀琴桌为难得之明器,刘说存我处,算作他的。其它的送我。琴桌、琴桌板均在小器作修理,两星期后一切由振德兴雇车运来。此外又订好紫檀的八仙桌和小琴桌各一,约需三百万,托一人去办,我星期四(后天)再入城与刘跑一跑,非常费劲,然亦有趣。各物若合美金非常便宜。②

11月9日,朱自清来访。朱自清日记:"读马忠的《文字学概要》并做摘记。访梦家、高名凯夫妇、高贻中。"③

本日,致信赵萝蕤:

---

①方继孝:《碎锦零笺》,第53页。方书中认为是1948年,实误。
②方继孝:《碎锦零笺》,第68页。方书中认为是1948年,实误。
③朱乔森编:《朱自清全集》第10卷,第479页。

四(月)〔日〕前与仁政看好的大明黄花梨小八仙,居然尚在天桥,以三百五十万买下,后日送来。

前昨两日进城,因唐兰、于省吾请吃烤羊肉于烤肉季,极好。又跑了木器店,德胜门外、鼓楼、后门大街、隆福寺、东四、瓷器口、鲁班馆、东晓市、天桥西大街等。大看从前未看到的北平,但家具近大缺货,只买到大椅二,方凳二(一百四十万)。①

11 月 17 日,英国学者威廉·柯恩(William Cohn)致信在北京的陈梦家,告诉他当年他在伦敦见过的一些著名收藏家们计划发行一本名为《东方艺术》(*Oriental Art*)的季刊:

> 一批关注远东研究的人(玛律科姆、巴罗、英格拉姆、塞利格曼、布鲁斯[Bruce]、克拉克[Clark]、帕姆[Palmer]、斯帕丁[Spaulding]、柯恩[Cohen]等)决定发行一本新期刊,我应该是编辑。
>
> 从某种意义上说,这是《东亚杂志》(*Ostasiatische Zeitschrift*)的复兴。
>
> 我非常高兴地邀请您成为我们的投稿人。我刚刚在《档案》(Archives)中读到了您非常有趣的一篇文章。如果您有关于这个主题的进一步研究,请寄送我们出版。您从任何渠道发表的任何文章都可以发送给我们,我们将在《东方艺术》上发表。
>
> 我们没在英国见面太遗憾了。
>
> 致意。
>
> 你真诚的威廉·科恩②

---

① 方继孝:《碎锦零笺》,第 68 页。方书中认为是 1948 年,实误。
② 潘思婷(Elinor Pearlstein)撰,王睿、曹菁菁、田天译:《陈梦家:中国铜器,西方收藏,国际视野》,陈梦家《中国铜器综述》,第 397 页。

之后陈梦家提交了一篇关于康侯簋的文章。康侯簋是尼尔·玛律科姆爵士收藏的一件重要的西周铜器。陈梦家曾在《海外中国铜器图录》中描述过这件器物，并于 1947 年 8 月在玛律科姆家中验看了实物。这篇文章是陈梦家在西方发表的最后一篇文章①。

11 月 17 日，有信致赵萝蕤：

> 硬木家具已经从城里送来，我现在就坐在太师椅上、紫檀画桌上写此信。与刘仁政跑了一天鲁班馆与琉璃厂，买黄花梨橱柜一个，又看了一个绝好的极小尺寸的黄花梨方桌，索价一千万，少了不卖。前日所看毯子，价不贵，可买到。花伍拾万买宋代破瓷片，回家自己粘起来，别有情趣。②

11 月 21 日，受邀作客朱自清家。朱自清日记："下午开招生计划委员会。晚待客，有梅先生夫妇、曾君夫妇、陶君夫妇、霍君夫妇、徐君夫妇及陈梦家。"③

11 月 22 日，卡尔贝克致信陈梦家，答应要把郎格恩藏品的照片寄出④。

11 月 22 日，清华大学校长梅贻琦举行茶会欢迎梁思成和陈梦家，提议成立中国艺术史系。朱自清日记："出席梅校长为梁思成和陈梦家举行的茶会。他们提议成立一新系，即艺术

---

① 潘思婷(Elinor Pearlstein)撰，王睿、曹菁菁、田天译：《陈梦家：中国铜器，西方收藏，国际视野》，陈梦家《中国铜器综述》，第 397 页。
② 方继孝：《碎锦零笺》，第 68 页。方书中认为是 1948 年，实误。
③ 朱乔森编：《朱自清全集》第 10 卷，第 481 页。
④ 潘思婷(Elinor Pearlstein)撰，王睿、曹菁菁、田天译：《陈梦家：中国铜器，西方收藏，国际视野》，陈梦家《中国铜器综述》，第 393 页。

史系。"①

11 月 27 日，与朱自清、潘光旦一起到法文图书馆选书。朱自清日记："进城，到法文图书馆选书，光旦、梦家与俱。"②

11 月 28 日，参加系内同仁聚餐会，提议购买古铜器。朱自清日记："上午甚忙，然仍挤时读昨日报纸副刊。参加系内同仁聚餐会。梦家建议买些古铜器（系秘书忘了邀请他，直到会餐前才打电话请他来）。俞和浦提议作朗诵游戏，真是书生气十足。"③

由于梁思成、邓以蛰及陈梦家等人的共同倡议，11 月间，清华大学成立中国艺术史研究委员会，由有关的中国文学系、哲学系、人类学系、历史系、地质系、外国语文学系等教授十人组成。工作目标有二：一是筹设文物陈列室以作大学博物馆的基础，二是筹备美术史考古学系。接下来的第一步是，利用校中购书特款，移作购买古物。

12 月 5 日，致信胡适：

适之先生：

我的那篇关于孔安国的文章，叫作《古文尚书作者考》，登在内地出版的《图书季刊》（北平图）新四卷第三、四期合刊本。经你的一提，我遂把另外一篇《尧典为秦官本尚书说》钞出来了，预备在《清华学报》登，你想必已有了陆志韦先生的《古韵略说》。我的岳父最近继《耶稣传》之后出版了《保罗传》，不知你爱看一看吗？

报上说你主张明春组织教育团体到日本去考察，这真是很紧要的事。我自己极想寒假内有什么机会去看看那里

---

① 朱乔森编：《朱自清全集》第 10 卷，第 481 页。
② 朱乔森编：《朱自清全集》第 10 卷，第 482 页。
③ 朱乔森编：《朱自清全集》第 10 卷，第 482 页。

的中国古物,所以盼望你的计划实现,此请

撰安

梦家上

十二月五日①

12月,陈梦家、邓以蛰、梁思成三位教授联名起草"设立艺术(史)系及研究室计划书",正式提请校方审议。在设立艺术(史)系条件尚未完备之前,先成立艺术史研究室。全文如下:

设立艺术史研究室计划书
(1947年12月)

谨呈梅校长

陈梦家　邓以蛰　梁思成

民国三十六年四月,美国普林斯登大学二百周年纪念,举行中国艺术考古会议,其主题为绘画、铜器与建筑。会议中表现国外学者对于中国艺术研究之进步,并寄其希望于国人之努力与发扬光大。近二十年来,中国艺术之地位日益增高,欧美各大博物院多有远东部之设立,以搜集展览中国古物为主;各大学则有专任教授,讲述中国艺术。乃反观国内大学,尚无一专系担任此项重要工作者。清华同人之参预斯会者,深感我校对此实有创立风气之责。爰于当时集议,提请学校设立艺术史系及研究室,就校内原有之人才,汇聚一处,合作研究。在校内使一般学生同受中国艺术之薰陶,知所以保存与敬重固有之文物,对外则负宣扬与提倡中国文化之一部分之责任焉。

一、系与课程

文学院应设立艺术史系,教授艺术史考古学及艺术品

---

① 耿云志主编:《胡适遗稿及秘藏书信》第35卷,第525页。

之鉴别与欣赏。注重历史的及理论的研究。本系以研究中国艺术为主,但为明了中国艺术在全世界艺术中之地位起见,必需与西洋艺术及初民艺术作比较研究,故亦兼授与此两方面有关之课程。

在未成立系以前,将分散于各系之功课重新有组织的配合,使有志斯学者得选习此类课程之全套。并应在研究院中增设艺术史部,招收本校及其它专门艺术学校毕业之学生,并使其有出国深造之机会。

二、研究室

在系未成立以前,先成立研究室,作为同人工作之中心,同时为小班讲堂实习阅览之处。博物馆筹备期间,陈列工作亦暂附于此室。其设备如下:

甲、图书、照片等。

乙、照相室(暗室)、绘图室。

丙、幻灯及幻灯片之制造。

丁、模型之制造。

其工作范围如下:

甲、古物之调查与发掘。

乙、发表研究结果,公布材料。

丙、公开讲演及展览会。

丁、管理博物馆。

三、

艺术研究之必须有博物馆,自不待言。大学博物馆之目的在搜集示范之器物,用作教学时之标本。故在搜集与陈列时注重各个时期、各个地域、各种器物、各种形式之示例。

四、国内外交换

国内外通讯研究、交换材料、交换展览、国外专家教授之聘请、国外专习中国艺术学生之收容,皆为应当提倡之事。

同人等深望此事早日实现,先就已有之人才中,成立研究室。深信一旦开始工作以后,必能引起国外之重大注视,将来寻求各方之资助,或非甚为困难之事也。

三十六年十二月拟①

12月18日,清华大学校评议会议决定,筹设艺术史研究室,并由有关系商设选修学程,以增进学生对于艺术之欣赏。

本日,陈梦家为清华大学购买古铜器。朱自清日记:"进城,选书。到黄伯川古玩店。梦家为大学买古铜器。开评议会。参加《阿Q正传》的讨论,遇吴舒。"②

12月20日,冯友兰致信陈梦家:

梦家兄:

二日来示已由Art Academy转来,所说美术史研究室如能尽先成立,当然不必待弟归。因为现在事大都是夜长梦多,能早办就早办,东西能早买就早买。弟拟乘一月二十二日由此开之General Meigs③回国。不过前几天,杨石先坐General Meigs由此经过,言此船此次晚开五日,下次或者也须晚开数日,尚不可知。现在一切皆照一月二十二日上船准备。总之二月中旬可到清华。到上海后拟乘船北上,因为可带东西,内子说要到上海接,大概也是坐船来此间。圣诞节前课已上完,放假两星期后于一月五日再行上课,而弟亦即将上船矣。现定于二十八日乘飞机到别岛游玩至一月

①清华大学校史研究室编:《清华大学史料选编》第4卷《解放战争时期的清华大学(1946—1948)》,清华大学出版社,1994年,第272—273页。
②朱乔森编:《朱自清全集》第10卷,第484页。
③General Meigs,麦琪将军号海轮。

二日回来。此颂

近祺

弟冯友兰启

十二月廿日①

12月,于清华园,作《论习文史》,论文史科学研究的重要性。文章提到一二年前,芝加哥有次举办中国学生夏令营,请一美国的中国教授去讲演,教授讲演之前先与陈梦家说了讲演的大致内容:学习西方的文明,但更需了解自己国家的历史文化。陈梦家很赞同这个观点。

12月,作考证文章《世本考略》②。

本年冬,陈梦家抄记了胡厚宣的甲骨材料③。

1948年　戊子　三十八岁

1月1日,元旦,清华大学工字厅举办新年同乐会。

本日及其后一段日子,陈梦家对照六年前所作的《六国纪年表》,重新整理,补作考证④。

1月9日,罗伯特·温特(Robert F. Winter)致信洛克菲勒基金会法赫斯:"我刚刚得知在清华大学创立了个新系,名为艺术史系。梁思成是系主任。其他成员有邓以蛰、陈梦家、朱自清和我。"⑤

1月10日,于清华大学胜因院,作《海外中国铜器的收藏与

---

①巴金故居编:《点滴》,2017年第2期。

②陈梦家:《西周年代考　六国纪年》,第197页。

③葛剑雄编:《谭其骧日记》之《虔诚的忏悔——思想改造手记》胡厚宣1952年3月6日交代,第310页。

④陈梦家:《西周年代考　六国纪年》,第171页。

⑤潘思婷(Elinor Pearlstein)撰,王睿、曹菁菁、田天译:《陈梦家:中国铜器,西方收藏,国际视野》,陈梦家《中国铜器综述》,第399页。

研究》一文。

1 月 11 日,在北平历史博物馆联合中国文物照片特展特别举行的学术演讲会上作演讲。

1 月 17 日,《军民日报》发表消息《平一演讲会上陈梦家论古物》,总结了 11 日陈梦家的演讲内容。

1 月 19 日,朱自清日记提及王瑶对陈梦家的看法:"两次去办公室。昭琛①谓梦家对系内意见颇多,并提出批评。说他在利用季和朱造声势,要求召开会议,以在校内造成研究气氛。他认为整个中文界之研究工作过于陈腐。对此我颇不以为然,但应深思。晚恺孙来访。"②

1 月 20 日,访朱自清③。

1 月,于清华园,作评论《孙诒让先生百年诞纪念》,他认为瑞安孙诒让是晚清治古文字者第一人。

1 月 24 日,《孙诒让先生百年诞纪念》载《申报·文史》第 7 期。

1 月 25 日,朱自清致信陈梦家④。

1 月 30 日,致信赵萝蕤,其中谈到:

> 我以年关之故,颇拟收买小物,以备他日不时之需。故忍痛托来薰阁代卖普爱伦"石刻"(我有二本)及北平图书馆之《海外铜器》(尚存二部),约可得四五百万。用此买物。在于省吾介绍(乔姓)小铺(此人在琉璃厂铜器好手)买商平勺一、鹮尾一(白石的)合 150 万,未付。在卡白克介绍的袁世香处买小鹿(极小极精)、小猪(以上两个实心的)、蜷卧

①王瑶,字昭琛。
②朱乔森编:《朱自清全集》第 10 卷,第 489 页。
③朱乔森编:《朱自清全集》第 10 卷,第 489 页。
④朱乔森编:《朱自清全集》第 10 卷,第 490 页。

兽片各一,皆绥远陕北出土(英文),洋人心目中之上品,极为难得。尚未付。袁送宋瓷三件,寄存定州窑的盆子一个。

今日在东单小市买喷银小碟(烟碟或茶托的样子)八个,红木扁方文具架,附一对活动小扁抽斗,好玩。今日书桌上陈列,甚觉可观。所买小古董,除陶镜(200万)(前几天送来的)已付外,其它未付。陶镜(墓葬用的)极稀,所见纽约法人(英文名)有一秘不示人,我的又胜过他的,战国晚期,又与漆器相比,上有朱绘极精花文。

近日现款奇紧,而又拼命收买小物,因价格太便宜,失去可惜。此等东西,别人未必懂得它的妙处,而我们将来万一有窘迫,可换大价钱也。若不需如此,自己留着亦极可贵,我实愿自留赏玩。你看了必高兴,稍等拍照给你。

我又三万五万买了些旧书,来薰阁送宋版一页,框子不佳,可以暂挂,亦尚有趣。我因受潘光旦之托,收买高价的好版(宋元明)书,以资救济书商,故书商大为捧我。可惜无现款,此时买书太便宜,尤以线装书比白纸本子都便宜几倍,可谓惨极了。①

1月31日,于清华园,作诗《敬悼甘地先生》。

本日,《论习文史》载《观察》第3卷第23期。

2月1日,朱自清来访。朱自清日记:"昨夜失眠。上午访心恒、梦家、业治、叔存。请张子高鉴定《诗集传》,值张进城未遇。晚甚疲倦。"②

本日,作文《论时文四弊》。

2月3日或4日,陈梦家与吴晗、朱自清、潘光旦入城购古物。陈梦家2月3日致信赵萝蕤:"与吴、朱、潘入城,先至西湖

---

① 方继孝:《耿介敢言忠诚于学术的一代学人——于省吾与陈梦家》,《关东学刊》2017年第10期。
② 朱乔森编:《朱自清全集》第10卷,第491—492页。

营买官衣十余件。次至尊古斋①同吃饭,买古物四千万。我自己买紫檀笔筒一个、小瓷碗四个。"②朱自清2月4日日记:"同吴、潘和陈进城买刺绣品和古物。西湖营是刺绣品的荟萃之所。吴买了些戏装,然后我们一起去通古斋。我很喜欢仿唐碑石、象牙书签和殷器。访开明并拿回本月薪水。去琉璃厂和东安市场看了几家书店。看望刘殿昌。"③

2月5日,清华校长梅贻琦等大力支持陈梦家买古物。陈梦家2月5日致赵萝蕤书信:"梅校长拨五千万,叫我年前买古物,哲学系送来一千三百万。明日与潘(光旦)、朱(自清)、吴(晗)去厂甸。恨手下无款,否则可自己多收买。"④

2月6日,《海外中国铜器的收藏与研究》载《天津民国日报》。

2月13日,卢芹斋致信陈梦家⑤。

2月20日,致信赵萝蕤,其中谈到:

> 昨晚住郑家,在于省吾家晚饭,也有唐兰,于见了面也是托卖古物。⑥

2月24日,清华拟以较高价格订购《远东博物馆公报》,陈梦家持反对态度。朱自清日记:"下午参加吴泽霖为裴文中所设之茶会。裴谈到了《远东博物馆公报》的价值问题,从他的话中可以得知梦家要么不知道这份杂志的真实价值,要么他有成见,

---

①尊古斋1939年关,据下文,此处应为通古斋。
②方继孝:《碎锦零笺》,第13、16页。
③朱乔森编:《朱自清全集》第10卷,第492页。
④方继孝:《碎锦零笺》,第16页。
⑤潘思婷(Elinor Pearlstein)撰,王睿、曹菁菁、田天译:《陈梦家:中国铜器,西方收藏,国际视野》,陈梦家《中国铜器综述》,第400页。
⑥方继孝:《耿介敢言忠诚于学术的一代学人——于省吾与陈梦家》,《关东学刊》2017年第10期。

因为他说他可以在纽约以更低的价格订到它。看来梦家就是想省下钱来买他想要买的那些古文物。"①

2月25日，邓以蛰、王宪钧都来看陈梦家的明代小方桌，他们给出的估价是一千万。当日陈梦家致妻子信中有这样的话："我买的明代小方桌，愈看愈爱，邓叔存、王宪钧来看，均羡慕不已。邓叔存又要我让。他们居然估价一千万。现在我在清华的家具，要算是最好的。"②

2月29日，于胜殷书房，作《美国的汉学研究》。

约2月，于省吾致信陈梦家：

梦家仁兄左右：

　　前复一缄，想邀台览燕王剑，可令乔友声来打。舍下甲骨在私人收藏方面略有可观，为弟十余年之所聚，兹因小儿第二期结汇，为时已迫，需款孔棘，务恳分神向贵校当局关说，俾底于成，至以为感，并请暂守秘密，勿向他人道及为荷。专此奉干，即颂

撰祺

弟于省吾顿首

六日③

3月1日，史树青致陈梦家明信片：

西郊清华大学陈梦家教授收

梦家先生：

　　前蒙代本馆鉴定古物，至为感谢。周希丁拓片，本馆不拟购留。先生携去之拓片，如价在五万元，愿收否（似乎不

---

①朱乔森编：《朱自清全集》第10卷，第495页。
②方继孝：《碎锦零笺》，第68页。
③方继孝：《陈梦家往来书札谈》，《收藏家》2003年第5期。

可再少)？如承同意,请将价款寄下,以便转交,否则请将拓片就便进城时,交历史博物馆即可。专此,并请

著安

史树青拜上

三·一①

3月8日,致信赵萝蕤,其中谈到:

学校将大举买物,使我更忙碌。今日上午购书闹到午后一时才止。于省吾将以全部甲骨自己送来代售。对于古董贩子,经三月训练,已略知对付,这班人其实简单,故弄玄虚而已。希望你搬家以前把书全部寄出。②

约本年3月10日,启功有信致陈梦家:

梦家先生:

前承询辅仁所藏甲骨,据图书馆负责人谈,天壤阁已印者外,尚有卅一片现在本馆。所存全份拓片,只剩一份,故不便投赠。此外有残本两份,一存廿八片,一存两片,如不嫌残缺,可以交换,无论书籍图片,均所欢迎,如无可取,尚希示复,俾不专为我公保留也。专此即颂

撰安

弟启功顿首

三月十日

鼓楼西首马厂卅三号。③

3月13日,《敬悼甘地先生》载《观察》第4卷第3期。

---

① 方继孝:《方继孝说书信的收藏与鉴赏》,第39页。
② 方继孝:《耿介敢言忠诚于学术的一代学人——于省吾与陈梦家》,《关东学刊》2017年第10期。
③ 方继孝:《碎锦零笺》,第65页。

3月14日,作演讲。朱自清日记:"上午访卓克明。下午参加文艺舞会。陈梦家演讲语气不佳,但听众尚未混乱。疲倦。"①

3月18日,朱自清致信陈梦家②。

3月19日,《美国的汉学研究》载北平《周论》周刊第1卷第10期。

大约二、三月间,关于清华大学购买甲骨一事,胡厚宣致信陈梦家,胡又致信郭若愚,也是谈转让甲骨事。胡厚宣3月20日致郭若愚信中言:"……承询甲骨割让条件,宣熟思再三……北平友人处,已寄去一函,若尊处能早日决定,则北平方面,即可再去一信作罢也。"③"北平友人"即是陈梦家。此后,胡厚宣先将收藏的号称"一千片"甲骨卖给郭若愚。据郭若愚说,这批甲骨有字的极少,有也都是一般的字句,没什么学术价值。

3月22日,访朱自清④。

本日,《燕京新闻》第3版刊出《为谁的文学:与陈梦家教授谈文学的阶级性》。

4月2日,《论时文四弊》载西安《书报精华周刊》第5期。

本日,朱自清日记记录从次日起,中文系学生将对教师进行访问,从陈梦家开始。朱自清日记:"学生来谈学生会受压制事,使我很难表示态度。明起系内学生将从陈开始逐个访问。"⑤

4月3日,与朱自清、冯友兰勘察博物馆馆址,下午朱自清来访,看甲骨。朱自清日记:"与芝生、梦家共同察看图书馆北侧,

①朱乔森编:《朱自清全集》第10卷,第498页。
②朱乔森编:《朱自清全集》第10卷,第498页。
③郭若愚:《落英缤纷——师友忆念录》,上海:上海书画出版社,2003年,第241—242页。
④朱乔森编:《朱自清全集》第10卷,第499页。
⑤朱乔森编:《朱自清全集》第10卷,第500页。

计划作为博物馆址。下午访梦家,看甲骨。"①

4月9日,冯友兰、陈梦家对即将成立的清华大学文物陈列室很有信心,认为将超过北大博物院。朱自清日记:"定于四月二十九日为博物馆成立日。据敬存说东昌胡同有一大批古物。冯、陈认为将超过北大博物院。"②

4月10日,于清华园剩殷书房(胜因院),完成《六国纪年表叙》③。"三十七年一月元旦起手,历时三月而考证大略告成,取以对照六年前所作《纪年表》,尚无需要更改的地方……去年春末荷兰戴文达教授海上贻书,颇以此事相询。夏日在瑞典京城与高本汉教授对此作竟日之谈。二氏者皆望我于此一段年表早日问世,以便利学者检查之便。因此于考证粗成以后,尽一月之力重录此表并附述编作的经过,方法和材料如下,以答谢二氏的厚意。"④

本日,朱自清致信陈梦家⑤。

4月24日,《论时文四弊》又载成都《现实文摘》周刊第2卷第6期。

4月25日,于清华园,作《清华大学文物陈列室成立经过》。

4月29日,清华大学建校三十七周年纪念日,清华大学文物陈列室正式成立,并公开展览,冯友兰任主席,展室设在清华大学图书馆第二阅览室。

经过前面几个月的努力,文物搜集已小有规模。"1947年12月到1948年4月期间,清华大学所有的文物已经小有规模,

①朱乔森编:《朱自清全集》第10卷,第500页。
②朱乔森编:《朱自清全集》第10卷,第502页。
③陈梦家:《西周年代考 六国纪年》,第81页。
④陈梦家:《六国纪年表》,《燕京学报》第34期,1948年6月。
⑤朱乔森编:《朱自清全集》第10卷,第502页。

其中以商周铜器最多 122 件,玉器 15 件、石器 29 件、陶器 73 件、骨器(包括一大宗私藏甲骨)730 件、瓷器 4 件、木器 8 件、杂器(漆器铅器等)10 件,共计 1000 件,汉代以后的磁木瓦器亦分门采集。"①其中"所藏甲骨的一部分,系由孙冰如、刘仁政、叶叔重三先生捐赠。"②因款项有限,他们购买的古物不求为精品而求为示范的佳品。

此外,陈梦家还努力征集西方艺术品:"陈梦家先生利用曾在欧美游学和收藏的旧识,联系美方捐赠文物。例如,纽约最大的古董商卢芹斋将在美国的铜簋选出数件赠予清华;美国西海岸最大的东西方艺术品公司旧金山 GUMP's 公司经理来信,愿意将大批近代西方艺术手工艺制品赠送清华。赠品寄到后由学校备函致谢,这为此后采致西方艺术品提供了可借鉴的方式。"③

5 月 1 日,《清华大学文物陈列室成立经过》载天津《大公报》。

5 月 2 日,清华大学文物陈列室向公众开放,推出一系列开幕展览,陈梦家主办了一个美国、加拿大、英国、法国及瑞典所藏中国铜器摄影调查展④。

据林洙称,文物陈列室位于清华大学生物楼的顶层(2001 年 2 月 24 日林洙致赖德林函)。陈梦家与梁思成、邓以蛰、民族学家吴泽霖一起举办了几个展览,展品包括从琉璃厂购买的和私人藏家捐赠的古物。陈梦家策划的展览,除了早期铜器和殷商甲骨之

①姚雅欣、田芊:《清华大学艺术史研究探源——从筹设艺术系到组建文物馆》,《哈尔滨工业大学学报(社会科学版)》第 8 卷第 4 期,2006 年 7 月。

②陈梦家:《清华大学搜集文物的经过及此次展览的意义》,《梦甲室存文》,第 268 页。

③姚雅欣、田芊:《清华大学艺术史研究探源——从筹设艺术系到组建文物馆》,《哈尔滨工业大学学报(社会科学版)》第 8 卷第 4 期,2006 年 7 月。

④潘思婷(Elinor Pearlstein)撰,王睿、曹菁菁、田天译:《陈梦家:中国铜器,西方收藏,国际视野》,陈梦家《中国铜器综述》,第 399 页。

外,还有楚国漆器展、六朝墓志展、五朝陶瓷展和清代丝织品展。同期还有以中国绘画、建筑构件及图纸、中国民俗文物为主题的展览,最后一个展览是为了庆祝清华大学人类学系的成立①。

　　春,上海虹桥疗养院的医师丁惠康在南昌路法文协会(今科学会堂)举办"台湾高山族文物展览会",这批高山族文物藏品是丁惠康请金祖同在台湾采集的。对于这次展览,陈梦家等很是关注。

　　春,陈梦家致信卢芹斋,告诉他嗣子壶可以寄过来了,清华文物陈列室也有上百件的铜器②。

　　夏,陈梦家奉学校指令,到上海商洽收购丁惠康收藏的台湾高山族文物之事。不过,很不巧,丁惠康不在上海,陈梦家无功而返。

　　6月6日,《对于博物馆的希望》载《大公报》"中国博物馆协会纪念刊"。

　　6月18日,朱自清日记:"……上午碰到陈,他相当庸俗,然颇喜其弟。"③朱自清前几日日记提到陈姓另有两人,此处疑指陈梦家。

　　6月30日,朱自清致信陈梦家④。

　　6月,《六国纪年表》载《燕京学报》第34期。

　　约上半年,文《论时文四弊》发表于《周论》1948年第1卷第7期,文《美国的汉学研究》发表于《周论》1948年第1卷第10期。

---

①潘思婷(Elinor Pearlstein)撰,王睿、曹菁菁、田天译:《陈梦家:中国铜器,西方收藏,国际视野》,陈梦家《中国铜器综述》,第399页。
②陈梦家:《洛阳出土嗣子壶归国记》,《梦甲室存文》,第311页。
③朱乔森编:《朱自清全集》第10卷,第511页。
④朱乔森编:《朱自清全集》第10卷,第513页。

7 月 15 日,于清华园滕殷书房,写下《六国纪年表考证》的跋文①。

8 月初,卢芹斋收藏的嗣子壶由纽约航空公司运来,8 月底到北平。卢芹斋在运物单上估了五千美元的价值,海关要对这件回国的铜器征税。嗣子壶一时没法提取。

约本年 8 月 5 日,马衡致信陈梦家:

> 梦家先生大鉴:
>
> 　前得惠书,以俗冗未即裁答,歉甚歉甚。杨宁史铜器铭文拓本前经商定,审查人各送一分,此外别无赠送。承示允赠一节,恐系涉及秦公簋拓本而误。台端在冯家②审查铜器时曾谈及,后从者离平,遂即阁置,兹特附呈,专复敬颂著祺
>
> 　　　　　　　　　　　　　　马衡上言
> 　　　　　　　　　　　　　　八月五日③

8 月 10 日,作回忆文章《记纽约五十七街中国古董铺》。

8 月 18 日,梅贻琦致信陈梦家,提及清华大学在接收嗣子壶这件青铜器之前需要从美国获得"进口许可"④。

8 月 20 日,《记纽约五十七街中国古董铺》载北平《周论》周刊第 2 卷第 6 期。

8 月 25 日,郑振铎宴请吃饭。王伯祥日记:"散馆后应西谛之约,与圣陶、予同共载以赴之。有顷默存至、森玉至、潘光旦至、起潜至、陈梦家至、达君至、祖文至,最后孙瑞璜至,七时半始

---

①陈梦家:《西周年代考　六国纪年》,第 171 页。
②冯公度。
③方继孝:《碎锦零笺》,第 71 页。
④潘思婷(Elinor Pearlstein)撰,王睿、曹菁菁、田天译:《陈梦家:中国铜器,西方收藏,国际视野》,陈梦家《中国铜器综述》,第 400 页。

入坐,且饮且谈,观默存与梦家斗口,致趣也。九时许乃罢,又坐至近十时始与予同共乘以归。"①

本日,胡厚宣致信郭若愚,谈到"北平友人"②想将胡厚宣和郭若愚收藏的甲骨一并收购事。之后,郭若愚用春天在胡厚宣处购买的号称"一千片"很少有字的甲骨来和胡厚宣交换了八十片有字甲骨,胡厚宣又把从郭若愚处换来的"一千片"甲骨卖给了"北平友人"所在的清华大学。后来郭若愚将换来的八十片甲骨缀合成七十二片,编印在1951年出版的《殷契拾掇》初编"智庵自藏"部分③。

在此前后,陈梦家为清华大学文物馆到上海购买甲骨,潘光旦也到上海,陈梦家还联系了叶叔重、胡厚宣等人,商谈向胡厚宣购买甲骨办法。陈梦家在1951年为郭若愚《殷契拾掇》一书作序时写这段往事:"抗战期间我们在昆明听说安阳小屯村中出了一批相当完整的卜骨,归于叶叔重先生。1948年夏,我来沪向叶先生问起,他说他原盼望这批材料能归到公家,无奈他已先让给胡厚宣先生了。遂由他邀集潘光旦、胡厚宣先生和我一同商谈,将这整批卜骨让归清华大学:除由清华付款一半外,又由友人刘仁政、孙冰如和叶叔重三先生各捐赠一部分。我由胡先生处取到甲骨约千片,航运回北京,加以整理。"④

关于清华大学向胡厚宣购买甲骨事,胡厚宣也有回忆:"他(指陈梦家)主持清华大学文物馆,1948年夏到上海来,要买我的甲骨,在杏花村吃饭,找来了原卖主,言明发表权属我,清华送

---

①转引自陈福康:《顾廷龙先生与郑振铎先生的友谊》,《顾廷龙先生纪念集》,上海:上海科学技术文献出版社,2014年,第139页。
②指陈梦家。
③郭若愚:《落英缤纷——师友忆念录》,第242—243页。
④见陈梦家为郭若愚著《殷契拾掇》(上海:上海出版公司,1951年)所作的序。

我一份拓片,700 美金成交,但以后一直没有将拓片送来。我以后以摹本出书,陈梦家不以为然,在《燕京学报》第四十期所载《甲骨断代学》后的附言中说我是'分割出售',到处攻击。另有 80 片出了《甲骨拾掇》,卖给郭若愚,4 片让给了言某,现在自己有 200 片左右。"①

9 月 15 日,浦江清致陆维钊信中谈及陈梦家:"梦家南游又北返,道及浙大诸友均晤并垂询及弟,知南土之繁荣,至为驰念。"②

9 月 22 日,杰弗瑞·海德利致信陈梦家,把陈梦家无法访问的英国主要博物馆馆长和收藏家的名单寄给他,这份名单中包括位于伦敦的大英博物馆、维多利亚和阿尔伯特博物馆(Victoria and Albert Museum)、位于剑桥的菲茨威廉博物馆(Fitzwilliam Museum)以及格拉斯哥的布瑞尔(Burrell)收藏馆的馆长③。

9 月 23 日,参加高名凯宴请,遇邓之诚等。邓之诚日记:"高名凯招饮,同钟翰赴之,肴酒尚丰,遇陈梦家,竟不识我,问贵姓,后又极殷勤,少年人多如此,可闵也。"④

9 月下旬,陈梦家通过后来被任命为历史系教授、燕京大学哈佛燕京学社执行秘书的陈观胜(Kenneth K. S. Chen)转达,建议《美国所藏中国铜器集录和中国铜器综述》的书稿在北京印刷,他认为这样可能更加经济。但是,这意味着要将超过一千张的照片运往中国,由于中国政局不稳,叶理绥断然拒绝⑤。

---

①葛剑雄编:《谭其骧日记》之《虔诚的忏悔——思想改造手记》胡厚宣 1952 年 3 月 6 日交代,第 310 页。

②《生命无涯——浦江清随笔集》,北京:北京大学出版社,2009 年,第 184 页。

③潘思婷(Elinor Pearlstein)撰,王睿、曹菁菁、田天译:《陈梦家:中国铜器,西方收藏,国际视野》,陈梦家《中国铜器综述》,第 396—397 页。

④邓瑞整理:《邓之诚文史札记》上,南京:凤凰出版社,2012 年,第 460 页。

⑤潘思婷(Elinor Pearlstein)撰,王睿、曹菁菁、田天译:《陈梦家:中国铜器,西方收藏,国际视野》,陈梦家《中国铜器综述》,第 395 页。

10月19日,叶理绥致信陈观胜,说哈佛大学董事会已批准了出版资金,他希望在12月份收到编辑好的书稿,如果审校及时,剑桥的哈佛燕京学社可能于1949年初出版。这封信似乎是有关陈梦家手稿和照片的最后一份材料①。

秋,清华大学博物馆成立的消息传到了西方:

> 北平的清华大学成立了博物馆。十位教授组成的委员会负责中国艺术史和考古学的研究,包括中国绘画史权威邓以蛰教授、中国建筑学权威梁思成教授、史前陶器权威袁复礼教授,以及著名的考古学家陈梦家教授。②

秋,认识曾毅公,谈甲骨缀合事。"1948年秋,于旅行敦煌之前,因审定冯氏铜器,始识曾氏于北京城中。当时即以此事③相询,承告以增订本已将付印,其已缀合者,视初本增多四五倍,当时渴望它早日出版。"④

10月,叶公超来北平小游,陈梦家等即找到叶公超,要他帮忙疏通关系⑤。

10月21日,与外籍教授乐及士夫妇等一起从北平飞甘肃,抵兰州,从后文顾颉刚日记来看,大约住西北大夏。本日,在兰州,陈梦家陪同乐及士访顾颉刚。顾颉刚日记:

> 冯润琴来。李自发来。到办公室,准备功课。陈梦家

---

①潘思婷(Elinor Pearlstein)撰,王睿、曹菁菁、田天译:《陈梦家:中国铜器,西方收藏,国际视野》,陈梦家《中国铜器综述》,第395页。

②潘思婷(Elinor Pearlstein)撰,王睿、曹菁菁、田天译:《陈梦家:中国铜器,西方收藏,国际视野》,陈梦家《中国铜器综述》,第400页。

③缀合甲骨事。

④陈梦家:《〈甲骨缀合编〉序》,曾毅公著《甲骨缀合编》,修文堂,1950年。

⑤陈梦家:《洛阳出土嗣子壶归国记》,《梦甲室存文》,第311页。

偕乐及士夫妇自北平来,谈。

……

美国斯丹佛大学中国艺术教授乐及士(Millard Buxton Rogers)来中国研究半年,已游泉州、北平,兹来游敦煌,梦家伴之来。梦家近在清华办博物馆,有甲骨二千余片,铜器三四百件。①

10月22日,顾颉刚陪同陈梦家一行,到西北图书馆、省府、民众教育馆等处,午餐在义顺林,辛树帜请客。顾颉刚日记:

上课,讲道统说一小时(毕)。讲五行说一小时(调和)。到西北大厦,与梦家及乐及士夫妇同出,到图书馆访刘衡如,同到省府,访郭主席及丁宜中,商车事。

到义顺林赴宴,与梦家等到民众教育馆参观,晤吴宪。返校,准备功课。延青来,送予新制棉衣。

……

今午同席:乐及士夫妇、陈梦家、刘玉霞、周传儒、段子美、董爽秋、乔树民、刘衡如、王德基(以上客),树帜(主)。②

本日,《甘肃民国日报》第2版刊出消息《诗人陈梦家由北平飞兰》。

10月24日,在兰州。顾颉刚日记:

余永诚来。与树帜及乔树民一家同到北平包子铺吃点。出,到道赞处视疾。到西北大厦访梦家及乐及士夫妇,同出,访上官业佑,不晤。到中山林,吃茶。到颜家沟煦园,应天同宴。晤楚青,同游园。

出,与树帜、乔树民、冯仲翔、何乐天同参观靛园寺小

————————

① 《顾颉刚日记》第6卷,第361页。
② 《顾颉刚日记》第6卷,第361页。

学……梦家等来。归,抄《洪范五行传》,未毕。

……

今午同席:乐及士夫妇、梦家、易静正、何乐夫、冯仲翔、段子美、董爽秋、陈祖炳、乔树民、树帜(以上客),水天同(主)。①

本日,《甘肃民国日报》第 2 版发表消息《陈梦家今日学术讲演》,称陈梦家"今日将被邀赴兰大讲学,下午六时并将在广播电台李泊宅举行座谈会……"

本日,参加在兰州广播电台李泊家会客室举行的"兰州文艺工作者座谈会"。座谈会上,陈梦家推崇徐志摩、批评臧克家,认为穆旦很称职,只是笔名不好。

本日,《甘肃民国日报》记者袁炜写下《诗人陈梦家谈新诗——记兰州文艺工作者座谈会》。

10 月 25 日,在国立兰州大学演讲并参观。顾颉刚日记:

到办公室,责何自诚。写耿靖宇、费跃普、井成泉信。听乐及士与陈梦家演讲。讲毕,与同参观各院及图书馆。到会议室小坐,到厚德福吃饭。

……

今午同席:乐及士夫妇、陈梦家、董爽秋、钱青选、张鸿欣、牛得林、王伟(以上客),予与树帜、刘寿嵩(以上主)。八十六元。②

本日,《甘肃民国日报》刊出袁炜的报道《诗人陈梦家谈新诗——记兰州文艺工作者座谈会》,同时刊出消息《诗人陈梦家将往敦煌去》。

---

①《顾颉刚日记》第 6 卷,第 362—363 页。
②《顾颉刚日记》第 6 卷,第 363 页。

10 月底至 11 月初,出嘉峪关而至敦煌作数日之游,觉宝山的庄严灿烂,给人愉快。与敦煌艺术研究所常书鸿等相谈。本打算去新疆,但当时北京正待解放,只得匆匆离去,深以为憾①。

10 月 29 日,于甘肃道中,作诗《过高台县往安西》。

11 月 15 日,从敦煌返回到兰州。顾颉刚日记:"陈梦家自敦煌归,辞别……"②

从甘肃返回,过西安,11 月 18 日,赴胡宗南之宴,餐后继续叙谈,其时胡宗南战事激烈。胡宗南日记:"六时欢宴陈梦家教授于六谷庄,夜九时后,约谈下马陵,见解超越,学识专长,坦白热烈兼而有之,诚不可多得之人物也。"③

11 月,回京后,陈梦家得到叶公超消息,说清华可以免费提取嗣子壶了。

约此时,罗氏基金人文科学一副负责人来中国,到北京后,陈梦家奉学校之命招待,学校想再请求津贴,但该负责人说华北即将有战事,不能再找事"投资"。

12 月初,在海关存了三个月之久的嗣子壶,终于运到了清华大学④。陈梦家等几乎花了一年的功夫接洽捐赠、运输与提取。陈梦家提倡私藏归公,他在文章中欣慰地写道:

> 现在这件铜器居然平安的放在陈列室,我个人有无限的快慰。并不是因为在我们的收藏之中更多了一件重要的铜器,倒是为了这件重器渡重洋寄居巴黎纽约二十年之久,

①陈梦家:《敦煌在中国考古艺术史上的重要》,《梦甲室存文》,第 280 页。
②《顾颉刚日记》第 6 卷,第 374 页。
③蔡盛琦、陈世局编辑校订:《胡宗南先生日记》下,台北:"国史馆",2015 年,第 82 页。
④此事日后成为批评攻击陈梦家"勾结帝国主义奸商"的"铁证",见岳南《南渡北归:离别》,长沙:湖南文艺出版社,2011 年,第 323 页。

现在又回到了老家。我个人特别感谢卢先生,因为他使我个人多年的梦想忽然实现:第一是大学博物馆需要靠公私的交换与捐赠;第二是古物中有历史价值者应该保存在国内,其已出者设法请其回来。①

12 月 5 日,致信赵萝蕤:

蕤:

十一月廿七日短信,已悉,甚喜。信上说"昨天方寄一信",尚未收到。七日口试,即在后日,谅可顺利通过。时局瞬息万变,若坐船来,有到岸不能上之可能,故为运计,请即刻定飞机票。所问事解答如下:

1. 行李寄存老二处,最好能来得及装箱编号。容后运回,此刻千万勿带。此自是留一地步也。沪地最不可靠。万一老二要走,可将行李存卢芹斋店中。书籍亦勿寄,目标赫现。

2. 美金若存了银行(一律改为支票存款),有了支票而仍可取,即留摺子,将来可寄支票回美兑款(问一问银行,大致是可以的,如清华常以梅的名义,存款在美,由梅在此用支票本)。若带现款回来亦可,法律所许,此处现在可以通用美金及袁头银洋。又,不要忘记从银行中取一些"存入款"的空白单子,以后可用。(以下缺失)②

12 月 7 日,作《洛阳出土嗣子壶归国记》,后载 1997 年《文物天地》双月刊第 2 期。

12 月上旬,平津战役已开始。陈梦家和清华大学很多师生一起留下来,并劝友人不要离开北平。

赵萝蕤获哲学博士学位。

———————
①陈梦家:《洛阳出土嗣子壶归国记》,《梦甲室存文》,第 311 页。
②据信函原件图片。

12 月 12 日,关于清华大学中文系是不是要聘孙蜀丞,陈寅恪认为不宜这个时候提出,冯友兰等觉得可以马上提,陈梦家和浦江清都觉得要慎重①。

12 月 13 日,清华园内,解放军与国民党军队交战,时闻机枪声,那夜,陈梦家与浦江清等人避于图书馆地下室,度过了清华园最紧张的一夜。浦江清日记:"电灯没有。入夜,点起煤油灯。人兴奋得不能入睡。办公室也常有人进来谈话。陈梦家来,说胜因院、新林院同人镇静如常,很少迁动,园内静悄悄地,月色如画云云。旧历是十一月十三日。梦家态度很安闲,说得很有诗意。冯芝生太太来和朱太太谈话,冯家恰巧在今夜请客,不知道忽然紧张如此。然而客人倒也到齐了。"②

12 月,赵萝蕤搭乘第一条运兵船梅格斯将军号离开西岸驶向上海。

12 月 31 日,赵萝蕤回国抵达上海。"梅格斯将军号进舶上海港,梦家的大哥梦杰来接,并把我安置在他家的四层楼,由小妹陈智灯陪伴,他的全家已去了香港。"③

年底,罗伯特·莱特菲尔德一家在陈家生活了一段时间,因为他们要与社会学家费孝通一起开展清华大学的教学和研究计划,但当时国内的军事动乱迫使他们在 12 月离开。莱特菲尔德的一封信描述了陈家的情况,此信现存芝加哥大学里根斯坦图书馆档案室④。

---

①浦江清:《清华园日记　西行日记(增补本)》,第 246 页。

②浦江清:《清华园日记　西行日记(增补本)》,第 250 页。

③赵萝蕤:《我的读书生涯》,《我的读书生涯》,第 5 页。

④潘思婷(Elinor Pearlstein)撰,王睿、曹菁菁、田天译:《陈梦家:中国铜器,西方收藏,国际视野》,陈梦家《中国铜器综述》,第 380 页。

卷　四

1949 年　己丑　三十九岁

本年初，利用空闲时间整理甲骨。"1949 年初，当北京围城之际，遂以暇日整理我为清华大学所购甲骨一千五百余片，深感有重新彻底确定断代标准的必要。"①

1 月 2 日，下午，与浦江清、许维遹、余冠英、李广田一起座谈，讨论中文系计划及课程改订。浦江清日记："下午二时半，骏斋、梦家、冠英、广田来，开谈话会，讨论中文系计划及课程改订。冯院长来函要在本星期三邀集文学院全体教授商讨课程，希望各系草拟方案。我们五人集议中文系拟分四组：(1)古代经典组，(2)语言文字组，(3)古文字组，(4)近代文学组。"②

1 月 3 日，和中文系同人在余冠英家讨论中文系课程修订方案，因意见不合，陈梦家提前离开。浦江清日记："晚间至余绍生家，与中文系同人(包括教联会诸君，即讲师教员助教等)共同讨论中文系课程改订方案。讲教助诸君认为中文系不必分组，而古代经典、语言文字两项，可设研究室。他们思想本来多左倾，认为古文学的研究也要现代化。议论固然也有立场，惟言语之间颇有攻击私人之处，并非平心静气的讨论。梦家不终席而行。绍生及

---

① 陈梦家：《甲骨断代学(甲篇)》，《燕京学报》第 40 期，1951 年 6 月。
② 浦江清：《清华园日记　西行日记(增补本)》，第 268 页。

广田要求考古室即时迁移,颇窘。(甲骨古器物为中文系、历史系、哲学系三系之图书费中设法购买者,梦家一手所办,本来冯芝老有意于成立一个美术史系,而图书馆亦已计划好一间考古陈列室,梦家乃借用中文系教授研究室以陈列古物,原为不当。)"①

1月6日,清华的气氛有些紧张。浦江浦日记:"陈梦家来说系中某某等有阴谋,渐渐败露云云。他不大好明说,并且我也不愿知其究竟也。"②

此时,北京城已被解放军包围,上海到北京的通道已被切断,赵萝蕤去找查阜西帮忙,这才搭上傅作义运送粮食的飞机,于1月11日和另两位同时回国的朋友一起搭乘飞机抵达北京,当晚暂住在汤用彤家。对于回国的这段经历,赵萝蕤有文章记述:

> 这时去北京的火车与海轮已停驶,我们三个人必须另找出路。我在昆明郊外龙泉镇居住时熟识了欧亚航空公司经理查阜西先生,他那时在上海。于是我就找到他想办法。果然,有一架给傅作义运粮食的飞机正要飞往北京。我们三人便搭乘这架完全没有座位的简陋飞行器飞到了北京,在天坛的柏树丛中降落,过天津时解放军的高射炮向我们射击,但是我们平安抵达了目的地。飞机没有扶梯可以使乘坐者下到地上,遂找来一个带着铁钩的竹梯,钩在机门口,但离地还有一米多,那就往铺设在地上的两床棉被上跳吧。进入市区,我先到北大的汤用彤先生家里。我先到厨房里察看,有两三棵大白菜,几个鸡蛋。我发明了每家住一夜的办法。在昆明的八年中,我们结下了无数心照不宣的朋友,可以轮流住上一个月的。我又到骑河楼清华办事处托人带信给梦家:告诉他我已平安抵京,哪天开城门,哪天

①浦江清:《清华园日记　西行日记(增补本)》,第269—270页。
②浦江清:《清华园日记　西行日记(增补本)》,第273页。

就来接我回家。三周后城门开了,北京已和平解放。于是我回到了清华园,也回到了燕京大学我即将任职的母校。①

1月11日,暂住在汤用彤家的赵萝蕤给陈梦家写信:

梦家:

　　我已于今日(十一日)下午一时平安到了北平,暂住在汤公家里,因郑公夫人已入医院,我独自去住为不便也。我即当与各方接洽,设法尽早步行出城。惟近日近郊不靖,你千万勿进城来接我,免多意外枝节及危险,若有信,可设法带交郑公或汤公,余不一一,即祝

近好

萝蕤

一月十一日晚②

1月31日,北平宣告和平解放。在解放军正式入城之前,陈梦家和朋友们骑着自行车进了北平城,把妻子赵萝蕤接回清华。

约本年1、2月间,冯友兰致信陈梦家:

梦家兄:

　　现正造学校财产清册,文物陈列室古物请嘱朱德熙等造一清册(例如写龟甲若干件,陶器若干件,铜器若干件),于三月初五日以前送至秘书处。

　　此请

刻安

弟冯友兰

廿五日③

---

① 赵萝蕤:《我的读书生涯》,《我的读书生涯》,第5—6页。
② 方继孝:《碎锦零笺》,第55页。
③ 据信函原件图片。

　　3 月 4 日,时任芝加哥大学校长的欧内斯特·卡顿·科尔(Ernest Cadmun Colwell)写了一份报告给史蒂文斯:"他(陈)在校期间,正在从事编纂美国藏中国铜器集录的工作。据我们所知,此书尚未出版。"①

　　3 月 5 日,马衡日记记载前一天郭沫若到清华大学见到陈梦家,两人约马衡与当时在北大的唐兰于星期天到于省吾家参观铜器:"沫若偕丁瓒来院,因导往东路参观书画陈列室及瓷器陈列室,并及郭瓷杨铜。沫若对瓷器颇有兴趣,前此所未知,杨铜之欣赏固无论矣。据沫若言,昨在清华晤陈梦家,将约余与立庵于星期日往思泊家参观铜器。十二时退出。闻立庵曾有电话,因电询之,则云梦家在其家,约明日三时在思泊家相晤,并公宴沫若。当时征沫若同意,允之。下午仍到院办理未毕各事,招待部队参观即于今日结束。明日下午及后日休息。"②

　　3 月 6 日晚,众人在森隆聚餐,宴请郭沫若③。

　　春,于清华园,完成《商王庙号考》初稿。

　　春,陈梦家重作甲骨文研究。在考证甲骨所属年代的过程中,于清华大学所藏甲骨中发现一片刻辞独特,从其卜辞形制推断出安阳出土甲骨确有属于帝乙、帝辛时代的④。

　　又,"1949 年我初步整理自、子两组卜辞,曾据两组卜辞本身定其为武丁卜辞"⑤。

　　又,"《库》⑥1506 向来以为伪刻,1949 年春与朱德熙、马汉

①潘思婷(Elinor Pearlstein)撰,王睿、曹菁菁、田天译:《陈梦家:中国铜器,西方收藏,国际视野》,陈梦家《中国铜器综述》,第 395 页。

②施安昌、华宁释注:《马衡日记》,北京:紫禁城出版社,2006 年,第 48 页。

③施安昌、华宁释注:《马衡日记》,第 48 页。

④陈梦家:《殷虚卜辞综述》,第 34 页。

⑤陈梦家:《殷虚卜辞综述》,第 158 页。

⑥[美]方法敛著:《库方二氏藏甲骨卜辞》。

麟再三讨论,确认为原刻(张政烺见告,他也早已肯定它是真确的)。"①

6月,《六国纪年表考证》载《燕京学报》第 36 期。

7月 1 日,致信张治中。

7月 18 日,张治中复信陈梦家:

> 梦家先生:
>
> 　七月一日来书敬悉,以事延复为歉!我现迁居东城北总布胡同十四号,您如入城有便,枉步一叙,自然欢迎,另颂教祺!
>
> 张治中谨启
七月十八日②

夏,在上海与丁惠康初次会面,陈梦家告诉丁惠康,清华大学想借用研究他的藏品,并代表清华大学邀请丁惠康携带所藏台湾高山族文物赴京参加少数民族展览会。丁惠康在了解了清华大学的经济情形后,推许清华的成绩,慨然先予借藏。

8月 13 日,为高山族文物一事,潘光旦进城访罗隆基。潘光旦日记:"看努生③,促其函上海丁惠康兄商捐赠或贱让台湾高山族文物与清华一事,将交梦家带沪面洽。"④

8月 14 日,潘光旦致信陈梦家,谈与丁惠康接洽事:

> 梦家兄:
>
> 　昨入城,取得努生致丁惠康兄函一件,说明由兄面交并

----

①陈梦家:《殷虚卜辞综述》,第 499 页。
②据信函原件图片。
③罗隆基。
④潘乃穆、潘乃和编:《潘光旦文集》第 11 卷,北京:北京大学出版社,2000
　年,第 287 页。

洽。据努生云,此批文物原系金某①收集,惟金以寄食丁
处,此批文物即存丁处。主权究谁属,事实上不甚清楚,是
则洽商仍然不易耳。

光旦

八.十四②

8月,上海市文物管理委员会成立,李亚农为主任,徐森玉
为副主任,之后,陈梦家成了徐森玉的得力干将。"徐森玉任
上海市文物管理委员会副主任期间,负责征集文物的鉴定工
作,手下有四大台柱:古籍版本方面是赵万里,青铜器方面是陈
梦家,书画是谢稚柳和潘伯鹰。他们都是追随徐森玉的后辈
人物。"③

据《燕京大学课程》(1949年秋季),陈梦家在燕京大学教国
文系"古文字学"④。

秋,周永珍在燕京大学中文系读三年级,师从陈梦家学习
"古文字学",当时陈梦家在燕京大学兼任教授。周永珍回
忆道:

> 我与先生相识是在1949年的秋天,那年暑假我考入燕
> 京大学中文系三年级。当时的系主任是高名凯,张伯驹、于
> 省吾和先生都是客座教授。第一次见面是在迎新会上。先
> 生穿一身咖啡色西服,身体微微前倾,喜欢背着手踱步。他
> 当时三十八岁,看上去比他的年龄显老。我选了先生的文
> 字学课。当时在校学生较少,只有五百余人,教职员工却有
> 一千人。因此选课的只有四五个人,每星期两小时的课程

---

① 金祖同。

② 方继孝:《碎锦零笺》,第14页。

③ 郑重:《徐森玉》,北京:文物出版社,2007年,第207页。

④ 北京大学档案馆档案资料。

是到先生家去,上课就用一张八仙桌,师生围桌而坐。授课休息时,先生拿点心来招待大家,这是当时的风气,凡到各位老师家上课,都是如此。寒假作论文,我选择先生做我的导师,以后我每周单独去先生家一次,先生谆谆课以学业。自此师事先生十八年,直到先生仙逝。①

在另一篇文章里,周永珍还谈到陈梦家的教学内容:

1949 年,我在燕京大学中文系读三年级。三年级就要分配导师,导师是由学生自选。先生是清华大学的教授,在燕大兼课,开"文字学"课。我选了先生做我的导师,学习语言文字,每周到先生家,一对一授受。先生命我从几方面学习:

一是学习铜器与铭文。先读郭沫若的《两周金文辞图录考释》,在学习的同时,用钢笔描摹铭文,再读容庚的《商周彝器通考》。后来才知道,描铭文不单加强了记忆,还对铜器的时代及地域或国别的断定是有帮助的。

一是学习历史。先生命我将《史记》与《资治通鉴》所记载同时代的事迹对比列表,分别异同。这三本笔记我一直珍藏着。

还有是叫我将甲骨文中的人名、地名分别做出卡片。1953 年我到考古所后,先生正在对刘体智的"善斋甲骨"进行整理和研究,命我一片片检点,转交拓拓片的罗福葆先生。因为学习甲骨学只看拓片,未接触实物是不够的。②

据周永珍回忆,此时陈梦家住在燕园内的镜春园。"我认识先生以后,他曾住过四个居处。最早住在燕园内的镜春园,是一

---

① 周永珍:《我的老师陈梦家》,《历史:理论与批评》2001 年第 2 期。
② 周永珍:《追忆陈梦家先生》,《中国文物报》2016 年 8 月 26 日第 7 版。

个大的四合院,北房五间,隔壁与戏曲学家孙楷第为邻。一年后搬到燕东园,两层的小楼,篱笆爬满凌霄与荼蘼。"①但陈梦家在本年11月及之后所作的几篇文章的落款是燕东园。

据北京大学档案资料显示,孙楷第当年的住宅为镜春园82号,紧邻82号的,只有81号,且周围没有改动的痕迹,据此判断陈梦家在镜春园的住址是81号②。

关于陈梦家的书房,周永珍也有回忆:"先生写作使用的是一明代条案,旁有小几,开合错落,几案上铺满各种书籍,比较沉重的西洋书籍放在低处。家,自然高雅,是读书人的本色。"③

本年秋,周绍昌也考入燕京大学中文系一年级。他曾谈到陈梦家教学之余的趣事:

> 陈梦家先生是当时清华大学博物馆长,在燕大兼课,开文字学课。听说先前还开过《尚书》和"史汉"选读。他和高名凯先生都住在燕东园。第一次拜访陈先生就承他热情招待,并把一些甲骨、宋瓷、楚锦等实物拿来给我们看,客厅钢琴上一块很大的汉代(?)彩陶残片更是先生得意的珍藏。谈话间,先生问我们古书中有"nianbinse",应为何解。他操嘉兴普通语,一时谁也听不懂,只有周永珍学姐又问,请他再说说。"年宾色",他又说了几遍,笑眯眯地看得我们发毛,突然他纵声大笑说:"nian是砚台的砚,bin是冰雪之冰。'砚冰释',是说砚台的冰化了!"于是我们也如释重负,欢笑着告辞出来。先生是新月派重要诗人之一,曾主编《新月诗

---

①周永珍:《我的老师陈梦家》,《历史:理论与批评》2001年第2期。
②周永珍先生在2016年4月11日答复笔者的信中说得更细:"1949年陈先生住在镜春园,他的家面对大门,右邻是戏曲史专家孙楷第先生。"82号正是在81号之右。
③周永珍:《追忆陈梦家先生》,《中国文物报》2016年8月26日第7版。

选》并撰序文。我喜爱上新诗并在进入高中时写过一篇关于诗的论文,就是私淑了先生的缘故。及至考大学而又选了中国文学,陈先生和新月诗更是吸引我的磁石了。但当时我们被告知不能向先生提这个"过敏"的话题,因为新月派在当时就是反动文艺,就是资本主义!后来我渐渐领会的是,虽然陈先生是那时身穿灰色干部服,脚着土黄色圆口布鞋,俨然土八路的惟——位教授,但他越是坦荡地"剖开"自己,却越让一些神经过敏的人士不安!①

9月5日,在上海,陈梦家、金祖同提取丁惠康交来的八十六种文物,并在《丁惠康博士珍藏高山族蕃品目》上写下以下文字:"卅八年九月五日由陈梦家提取,共八十六号。梦家、祖同。"②

本日,潘光旦收到陈梦家书信③。

9月7日,清华大学第22次校委会决议成立"文物馆筹备委员会",由原"中国艺术史研究委员会"改组而成,梁思成为召集人。

本日,丁惠康交给陈梦家的珍藏文物又增加了两种,陈梦家记录:"九月七日又加入二件,共八十八件。梦家。"④

9月11日,拜访潘光旦⑤。

9月12日,为丁惠康高山族文物事到清华大学图书馆会潘光旦。潘光旦日记:"梦家自沪归,昨曾来寓,今复来馆;濒去沪

---

① 周绍昌:《戏里戏外》,《茉莒集》,北京:人民文学出版社,2006年,第331页。
② 见《西泠印社2016年秋拍图录》,图录号224。
③ 潘乃穆、潘乃和编:《潘光旦文集》第11卷,潘光旦1949年9月12日日记,第295页。
④ 见《西泠印社2016年秋拍图录》,图录号224。
⑤ 潘乃穆、潘乃和编:《潘光旦文集》第11卷,潘光旦1949年9月12日日记,第295页。

前曾托其与丁惠康兄恳商,以其台湾高山族之大批文物见赠清华;五日获梦家自沪来书,谓已有成议,惟先用借藏名义,终将赠送,昨今晤谈,更知其交涉经过并今后应洽办各节。此事去岁亦曾在沪洽商及之,初拟用购让方式,因有中间人在,索价至美金五千,只有作罢。今日此结果,自极可喜。"①

9月13日,顾颉刚来访。顾颉刚日记:"到燕东园,访蒋荫恩夫人。到林耀华处。到赵紫宸处,晤其夫人。与紫宸夫人同到陈梦家处。"②

本日,潘光旦到陈梦家办公室看陈梦家带来的百余件高山族文物。潘光旦日记:"高山族文物梦家携较精之一部分百余件同归,暂存其研究室,往观大略。"③

在上海期间,陈梦家还曾为潘光旦代购书。潘光旦9月14日日记:"梦家北归,曾代购英文本《联共党史》一册,会后归寓,开始阅览,至晚尽百余页,此书系苏联官印本,文字印刷均极好。"④

9月15日,在潘光旦家中吃饭。潘光旦日记:"下午假寐不成。梦家来寓同饭后,泽霖⑤来谈,思欲得一表白往迹之机会。"⑥

本日,为曾毅公《甲骨缀合编》一书作序文。

9月20日,丁惠康致信陈梦家:

梦家教授吾兄阁下:

　　一昨畅聆教益为快。昨奉华函,藉悉行旌安抵清华,慰

①潘乃穆、潘乃和编:《潘光旦文集》第11卷,潘光旦1949年9月12日日记,第295、296页。

②《顾颉刚日记》第6卷,第516页。

③潘乃穆、潘乃和编:《潘光旦文集》第11卷,第296页。

④潘乃穆、潘乃和编:《潘光旦文集》第11卷,第296页。

⑤吴泽霖,时任清华大学人类学系主任兼教务长。

⑥潘乃穆、潘乃和编:《潘光旦文集》第11卷,第297页。

慰。关于台湾高山族文物现正在包装,接洽后即可北运。祖同兄已晤,及所嘱安各节自当照办。秋高气爽,故都定多雅况。重以阁下博古风雅,领袖文化,我国文艺之光也。弟虽不敏,若能追随大雅,欣为执鞭,于愿已足。鳞鸿有便,多惠好音。祷切祷切。良晤在即,不多及。专此谨复,即颂道安

弟丁惠康上
九月二十日①

9月21日,张子高致信陈梦家:

燕京大学燕东园

陈梦家先生:

张具,君德润趋谒。上次转存尊处之传梁私印,旧铜印一方,即温君之物,索价拾圆。留否可与温君延商。又温君云某处尚有六朝写经残本刻,拟出让。弟于此两道概为外行,公如有意亦可面议也。匆匆即颂

文祺

弟张子高顿首
卅八.九.廿一②

9月中,陈梦家开始整理从丁惠康处带回的比较重要的小物品。

9月24日,金祖同致信陈梦家:

梦家先生左右:

前寄清华大学二函,未蒙赐覆,不知何故。后于丁医生处见大札,知住燕东园。甚望接函后饬人去清华取信,内附

---

①巴金故居编:《点滴》,2016年第6期。
②方继孝:《陈梦家往来书札谈》,《收藏家》2003年第5期。

有新闻数则也。弟曾去杭州取回全部参考书,附上目录一纸。书极沉重,装箱化费极大,是否必须展览,尚祈斟酌。浙大误取各件已追回。惟大件匆匆无法装运。弟随身带回最名贵之蕃珠二合,贝衣一袭及小器数件,口琴当带上不误。弟北来旨在进华北大学学习,展览会事恐将偏劳。倘有所命当亦不避劳萃也。车票已定在七日,此间所存各件以候款,故尚未包装,奈何奈何! 专此即颂

著安

弟金祖同叩

廿四日①

9 月 27 日,丁惠康致信陈梦家,商量运送古物一事:

梦家先生:

　　昨奉尊函,敬悉一切。金祖同君已由杭返沪,书籍与小件均已带来。昨访李正文先生,据云北运事无能为力,须我们自己设法,对于弟之保藏台高文物,则表示钦佩云云。如是一切北运事宜,均须积极进行矣。尊函谓可拨付五十万元,请火速汇下,以便进行。弟与金君准下月内北上,以领教益。不多及。专此,即颂

吉安

弟丁惠康上

九月二十七日

候

至②

9 月 28 日,丁惠康致信陈梦家:

---

①方继孝:《陈梦家往来书札谈》,《收藏家》2003 年第 5 期。

②方继孝:《碎锦零笺》,第 15 页。

梦家先生：

　　弟等约三四人准下月七八日由沪出发，预计双十节前后当能趋谒崇阶，快慰□如。京中馆舍不知拥挤否？良晤在即，不多及。专上，即颂

道安

弟惠康拜
九月二十八日①

10月6日，吴晗有信致陈梦家：

梦家兄：

　　五十万元已于上月卅日汇出，并另函思成兄请召集开会矣。匆覆，即颂

大安

弟吴晗
十·六②

10月7日，丁惠康有电报发给陈梦家：

清华大学陈梦家：

　　准九日到，请定旅舍。惠康。③

　　10月9日，中午，赴福梅龄之宴。马衡日记："午赴福梅龄女士（福开森女）之邀，有李小缘、陈梦家夫妇、李宗恩夫妇及米女士（美国人，在北大习新文学者）。"④丁惠康亲自携带其余的大件文物北上，陈梦家与潘光旦、吴泽霖等去车站接丁惠康，丁惠康当晚住在陈寓。潘光旦日记："午在泽霖寓同饭。饭后入城，

---

①巴金故居编：《点滴》2016年第6期。

②方继孝：《陈梦家往来书札谈》，《收藏家》2003年第5期。

③巴金故居编：《点滴》2016年第6期。

④施安昌、华宁释注：《马衡日记》，第89—90页。

与泽霖、梦家至东车站迓自沪来之丁惠康兄;惠康近以台湾高山族之文物数百件借与学校作研究之用,终将见赠,归社会学系收藏,雅意可感。接到后先至骑河楼同学会订定住房,近晚同出城,惠康先至梦家寓一宿,明日来清华参观。"①

10月10日,丁惠康又带来几种文物交给陈梦家,陈梦家在《丁惠康博士珍藏高山族蕃品目》又补录:"十月十日丁氏带来口琴一,石坑三,勺一。千枚岩石刀三个(新石器时代)。"②潘光旦请丁惠康午饭,陈梦家、吴泽霖等作陪,并摄影。潘光旦日记:"惠康来,陪其在馆中巡行一周。午约其同饭。泽霖、梦家作陪……今日为云③与余结缡二十三周年之纪念日:午刻约少数友人同饭,惠康为余等摄相片数幅,即以紫藤架上之大牵牛花为背景……"④

10月16日,吴泽霖请丁惠康晚宴,陈梦家等作陪。潘光旦日记:"夜泽霖招饮,主客为惠康,企孙⑤、梦家、觉民兄嫂⑥、云亦在座。席散,送惠康之甲所宿,谈次渠慨允将高山族文物赠送学校,不止如前云之借藏矣。"⑦

10月17日,丁惠康将台湾高山族文物等约五百余种捐赠清华大学,完成正式手续。潘光旦日记:"晨坐学校小汽车入城……至六国饭店谒张菊生前辈。至北京饭店看振铎,庆丰司访徐森老,并接其至校参观并午食。席间,惠康以赠送高山文物之正式函件交余转企孙,席后企孙、惠康又先后致词,赠受之正

①潘乃穆、潘乃和编:《潘光旦文集》第11卷,第303、304页。

②见《西泠印社2016年秋拍图录》,图录号224。

③潘光旦妻子赵瑞云。

④潘乃穆、潘乃和编:《潘光旦文集》第11卷,第304页。

⑤叶企孙,时任清华大学校务委员会主席。

⑥刘崇乐,字觉民,时任北京农业大学昆虫学系教授、系主任及该校昆虫研究所所长。

⑦潘乃穆、潘乃和编:《潘光旦文集》第11卷,第305—306页。

式手续于焉完成。"①之后,陈梦家等请五十年前最早研究高山族的日本人类学家鸟居龙藏博士加以初步的鉴定。

10 月 19 日,丁惠康致信陈梦家:

> 顷奉惠函,藉悉一切。本拟明日奉访,惟有天津之行,约一二日后即行回京,再来拜谒。奉上照片数张,须放大后方可用。住宅太暗须重摄也。余俟后陈。草草。即上
> 梦家先生文几
>
> 嫂夫人均此问安。
>
> 弟惠康上
> 十九日②

10 月 21 日,丁惠康致信陈梦家:

> 顷自津返,失迓为歉。高山文物展如何宣传,似宜详为计划。刻决计留京追随诸公左右。南旋当在下月初旬矣。潘公亦希代致歉忱乃感。专此即上
> 梦家先生文几
>
> 弟惠康上
> 十月二十一日
>
> 明日拟出居庸关一探长城之雄。下星期二重访万寿山。是晚拟吃面一碗,高粱一盂,享人间清福。是贤伉俪之所赐也。又及。又二十一、二、三三日之《进步报》乞保留。③

10 月 22 日,王重民致信陈梦家:

---

① 潘乃穆、潘乃和编:《潘光旦文集》第 11 卷,第 306 页。
② 巴金故居编:《点滴》,2016 年第 6 期。
③ 巴金故居编:《点滴》,2016 年第 6 期。

梦甲兄:

昨日本馆展览股开会,议决鲁迅展览要延至十一月十五日以后,故该厅仍不能借用。同时晤王冶秋先生,他赞成贵展览在午门举行,而主张新文化阅览室根本不许外借。专此,即请

著安!

弟重民顿首
十月廿二日①

本日,丁惠康致信陈梦家:

顷领。兹为快下星期二恐不及趋谒。闻张伯驹兄即寓燕大对门,极拟一访宝藏。至希设法绍介,订定时间为荷,余容面陈,不一一。专上

梦家先生文几

嫂夫人均此问安。

弟惠康上言
一九四九　十月二十二日

闻令亲有藏乾隆旧织,亦甚丰,不知可一观否?②

10月23日,丁惠康致信陈梦家:

顷接电报,有事须早日南返。台湾高山文物展可否早日举行,一切希予大裁乃荷。专上

梦家先生文几

弟惠康上
十月二十三日③

---

①方继孝:《陈梦家往来书札谈》,《收藏家》2003年第5期。
②巴金故居编:《点滴》,2016年第6期。
③巴金故居编:《点滴》,2016年第6期。

10月27日，丁惠康致信陈梦家：

> 顷奉大函，拜悉一切。昨日获读《人民日报》新闻乙则，殊感愧悚。惟上海方面亦可能设法一刊否？俾使人们知道弟北行目的，同时或可以风世乎，一笑。继起者必大有人在也。星期六下午准奉访，不多及。用款将罄，如何？专上
>
> 梦家先生文几

弟惠康上言

十月二十七日①

10月28日，对1943年修订的《中国文字学》又作重订，并特别注明"需对照英文本"字样②。

10月，作《清华大学搜集文物的经过及此次展览的意义》。

10月，《清华大学搜集文物的经过及此次展览的意义》载《台湾西藏西南少数民族文物展览特刊》。

11月4日下午至7日，在北京城内艺专③，清华大学举行为期三天半的台湾、西藏及西南少数民族文物展览。经过六小时的会场布置，用了八匹布和几盒图钉，并借艺专礼堂的充分光线和较大的场面，陈梦家等12位工作人员终于把五百多件文物陈列了出来。这次展览，观众达四千余人，京津各主要媒体皆有报道，《光明日报》特发专刊报道。

11月4日，潘光旦日记："学校在城内举办台湾、西藏及西南少数民族文物展览，今日预展。午后同企孙、孝通、伟长入城，中途折燕京接鸟居龙藏博士父女同行。三时至帅府园艺专展览会址。场面甚大，布置亦周当，展览物品目前属社会学系，将来属

---

① 巴金故居编：《点滴》，2016年第6期。
② 陈梦家：《中国文字学》，第257页。
③ 今中央美术学院。

大学文物馆,故文物馆筹备委员会同人皆甚出力,泽霖而外,梦家及建筑系之高庄①尤辛苦。值政务院有常会,政府首长来者不多。"②

11月5日,赴丁惠康邀晚宴,与潘光旦从中斡旋,助丁惠康与通古斋议价,买下西周大鼎以赠清华大学。潘光旦日记:"十时入城……再度至展览会场。惠康约至泰丰楼饭,梦家、通古斋小主人黄君③同席,惠康将购通古斋所存匋斋旧藏西周大鼎一具,以赠清华,作为纪念其尊人福保先生之用,议价未妥,欲梦家与余从中斡旋;席间终获协议,以一千八百个折实储蓄单位成交。"④

11月10日,丁惠康致信陈梦家:

> 兹先奉上照片若干帧。余俟续呈勿念。专上
>
> 梦家吾兄文几
>
> 嫂夫人均此问安不另。
>
> 弟惠康上
>
> 十一月十日
>
> 展览特刊乞寄下四五份乃盼。潘诚正君住中国旅行社招待所315号,电话33184。海上物价全面上涨,故黄、王、倪三家字甚望成功带下,款即汇不误。
>
> 此次展览沪上各报未见只字,以前在京之展览均有特写刊出,故深望吾兄将少数民族之重要性,台湾、西藏文物展之盛况,以生花之妙笔重头写出寄上海各报为盼。照片

---

① 高庄(1905—1986),时任清华大学营建系副教授。
② 潘乃穆、潘乃和编:《潘光旦文集》第11卷,第311页。
③ 黄金鉴(1904—1966),字镜涵,琉璃厂巨商,尊古斋、通古斋掌柜黄伯川之子,1945年正式接任通古斋古玩铺经理。
④ 潘乃穆、潘乃和编:《潘光旦文集》第11卷,第311页。

亦可附去一二帧(如郭沫若、李副主席)等等。一切希裁乃荷,祷切祷切。又及。①

11月13日,丁惠康致信陈梦家:

《文汇报》六日有电询,兹奉上。《大公报》仅数十字,如有《大公报》驻京记者相熟有素,能予以特写,请其寄沪发表,尤盼。大鼎已放好八寸照片,连展览会全套十余张(八寸)放好后,拟即赠送贵校,以留鸿雪。请转告叶校长并代致谢忱乃盼。专上

梦家吾兄文几

弟惠康上

十一月十三日②

11月11日,于燕东园,作《清华大学少数民族文物展后感——并论大学博物馆的前途》一文,陈梦家在文章中再次号召各方人士兴起"私藏归公"的风气。

11月14日,约赵万里来看清华大学图书馆藏善本书并作鉴定。潘光旦日记:"梦家约赵万里兄来校看馆中所藏善本书,并续加鉴定,午约其同至寓中共饭。"③

11月15日,丁惠康致信陈梦家:

梦家兄:

十二日大函拜悉。此次少数民族展热烈供献,胥出阁下倡导有方,钦感无量。日内将寄上八寸照片十二张,即在艺专所摄者,以留鸿雪。黄、王二家字至感。通古斋款须十七日方可汇去,因合同重订需时也。惟决不有误。便中请

---

①巴金故居编:《点滴》,2016年第6期。

②巴金故居编:《点滴》,2016年第6期。

③潘乃穆、潘乃和编:《潘光旦文集》第11卷,第315页。

通知前途,并释锦注可也。所嘱应照办。倪字即作罢。五老图真本已在国外,真的宋元题跋现在沪上友人处。市间流传或系明绘也。石涛册页乃伪作,现折实已涨至一千六百余元。物价一夕数动,至感不安。他日若能处深山之中,拾橡煨芋,则斯愿遂矣。明年若能至敦煌一游,亦快事也。鳞鸿有便,多惠好音。专此布复,谨颂

俪安百福

弟惠康上言
十一月十五日①

11 月 20 日,丁惠康致信陈梦家:

　　屡奉手书,感慰无量。通古斋十六日已汇去六十万元,附有(十五日)折实数目,约余九万余元也。除欠尊处三万元,应余七万元弱。

　　倪字望便中购下,一俟通知,即行汇上不误。兹送呈贵校照片若干以留纪念。胥阁下毅力之所成也。草此即上

梦家仁兄文几

弟惠康上言
一九四九　十一月二十②

11 月 29 日,丁惠康致信陈梦家:

　　屡奉手教,快慰交并。通古斋款拟分一二次了结,请转告前途乃盼。倪字请以小米结好,一周即汇款也。近日物价回落,指数由三千三百余回到二千七百卅五,可望稳定。此间尘年繁俗,不知何日重来西窗话旧耳。

　　吴晗君、梁思成兄荣膺市府要职,深庆得人。贵校人材

---

①巴金故居编:《点滴》,2016 年第 6 期。
②巴金故居编:《点滴》,2016 年第 6 期。

济济,前程无量,贺贺。台湾西藏展览大照片现已放好,稍缓即可邮呈。专此布复。即颂

梦家吾兄文安

　　嫂夫人均此问好。

弟惠康上言

一九四九　十一月二十九①

12月8日,丁惠康致信陈梦家:

　　顷获贵校转来教育部奖状乙纸,惶惭无量。凡此种切胥兄领导之力也。感荷无量,谢谢。弟之虹桥路疗养院旧址为钢骨四层大厦,其地环境幽善。顷宋庆(令)〔龄〕先生将用九万单位巨款用之于修葺,俾成一理想中之托儿所。下星期将在夫人处签订正式租约,故通古斋款于十七八日左右必能汇去,请其放心。便中乞转告前途乃荷。展览会放大十寸照片现在文高处,明后日取回即行奉上。闻京地大雪,亦丰年之象也。此间徐森老主持古物保管会,拟办盛大展览,刻由弟设法觅一会址,兄能来沪盼甚。舍间可容榻也。草草。即颂梦家兄

俪祺百福

弟惠康上

十二月八日②

12月9日,丁惠康致信陈梦家:

　　……③又大鼎之座与位置之设计不知有暇及此否?极念便中示知一二乃盼。专上

---

①巴金故居编:《点滴》,2016年第6期。

②巴金故居编:《点滴》,2016年第6期。

③此处似缺页。

梦家兄文几,阖府曼福。

弟惠康上
十二月九日①

12 月 14 日,《清华大学少数民族文物展后感——并论大学博物馆的前途》载《人民日报》。

12 月 20 日,夜访潘光旦。潘光旦日记:"夜梦家、莳斋②兄嫂、国衡③、世海先后来小坐。"④

12 月 25 日,丁惠康致信陈梦家:

梦家吾兄文几:

顷奉惠函,藉悉玉体违和,至以为念。近日沪上感冒流行,而药不如天然疗法之为佳,如能坐在阳光中每日二三小时,当有大进步。又有特效疗法,于睡时,将朝南之窗大开,被头须暖,室气愈冷愈好,感冒愈重,则更效。此为万试万灵之方法,一夜可愈。如有勇气一试(万无一失,大可放心)。甚盼甚盼。高庄兄病已大愈否?大佛四尊得由……⑤兹乘金祖同兄北行之便,带上《说文解字诂林》乙部,至希检收乃荷。日前寄上台湾展览照片,谅登记室。鳞鸿有便,多惠好音。专颂

梦家吾兄文安

弟惠康上
十二月廿五日⑥

---

①巴金故居编:《点滴》,2016 年第 6 期。
②沈履,字莳斋,时任清华大学心理系教授。
③史国衡(1912—1995),社会学家,时任清华大学社会学系教授。
④潘乃穆、潘乃和编:《潘光旦文集》第 11 卷,第 326 页。
⑤此处似缺页。
⑥巴金故居编:《点滴》,2016 年第 6 期。

约本年,买到小臣逮鼎:"此鼎今在清华大学,1949 年前后购于北京厂肆。器残破,铭文填以黑色物,不能施拓……"①

约本年,四姐陈冕珠及四姐夫刘仁政去了香港。

1950 年 庚寅 四十岁

1 月 1 日,《在胜利迎新中前进》载《人民日报》。

1 月 7 日,丁惠康致信陈梦家:

> 前闻尊体违和,已大愈否?极念。大佛四尊不知是否六朝所制?如何大小?价格何如?至希赐予示详情,祷切祷切。南方风和日丽,不知北国风光何如?专颂
> 新岁健康
> 梦家吾兄文几
>
> 弟惠康上言
> 一月七日②

约本年 1 月 14 日,杨钟健有信致陈梦家:

> 梦家吾兄赐鉴:
>
> 顷奉赐函,欣悉种切。弟来京已旬余,以出城不便尚未造访为歉。承询《小屯殷墟文字乙编》发售事,顷据史语所丁树声先生面告,该书虽已印成,定价尚在商定中,一俟定妥,即可发售云云。至赠与及借等办法亦待商酌。除嘱早日决定外,先为奉告。敬请
> 刻安
>
> 弟杨钟健上

---

① 陈梦家:《西周铜器断代》上册,第 56 页。
② 方继孝:《品味书简——名人信札收藏十五讲》,第 98 页。

一月十四日①

2月6日,商承祚致信陈梦家:

梦家吾兄大鉴:

上月奉手教,至为欣忭,时时与思泊聚首,畅谈金石,乐如往昔,令人健羡。弟与希白一江之隔,以海珠桥被炸,交通至为不便,只尺天涯,自解放后未能与之一晤。新收甲骨金文必多异字,若能拓示一二纸,则感谢无既矣。中大上月下旬已成立临时校委会,重新发聘,人事更动不少,固在意中。弟株守家园见闻固陋,非其所愿。振翮无力,只好耐心以待缘也。北京古物及金石书籍目下价钱如何,如尊古斋《吉金图》二集价若干,望见告,以此可概其余矣。珠海大学维持维艰,仅百余人,为学子不忍委而去之。现正物色瓜代,尚未得适当之人。《珠大特刊》燕大、清华图书馆方面皆曾寄去,想已寓目。寒假匆匆将过,弟并未得一日闲,可叹。风便示之金石以破枯寂,企盼企盼。敬颂

教祺

弟祚拜
二月六日

晤思泊、立庵为道意。

广州惠爱东路中大平山堂201宿舍②

约本年2月8日,丁惠康致信陈梦家:

北国霜寒,想定有雅况,念念曷胜。日来拟北上,藉领教益,以求真实进步,可否设法惠予一名义(一纸公函即可),在购票种种则便利多矣。良晤匪远,先此布达。即颂

---

①方继孝:《陈梦家往来书札谈》,《收藏家》2003年第5期。

②方继孝:《陈梦家往来书札谈》,《收藏家》2003年第5期。

梦家兄俪祺百福

弟惠康上言

二月八日①

2月14日，丁惠康致信陈梦家：

顷奉手书，藉悉贤劳逾恒，念念。兄日与古物为伴，自饶幽情，甚愿常驻清华，追随左右，但不知何日得偿此愿耳。近日沪上大都甚窘，通古斋可否以二百折实作为了结（总数一千五百）？牺牲须双方的，尚望有以玉成乃感。急迫陈辞，千万察亮。专上

梦家兄文几

弟惠康上言

二月十四日

赐函：茂名南路87弄格罗文公寓106号②

4月9日，于燕东园，对《六国纪年表考证（下篇）》作了校对。

4月26日，丁惠康致信陈梦家：

梦家吾兄大鉴：

前奉寸纸，未荷赐复为念。弟之南来实为了理钱债等事。今不日即可告一段落，故即拟北上，并思在京中小住，不特环境佳，且可多事学习也。便中乞代为留意一住房，能有卫生设备者更佳，稍昂亦无妨。（地点勿论，以房屋较好为盼。）一切有渎清神，（悝）〔愧〕歉无量耳。函图曾经梦寐系之。弟之一切古物将来亦拟捐赠，一切至希指导乃感。

专此奉恳，谨颂

---

① 方继孝：《品味书简——名人信札收藏十五讲》，第98页。
② 巴金故居编：《点滴》，2016年第6期。

俪安

弟丁惠康顿首
四月二十六日

上次承赐公函恐在沪遗失,不知由京汉路北上较为快捷否?倘荷再赐一公函,俾便利一切,幸甚,恐行李稍多也。①

在本年 4 月《国立清华大学教职工录》上,陈梦家的住址仍为燕东园 39 号②。

1949 年 10 月 14 日至 1950 年 4 月 26 日,清华大学文物馆筹备委员会分别召开四次会议,筹备馆舍、经费、组织、人员等各项工作,并成立临时工作组筹办新中国成立之初所需的展览③。

5 月,完成甲骨研究文章《殷代卜人篇》初稿,此为陈梦家所作甲骨断代学丙篇。关于卜人资料的搜集,得到马汉麟的很多帮助④。

约 5 月,《六国纪年表考证(下篇)》载《燕京学报》第 37 期。本期出版日期为 1949 年 12 月,实际上时间有倒置,如周一良《乞活考》文写于 1950 年 1 月 20 日,周汝昌《真本石头记之脂砚斋评》文写于 1950 年 3 月 5 日,陈梦家《六国纪年表考证(下篇)》校于 1950 年 4 月 9 日。

7 月,"文物馆委员会"正式成立,原"文物陈列室"的收藏、结余经费、原有工作等一概并入文物馆。根据校委会决议,自1950 年 9 月起"文物馆委员会"成为清华大学常设的学术委员

---

① 巴金故居编:《点滴》,2016 年第 6 期。
② 清华大学档案馆档案资料。
③ 姚雅欣、田芊:《清华大学艺术史研究探源——从筹设艺术系到组建文物馆》,《哈尔滨工业大学学报(社会科学版)》第 8 卷第 4 期,2006 年 7 月。
④《考古学报》第 6 册,1953 年 12 月。

会之一。文物馆委员会由梁思成、潘光旦、金岳霖、吴晗、袁复礼、邓以蛰、吴泽霖、邵循正、费孝通、陈梦家、王逊等 11 位教授组成。常务委员会由主席、书记和各研究组（室）主任组成，负责处理实际事务。文物馆委员会下设考古组、民族组、民俗艺术组、档案整理组和综合研究室。主席梁思成、书记王逊、考古组主任陈梦家、民族组主任吴泽霖、民俗艺术组主任王逊、档案整理组主任邵循正、综合研究室主任邓以蛰①。

从 7 月 21 日至 8 月 31 日，陈梦家参加了中央文化部文物局组织的"雁北文物勘查团"。后来出版的《雁北文物勘查团报告》，郑振铎作序："……1950 年 7 月 21 日由北京出发，8 月 31 日返京，一共工作了四十天。在这四十天里，调查了大同云岗石窟，山阴故驿村古城，应县、朔县的古建筑，浑源李峪村出土战国铜器的遗址，阳高古城堡和广武的古墓群，五台山的唐代木建筑佛光寺，同时，还加以细密的测绘、摄影、记录，并做些小规模的发掘工作。"②

裴文中在《雁北文物勘查团之组织及工作总结》中，列出了勘查团的成员及组织情况：团长：裴文中（文物局博物馆处处长）；副团长：刘致平（清华大学营建系教授）、陈梦家（清华大学国文系教授）；总务：王守中、王树林（文物局总务科）；考古组：组长：陈梦家（兼），副组长：傅振伦（北京历史博物馆设计员）、阎文儒（北京大学文科研究所研究员），组员：王逊（清华大学文物馆）、宿白（北京大学文科研究所）；古建组：组长：刘致平（兼），副组长：赵正之（北京市文物整理委员会组长及北京大学建筑系教授）、莫宗江（清华大学营建系副教授），组员：朱畅中（清华大

---

①姚雅欣、田芊：《清华大学艺术史研究探源——从筹设艺术系到组建文物馆》，《哈尔滨工业大学学报（社会科学版）》第 8 卷第 4 期，2006 年 7 月。
②《雁北文物勘查团报告》，中央人民政府文化部文物局，1951 年，第 1 页。

学营建系)、胡允敬(清华大学营建系)、汪国瑜(清华大学营建系)。从郑振铎的序文中可知,另外还有北大建筑系李承祚和故宫博物院张广泉因病先行返京,一共十六人①。

陈梦家的《雁北考古旅行的收获》一文,记录了考古组的主要勘查对象:山阴县故驿村的"古城",山阴县广武镇和阳高县古城堡的古墓,大同县云岗石窟的造像,大同县云岗南岸及高山镇、浑源县李峪村的史前陶片与石器的搜集,内蒙古境内"西番"小铜器的搜集②。

根据上述报告的《考古组旅行日志》,可知这四十天里陈梦家等考古组成员的具体活动情况:

7月21日,由北京乘火车至大同。

7月22日,与察省雁北专署及大同文教局接洽勘查必要手续。

7月23日,由大同乘大车至云岗,下午考查各佛洞。

7月24日,上午至云岗东南三里之史前遗址采集标本,下午由云岗乘大车至高山镇。

7月25日,上午至高山城西之细石器文化遗址考查及采集,下午至焦山寺。

7月26日,由高山镇返云岗,途中查看五官屯西之石佛窟。

7月27日,上午大雨,下午至华严寺及善化寺。

7月28日,由大同乘火车至岱岳。

7月29日,由岱岳乘大车至故驿村(山阴县)。

7月30日至8月1日,勘查古城遗址及局部小规模发掘。

8月2日至4日,开掘故驿村北新渠内之一古砖墓。

8月5日,由故驿步行至沙家寺考查,当日返故驿村。

①《雁北文物勘查团报告》,第207—208页。
②陈梦家:《雁北考古旅行的收获》,《雁北文物勘查团报告》,第7页。

8月6日至8日,在故驿村候车(由岱岳雇大车)。

8月9日,由故驿村乘大车至广武。

8月10日,查看广武之古墓群及已冲破之坟墓。

8月11日,查看古墓群以外的破墓。

8月12日,查看新广武附近之长城及古建筑。

8月13日,因雨未能出发。

8月14日,由广武乘大车返岱岳。

8月15日,装标本箱交火车站运京。

8月16日,因雨未能出发。

8月17日,由岱岳乘火车赴应县,因河水暴涨,阻于应县秦庄。

8月18日,由秦庄至应县城内,下午查看木塔及净土寺。

8月19日,由应县乘大车赴浑县途中,晚宿于西辛庄。

8月20日,上午由西辛庄至浑源县城,下午至圆觉寺查看砖塔及永安寺。

8月21日,由浑源县城乘大车至李峪村查看铜器出土地点及采集附近之史前遗址之各种遗物,当日返浑源城。

8月22日,上午由浑源城乘大车至下板坡,下午查看玄空寺。

8月23日,由下板坡登恒山至恒山庙,当日由下板坡返浑源城。

8月24日,查看浑源城内之文庙、永安寺及圆觉寺之砖塔。

8月25日,由浑源乘驴赴阳高古城堡,晚宿于大王村。

8月26日,由大王村至古城堡。

8月27日,查看古城堡村附近之古墓群。

8月28日,查看古城堡及靳家峪附近沟崖之剖面。

8月29日,由古城堡乘大车至阳高县城。

8月30日,查看阳高城内之云林寺、永福寺及真武庙。

8月31日，由阳高乘火车返北京。

不过，陈梦家可能提前返回，据曾昭燏日记记录，她在8月27日、28日两天都在燕京大学见到了陈梦家。

8月27日，曾昭燏来访。曾昭燏日记："乘七时车往燕京大学，同陈幼兰游颐和园，下午二时余，返燕京大学。五时余往看赵萝蕤及夐伯（瓒）〔赞〕、王其榘、陈梦家同至高家谈，夜十时散。"①

8月28日，曾昭燏同陈梦家、陈幼兰、王其榘等参观燕京大学之古物陈列室，见大陶谷仓四枚，上书"小麦万石""粟豆万石""白米万石""口豆万石"等字，后至图书馆，在陈梦家处午餐，下午到清华大学看古物及民族学标本陈列室，觉古物极精，特别是丁惠康所赠台湾高山族文物，又到清华大学后园看望梁思成、林徽因夫妇②。

9月15日，于燕东园，作《雁北考古旅行的收获》，记述了"雁北文物勘查团"考古组调查的任务和收获。

9月，于北京陈府，因周叔弢六十寿辰征文而重录《世本考略》③。

10月8日，郑振铎借绛雪轩设宴，邀民族文物展筹备会有关人员约六十人餐叙。

11月23日，致信郭若愚，向他索阅已经印成但未出版的《殷契拾掇》：

　　若愚先生：

　　　　前在沪上，未获识荆，至以为怅。嗣经金且（祖）同兄转告，大著甲骨集已印成待装，至祈早日见赐邮下，不胜盼祷

①《曾昭燏文集·日记书信卷》，第115页。
②《曾昭燏文集·日记书信卷》，第115页。
③陈梦家：《西周年代考　六国纪年》，第197页。

之至。又小屯甲集,可缀合者甚多,闻兄等已有缀合,至为欣慰。此间曾毅公君缀合编正在北大印刷中,不悉兄等是否亦拟出版,甚盼早日问世,以利学者。美术出版社工作近况及沪上考古学者之动态,亦希见告一二。弟近作《甲骨分期》一文,将来若可印出,即当寄奉。匆此即请

撰安

弟陈梦家顿首

十一月廿三日

通讯处:北京燕京大学燕东园卅九号①

11月,抗美援朝期间,陈梦家文《中国古代铜器怎样到美国去的》载《文物参考资料》第11期。

12月3日,罗福颐寄明信片给陈梦家:

本城西郊清华大学胜因院十二号　梦家先生启

北京景山西街陟山门甲八号　罗子期寄

梦家先生执事:

　　前谈至快,铜器目录座谈会事今日已同唐公立厂谈过,渠拟于下星期二(十二号)下午二时在文物局开会。先生届时务望莅会为感。可否有暇,望示为荷。专此,即请

著安

弟罗福颐顿首

十二月三日②

12月,据《燕京大学教职员名册》(1950.12),陈梦家当时住在朗润园172号。

本年起,陈梦家原为西南联大授课而写的《尚书通论》讲稿

---

①郭若愚:《落英缤纷——师友忆念录》,第237—239页。

②方继孝:《方继孝说书信的收藏与鉴赏》,第110页。

再次用于清华大学的教学①。

本年,《周叔弢先生六十生日纪念论文集》出版,陈梦家文《世本考略》收录其中。

本年,由陈梦家找于省吾商量,将于氏所藏甲骨拓本全部十四种转让归于燕京大学②。

本年,赵紫宸购得美术馆后街 22 号一处两进式四合院作为居处,有一千多平方米。陈梦家去世后,赵萝蕤搬到这里,与弟弟赵景心夫妇一起居住。赵萝蕤在这里翻译了《草叶集》。

本年,作器铭考释《梁其器》。梁其组铜器有一件殷的拓本为徐森玉所赠③。

约本年,白春□有信致陈梦家(收信地址为中国北京燕京大学东园 39 号,寄自印度新德里):

梦家先生:

　　前几天收到您的信,我很感谢您。最近几个月内,我曾经写过好几封信给您,希望您都收到了,今天我有一件很重要的事情,急迫的希望得到您的帮助。

　　您知道我很想再回到北京去,在您和其他教授们的指导之下,多学习中文。最近印度政府要征求一个派往印度驻华使馆的中文翻译(Chinese Language Expert),对于我言这真是一个绝好的机会,如果我能被选,我就可以再到北京去继续从事我的研究工作。所以我准备应征。可是虽然我在北京读了三年,我却没有写过正式的论文,回来以前也没有从学校方面得到任何证明文件,这在今天都是很必需的,因为没有证明文件,我简直无法使他们相信我的中文知识

---

①陈梦家:《尚书通论(增订本)》,"重版自叙",第 7 页。
②陈梦家:《甲骨断代学甲篇》,《燕京学报》第 40 期,1951 年 6 月。
③陈梦家:《西周铜器断代》上册,第 277 页,图版见下册,第 828 页。

和程度,他们是以文件作为考选的参考的。

根据考选委员会(Union Public Service Commission)的公告,应征考须具备三个条件,一讲流利国语的能力,及(以下缺失)①

1951年　辛卯　四十一岁

2月15日,为《雁北考古旅行的收获》作补记,对文中所述下落不明的李裕铜器作了补充交代。

2月28日,《雁北文物勘查团报告》由文化部文物局出版。

2月,于北京西郊朗润园,重录甲骨研究文《甲骨断代学甲篇》②。

3月,于北京朗润园,完成甲骨研究文《甲骨断代与坑位》,此文为陈梦家所作甲骨断代学丁篇,后经修改收入《殷虚卜辞综述》一书,题目改为《断代·上》。

3月16日,致信郭若愚,再次要求他寄《殷契拾掇》:

若愚先生:

在沪未能识荆,去秋大驾北来,弟因在城外,于兄离京后始知之,恨未能相见。清华所藏甲骨,前以拓本交曾毅公缀合数十片,目前来校以实物拼合,始知纸上之拼合,有时有误。然缀合之工作,实为研究卜辞最重要之准备。欣闻先生于《甲》《乙》两编已缀五六百片以上,闻之快慰。但愿早日出版,实大有功于契学也。至于"甲骨掇拾"渴望已久,其中三四期卜辞,尤关重要。弟手下仅有明氏全份拓本及清华甲骨,所缺惟尊处一批,故恳请以已印散页,先行寄

---

① 方继孝:《品味书简——名人信札收藏十五讲》,第36页。
② 《燕京学报》第40期,1951年6月。

下……①

3月24日,致信李小缘:

小缘先生赐鉴:

　　圆通寺一别,忽忽七八年矣。倾奉手教,拜示悉一一,承费神时,拙作寄来尤为感激。弟去秋十月初返平,公私而忙,致未先期致信,至觉歉仄。弟在美曾与哈佛燕京合作,研究在美中国古铜,常得与叶理绥君畅谈,彼对贵所工作颇加赞赏,想为先生所乐闻者也。近来清华亦于考古一门略事扩张,稍查收藏古物,为学生观摩之用。不悉贵所最近有何发展(新出版专刊否),尚祈见告。余下久已迁居它处,家母等现在沪上,此间工作较繁,一时未能南来,前次小石先生曾邀赴中大,亦不能如愿,甚觉怅惘也。专此并请
撰安

　　　　　　　　　　　　　　　　　陈梦家拜上
　　　　　　　　　　　　　　　　　三月廿四

　　外汇劳转致谢扶雅先生。②

4月5日,致信徐森玉:

森老先生赐鉴:

　　前奉手教,敬悉一一。郭若愚君曾有信来解释《甲骨掇拾》因故未能出版,晚已再行函请其以已印散页见赐,尚未得覆。尊处所得李峪铜器,与梅原书对,知所获均属佳品(壶对最重要),惟其中"猎豆",不见梅原书中(《战国式铜器》)。又该批铜器中,有一铜兽,亦是要紧之物,倘能罗致到,最属理想矣。晚对李峪留在太原之一批铜器关心已久,

---

① 郭若愚:《落英缤纷——师友忆念录》,第239页。
② 姜庆刚:《陈梦家先生的两封信》,《温故》第11期,2008年4月。

今因先生大力,得以归公,实一大功德也。敦煌摹本展览筹备已经二月,将于本月十日前后正式开幕。日前曾往参观,材料甚为丰富,惜所借用之地点(午门正殿)过于狭小耳。近来文物处购物甚少,市上亦难见精品。专此,并请

(撰)安

晚陈梦家敬上

四月五日

□□□□□□□赐下。①

4月初,于北京朗润园,作《敦煌在中国考古艺术史上的重要》。

4月10日,于北京午门楼上,历史博物馆和敦煌文物研究所联合举办的敦煌文物展览开幕。

4月15日,收到《殷契拾掇》,写信向郭若愚道谢:

若愚先生:

寄来《拾掇》及大札均已收到,谢谢! 其中尊藏一批,最为重要,有若干片可与清华缀合……②

春,唐山贾各庄出土一狩猎壶,陈梦家判断其"属于战国的初期(公元前五世纪)而与晋、赵的李峪铜器为一系"③。

5月6日,沈从文到清华大学参观营建系展览,在文物馆见到钱锺书夫妇、陈梦家夫妇、冯友兰等人。《沈从文年谱》:"八时去清华看营建系展览。在试验中的景泰蓝多陈列,花纹颜色都有了新的发展,形态得不到。造型美术不能离开形态而进行的。

①柳向春:《陈梦家先生致徐森玉先生函一通简释》,《上海文博论丛》第38辑,2011年4月。

②郭若愚:《陈梦家先生的甲骨文研究》,《落英缤纷——师友忆念录》,第239页。

③陈梦家:《西周铜器断代》上册,第51页。

应注意这一点,方有真正转机。曾在批评簿上盼营建系有改院事实,设绘画、雕塑、工艺、室内装置各系……文物馆东东西西好。多为梦家一手收集。北大如有人稍稍肯照此办理,三年来博物馆也就大有可观了。好话总不相信,误事,也影响到国家需要……在文物馆见到中书夫妇、吴泽霖、孝通夫妇、梦家夫妇、邓叔存、冯(兰生)〔芝生〕、景超,各邀去家招待午饭。先允王逊,还是到王家。"①

5月10日,顾颉刚致信陈梦家②。

5月,《敦煌在中国考古艺术史上的重要》载《文物参考资料》第2卷第4期。

6月3日,下午,来北京的曾昭燏访陈梦家夫妇。曾昭燏日记:"下午同宪楷往看翦伯赞先生及陈梦家夫妇。"③

6月7日,顾颉刚致信陈梦家④。

6月,《甲骨断代学甲篇》载《燕京学报》第40期。陈梦家在文中谈到曾毅公的具体帮助:"1928年明义士牧师将其未收于《殷虚卜辞》的甲骨一千余版拓成墨本,名为《殷虚卜辞后编》。此书未印。我于曾毅公处见其所译明氏未完成的叙言,曾将1924年冬小屯村中一坑所出三百余片加以分类。"又谈到与董作宾的交往联系:"董氏的贞人说,自然是一个很重大的发现。但是董氏后来用全力研究殷历,对于贞人始终没有作澈底的整理。1947年我与董氏同在芝加哥大学,曾希望他将此基本工作重做一下。他后来寄给我油印的《殷代文化概论》,其第二章有他历年对断代增易结果的简述。我既觉其语焉不详,又有若干不能

---

①吴世勇编:《沈从文年谱》,第329—330页。
②《顾颉刚日记》第7卷,第58页。
③《曾昭燏文集·日记书信卷》,第131页。
④《顾颉刚日记》第7卷,第72页。

同意的地方。"另外，从文末附录中得知，到写此文为止，清华大学收藏甲骨有 1642 片，其中于省吾旧藏 697 片，胡厚宣旧藏 900 片，曾毅公旧藏 107 片，琉璃厂市场购买 38 片；陈梦家自己有梦甲室《甲骨杂集》，摄影本拓本摹本若干。在文末，作者又说："本文之作在材料方面多得友人于省吾、曾毅公及乡人罗福颐三先生之帮助，并承借用拓本，特此致谢。"

陈梦家的《甲骨断代学》系列文章发表后，引发了学术界"文武丁卜辞"的争论。董作宾为《殷墟文字乙编》写的序中，认为安阳第 13 次殷墟发掘 YH127 坑中发现的甲骨，大部分是武丁（商王第一代）卜辞，还有一部分是文武丁（商王第五代）卜辞，陈梦家以为这一坑甲骨都是武丁时期的，以致引起很大争议。

7 月 6 日，陈梦家夫妇与胡小石到南京博物院参观。曾昭燏日记："处理公事。夏庐师及梦家夫妇来，陪之一日。"①

7 月 12 日，在上海，顾颉刚来访。顾颉刚日记："到梦家处，与其夫妇谈。"②

7 月间，访徐森玉，见到铜器保卣的铭文拓本："1951 年夏于徐森玉先生处见卣铭拓本，以为重要，追寻原物，归上海市文管会。尊铭同于卣而行款稍异，今归河南省文管会。两器图象和拓本，均承徐先生寄赠。"③"（召尊）铭 7 行 46 字。同出者尚有一同铭之卣，1948 年见于北京。1951 年 7 月归上海市文物管理委员会，徐森玉先生见赐两器的拓本及照片。"④

7 月间，在上海衡山路华东文物处，见到了有过多次联系的郭若愚，谈到对方即将出版的《殷契拾掇》。郭若愚又将他正在

①《曾昭燏文集·日记书信卷》，第 133 页。
②《顾颉刚日记》第 7 卷，第 85 页。
③陈梦家：《西周铜器断代》上册，第 7 页。
④陈梦家：《西周铜器断代》上册，第 32 页。

缀合的小屯甲乙编给陈梦家看①。

　　7月间，又到浙江省文管会看古器物，"1951年夏我在浙江省文管会看到父己殷、史觚和一个斝是属于安阳古物保存会的，抗战间为汉奸所劫去"②。又见到史叔隋器："铭5行32字，器盖同铭。器高19，宽（连耳）17.4×22，盖高6.8，宽13.5×18厘米。1951年7月见于杭州浙江省文物管理委员会，共一对③。此器杂在许多伪造的铜器中，审视再三，定为真器而佳者，其形制尤所罕见。"④

　　7月19日，顾颉刚致信陈梦家⑤。

　　7月22日，顾颉刚等请在沪的陈梦家夫妇等人午宴。顾颉刚日记："宴客，谈至四时半始散……今午同席：陈梦家夫妇、张芝联、周谷城、胡厚宣、谭其骧（以上客），予以与张家驹、凌大夏、金竹安（以上主）。廿八万五千元。"⑥

　　7月27—29日，应徐森玉之约，正在上海休假的陈梦家随上海文管会工作人员一起到苏州潘祖荫老家，将大盂鼎、大克鼎等四件铜器运送到上海。大盂鼎、大克鼎这两件铜器由潘祖荫后人潘达于捐献，陈梦家亲自为它洗刷了一遍。当时上海文管会有一份搬运报告记录了这一情况：

　　　　本会前于一九五一年七月十九日，奉华东文化部函信：接潘达于来函，呈献家藏盂克两大鼎，请拨交本会筹备之博物馆珍藏展览。属即派员赴苏州妥运来沪。又潘达于又藏

①《〈殷契拾掇〉陈梦家序》。
②陈梦家：《殷虚卜辞综述》，第41页。
③现藏故宫博物院。
④陈梦家：《西周铜器断代》上册，第76页。
⑤《顾颉刚日记》第7卷，第89页。
⑥《顾颉刚日记》第7卷，第90—91页。

有齐鎒镈一件，无铭镈一件，业经本会廉价购妥，并拟同运
送来沪。奉派职等前往接运，适有清华大学教授铜器专家
陈梦家，因假在沪，自愿同往苏州，会同装运，经于本月二十
七日早六时半约同潘达于之女家华乘车赴苏。本日九时到
达，当先持本会备好之介绍函前往苏州车站接洽装运，请予
协助。该站允以最迅速妥慎方法装车，并派熟练工人代为
抬运。十时同往南石子街十五号潘宅。该四件铜器原密封
存在该宅大厅后面小屋内，详视四器虽积灰甚厚，但完整无
缺，二鼎厚重高大，两镈略小，花纹细致。经与陈教授商妥：
(一)用厚木板自做四大板箱。(二)用厚棉絮将原器全身
扎缚，并用稻草棉垫等物，四面塞紧。当由职等分头雇匠购
料，连夜赶装，争取翌午上车。包扎一节尚需熟手办理，并
初觅得古玩商四人，请其协助代办。同时职等即持本会备
就致苏州市政府介绍函前往苏州市人民政府投递，市府派
沈振孟秘书接洽，即请办：希即通知有关公安部门沿途放
行，沈秘书允即照办。当晚该派出所即派公安同志到潘宅
了解情况后，允即放行。二十八日晨，木箱及包垫工作均已
完毕，当由车站派来工友十人将四木箱扛运至车站，职等随
同押运，到站后，车站并派贾同志联络照料，商定当晚随货
车运沪，该站并派熟练工友四人随同赴沪装卸。职等亦随
箱乘车押运。二十八日下午九时四十分上车，同晚一时到
达麦根路车站，到站后因调车之路线及北站货站台无空，直
候至二十九日下午四时，始达到北站货车站卸车，当即雇妥
胶轮大板车两辆，由苏站派来工友妥卸装车，由职等步行随
车，于二十九日下午六时安全到会卸下。翌日拆视，见无丝
毫磨擦碰损之变。此次赴苏接运，陈教授始终协助督率，并

亲自动手搬运包装,帮助甚大,合并陈明。①

陈梦家自己也在文章中多次提到这一事件:

> 现在我们再回到鼎,介绍著名的大盂鼎。

> 这个鼎很大很重,通高三市尺零二分,重三百零七市斤;一百多年前,出土于陕西省眉县礼村的沟岸中;放在潘祖荫的苏州老家里也有了七十多年。抗战期间,潘家把鼎埋在屋子里地下。解放以后,潘家的后人慨然捐献给上海博物馆。一九五一年夏天,鼎从苏州运到上海,我也参预了装运,亲自为它洗刷一遍。它虽两度埋在地下将近三千年之久,但是全器完整无损。制作之精,形制花纹的完美,铭文之历史性的重要,在现存铜器中是数一数二的重器了。②

> 是年八月③,我因徐森玉先生之约,前往苏州运取此鼎和大克鼎等,得以作了较长时间的观察。鼎在抗日战争期间曾埋入地中,但再度出土后并无损蚀。原器完整无瑕,未经修理。④

7月底,为郭若愚《殷契拾掇》写下序言,介绍了小屯那一坑中所出甲骨的流传经过,并认为"保存原坑材料的完整和破折后的缀合工作,是非常重要的。现在《拾掇》正式出版,可补清华藏片的不全部分"⑤。

由于胡厚宣将甲骨拆分,再先后卖给郭若愚和清华大学,陈梦家得知后很生气。胡厚宣致信陈梦家,解释这样做的理由。

---

①郑重:《大克鼎——从潘祖荫到潘达于》,《海上收藏世家》,第12—14页。
②陈梦家:《铜鼎》,《梦甲室存文》,第334页。
③应是七月。
④陈梦家:《西周铜器断代》上册,第101页。
⑤《〈殷契拾掇〉陈梦家序》。

陈梦家又致信郭若愚,谈胡厚宣来信事:

> 我前些日子还收到"出让者"①来信,他说:让给清华者系向叶三在上海买的,让给你(指我)的系向叶二在南京买的,此二批并非一坑所出云云。如此,真是欲盖弥彰了。②

后来陈梦家又谈到原属一坑的甲骨分散后的不利:"同一坑出土的甲骨,本具有相连的关系,因为出土后的拆散,一宗之物可以分散出去,原属一甲一骨的可以分裂为许多小片归于不同的处所。举例来说,抗日战争期间有一批康丁、武乙、文丁时代的牛胛骨出土于小屯村中,后来由于分售的结果,原属一骨的分在两处:大部分在清华大学(著录于《宁沪》③),小部分在私人手里(著录于《掇一》④,今归文化部)。这两部分的甲骨有许多是可以拼合复原的,我们在《掇一》序中曾举例加以说明。"⑤

8月4日,容庚致信陈梦家:

> 梦家仁弟:
>
> 　　奉手书,适余入医院割治肾石,未能作复。比出院,尊函不知放置何处,至为歉仄。回粤四年乏善还述,学习与新课程更使无暇整理旧业,奈何奈何。大作何以哈燕社不能出版,非所知也。闻弟出外发掘与调查,想所得必不少,希详示。复颂
>
> 俪安
>
> 　　　　　　　　　　　　　　　　　　八月四日⑥

---

①指胡厚宣。
②郭若愚:《胡厚宣的甲骨文研究》,《落英缤纷——师友忆念录》,第244页。
③指胡厚宣《战后宁沪新获甲骨集》。
④指郭若愚《殷契拾掇》。
⑤陈梦家:《殷虚卜辞综述》,第47页。
⑥方继孝:《陈梦家往来书札谈》,《收藏家》2003年第5期。

8月7日,在上海,路遇顾颉刚①。

8月9日,致信赵萝蕤:

萝蕤:

　　昨晚十时抵济,华东文化部选软席包房一张,两铺只我一人,车上凉快,临行前有许多事,故未及去买嘉应子及萝卜,盼函张瑞芝代买。艾律师又招待数次,送我铜钟一个,因此在上海车站有许多麻烦,并因书籍拓本茶叶过重(共装两纸匣),付行李费约廿万元。此间招待可谓好极,茶饭烟一切俱有,并请上浴堂洗澡,专人招呼,受之殊觉过意不去。在此拟多留数日,代为工作,因行李故,天津不停,直回北京,约在十五日左右。终日有人陪我,谈话不休,最为伤神,幸我身体尚以得住。山东中灶,略为不惯,天热,尚有微风。住处系新筑皇宫式,极好,惜多蚊蝇。终日在舍,未出门。明日去齐鲁大学,并去看张遵骝之文。

　　即祝

安好

　　　　　　　　　　　　八月九日晚

　　　　　　　　梦家　济南②

　　8月中旬,由于赵萝蕤的推荐、燕京大学的邀请,正在美国芝加哥大学攻读博士学位的巫宁坤丢下写了一半的英国文学博士论文,回国任燕京大学教授,暂住在陈梦家家里:

　　　　八月中旬,从广州乘火车经上海抵达北京,西语系主任赵萝蕤博士来前门车站接我……别后不过两年,我不无好奇地看到,她的衣着起了很大的变化。当年在芝大,她总

①《顾颉刚日记》第 7 卷,第 96 页。

②方继孝:《陈梦家往来书札谈》,《收藏家》2003 年第 5 期。

爱穿一身朴实无华的西服,显得落落大方。眼前她身上套的却是褪了色的灰布毛服,皱皱巴巴,不伦不类,猛一看人显得苍老多了。

……

由于我新来乍到,住房尚未分配,便先在萝蕤家作客……她的丈夫陈梦家教授,当年是著名的新月派诗人,后来又以考古学的成就蜚声中外,当时在邻近的清华大学中文系任教。他们住在朗润园内一幢中式平房。室外花木扶疏,荷香扑鼻。室内一色明代家具,都是陈先生亲手搜集的精品,客厅里安放着萝蕤的"斯坦威"钢琴。陈先生不过四十多岁,但又瘦又黑,经常皱着眉头,走起路来弓着背,仿佛背负着甚么无形的重载,看上去有点未老先衰了。有一天,从广播大喇叭里传来个通知,要求师生参加集体工间操,陈先生一听就发火了:"这是'1984'来了,这么快!"[1]

8月16日,致信徐森玉:

森玉先生:

返京后匆匆寄上一笺,谅登记室。昨日倾盆大雨,暑气全消,今日已有秋意。入城到团城,闻十月一日在太和殿举办"伟大的祖国"艺术展览,广事搜罗公私文物,盼先生早日来京一行。此间对上海之得两大鼎、大傅陈釜不无艳羡之意。中央与地方对于收购之争,实大可不必。晚受鲁省之托,索回唐兰由川运回山东图书馆所选留之滕县铜器,大遭郑君之不满。其实滕县一批古物,中央与地方各得一部,实非上策也。此间风闻上海有购双剑鉫兵器之事,故已示意

[1]巫宁坤:《燕园末日》,《经济观察报·书评》2015年3月11日。

于君,中央亦愿重加考虑。今日与于君晤谈,据云,兵器四十余件,原议四亿可让至三亿五。并从晚之请,将秦符附入。至多字之师旂鼎(小鼎中难得之器,器小而精,字大而重要),则需另议。尤盼早日议定,以堵塞它方之要索。此事总盼早日有所决定,致不再生枝节。晚今日在城中见到一极重要、极罕见之汉器,铭"建武廿一年造乘舆一斛饬铜承旋(下工名四名)"。所谓斛即习见之铜盉形,乃量器也。所谓"承旋",即盉下之承槃也。体重廿九公斤,全身鎏金,斛及旋各有三蹲熊,镶嵌松绿石及水晶,精美绝伦,得未曾有。今日物主约晚往看,索价四亿,并有意于上海。已摄景,日内即行寄奉。此器未经修补,甚为完全,仅缺数小处,金上白锈,尤觉可贵。另在济南所见一器,附拓寄上(铭文有人疑伪刻,似不伪)。韩宅房租今日已托人送去矣。晚因行李过重,受累不浅,付运费四十万元。幸有先生嘱带之款可以挪用,免我窘迫,感激之至!内子因车中奇热,患重伤风十日,现已痊愈,惟因校事忙碌异常。西谛先生闻将参加印度访问团,清华冯芝生亦在团员之列。安阳展览去者甚少,反不如《永乐大典》展览之热闹(在北京图书馆)。西安所出"成鼎",此间已见拓本,真伪聚讼不能定,闻原器将调京。专此,并请

撰安

晚陈梦家敬上

八月十六日

信上所说,请勿告人。①

8月20日,致信刘体智,咨询吕不韦戈捐赠事宜。

---

①柳向春:《上海博物馆藏陈梦家致徐森玉信札》,《复旦古籍所学报》第1期,2012年6月。

惠老赐鉴：

在沪数聆教益，甚以为幸。又承厚赐种种，感激感激！尊著各书已由书店见告付邮寄出，不日当可寄到京矣。前在尊寓拜读金文考释，甚佩！至盼早日付刊，以利学者。晚十数年诠释金文，稿已盈尺，但因学力不足，不敢以问世。先生据三礼补金文之阙遗，用《说文》声韵，通古字之音义，使难读不全之策命，豁然贯通。以七十之高龄，闭户著书，令人钦佩之极。晚在济南文管会盘桓六日，业已返京。此间秋高气爽，甚盼先生北上一游。自十月一日太和殿中将有一"伟大的祖国"艺展，搜集公私藏器，当有可观者。前允将尊藏吕不韦戈捐赠上海市文管会，不悉已捡出否？森老对此器极重视。又"左关之錴"该会愿出价收购，至盼早日交森老，因晚急欲得一照片作研究也。另邮寄上拙作单行本两种，请教正。专此，并请

撰安

晚陈梦家敬上

八月廿日①

8月27日，有签署燕京大学校长陆志韦名字的聘书，聘陈梦家为燕京大学中国文学系兼任教授，时间从本年9月起至1952年6月底②。

8月30日，顾颉刚致信陈梦家③。

9月1日，王瑶著《中国新文学史稿》出版，其中提到陈梦家。

---

①李宗焜：《容庚与刘体智往来函札》，"中研院"历史语言研究所《古今论衡》2005年第13期。

②清华大学档案馆档案资料。

③《顾颉刚日记》第7卷，第104页。

9 月 12 日,致信徐森玉:

森玉老先生赐鉴:

前寄一□,又奉九月三日手教,敬悉一一。齐侯罍已送会中,可贺可贺! 惟不知此器系两器中之何器(贝氏一器,□首行"齐侯"下有"女"字;阮元一器无"女"字,铭文亦有□□之有无)? 至祈见告。闻大驾十月初北来,不胜欢喜之至! 内子月中□中南参加土改,约三个月始归,而新迁燕东园廿七号楼上,比前更为宽敞,且有一可以留客之小房,甚盼先生北来之时,屈临此间,稍住数日,可以避嚣,而晚亦得多所请益也。晚所藏若干照片,回国以来,未尝加以整理也,故亦未便示人。近日□□,稍加类别,其中不无可商之器,甚望先生来时,一一过目,加以审定。解放以后,文物事业,较前大为注意,惟此事如何推进问题,尚当上呈。□事者或不甚了解古物,或为意气之争,故尚需经过一番混乱。此次华东文化部之会议,各方主张办博物馆,自为正确。晚进京后,曾以山东决定明春设历史博物馆告文物局,而竟有人说,地方只管有地方性的古物,若历史展览,有了北京的历史博物馆即可矣。其说未免偏狭。日前谢稚柳君来信,询及延光室存京底片一事,兹将详目寄奉,请交谢君,恐其中与贵会所藏底片有重复者。此批六百□十一张,上年拟售于文物局,索价五千余,其价甚昂。兹将延光叶少主地址□于目录之上,可与之通讯,或先生来时,与之面洽。若欲样张亦可(洗出照片),令其寄上(共一大册)。此间学校定本学期上课,晚应清华授课四小时、燕京二小时,并为燕京学生□外讲《尚书》,如此亦甚忙碌矣。前日又□□□铜斛,细读铭文,其中有"径二尺二寸",当系建武尺(与□尺同度)。又铭文之"长氾",亦见乐浪王旴墓所出"建武廿八年蜀郡西工"所造漆杯铭文,足以证斛之为真确。风闻竟有私人拟出三亿购之,但愿其不能成交也。
两大馆拓本已完否? 盼早日寄下。专此,并请
撰安

晚陈梦家敬上

九月十二日①

约 9 月中旬,赵萝蕤南下参加土改,有四个月时间。

大约此时,陈梦家夫妇搬到燕京大学燕东园②居住,据巫宁坤回忆:"不久之后,住房调整,他们搬到燕东园一座两层小楼的楼上,楼下住的是系里另一位英语副教授吴兴华,也是个单身汉。我俩一见如故,我就搬去和他同住了。"③

9 月 15 日,中秋,罗振玉《殷虚书契考释》手稿经罗振玉四子罗福葆转手给陈梦家。罗继祖《鲁诗堂谈往录》里记载:"《考释》手稿是解放后先四叔卖与陈梦家先生,而不是陈在市上买来。"④罗继祖四叔即罗福葆,当时罗福葆债务缠身,陈梦家买手稿,解决了他的经济问题。随后陈梦家在手稿上题识:"此吾乡罗叔言先生手稿,1951 年 9 月中秋归余。上虞陈梦家记于北京。"⑤

有一天,陈梦家碰到正好也在北京的商承祚,对他提起买到上述手稿的事⑥。手稿是罗的手笔,上面有王国维签注,王的手写本据此稿抄写而定。后来又据王国维手写本影印《殷虚书契

①柳向春:《上海博物馆藏陈梦家致徐森玉信札》,《复旦古籍所学报》第 1 期,2012 年 6 月。

②据前引陈梦家致徐森玉信,知新居为燕东园 27 号,而据《燕京大学教职员名册》,当时陈梦家住在燕东园 39 号,仍在燕京大学兼任教授。

③巫宁坤:《燕京末日》,《经济观察报·书评》2015 年 3 月 11 日。

④罗继祖:《鲁诗堂谈往录》,上海:上海书店出版社,2001 年,72—73 页。

⑤郑重:《陈梦家:物我合一的收藏境界》,《海上收藏世家》,第 354 页。

⑥胡厚宣:《关于〈殷虚书契考释〉的写作问题》,转引自郑重《陈梦家:物我合一的收藏境界》,《海上收藏世家》,第 355 页。

考释》一书。罗振玉此手稿现藏上海博物馆,2008 年由文物出版社影印出版,书名为《殷虚书契考释原稿信札》。后人一度以为是罗剽窃王的著作,但据上述可知《殷虚书契考释》确是罗振玉所著。

后来陈梦家又曾两次谈及此事,并且肯定罗振玉的贡献:"1951 年我得到《考释》的原稿本,都是罗氏手写,其中书头上常注有某条应移应增改之处,并有罗氏致王氏便笺请其补入某条者,称之为'礼堂先生'。"①"罗氏对于甲骨的编印和考释,有过一定的成绩。过去有人怀疑他的《殷虚书契考释》是王国维代撰的,又有人以为他剽窃了孙诒让的《契文举例》。由于《考释》原稿的出现,可以证明王氏曾为罗校录此书,而原稿确是罗所亲作;我们后来看到罗氏的日记,载明他逐日工作的进度也证明了这点。由罗、王的信札和罗氏日记中,可见罗氏急切地将《契文举例》影印行世,并没有加以埋没。在日记中记明他记录了王襄32 字之可取者。在许多地方,罗氏自承《铁云藏龟》是经他编印的,我们以为这也是不错的。"②

9 月 18 日,清华大学有公函致燕京大学,同意陈梦家等教授在燕京大学兼课③。

约本年 9 月 18 日,郑之蕃致信陈梦家:

梦家先生:

尊处所借运回去□□下物时之款 20 万,记不清楚前日足下与弟谈论方法,弟意如能由学校归还办事处,最为方便(即改为兄与学校借款)。敬祈惠示高见为感。专此,敬颂

大安

---

① 陈梦家:《殷虚卜辞综述》,第 58 页。
② 陈梦家:《殷虚卜辞综述》,第 653 页。
③ 清华大学档案馆档案资料。

今日午后大致在家,能惠顾一面谈更佳。

> 弟郑之蕃叩
>
> 九.十八

今晚七时后弟正约办事处人至弟寓谈账,顺告。①

9月19日,曾昭燏致信陈梦家。曾昭燏日记:"写信与张彬、蒋缵初、夏作铭、陈梦家、蒋孔阳等。"②

9月23日,致信徐森玉:

森玉老先生赐鉴:

日前寄奉汉铜斛释文,昨又入城往看,始知铭文仍是"造乘舆一斛承旋",前误"承"为"甬",应仍从于氏之释。西安所存"禹鼎"已归碑林,见其拓本,细加籀释,断其为真(可能即宋世出土之一器)。乃唐、于两氏必以为伪,殊不可解。连日与之争辩不休,非见原器不能定也。郭沫若有一短文,亦不以为伪。此器与"叔向父禹簋"为一人所作。忽忆此簋曾藏潘伯寅处,世间曾有一照片,不悉仍在潘府否?乞便中访问。又潘家照片存在合众图书馆者,其目录已开出否?倘无不便之处,贵会可否向合众全部借来翻印两份?恐其中有不少佳品,外间未传器形。今日又承沈先生寄赐大克鼎大段花文及盂鼎足部花文,雄伟之极!此人拓得真好,盼能留其稍住,尽拓会中所有铜器(盼先将多字素卣、素尊[薛四的]拓出一份)、甲骨。此次上墨适度(浓而不见亮光,较佳),见其人时,乞为代致赞美之意。大克鼎两铭而分载两段,中空四行,为铜器铭文罕例。乃坊间印行大克鼎拓本,因铭文过长,分截为两页,遂失原制。禹鼎拓本廿行,十

---

①方继孝:《陈梦家往来书札谈》,《收藏家》2003年第5期。

②《曾昭燏文集·日记书信卷》,第138页。

行为一段,中间空一行,其制与大克鼎同。晚近因南游、迁居及内子出发土改,负债甚多。乃中秋前有人求售罗氏《殷墟书契考释》原稿,又复张罗一番,留之斋中,免其流落它处。见此初稿,知前人诬罗氏剽窃王氏为不确矣(稿内夹有罗氏致王氏便条数页)。专此,并请

撰安

晚陈梦家敬上

九月廿三日

天津王襄甲骨千片,闻文物局无力购(三千万),又出现在天津市场求售矣。此批材料甚好。又及。

今日来薰阁送来胡君即将付印之《战后南北所见甲骨录》稿本,其中有上海市文管会一项,共一五七片,不悉贵会是否已准许其采用也。①

9月28日,刘体智致信陈梦家,告知已将私藏吕不韦戈及其他兵器87件捐赠上海市文管会②。

9月29日,周恩来总理受中央委托,向北京、天津两市高校教师学习会做了《关于知识分子的改造问题》的报告,要求知识分子,特别是高级知识分子,改造自己的思想。

周总理报告之后,知识分子思想改造运动开始了,整个运动分为动员学习、"三反"与"洗澡"运动、组织清理与"忠诚老实"运动、院系调整等四个阶段。"'十一'一过,思想改造就成了教师的中心任务。我们先分成小组学习周总理的报告,又听其他领导人做报告。然后就开始用共产党提倡的'批评和自我批评'

①柳向春:《上海博物馆藏陈梦家致徐森玉信札》,《复旦古籍所学报》第1期,2012年6月。
②李宗焜:《容庚与刘体智往来函札》,"中研院"历史语言研究所《古今论衡》2005年第13期。

的'法宝'检讨各自过去的所作所为和资产阶级思想。"①

9月,在清华大学《一九五一年度教职工名册》(1951.9)上,"月薪"类别陈梦家是"一一三五"的数字,参照《燕京教职工生活状况调查表》(1950.2.10)来看,此应为小米斤数。燕京大学教师薪金级别为:教授440—640元,副教授320—480元,讲师200—340元,助教130—220元。薪金与小米斤数的对应,分别为:薪640—小米1284,薪620—小米1238,薪600—小米1192,薪580—小米1121,薪560—小米1086,薪540—小米1062。

自春至秋,作数篇殷代铜器研究文章。发表在1954年的《考古学报》第7册上的《殷代铜器》即是选录其中三篇:"1951年自春至秋,因停课多暇,作了有关殷代铜器的数篇。今选录其三。"②

秋,梁思永和陈梦家谈及安阳西北冈铜器:"1951年秋,主持西北冈发掘的梁思永先生曾与我谈及,并要我把所搜集的西北冈铜器照片编目印行,以供研究殷代铜器的参考。"③

10月2日,致信刘体智,求《小校经阁金文》一书。

惠老赐鉴:

前奉手教,拜悉一一。承告吕戈及鍨不日即将捡出,甚以为慰。承赐《善斋吉金录》及《善斋玺印录》各一部,已由来薰阁送来,感谢感谢!近来整理未著录之金文拓本,需用《小校经阁金文》甚急,不悉该书已由何店邮下,至祈费神见告也。《小校》所录,有溢出罗氏《三代吉金文存》者,故需用此对查。尊著《考释》已成者,至盼早日付石印行世,暂时或无影响,将来必以此为研究金文之要籍,可预卜也。专

①巫宁坤:《燕京末日》,《经济观察报·书评》2015年3月11日。
②陈梦家:《殷代铜器》,《考古学报》第7册,1954年。
③陈梦家:《殷代铜器》,《考古学报》第7册,1954年。

此，并请

撰安

晚陈梦家敬上

十月二日

正拟投邮，复奉九月廿八日手教，敬悉。尊藏吕不韦戈并其他兵器八十七件，一并捐赠上海市，化私为公，使后之从事兵器研究者多一批重要材料矣。可佩可佩！

梦家又及①

10 月 28 日，因徐森玉来京，于省吾请宴，客人有马衡、陈梦家、唐兰及文物局同事。马衡日记："森玉昨以保卣墨本见示，谓上海市博物馆已以高价购得。晨起审释一过，决为周初之物，大约在武王、成王之际。景素来。养空来谢楹联，略谈即去。下午櫵俣卣一帧留作参考。泰侄来谈。晚应于思泊之邀于森隆。除余与森玉、梦家、立庵外，余皆文物局同事也。立庵参加土改，本以今日行，今改为三十日。"②

10 月，重作《殷代卜人篇》。

约本年 10、11 月间的 27 日，宗白华致信陈梦家。国立南京大学用笺；收信人：北京燕京大学外文系赵萝蕤教授台启；寄信人：南京晒布厂二号宗缄。

梦家、萝蕤兄鉴：

接惠函后即与楼光来先生一谈，并转阅梦函。楼先生以外文系现正奉华北革大通知，将调一二位教授去学习。教业功课不敷分配，不便言辞。以弟所知，楼先生家中现乏

---

①李宗焜：《容庚与刘体智往来函札》，"中研院"历史语言研究所《古今论衡》2005 年第 13 期。

②施安昌、华宁释注：《马衡日记》，第 220 页。

人照料,南京房屋一所须自己照管,安土重迁无移动之意也。楼先生托代致谢陆先生与兄等厚意。小女福紫多予指示为感。小石先生近为文学院搜购楚简(寿春出土,价五十万)、汉镜,颇得意。专此敬颂

双安

　　　　　　　　　　　　　弟宗白华上

　　　　　　　　　　　　　二十七日①

　　约11月,在天津,和一位十五年前从事革命的学生谈了三夜。

　　在天津期间,曾到北疆博物院看甲骨。"我于1951年冬在天津北疆博物院看到两片甲骨,据说也是王家②旧物。"③

　　11月16日,陈梦家在清华大学国文系小组会上作自我批评,他从五个方面进行分析,认为是存在着一些问题,这五个方面是:对人与对事、改换朝代与革命、个人与集体、热情同情与参加、急进与缓进。陈梦家说:"我自己虽然参加了'一·二八'上海之战,热河冷口之战,我也到前线慰劳过,好像有爱国的热诚,有民族立场。但是等到失败之后,还是老老实实做工作,一心痛恨日帝,因为他破坏了我们安定生活。我们没有勇气继续不断地参加革命工作,和帝国主义、封建主义作斗争。"又说:"我们是旧社会的知识分子,好像一棵树,根有多深,枝干有多高,表现得明明白白的,本来是无需乎掩饰的。改造思想是移花接木的工作,需要慢慢地、自然地做去,操急是不行的。挖根不可以,拔苗的方式也是要不得的。不改当然不对,以为现在来改太嫌晚了,也是不对的。解放以后,我们知识分子有些看不顺眼的地方,就

————————————

①据原信影印件。

②指王懿荣。

③陈梦家:《殷虚卜辞综述》,第647页。

是有些朋友变得太快,快得不能使人相信。一个人要求进步是值得我们表扬与学习的,但是只求外表进步是要不得的,只求改头换面是有害的。有些人劝我赶快把文字学马列起来,有些人说'你治古史赶紧搞奴隶社会吧',有的说'少数民族合时啦',这些人的劝告,你们看对不对? 我们学习的时候要读文件,有些人认为你文件读得不够熟,一遍不够。我以为读熟与否是一回事,好好地想也是一回事,想过了真的实践起来又是一回事,光是生吞活剥引经据典恐怕不行罢。我们还是一步一步来,我是赞成稳稳地前进的,但是时光不等你,还是要赶快的好。不知诸君以为如何?"①

11 月,修改诗作《忆一九四四年飞过喜马拉雅山》。

11 月,经陈梦家游说,谭敬将他收藏的"陈子禾子釜"和"陈钝釜"捐献给上海市文物管理委员会。

　　谭敬的收藏除了书画及瓷器外,收藏的青铜器也甚为可观,陈梦家搞青铜器研究,与之多有交往,彼此知交为友。谭敬藏有"陈子禾子釜"和"陈钝釜",陈梦家是非常熟悉的。陈钝釜旧称陈猷区,据收藏家陈介祺考证,疑为春秋末齐国田常之子田盘(即田襄子)所制的量器。陈子禾子釜,旧称陈太公区,为田盘子孙田和所制量器。又有左关铜一件,1857 年在山东胶州灵山卫古城出土。此三器均为潍县大收藏家陈介祺所藏,被称之为"胶西三器"或"齐东三器"。此三器由陈家散出流落到上海,前二器为谭敬购进,左关铜为文管会购得。当时徐森玉为文管会副主任主持日常工作,欲再得谭氏所藏二器,以求三器之完整,就向陈梦家讲了这个想法,意思由陈梦家去说服谭敬将此二器或捐

①方继孝:《碎锦零笺》,第 20—21 页。

或卖。陈梦家遵循徐森玉的意图,游说谭敬,谭氏爽快地答应将此二器捐献给上海市文管会。同时又把他收藏的司马光《资治通鉴》稿本捐献给北京故宫博物院。①

陈梦家虽然在北京工作,却是徐森玉的台柱之一,有关青铜器的购藏,多由陈梦家参谋,其他书画有谢稚柳,古籍版本则有赵万里,当时被称为徐森玉的"三大台柱"。陈梦家遵照徐森玉的意图,促成其事,得到圆满结果。②

冬,在上海,向曾毅公借看罗福颐所拓的端方所藏甲骨的拓本。"宣统三年,端方死于四川,甲骨的大部分归其婿项城袁氏。1947 年秋,辗转归于罗福颐,伪品甚多(此点可推知其收藏不能甚早),真品不足 200 片。北京解放前,罗氏分三批分散了端方的甲骨:一部分售于北京大学文科研究所,一批百余片赠徐宗元,一部分残碎片赠曾毅公。1951 年冬,我由曾处借看罗氏所拓的陶斋③甲骨拓本,共 160 片。据徐炳昶④氏告我,1933 年前后,端方的副官李虎臣拿出甲骨出售,他得了 15 片,别人也有得的。我曾见过端方制盒送人的一片甲骨,盒上刻字说是洛阳出土的,其实是一件伪品。"⑤

12 月 4 日,致信刘体智,感谢捐赠吕不韦戈参展,并介绍赵万里。

惠之老先生赐鉴:

　　前奉手教,敬悉——。《小校经阁》已到,感谢感谢。此

---

①郑重:《聚是他,散亦是他——谭敬和他的收藏活动》,《海上收藏世家》,第 388 页。

②郑重:《陈梦家:物我合一的收藏境界》,《海上收藏世家》,第 362 页。

③端方,号陶斋。

④徐旭生,考古研究所研究员。

⑤陈梦家:《殷虚卜辞综述》,第 651 页。

次森老携吕不韦戈北来,即加入太和殿中展览,声色不少,观者赞羡不已。兹因老友赵万里兄南下之便,烦其到府致候;斐云兄版本之学海内第一,倘有可观者,至盼老先生多赐机缘。专此,并请

撰安

晚陈梦家敬上

十二月四日

承赐泾茶已用其半,极好极好。①

12月25日,致信徐森玉:

森玉老先生赐鉴:

自闻大驾返沪以后,曾寄奉一笺,谅登记室。日前黄镜涵来此,知已将拓本托韵古于君带至上海。昨晤陈鉴塘,承告日内赴沪一行,当即书一名片,到后乞予照顾。关于斛旋一器,祈与之面商。晚意其价不能过于三亿,此点未与陈君说明,但嘱其一切听森老主张,不可争执。双剑誃之事,倘开年可以成功,或可解于氏目前之窘迫,盼先生相机予以帮助。近数月中,厂肆萧条之极,晚因捐献,已穷无一文,而估人宁欠款不付,留置古物于舍下,不肯取回,致晚只能告贷以付之。昨有人送来张之洞旧榻(系两人坐椅,矮小可爱,黄花梨,明作),舍下已无地可容,但亦只得留下。好古之苦,一至于此。晚近日已将甲骨《卜人篇》钞完,拟刊《燕京学报》。日内为曾毅公整理甲骨拓本,内有端方旧藏一百六十片,拟交来薰阁影印。此外,晚有中央研究院铜器照片五十张,亦拟整理后付印。将来尚需恳求先生书签。内子仍在湘省乡下,大约

---

① 李宗焜:《容庚与刘体智往来函札》,"中研院"历史语言研究所《古今论衡》2005年第13期。

一月中可返京,甚盼能与内子同至西安一游。惟目下学习甚忙,能否脱身,尚不能定。文物局办公室主任贺泳(前名孔才),上星期二自团城上缒城而下,到北海桥上投水死去矣,亦一奇事也。斐云兄谅尚在沪,便中请为致意。专此,并请撰安

晚梦家敬上

十二月廿五日①

12月27日,致信徐森玉:

森老赐鉴:

　　昨日寄奉一笺后,今日奉廿五日手教,敬悉一一。陈君本定日内赴沪,已加劝阻。自精简节约运动以来,晚对购物款项一事,已预感将受影响。先生已尽力矣,请勿为此灰心。一俟战事暂停,或有改变之可能也。晚因教师学习,将于寒假内加强进行,西北之行,恐将延缓,亦甚为不快。闻保尊将到沪上,虽不能购,不知能请叶叔重留一拓本否? 今日接到浙江文管会开来新收童大年铜器目,计祭器十五、兵器十一、长沙太守符一、秦至明权九、铃一、汉镜三、矢卅二、宋方炉一、玉器七,亦甚可观。拓工江君近日工作如何? 若有新拓,至祈见惠。专此,并请撰安

晚梦家敬上

十二月廿七日晚②

12月,《甲骨断代与坑位》载《中国考古学报》第5册第1、2

---

① 柳向春:《上海博物馆藏陈梦家致徐森玉信札》,《复旦古籍所学报》第1期,2012年6月。

② 柳向春:《上海博物馆藏陈梦家致徐森玉信札》,《复旦古籍所学报》第1期,2012年6月。

期合刊。

本年,反对贪污、浪费和官僚主义的"三反"运动开始。"中共北京市委派一个工作组进驻燕园,领导运动,校长靠边站,全校停课搞运动。千把人的学生队伍中涌现出一批积极分子,追查美帝以及学校领导人和教授们犯下的罪行。校长办公室被查抄……"①在一片"反美"声中,燕京大学的校长陆志韦、宗教学院院长赵紫宸、哲学系主任张东荪等受到了批判,西语系系主任赵萝蕤在全体大会上当着一百多名师生做检讨。在清华大学,因为在美国的经历,陈梦家等也成了被批判的对象。大约此时,陈梦家写了"关于中美合作的认识"一类的检讨文章。

在本年《燕京大学教职员工名录(一)》(1951.12)写有薪金数,陈梦家为51,赵紫宸为650,赵萝蕤为513,何家魁、赵树理等仅写"车马费"②。

在本年《燕京大学文学院教职员名录》(1951),赵萝蕤为教授兼代主任,课程有"现代文学""比较文学""翻译""大二英文"③。

约本年,张玮④致信陈梦家:

梦家先生大鉴:

顷奉手示,备悉一一。弟于此三器早欲有所论列,因印刷不易,迄未如愿。如贵校视为重要之事,应请由贵校长出名,用公函接洽。弟当利用哈佛燕京学社出版部发一单行本。自当一切仰仗大力,方有遵循,所欲求教者正多也。弟以襄龄处艰屯之会,又被马艾诸君玩弄之后,故知前人之秘

①巫宁坤:《燕京末日》,《经济观察报·书评》2015年3月11日。
②北京大学档案馆档案资料。
③北京大学档案馆档案资料。
④张玮,字效彬。

不示人,初非得已,虽不必因此顿易初心,而怀璧之罪,则又
不能防意外。中国事常令好人难做,古今无例外也,可叹可
叹。不尽缱绻,祗颂

教祺

弟效彬再拜

赋闲一载,饱暖为艰。笔墨之资,亦无所措,草草不能
成字,幸乞恕谅。光降时前一日示知即可奉候。①

约 1948—1951 年间,为邓之诚收藏投壶照片题词:

投壶,周器也。高约华尺一尺六寸强,铜质。周身现红
绿色,上有三口,旁有二只(耳?),颈有二螭龙,腹有螭龙头,
四壁有一马一鹿一麂一狮,制作极精。颈色为瓜皮绿,腹色
有蟾蜍绿,足处绿中,均带红色锈纹,古色斑烂,美丽可爱。
三千年以前物也。梦家识。②

关于这则题跋,陈子善还作了一点补充:

这幅投壶照片与照片中的投壶一样,也大有来头。照
片系史学家邓之诚(1887—1960)旧藏,照片及底版上共钤
有三方鉴藏印,即白文“邓之诚印”“邓之诚文如印”(邓之
诚字文如)和朱文“之成所藏”。底版上又印有“宝记上海
南东路抛球场”等字样,可知这件投壶当时在上海,照片由
位于抛球场(南京东路河南中路口)的“宝记”照相馆
所摄。③

---

①方继孝:《陈梦家往来书札谈》,《收藏家》2003 年第 5 期。
②转引自陈子善:《陈梦家的投壶题跋》,《文汇报·笔会》,2016 年 6 月
12 日。
③陈子善:《陈梦家的投壶题跋》,《文汇报·笔会》,2016 年 6 月 12 日。

1952 年　壬辰　四十二岁

1 月 10 日,写《补充关于中美文化合作的认识》,按校方要求在小组会上作了这份检讨:

> 1947 年我将离美回校之际,罗氏基金人文科学的负责人曾到我的办公室,示意我暂时不要回国,我当时激于爱国心,以为大战已胜利应该即返祖国,同时对于清华亦有责任心,以为请假太久,不便不回。1948 年该会派一副负责人到中国,到了北京后,我奉学校之命招待,当时学校是想再请求津贴的,但此人说华北即将受共党威胁,不能再找事"投资"。对于劝我不回国的人,我初以为他对我一番好意;对于决定不再投资于华北的人,我初以为是美国人害怕共党过甚,且以做生意的态度决定事情。现在想来,完全是半官的文化侵略机构,老早的与该国的政治当局采取一致行动。1947 年春在普林斯顿大学二百周年纪念会中,曾举行了一次国际东方学术会议,内容分社会科学与艺术考古两类。后者曾于事先请我去筹划并布置一铜器展览,我因与当事者意见冲突,认为他对我无礼傲慢,曾拒绝出席并作讲演。后经他的再三道歉,我于开会前数日仍决定前往。会中曾赠予冯梁名誉学位。我的岳父则与其他各国政治家、文学家同受名誉学位。我当时觉得这些送学位是政治性的,但以为大战后,中国已成五强之一,美国有心要巴结我们学者。今天想来,才知道他对宗教家、哲学家因其有关思想领导,故加以笼络,其居心完全是帝国主义的收买人心。我之拒绝出席国际会议,乃出于狭隘的民族自尊感和学者尊严,及至人家承认错误后,我认为出席会议可以多接触一些人总是好的。在阶级敌对的形势中,常常以个人的利害个人

的自尊心来作去取的标准，是不对的。

我回国后，因看到国际学术中心移至美国，我一向热心宣传中国文化，所以当时主张中美文化合作，我反对美国学生到中国留学的特殊的待遇，不主张为他们特设住室与餐室，要他们真正活在中国人中间。后来有佛勃来德法案送来的学生，当时未发觉其学生系兼作谍报工作的阴谋。但我只顾自己的想法，要学生注册上课，不许自居例外，我亲授的学生必须服从中国学生的规矩，至今想起来，我犯下了如下错误：认不清美帝的文化侵略的性质；认不清美帝与美国人民的分别（一劲儿的有教无类的旧看法）；单纯强调中国文化的重要性，有民族的自尊自大感，有学术自大狂。经过学习，才认识敌我，我知道这是立足点的错误。

我1944年以前，因不会说洋话，从不与洋人往来。1945年后始与英美人士接触，因我个人脾气固执顽强，到处不示弱，当面骂人，因此很少受到侮辱，常引以自豪。我以个人的未受侮辱，误以为帝国主义对中国也无侵略性，不知道正是敌人的糖衣，对少数无关重要的文人学士给以小惠小利，藉以施行对我国的侵略。我们乃成为他们的义务代辩士，广告员。我在外期间，因痛感中国古物流传于外者，国内缺乏记录，甚为痛心。所以在短短三年内尽力搜寻材料，公私各处不使遗漏。作此工作时，很少遇到阻碍，当时比较了国外博物馆与国内博物馆与学术机关的闭门不纳，很觉得国内不行。现在想来，国内学术机关在反动政权之下，不但为反动派服务，且有在半封建残余的恶劣习惯；外国之学术机关之所以对我客气者，一则利用我的专家地位抬高他们劫夺而去的我国文物，一则利用我的知识以充实他们。在解放前，国内反动政治之黑暗腐败与□□□，确实造成一种令人媚洋的因素,但我们今日当不明白此等政治之造成,除受封建遗毒之外,实由于近百年帝国主义之侵略,使我们不能翻身。

我在国外,本为一无名之士,但因我之勤劳曾博得虚名,当时虽未尝沾沾自喜,但总觉得这是应该的。以我之个性,从不奉承钻营,我自己常觉问心无愧。别人出国一次,不是赚了许多美金,便是汽车冰箱,我一向痛恶。除了书籍材料以外,到沪只剩了 10 元,还要借垫付税。在外三载有余,收入之外,尚欠债数千元。如此等等,总是自视颇高。及今思之,我在此期间,不知觉间确是为敌人利用,点缀,在他们的生活习惯中,我或多或少总是受了恶毒的。我向来以为回国后立即脱去西服,我家中除书本钢笔之外,别无洋货,总自备了一切中国本位,可谓做得到家了。但解放以来,又经过学习,虽拥护政府之心很显明,但有些小事常感格格不入。推其缘故,总是从小以来所受英美教育,其中充满了自由主义个人主义,为害不浅。在外数年,因受私人较好待遇,以个人情感代替阶级的情感,以至初期不容易恨美,后期不容易爱苏。不能恨所当恨的人,不能爱所当爱之人,情感麻痹。又久受中国古代文化的影响,虽不一定相信儒家,对于国家民族有较狭隘的看法。平日死读书,缺少接近实际,脱离群众,以至明白原则容易,不能实践。不满意别人的所言所行,而自己既说不上来,也做不出来。

又自我出国以后,游历加拿大及欧洲一次,总觉世界之大,不可局囿于一方。解放初期常觉闭关之沉闷。我所谓沉闷者,并非看不到美国电影,但觉得自己与外面世界隔绝了。现在我们认识了国外的敌人及其阵营,明白了他们的居心叵测,已无所留恋。我们应在社会主义与新民主义国家中,找到真正的更广大光明的世界。我们应从无产阶级的广大人民中间,在自己阵营中和敌人阵营中,感到声息相通的同情与团结,为未来的世界共同努力。

这次学习当中,各位同人对我的关心与鼓励,很使我感激,大约因我之顽固不化,所以偶有一丝一毫的进展,常承大家打气,实在受宠若惊。仔细检点,个人的缺点太多,主要的是不能忘我的孤立去作思想,事事以我出发,以为我是正直的好人,无论在何社会中都能生存;以为我从未参加任何政治党团,所以"超政治""超党派",以为我从不看不起农民,所以"超阶级";以为我从不媚外,所以无"崇美",以为我从未受洋人欺侮,所以不恨美帝。如此皆将我自己藏在一孤立的地位,以为自己不属于任何阶级,不受任何政治的影响,这才是自由的思想。这种看法是不合实际的,是唯心的。我们今日已渐渐自觉我们属于某一个阶级,我们受这个阶级的支配,我们的思想意识和情感是属于阶级的,不是我们个人自创的。理性的觉悟还是不够不全的,我们必须使自己真正成为工人阶级的一分子,有工人阶级的爱和恨,为我们的阶级与敌人斗争,到那时候才真正称得上一个工人。今日我们还多少是书生之见,我们的检讨一定是不彻底不够的。①

约1月中旬,赵萝蕤土改结束,返回家中。

1月22日,致信徐森玉:

森玉老先生赐鉴:

昨奉十七日手教,敬悉——。承赐保尊照片、拓本,感激之至! 铭文似界有阳文之横直道,较卣文精美。如此佳

_____

① 方继孝:《碎锦零笺》,第21—28页。

品,不能收购,令人怅惘也。日前锡永先生寄下光孝寺出土木雕像照片全份,极为可观。又在厂肆见一长沙出土之竹俑(长约市尺六寸左右,宽一寸不到,有彩绘,已剥落),腐蚀已甚,面目莫胡。惟俑以竹制,前所未闻。索价百万,若会中可收,当可嘱其邮寄上。内子参加土改四月,已于前日返家。风吹日晒,饱吃乡间空气,已较前更结实,食欲大增。但一回来即卷入三反,朝夕开会,疲惫不堪。大学三反,贪污不多,浪费可惊,官僚主义则人人有之。晚亦受检讨。昨日燕京大会上,闻有人提出购买宏治本《西厢》为浪费之例。晚因解放后已辞文物馆之事,故此次仅参加系中小组讨论,每日在六小时以上,需开会到除夕,方可休息。刘、沈去职,不知何故?此间北京图书馆检讨局方官僚作风,闻极为尖锐。西谛先生日内当又返京,其新出《艺术图谱》或因匆促付印之故,不无错误。两大鼎制版后尚不劣。晚近日因开会太多,无暇工作,仅将端方甲骨拓本整理完毕,又将口外所得前中央研究院侯家庄、小屯出土铜器八十件(外间甚少发表),略加说明,不知何日可以出版。西安之行,一再迟延,大约需在三月间告假前去。此间三大学,不久即将商议合并,谅已有所闻。如此甚好。镜涵印谱之事,当代转告。专此,并请

撰安

晚陈梦家敬上
一月廿二日

　　保卣尊甚盼能由一私人先行购下保存,再归会中,免其流落它方。①

---

①柳向春:《上海博物馆藏陈梦家致徐森玉信札》,《复旦古籍所学报》第1期,2012年6月。

2月1日,致信郭若愚,对胡厚宣的《战后南北所见甲骨录》提了一些看法:

> 卷上,大约不错。卷中,明氏部分不全,系毅公所摹。卷下,《师友》卷二,有一部见于薛学珍拓本。其中有已著录的,如2.90=续1.17.5。《坊间》卷二,全部系随庵旧藏(今归善斋,弟有拓本,上有随庵图记)。卷五,来历不详,其中有已见录于粹编者(如2.34=萃797,2.63=萃395)。
>
> 胡书所谓"南北""宁沪""师友""坊间"皆有靠不住之处,其来历亦有杜撰者。①

"三反"运动中,陈梦家因为清华大学文物馆购置古物事,被指"贪污财产",被打成"大老虎"。此时家里矛盾重重。赵萝蕤2月18日、20日、23日日记都有记载:

> 二月十八日　星期一　冷极多风
>
> 上午起身较晏。为梦家交代文物馆事作剧烈思想斗争,使我自己又作一次痛苦万分。他时而理性清明,时而感情激动,我虽安闲待之,但真正受不了他。
>
> 二月二十日　星期三　冷
>
> 今天早醒,又为梦家疯态所逼,把他大骂一通,打垮他的个人英雄主义。大骂之后果然稍好,比理性说服强得多。结果他到母亲家抱小桔去了。我一人在家补记日记与家用账。梦家回来,我又提出他的几(个)主要思想问题,共四五个,他都记了下来。我并且告诉他,我二人最主要的不同就是个人英雄主义与个人主义的不同。他是英雄,而我不以英雄自居。并且各作小诗一首,小事以自明。午饭后,疲劳

---

① 郭若愚:《陈梦家先生的甲骨文研究》,《落英缤纷——师友忆念录》,第240页。

不堪,大作午睡,一直睡到四点。梦家则因为个人英雄主义必须解放,大作其诗。我被其扰,只有闲然抚琴。五点时宁坤(巫宁坤)与兴华(吴兴华)先后来乱谈,无非是思想斗争的苦痛与愉快。梦家则大写其诗,以申其冤,只得听之。巫、吴煮咖啡与梦同饮。七点饭毕,我又作日记。七点半,马铁犹来与我长谈到十一点半。他与节约检查委员会已对梦家急公好义精诚感人的人格完全了解,帮助群众了解了他,又启发了我许多,使我更感到做好人的光荣,更可帮助梦家作最深刻的交代。梦家未参加谈话,送马走后,我将大意告梦,他已能平心静气,睡得虽晚而甜睡。

　　二月二十二日　星期(三)〔五〕

　　早醒,又和梦家作思想斗争。我告以应不吃屎,不骑马,以此两句作座右铭,不承担未有之罪,但亦不自高自大,骑高头大马。[1]

邓之诚3月8日(农历2月13日)日记:"高名凯来言:陈梦家坦白贪污三亿;唐兰坦白贪污金条七十条;赵万里贪污之数不详。此举所谓羞死人。又言张东荪向本校及中央政府、民盟总部请假反省。翁独健来,以高在座,未深谈,唯言张、陆、赵三人皆已不能任教。与予所料合。"[2]

3月18日,致信郭若愚,索要《殷契拾掇》二编及小屯甲乙编之缀合稿:

若愚兄:

　　兄之第二集何日出版,倘有其他散页,请速寄赐,以便

①方继孝:《碎锦零笺》,第29页。
②转引自谢泳编:《思想利器——当代中国研究的史料问题》,北京:新星出版社,2013年,第275页。

收入弟之总结中。……前信所说乙编缀合之著作,仍盼考虑寄下(一二个月后),以便与所方商量出版(大约可成)。同时弟亦得参考应用。如何之处,至祈明示。①

春,将搜集的西北冈出土铜器照片,据各种书刊上的简略记载分属各墓,再对照梁思永的记忆,大致出入不大②。

"三反"的结果,陈梦家得到"不处理的处理"③。

5月,又开始了"整干",即"忠诚老实运动",人人写自传交代历史。"思想改造的下一阶段是'忠诚老实运动'。全校教职员人人都要写一份自传,详细陈述从出生到目前的全部经历,重点是交代本人的政治历史问题和各方面与美国的关系。""教师们一面忙于思想改造,一面忙于向苏联'老大哥'学习,研究教学改革。教育部发下一套苏联某师范学院的英美文学教学计划和教学大纲的小册子,萝蕤带领我们学习,没完没了地讨论如何虚心借镜。不久,上级宣布全国高等学校向'老大哥'学习,进行'院系调整'。教会大学一律停办,燕京和辅仁按科系分别并入调整后的北大、清华、北师大,人员听候分配。于是,萝蕤又带领我们学习院系调整方案,最后人人表态,服从分配。这时已是暑假,上级又决定把五所大学的全体教师都送到青岛去休假一周,既可放松一下绷得太紧的神经,又可避免干扰分配工作。"④

夏,在青岛韩宝生处见到甲骨拓本。"黄立猷《金石目录》有王绪祖的《殷墟书契萃菁》二卷,1952年夏我在青岛韩宝生处见

---

① 郭若愚:《陈梦家先生的甲骨文研究》,《落英缤纷——师友忆念录》,第239—240页。
② 陈梦家:《殷代铜器》,《考古学报》第7册,1954年。
③ 陈梦家致赵萝蕤信,见方继孝《碎锦零笺》,第30页。
④ 巫宁坤:《燕京末日》,《经济观察报·书评》2015年3月11日。

到'兰畹手拓'的拓本 33 片,确是王氏故物,后来王献唐先生又亲自拓了 10 片寄我,共 43 片。"①

9 月 1 日,教育部拟将陈梦家调到考古所,梁思永让夏鼐与郑振铎谈相关事宜。夏鼐日记:"上午至丁瓒主任家,未遇。至梁先生处,闻教育部拟将陈梦家君调至考古所,梁先生托余与郑先生一谈。"②

赵萝蕤则被转入北京大学西语系任教授,赵紫宸被安排到燕京神学院。

9 月 19 日,晚,访邓之诚。邓之诚日记:"入夕,陈梦家忽来,谈《越缦堂日记》,冒雨去。"③

9 月 25 日,访马衡。马衡日记:"廿五日(初七日星四)。晴。校《论语》毕。傍晚陈梦家来,言已脱离清华入科学院考古研究所。言外似有惆怅之意。"④

10 月 15 日,赵萝蕤搬到北京大学中关公寓 303 号⑤。此后,有湖南常德人民医院雷氏寄明信片给赵萝蕤,收信地址即此,信封上有信鸽图案⑥。

由于陈梦家不能天天回北京西郊的家,夫妻之间常通信。

约 10 月间,陈梦家调入中国科学院考古研究所。陈梦家从1937 年到清华大学中国文学系任教以来,先后讲授的课程有:古文字学、文字学概要、语文概要、古代社会、铜器铭文研究等,兼

---

① 陈梦家:《殷虚卜辞综述》,第 651—652 页。
②《夏鼐日记》第 4 卷,第 504 页。
③ 邓瑞整理:《邓之诚文史札记》下,第 667 页。
④ 马思猛编著:《金石梦故宫情——我心中的爷爷马衡》,北京:北京图书馆出版社,2009 年,第 361 页。
⑤ 参下文 11 月 6 日陈梦家致徐森玉信。
⑥ 方继孝:《品味书简——名人信札收藏十五讲》,第 182 页。

文物陈列室主任①。另有《尚书》等课。

调入考古研究所后，先是租住在考古所附近一个大杂院，房子好，但嘈杂。不久，由王世襄介绍，租住在钱粮胡同15号王世襄舅舅遗留的一个院落内，每月租金45万元："进城以后租住在考古所北面不远的钱粮胡同15号，几层院落的大宅院，院内花木扶疏，先生的窗前有一棵碧绿的芭蕉树。"②"1952年院系调整，先生住在钱粮胡同15号，是一座多层的院落，先生住在东北面，两间北房，房间较大，走去花径通幽，窗外有一棵芭蕉树。"③

11月6日，致信徐森玉：

> 森老赐鉴：
>
> 　　此番大驾北来，得聆教益，甚以为慰！晚上月十五日为内子迁居新宅，十七日将大部分书物迁移城中钱粮胡同十五号。事先既无暇包装，事后又乏人手整理，以一人之力整顿零乱之书物，至觉劳累不堪。近日又患感冒，犬牙又崩失一角，种种麻烦不一而足，从此始悟包袱背不得矣。近日已到所上班，早起晚归，在外游击吃饭，殊以为苦。但将来习以为常，或可稍安也。明年工作计划或将着手为过去甲骨学作一总结，大约研究范围（明年一年）不出乎此。沪市甲骨材料之搜寻，尚祈先生鼎力赐予帮助。善斋甲骨拓本，前此未曾细细对过，见惠老时，乞将晚近况代达一二。其材料倘能见假一用，当妥为保管。若惠老有不便之处，即作罢论。昨日曾寄一信于郭若愚君，请其将所作小屯甲编乙编甲骨缀合稿册寄下，俾设法处理。此工作亟应使其完成，但

---

①齐家莹编撰：《清华人文学科年谱》，北京：清华大学出版社，1999年，第204页。

②周永珍：《我的老师陈梦家》，《历史：理论与批评》2001年第2期。

③周永珍：《追忆陈梦家先生》，《中国文物报》2016年8月26日第7版。

具体办法一时尚未决定,请先生费神从旁催促一声,嘱其早日寄到所中,一看再说。晚近日体力已大不如前,内子劝勉和平处事,切戒燥急之病,或可免蹈过失也。贵会新收大铜器,闻之心动,倘有照片,并其它新拓之物,至盼见赐,先睹为快。此间寒流已到,炉子未安,煤未购到,单身住家,有意想不到之麻烦。专此,并请

撰安

晚陈梦家敬上

十一月六日①

11月9日,致信赵萝蕤:"我因性急,搬家受累,精神身体很受损害,真是一言难尽。今日因不放心你,心中不知何故非常难过。此次真是大变,心、体都不能应付。程咬金也有山穷水尽之日。现在但求一个'安'字。"②

11月14日,开会。夏鼐日记:"上午参加所中整党学习,散会后至梁先生处谈所务。下午在梁先生处开会,黄、陈、苏皆参加,为新来的两位研究实习员预备业务学习也。"③此处"陈"疑指陈梦家。

11月17日,考古所学习④。估计陈梦家也在其中,以下同。

11月26日,考古所政治学习⑤。

12月1日,致信赵萝蕤:"每日匆匆起来……中午只一小时空闲,甚觉不便。"⑥

①柳向春:《上海博物馆藏陈梦家致徐森玉信札》,《复旦古籍所学报》第1期,2012年6月。

②方继孝:《五十年代初期的陈梦家与夏鼐》,《读书》2019年第2期新刊。

③《夏鼐日记》第4卷,第518页。

④《夏鼐日记》第4卷,第518页。

⑤《夏鼐日记》第4卷,第520页。

⑥方继孝:《五十年代初期的陈梦家与夏鼐》,《读书》2019年第2期新刊。

12 月 3 日，考古所第六次所务会议①。

12 月 8 日，考古所学习②。

12 月 10 日，考古所学习③。

12 月 12 日，考古所政治学习④。

本日，致信王献唐。信中提及考古所先一部分开始迁移到马市大街。并言经常开会，与上面相呼应。全信如下：

献唐先生：

奉上月廿八日手书，快同晤谈。连日因所中部分迁移，经常开会，既无暇研究，几乎甚少握管，终日碌碌而一事无成，常觉不安之极。邾国铚鼎前曾借至斋中观摩，已归还主人，容请人拓奉，因近来不知拓工何往，故需稍待，定可转到也。承先启箧寻捡甲骨拓本，感谢感谢。甲骨之事非常琐碎，而明年需作一总结报告，甚盼一气作成，以后不再做它，以了结此缘法，惟在此一年中总当书，可能努力搜寻一番，藉可彻底为公家作一总结，亦为自己作一总结也。

春暖北来小聚，闻之甚喜。梦年过四十，去老尚远。然冬季依然长袍，但取其暖，何必管他人之短装。我等所治容有过时之嫌，然其中材料总有用处。近来考古之学渐有兴盛之势，以后经济建设工程中，恐被动抢救出土古物之工作必定频繁，从而可增加许多新知，可断言也。此间考古训练班业已结束，彼等需到郑、洛实习。郑州有早期殷代遗址，亦出卜骨（钻而不凿，尚未开箱）。其地实仲丁祖乙之所居，殷墟之又一地也。又昨见洛阳出土卜甲（龟腹甲）有钻凿卜

---

①《夏鼐日记》第 4 卷，第 521 页。

②《夏鼐日记》第 4 卷，第 522 页。

③《夏鼐日记》第 4 卷，第 522 页。

④《夏鼐日记》第 4 卷，第 522 页。

片而未刻字,似属殷代而较晚者,如此出甲骨之地域,又增多几处。

关于祭器与殉葬器一事,鄙见如下:所谓殉葬器者包括:用器(包括战获品等),祭器及专为殉葬而作之明器。所谓祭器分为两项:一为地上宗庙之祭器,即微子所持者,《左传》所记宗器等均是(出土宗器均是);一为地下墓室之祭器(明器及专为殉葬所作之祭器)。因此出土父某旦某之器,可以是地上宗庙之殉葬者,可以是专为墓室而作之祭器,凡属于前者(即宗庙原器之殉葬者),可以是所殉者若祖若父之祭器。

关于黑陶公布一事,因思永长病以后,近复有临时之病,冬季于彼不利,故未能去问,夏作铭亦甚忙碌,无暇作清谈,兹将所知并平日与彼等所谈者简答如下(此信写了数天,非早覆不可矣,有不完整处,容稍暇再问夏君):

一、思永对小屯、龙山与仰韶之看法,并无改变。此三种文化之先后次序,似乎已成"定论"。鄙意亦赞同此说。

二、现在可以山东为黑陶发源地。黑陶不止一种,以后仍当详细比较,再行分小类,定先后。鄙意以为应该说华北平原是黑陶区域,黄土高原是彩陶区域。

三、龙山文化一定晚于仰韶。三层文化先后次序应无可疑。最近考古训练班在郑州郊外试掘殷代遗址,殷文化层之下为龙山文化层,在其附近有单独的仰韶文化,不相混淆。

四、裴所引滑县、辛庄等地之龙山文化,系前中研院所作,可参看《安阳发掘报告》《田野考古报告》,均有记载(不甚详细),又可参看郭宝钧《河南古迹保管会第二次展览》小册,此册不易找到。

五、解放前后之黑陶发现可参看《科学画报》《文物参考资料》，或者亦有一点。

　　匆覆不一，叩请

撰安

　　　　　　　　　　　　一九五二年十二月十二日

　　　　　　　　　　　　　　陈梦家谨上①

　　12 月 15 日，因陈梦家介绍，周永珍来考古所工作，本日签到，她开始了研究实习员的工作，陈梦家仍是她的导师。周永珍回忆："1952 年我大学毕业，分配到文化部文学所，每周由丁玲、赵树理等文学著名人士讲课。一年后到外地体验生活，然后再做一次分配。当时我不愿走文学的道路，于是我到考古所找陈先生，说明想到考古所工作。先生同意后，立刻写了三封信，让我去见郑振铎、梁思永、夏鼐所长。我心中害怕，面有难色，先生便把见面时各位所长会问什么问题、如何答对告诉我。"②"我毕业后被分配到文化部文学讲习所做研究生，得所长丁玲和先生的帮助，得以在考古所工作。这些年每每忆起调到考古所工作的情况。来所之前，先生叫我去拜访郑振铎、梁思永、夏鼐三位所长，并为我写了三封介绍信，一一教导见哪位先生应如何答对。特别是去见郑振铎，他当时是文化部文物局局长兼考古所所长，公务很忙，还要作学术研究。那时他在北海团城办公。先生告诉我见到郑先生，他会不理睬你，低头干他的事，你只管讲你的，讲自己的要求及自我介绍。见时果然如此，但郑先生并不可怕……"③"到所后任研究实习员，导师仍是陈先生。上班后先生叫我为他到所内图书馆借各种书籍。所图书馆是收藏专业

---

①安可荇、王书林手稿整理，杜泽逊编校整理：《王献唐师友书札》，青岛：青岛出版社，2009 年，第 1835—1839 页。
②周永珍：《追忆陈梦家先生》，《中国文物报》2016 年 8 月 26 日第 7 版。
③周永珍：《我的老师陈梦家》，《历史：理论与批评》2001 年第 2 期。

图书最多的图书馆。借来书后，先要我自己翻一翻，借以扩大知识。"①

据周永珍介绍："五十年代先生的办公室在考古所的第二层院，北房三间，对面是语言学家丁声树的住地及办公地点。"②"他每日清晨五时起床便开始工作，早饭罢来到考古所，我们上班时，他已伏案工作多时了。十时工间操休息，或到同志间闲聊，或园内走走，考古所原是余园，曾是黎元洪的花园，园内有月牙池、太湖石，四季树木常青，花草扶疏。有时也到黄土岗小酒店喝一杯啤酒，小憩清心。"③

12月20日，致信赵萝蕤："下午又是季度检查总结会，陶孟和主持。闷坐四小时，大听窗外的雨声。"④

12月24日，上午考古所政治学习2小时⑤。从这日起，夏鼐只参加科学院院部的学习，不再参加考古所学习，因此以后考古所的学习从夏鼐日记中看不到，陈梦家在考古所的政治学习情况也不太清楚。

12月26日，致信徐森玉：

森老赐鉴：

月前寄上一笺，谅登记室。自大驾南返以后，晚三日之内，先为内子搬家，大部分书物皆移城中寓所，单枪匹马，困苦万状。入城后，自作茶水，自生洋炉，早出晚归，归后只有睡觉矣。现在所中包饭两顿，较之街头乱吃稍强。北大新

①周永珍：《我的老师陈梦家》，《历史：理论与批评》2001年第2期。
②周永珍：《追忆陈梦家先生》，《中国文物报》2016年8月26日第7版。
③周永珍：《回忆陈梦家先生》，《燕大文史资料》第9辑，北京：北京大学出版社，1995年，第405页。
④方继孝：《五十年代初期的陈梦家与夏鼐》，《读书》2019年第2期新刊。
⑤《夏鼐日记》第4卷，第524页。

宿舍仓促构成,其俄式墙炉尤不能用。上月老佣中煤毒,晚适在乡下。晨间急救得生,今已回家休养,使晚耗费不赀。晚上周回乡亦中煤毒,幸夜半不自觉间爬地而出,呼妻抱女,幸免于祸。是亦天意不欲我丧生也。至今思之,不寒而栗。到所一月有半,因有种种学习,未能开始工作。元旦后,又将突击俄文一个月。刘惠老近况如何? 请将其新住址见告。阅报,知贵会博物馆已开幕,欣慰之至! 新收铜器之照片已制就否? 乞早日见赐。拓工已复工否? 晚明年总结甲骨后,后年或将作铜器之总结。郭若愚已有信来,曾请其将甲骨拼合之作寄下,至今未有下文,不知如何? 专此,并请

撰安

晚陈梦家谨上
十二月廿六日①

　　冬,中科院要求各院所开办俄文速成班,考古所按照要求组织研究人员学习俄语,并进行阶段性考试。同时要求,要把学习俄语作为一项政治任务来抓。陈梦家每日在工作室有忙不完的工作,时常晚上接着干,星期六、日有时还要加班。陈梦家几乎没有接触过俄语,为了过关,他"每日要突击俄文,弄得昏头昏脑,甚是可笑。逢场需要如此,但觉甚是可笑,亦自'人生一乐'之道"(1953年1月5日致赵萝蕤信)。尽管对于有用没用都要学俄语的"一刀切"做法不理解,陈梦家还是认真对待。在学习中他采取"不能记熟而必须死记"的笨法子,在两次阶段考试中,都考了九十分以上成绩。1953年1月28日,结业考试,陈梦家得到九十点零一分,三次"平均大约是九十一分,我已经很满意

<hr>

① 柳向春:《上海博物馆藏陈梦家致徐森玉信札》,《复旦古籍所学报》第1期,2012年6月。

了。考古所只有三人过九十分,其他七人皆六十分左右。我们二月二日午后二时开总结会"(1953 年 1 月 28 日致赵萝蕤信)①。

12 月,致信郭若愚,谈郭若愚小屯甲乙编缀合一书的出版情况:

> 若愚我兄:
>
> 　　甲乙编之缀合部分,弟盼兄先行寄下,其未拼部分,兄以后可慢慢补拼。此事亟待完成,以利契学。兄将已拼成者寄来,自可商量出版办法,弟已与所中谈到,若果出版,将来稿费当尚丰。兄寄来时,则对弟明年整理工作,可有极大帮助。再则弟相信兄所拼者,较为准确,则他人可无需再拼。其尚待拼合部分,弟当斟酌情形,再作处理办法……②

为整理郭若愚的甲骨缀合书稿,陈梦家又找来曾毅公和李学勤一起做这个工作。李学勤进入北京图书馆跟随曾毅公缀合甲骨,后一同转到考古研究所协助陈梦家整理甲骨文资料。大约在 2010 年,李学勤接受记者采访时回忆说:"1952 年,上海博物馆的郭若愚先生也在做甲骨缀合工作,他把他的成果送给他所认识的当时担任中国科学院院长的郭沫若先生。郭沫若先生是政治活动家,所以他没有时间看这个,把它交给 1950 年刚刚成立的中科院的考古研究所,考古研究所当时新去了一位教授,就是从清华中文系调去的陈梦家先生,他是甲骨文的专家。所以,当时考古所的郑振铎所长就把这个稿子给了陈梦家先生,他一看就说这个稿子很好,可是看起来还不完备。陈先生说有一

①方继孝:《五十年代初期的陈梦家与夏鼐》,《读书》2019 年第 2 期新刊。
②郭若愚:《落英缤纷——师友忆念录》,第 240 页。

老一少,老的是北京图书馆的一个老学者曾毅公先生,他现在已经过世了,还有一个少的就是我,一个'小孩子'。郑振铎先生就说了,把他们两个找来,他们就把我找去了。"①

郭若愚的甲乙编缀合稿,后来定名为《殷虚文字缀合》,郭沫若题名,郑振铎作序,1955 年 4 月由科学出版社出版。

本年,陈梦熊从南京调到北京地质部工作,此后兄弟两人经常见面。

本年,对唐山贾各庄出土的铜器作出鉴定:"1952 年考古研究所在贾各庄的发掘,果然获得极多的铜器,而确乎具有李峪铜器的诸种性质,使我们更具体的看到李峪与唐山之间的联系。"②

1953 年 癸巳 四十三岁

在 1 月中旬的评薪中,陈梦家得到所里研究员的最低额。1 月 21 日晚,致信赵萝蕤:

> 我此次得到最低额,心中觉得泰然,于我丝毫无损害,似乎,似乎在涵养上比从前进了一步。我在三反中所得不处理的处理,原来时时可以灵活运用的。我现在所惧怕者还是研究工作的不能像过去在学校时多有时间来做。未来数年不知能做成什么。至于其它一切我已想通,精神反而愉快了。③

---

① 《为天地立心,为生民立命,为往圣继绝学,为万世开太平——李学勤教授》,史宗恺主编《学术人生Ⅱ》,北京:清华大学出版社,2013 年,第 108—109 页。
② 陈梦家:《西周铜器断代》上册,第 51 页。
③ 方继孝:《五十年代初期的陈梦家与夏鼐》,《读书》2019 年第 2 期新刊。

1月26日,上午开考古所本年度第一次所务会议①。

2月2日,考古所政治学习②。

2月13日,除夕,考古所开联欢会,并欢迎新来人员,陈梦家应当是新来人员中的一员。夏鼐日记:"下午所中开联欢会,并欢迎新来人员。"③

2月17日,年初四,下午,夏鼐、苏秉琦往访陈梦家不遇。夏鼐日记:"下午苏秉琦君来贺年,偕往访陈梦家君,未遇。"④

2月14—17日,从年初一到年初四,放假四天,18日开始上班⑤。

安阳大司空考古发掘,陈梦家参加了安阳工作队,何时从北京出发,日期不清楚,但夏鼐日记1953年2月19日记载:"下午安阳队开会,商谈出发工作问题。"⑥那应该是在2月19日以后的几天里。

2月26日,夏鼐到马市大街办公室查看,以便布置。考古所搬迁到马市大街此时应该已完成⑦。

2月,周永珍正式到考古所工作⑧。

2月底或3月初,陈梦家为周永珍争取到了整理安阳大司空陶器的任务。"1953年3月,我到安阳大司空村发掘,归来先生为我争取到整理陶器的任务,在山坡上陶器上架排队时,先生时

---

①《夏鼐日记》第5卷,第5页。
②《夏鼐日记》第5卷,第6页。
③《夏鼐日记》第5卷,第8页。
④《夏鼐日记》第5卷,第9页。
⑤《夏鼐日记》第5卷,第9页。
⑥《夏鼐日记》第5卷,第9页。
⑦《夏鼐日记》第5卷,第10页。
⑧《夏鼐日记》第5卷,第59页。

时上来看看。"①"二月底,我第一次下田野,参加安阳大司空村考古发掘工作,先生非常支持。此次发掘了几百座墓葬,回来由先生主持写发掘报告,由我写陶器部分。把陶器上架排队时,先生也常上楼观看指点。报告完成后,先生带我和一位师兄去见郭沫若先生汇报工作。"②

3月12日,杨钟健复信陈梦家。杨钟健为古生物专家,曾对安阳出土的殷代兽骨做过不少鉴定的工作。此前陈梦家以殷墟卜用兽骨的种属问题请教于杨氏,这封信是对这一问题的回复:

> (1)用作占卜的肩胛骨,各种动物都有:如鹿(不同的鹿)、马、猪、羊、牛等。不过肩胛骨一作占卜之用或刻上文字以后,出土时往往残缺,不容易辨别它是属于那一种动物的肩胛骨。因之,只能个别的判定。

> (2)肋骨的使用除牛以外也用其他动物的,如鹿等。肋骨一经截断成小节之后,很难鉴定出它的属别。牛肋骨更不容易分别出是属于哪一种牛的。

> (3)上述的牛当然包括两种牛,即牛 Bos exiguus Mats 和圣水牛 Bubalus mephistopheles Hopw。它们只有习性上的区别:牛是在野田中生活的,水牛能在池沼中生活而不大习惯于田野或山地。当初的用途如何,无从知道。

> 杨钟健
> 一九五三年三月十二日③

3月17日晚,致信赵萝蕤:"今日老郑叫人来喊我去马市,我匆匆即去,无非坐了聊天,他似甚关心所事而不甚满意某某两人

---

① 周永珍:《我的老师陈梦家》,《历史:理论与批评》2001年第2期。
② 周永珍:《追忆陈梦家先生》,《中国文物报》2016年8月26日第7版。
③ 陈梦家:《殷虚卜辞综述》,第5页。

之'保守',但他说话吞吞吐吐,并未明说出来。我对此等事,现在已不甚热心。以后更要少说话。据他说,我去所中以后,已使某某之不安。"①

3月21日,陈梦家在张葱玉家中晚餐,适夏鼐来访。夏鼐日记:"晚间至张葱玉君处,适陈梦家君在其家晚餐,后至裴文中君家中一谈。"②

3月23日晚,出发往安阳:

> 1953年3月下旬,中国科学院考古研究所组织发掘团在安阳大司空村的附近做考古发掘工作。大司空村位于安阳车站西北约四里,南邻洹水,与有名的小屯村隔河相望。陈梦家当时正在撰写《殷墟卜辞综述》,他向夏鼐提出到现场看看发掘情况。安阳考古队长马得志和他的关系很好,也欢迎他前往。1953年3月23日中午,他把去安阳的大致时间致信赵萝蕤:"似乎要星期二晚才能成行,在安阳住客栈。"实际上,当天晚上陈梦家就乘火车赴安阳了,同行的还有陈公柔、周永珍等。他是第二天的下午两点半到安阳,"三点已到发掘地参观,共看了九个墓,所出物品不多,皆小玉件甚佳,亦有无字的甲骨"。在安阳的十几天里,陈梦家白天随考古队员去现场,晚上还对挖出的古物进行清理和记录,虽然辛苦,但陈梦家很是兴奋。3月28日上午,"发掘现场有一墓出水深七八米,为不影响继续发掘,有人下去淘水,刚上来后墓坑坍塌,幸未伤人"(1953年3月28日致赵萝蕤信)。这是陈梦家第一次体验到考古发掘的艰苦和危险。

> 1953年4月1日陈梦家坐早上快车回京,当晚十一点

---

①方继孝:《五十年代初期的陈梦家与夏鼐》,《读书》2019年第2期新刊。
②《夏鼐日记》第5卷,第13页。

到正阳门车站。次日上午在家写考察汇报提纲,下午到考古所与夏鼐谈赴安阳的工作情况和体会,还对发掘现场的安全防范工作提出了自己的建议。①

4月2日,陈梦家返回考古所。夏鼐日记:"下午陈梦家君由安阳返所,朱庆永君来谈。"②

陈梦家在殷墟发掘地河南安阳期间,考察了甲骨、铜器出土及流传情况,见到最早贩卖甲骨的村民李成之子李全福和时年七十二岁的老人何金生,他们向陈梦家讲述了甲骨出土和贩卖的年代和经过③。

加拿大多伦多博物馆有一大批铜器,传1933年夏季出土于安阳大司空村南地。大约在安阳期间,陈梦家去查访:"我访问村人,知道1933年前后在村南(河岸北约一里许)尚芳林地上开了十八个坑,出了百余件。抗战前发掘所得未发表。"④

加拿大多伦多博物馆又有三十余件铜器出土于安阳郭家湾。大约在安阳期间,陈梦家去查访:"我访问村人,刘西三说1930年前后他在洹上村(即袁家花园北,铁路东,郭家湾村北)地上掘井得到铜器,素者居多。"⑤

4月29日,考古所所务会议,郑振铎主持⑥。

4月30日,夏鼐来访。夏鼐日记:"上午参加理论学习,至梁先生处谈昨天所务会议经过。下午至马市大街,在陈梦家办公室稍谈,返王府大街。"⑦

---

①方继孝:《五十年代初期的陈梦家与夏鼐》,《读书》2019年第2期新刊。
②《夏鼐日记》第5卷,第15页。
③陈梦家:《殷虚卜辞综述》,第2页。
④陈梦家:《殷虚卜辞综述》,第41页。
⑤陈梦家:《殷虚卜辞综述》,第41页。
⑥《夏鼐日记》第5卷,第19页。
⑦《夏鼐日记》第5卷,第19页。

5月7日中午,致信赵萝蕤:"上午消磨于学习,大家皆觉困倦矣。"①

4月间,北京的文物队在郑州二里冈发现一块字骨,5月初由夏鼐带回北京交陈梦家研究,在一番考证之后,5月8日,陈梦家记下他的考证结果:

> 这是一片牛肋骨,其上刻着练习契刻的十个字。占卜只用肩胛骨,不用肋骨。在肋骨上习刻,从前小屯发掘中也出过一片。安阳出卜用甲骨的区域并不限于小屯,但只小屯、侯家庄所出的牛胛骨和龟腹甲刻了卜辞。小屯周围出了很多不刻卜辞的甲骨和少数习刻的卜骨。这片肋骨所刻的字和小屯殷代晚期的卜辞相似,可能也属于这个时期。它的出土启示着黄河以南很有可能发现殷代的刻辞卜骨。五月八日记。②

5月11日,考古所开安阳工作总结会。夏鼐日记:"上午政治学习完毕后,开安阳工作总结会。"③

5月26日,访夏鼐。夏鼐日记:"赴北大上课,授考古学通论(旧石器文化),晚间陈梦家君来谈。"④

约5月,致信赵萝蕤:"连日每日下午都开检查会,到星期四开完。近日去院(科学院)开马先生(马克思)诞辰会,陈伯达讲,无人听懂。"⑤

6月4日,致信赵萝蕤:"昨天开会三次,共五小时又半,极觉

---

①方继孝:《五十年代初期的陈梦家与夏鼐》,《读书》2019年第2期新刊。
②陈梦家:《殷虚卜辞综述》,第27页。
③《夏鼐日记》第5卷,第21页。
④《夏鼐日记》第5卷,第23页。
⑤方继孝:《五十年代初期的陈梦家与夏鼐》,《读书》2019年第2期新刊。

乏味。今日又讨论半日。星期五晚上讨论节约,八点后回来。"①

6月11日,夏鼐与之商谈研究组事。夏鼐日记:"下午与陈梦家、黄文弼二先生商谈研究组之事。"②

6月18日,上午理论学习,陈梦家发言。夏鼐日记:"上午理论学习,陈梦家君报告研究工作困难点、如何克服及心得等。编译局杨钟健、恽子强二局长来谈关于加强编辑出版工作事。"③编辑出版工作是指编辑出版《考古学报》事。

6月19日,考古所会议④。

本日,应陈梦家的要求,李小缘将一册《小学研究》中曾昭燏的文章裁下给陈梦家,写下小记。《小学研究》是金陵大学文学院国学研究班的一份刊物,有刘国钧、胡光炜、徐复、曾昭燏、游寿、高文、朱锦江等人的文章,主要涉及文字学方面。在此书的末页,李小缘用铅笔题写两行字:"文末题曰《读契文举例》,曾昭燏著,裁下以应梦家兄之需,缘1953年6月19日记。"⑤

6月23日,致信赵萝蕤:"星期五晚间开会七点到九点,约九时回寓。星期六上午在王府井开研究会,近日会又多了。"⑥

6月26日,到夏鼐处谈⑦。

7月,于考古所,作《"铜器发展的历史概要"讨论——就读者所提的意见说明我的看法》。陈梦家在此文中对唐兰《铜器》一文,提了一些不同的看法。

---

①方继孝:《五十年代初期的陈梦家与夏鼐》,《读书》2019年第2期新刊。
②《夏鼐日记》第5卷,第25页。
③《夏鼐日记》第5卷,第26页。
④《夏鼐日记》第5卷,第26页。
⑤姜庆刚:《陈梦家先生的两封信》,《温故》第11期,2008年4月。
⑥方继孝:《五十年代初期的陈梦家与夏鼐》,《读书》2019年第2期新刊。
⑦《夏鼐日记》第5卷,第27页。

　　7月10日,考古所研究组第二组、第三组成立并开会。夏鼐日记:"上午8时研究组第二小组在马市大街开会,由郭宝钧先生主持。下午第三组在王府大街开会,由苏秉琦君主持,总算将两组成立。第一组因为梁先生生病,石兴邦出差,只剩安志敏一人,目前无法开会。与张云鹏、吴汝祚二君谈,他们亦愿意入第一组,目前问题为如何布置他们的学习。晚间郭子衡先生休假赴北戴河。"①

　　7月24日,下午开全所会议,宣布工资调整办法②。

　　7月30日,下午考古所开全所大会③。

　　本日,《"铜器发展的历史概要"讨论——就读者所提的意见说明我的看法》载《文物参考资料》1953年第7期(总第35期)。陈梦家在本文中,否定唐兰以"一把铜铲"而确定"商代有青铜制的农业工具"的论点,批评唐兰"所举的例子常常是用特殊的例外来说明一般的情况"。

　　8月5日,上午开所务会议④。

　　8月6日,下午所中开编辑会,讨论刊物格式。

　　8月8日,夏鼐与陈梦家讨论《吐鲁番考古记》校改问题。夏鼐日记:"陈梦家君明晨南下,与之讨论关于《吐鲁番考古记》校改问题。"⑤

　　8月9日,休假开始,南下探望母姐。

　　8月19日,访顾颉刚。顾颉刚日记:

　　　　到天平路。陈梦家来,徐森玉来,同谈。为梦家开苏州

①《夏鼐日记》第5卷,第29页。
②《夏鼐日记》第5卷,第31页。
③《夏鼐日记》第5卷,第32页。
④《夏鼐日记》第5卷,第33页。
⑤《夏鼐日记》第5卷,第33页。

旅程,写勤庐信、星伯片。洪瑞钊来。诗铭来。陈柱麟来。

森玉先生邀梦家与予到宝大西菜社饭。归……

……

闻梦家言,罗常培自去年思想改造后血压大高,不能出门。又闻于思泊已不在北大教书,以卖古物为活。杨今甫已赴东北任教,郑天挺、雷海宗到南开。①

8月24日(农历七月十五),旧历的中元节,作太湖西山之游,并在显庆寺留宿。夜,作诗《中元宿洞庭西山显庆寺》。

8月28日,在上海,访顾颉刚,与之长谈。顾颉刚日记:"到天平路,作陈、蔡、许、庸、麋、吴、越都邑表。记笔记一则。陈梦家来,长谈。森玉来。石公来。"②

8月31日,陈梦家夫妇访顾颉刚。顾颉刚日记:"到天平路,将顾栋高《险要表》散入各国都邑山川之下。陈梦家夫妇来,同到宝大午餐。遇徐懋斋、丁惠康……今午同席:梦家夫妇、森玉先生(以上客),予(主)。六万元。"③

9月2日,陈梦家休假完毕返所④。

9月6日,致信徐森玉:

森老赐鉴:

此番南归,又承长者款待,并有所教诲,感激之至!北上途中,甚觉凉爽,惟沧、津之间,两旁水淹农田,令出游之人有愧色矣。内子途中染疾,到京后静卧两日,已告不药。今日郑先生来此相谈,闻书籍出口之事已经奉覆,此事阻止,不无技术上之困难也云云。彼甚盼先生早日北来一趟,

---

① 《顾颉刚日记》第7卷,第429页。
② 《顾颉刚日记》第7卷,第432页。
③ 《顾颉刚日记》第7卷,第433—434页。
④ 《夏鼐日记》第5卷,第38页。

一切可面谈也。尊斋□□尚在团城，不日即将运此开箱整理。胡君来此"考察"，昨来所小坐即去，闻今日将南下。北地已凉，早晚需穿夹衣，大驾来时，请多备衣。马市大街35号考古所，电话43568，请记在小本上，到后即赐电话，俾即趋教。专此，并请

撰安

> 晚陈梦家敬上
>
> 九月六日①

夏，刘体智所藏二万八千余片甲骨归于文化部文物局。

9月11日，陈梦家当选为工会筹备会筹备委员七成员之一。夏鼐日记："晚间开工会筹备会成立大会，选出徐捷、王伯洪、陈梦家、张心石、齐光秀、刘玉及我共七人为筹备委员，院方派郑石君先生来致辞。"②

9月13日，顾颉刚致信陈梦家③。

9月，重补甲骨研究文《殷代卜人篇》，后收入《殷虚卜辞综述》一书，改名为《断代·下》。

9月，夏鼐又从郑州带回二里冈发现的第二块字骨，不像是牛胛骨，请古脊椎动物研究室鉴定，认为是牛肱骨上关节面的一部。因为这个残片的发现，陈梦家等认为郑州殷遗址有出现刻辞卜骨的可能性。

夏秋，考古研究所为《甲骨文集成》准备材料，开始大规模的甲骨传拓，当时由陈梦家主持。据周永珍回忆："1953年夏，考古研究所开始为《甲骨文集成》准备材料，由先生选请罗福保（罗振

---

①柳向春：《上海博物馆藏陈梦家致徐森玉信札》，《复旦古籍所学报》第1期，2012年6月。

②《夏鼐日记》第5卷，第39页。

③《顾颉刚日记》第7卷，第440页。

玉长子)精拓,一式两份,每周由我清点,交给罗氏,借此我得以
摩挲甲骨数千片。"①传拓工作从刘体智旧藏甲骨开始:"据记
载,刘体智的这批甲骨已传拓三次……第二次是刘氏所藏甲骨
售归中央文化部文物局后当年的秋天,时值中国社会科学院考
古研究所实施大规模传拓甲骨工作之际,始拓的甲骨就是刘氏
的旧藏甲骨,共拓得拓本 28 本,1341 页,并题名为《善斋所藏拓
本》,拓本现藏中国社会科学院历史研究所。"②

在传拓甲骨工作中,陈梦家提到注意事项:

> 1953 年秋,考古研究所开始了大规模的传拓甲骨工作,
> 从善斋③藏骨开始。在传拓工作中,我们注意到以下的
> 事项:
>
> (1)分别种属(甲或骨);
>
> (2)分别时代;
>
> (3)分别事类;
>
> (4)拓全甲骨面,背部臼部有字的也拓全;
>
> (5)注明卜辞上涂朱涂墨或其它的情况;
>
> (6)注意与其它断片的缀合
>
> (7)去除伪刻部分;
>
> (8)发掘品注明其出土的地点、坑位和层次。④

10 月 1 日,买紫檀小柜一对,旧币 60 万元,买花梨小桌一
个,旧币 30 万元。

10 月 6 日,顾颉刚致信陈梦家⑤。

---

①周永珍:《我的老师陈梦家》,《历史:理论与批评》2001 年第 2 期。
②贾双喜:《刘体智和他的甲骨旧藏》,《文献》季刊 2005 年 10 月第 4 期。
③刘体智,字惠之,后改晦之,号善斋。安徽人,收藏家。
④陈梦家:《殷虚卜辞综述》,第 48 页。
⑤《顾颉刚日记》第 7 卷,第 452 页。

10 月 17 日,下午夏鼐与陈梦家闲谈。夏鼐 16 日自洛阳回京,本日到考古所①。

10 月 21 日,夏鼐至陈梦家处闲谈②。

10 月 27 日,夏鼐来与陈梦家等商谈。夏鼐日记:"上午赴院部与陈宗器主任及陶副院长,商谈设立工作站事。下午与陈梦家、徐旭生等商谈。"③

11 月 7 日,夏鼐来与陈梦家等商谈明年计划。夏鼐日记:"上午写了几封信。又至马市大街与郭子衡、陈梦家诸君商谈明年计划事。"

11 月 9 日,郑振铎、夏鼐与陈梦家商谈审校郭若愚《殷虚文字缀合篇》问题。夏鼐日记:"开始写《中国考古学的现状》。上午郑所长来,谓后日即将出国,偕至马市大街,与陈梦家君商谈关于审校郭若愚《殷虚文字缀合篇》问题。"④

11 月 13 日,夏鼐来商谈洛阳工作站事。夏鼐日记:"上午……至马市大街与郭子衡、陈梦家二君谈洛阳工作站事。"⑤

11 月 17 日下午、18 日上午,研究组开会讨论下一年工作计划。夏鼐 17 日日记:"下午开研究组会议,讨论 1954 年工作计划。"18 日日记:"上午继续讨论 1954 年工作计划,即作结束。"⑥

顾颉刚 12 月 4 日到北京,7 日到考古所访陈梦家。顾颉刚日记:"到考古研究所,晤旭生、梦家、郭宝钧(子衡)、钟云父。归。"⑦

---

①《夏鼐日记》第 5 卷,第 47 页。
②《夏鼐日记》第 5 卷,第 47 页。
③《夏鼐日记》第 5 卷,第 48 页。
④《夏鼐日记》第 5 卷,第 50 页。
⑤《夏鼐日记》第 5 卷,第 50 页。
⑥《夏鼐日记》第 5 卷,第 51 页。
⑦《顾颉刚日记》第 7 卷,第 479 页。

12月10日,考古所开研究人员会议。夏鼐日记:"上午与洛阳队归来人员接谈。下午开全所研究人员会议,讨论1954年研究工作计划。"①

本日,于省吾请顾颉刚吃饭,陈梦家、钱君匋等作陪。顾颉刚日记:"今午同席:梦家、助廉、君匋(以上客),思泊(主)。"②

12月14日,陈梦家请顾颉刚吃饭。顾颉刚日记:"到市场和平餐厅,赴梦家宴。"③

12月16日,考古所开全所学习会。夏鼐日记:"上午……开所中政治学习委员会,布置下午学习会。午后开全所学习会,作动员报告,然后分组阅读文件。"④

12月17日,作诗《过北海三座门大街》。

12月22日至25日,考古所开年终总结会⑤。

12月27日,致信徐森玉:

森老赐鉴:

　　正拟奉候,忽蒙赐书,敬悉一一。此间近日忙于总结,诸事停顿。祖同拓本晚意以为当留,所中购书,已届年终,需俟一月间始可提出(日内倘见到郑先生,当面询之),可否请其稍候半月?孙位《高逸图》前曾一再观览,最所心爱。今遭妄人妄动,而致折断。窃以为此事不可付诸浩叹,而需加以检讨也。院中明年新设上古史、中古史两所,闻已在筹备之中,想古史专家又将重聚都中,当有一番热闹乜。顾先生北来后曾见到两次。善斋甲骨已由罗四公子重拓,进行

①《夏鼐日记》第5卷,第54页。
②《顾颉刚日记》第7卷,第481页。
③《顾颉刚日记》第7卷,第482页。
④《夏鼐日记》第5卷,第55页。
⑤《夏鼐日记》第5卷,第56页。

甚缓,开春后拟加数工。团城将前往东单四条文化部中,局长有陞副部长之说,晚曾面询之,笑而不答,想尚未发表也。寅老恐不北来,殊令人失望也。郭君《缀合》,决定明年春季付印,已由所请人作最后的校定。晚年逾不惑,而犹不免于动气,是书未读通,气未养成之故,后当自勉。我所明春将建工作站于洛阳。晚颇有一游两京之意,二三月间或先至南京参观,计尚未定。专此,并请

撰安

晚陈梦家敬上
十二月廿七日①

12月31日,下午,考古所开除夕联欢会②。

12月,《殷代卜人篇》载《考古学报》第6册。

本年,王襄致信陈梦家,谈他所知的早期甲骨鉴定和收藏者。《殷虚卜辞综述》中回忆道:

> 除王懿荣外,最早鉴定与收藏甲骨的,应推孟定生与王襄……1953年王氏③给作者的信,说光绪廿四年廿五年去天津的是范寿轩④,廿六年去天津的是范维清⑤;又说,"其时计字论值,每字一金,吾侪所不能得者,全数携往北京售诸王懿荣,全都得价三千金"。又说"孟定生系天津秀才,工隶书,名广慧,今已作古"。曾去北京看王懿荣,在他那里见

---

①柳向春:《上海博物馆藏陈梦家致徐森玉信札》,《复旦古籍所学报》第1期,2012年6月。原整理者注:"信上粘纸条云:徐森玉借孙位《高逸图》事进攻,事先由陈梦家出的主意。"

②《夏鼐日记》第5卷,第57页。

③王襄。

④范椿青,字寿轩,山东潍县的古董商。

⑤范维清,字辑熙,山东潍县的古董商。

到原属范寿轩的半个整甲。由此可见,最早卖甲骨给王懿荣的是范寿轩。孟定生是最早鉴定与收藏甲骨之一人,他的甲骨今归文化部。我们曾加以整理,孟氏在包皮上亲笔写了"十六册,二百〇五至二百二十,字精者,庚子九月二十一夜抚过"。由此可见庚子那年孟定生已经摹写过卜辞。①

本年,开始写《殷虚卜辞综述》一书。

本年,日本学者贝冢茂树和伊藤道治合写了《甲骨文断代研究法的再检讨——以董氏的文武丁时代之卜辞为中心》一文,发表在 1953 年日本《东方学报》(京都)第 23 册上,支持陈梦家关于殷墟第 13 次发掘 YH127 坑武丁时期甲骨的观点。

约本年,陈梦家介绍罗福葆进中科院考古研究所做临时工,职责是制作甲骨、铜器、陶瓦的拓本。

约本年,王献唐致信陈梦家,告诉他济南大辛庄出土卜骨一块。1952 年秋也找到卜用的背甲,出土地点在大辛庄东南一条叫"蝎子沟"的斜沟里②。

约本年,外文版的《人民中国》要陈梦家介绍汉字,但编辑示意陈梦家"只作为一种历史的看法去介绍汉字,似乎最好说汉字将要改为拼音文字",陈梦家表示不能同意这个观点③。

大约从本年起,陈梦家任《考古学报》编辑。

约本年,陈寅恪致信陈梦家,信由陈寅恪夫人唐篑代笔:

梦家兄左右:

　　来示及大著均读悉,佩服佩服。尊夫人已返京否? 弟前寄拙著多本在一良兄处,兄可取阅也。

_____

①陈梦家:《殷虚卜辞综述》,第 648 页。
②陈梦家:《解放后甲骨的新资料和整理研究》,《文物参考资料》1954 年第 5 期(总第 45 期)。
③陈梦家:《关于汉字的前途》,《梦甲室存文》,第 250 页。

内子患心脏及血压高病,卧床已二月,甚不方便。永兴兄寄来款已收到。去年淑珍夫人过广州,得悉在京诸友近状,甚慰。马季明先生已见敏斋先生(事已办妥),想已有信致淑珍、永兴伉俪矣。燕大合并后兄及尊夫人当不移动,其他亲友如何请示及。弟此信请转交永兴兄一阅为感。匆覆,敬请

著安

弟寅恪敬启

一月七日

诸亲友均候。①

1954 年　甲午　四十四岁

1 月 3 日,考古所开会讨论年终鉴定②。

1 月 11 日,对夏鼐提及郭宝钧事。夏鼐日记:"上午与靳、王诸同志商谈鉴定工作的进行情况及下一步的布置。至郭子衡先生处,将辉县展览说明书交还,并商酌修改数处。陈梦家君告诉我郭先生对所方不满,有他就之意,如何在这次工作中将他安定下来……"③

1 月 23 日,上午考古所业务学习,由陈梦家讲解。夏鼐日记:"上午业务学习,陈梦家同志讲《历史地理与年代学》。"④

1 月 27 日,考古所中进行鉴定工作,上午轮到陈梦家。夏鼐日记:"上午陈梦家同志作鉴定。"⑤

------

①方继孝:《品味书简——名人信札收藏十五讲》,第 250 页。
②《夏鼐日记》第 5 卷,第 61 页。
③《夏鼐日记》第 5 卷,第 63 页。
④《夏鼐日记》第 5 卷,第 64 页。
⑤《夏鼐日记》第 5 卷,第 65 页。

2月4日,年初二,往夏鼐家贺年,这天,夏鼐正闹胃病。夏鼐日记:"上午陈梦家君来贺年。"①

2月7日,陈梦家等结队慰问夏鼐。夏鼐日记:"春节休假三天后,昨日继续一天,今日照常上班。听说我须要住院休养,徐、郭二老及陈梦家、王伯洪、陈公柔、周永珍、马得志、张云鹏,结队前来慰问。"②

2月23日,夏鼐住院期间,梁思永也入院,陈梦家等代表工会来探病。夏鼐日记:"上午阅1952年日记,拟作一总结。10时许,房门忽开,担架四人抬进来一人,我正惊奇何以抬来重病的人,看见后面跟进来的是梁太太,我才知道原来是梁先生入医院检查身体……所中工会请陈梦家、赵铨、曹联璞同志做代表,带了水果来慰问我们,坐了一会儿便去了。"③

3月19日,夏鼐与人谈到购买甲骨事。夏鼐日记:"曹联璞同志来,商谈关于购买金祖同所藏甲骨标本事,陈梦家君介绍说300万元,结果写信去问,他要500万元,我以为可以暂缓。"④

4月2日,考古所副所长梁思永逝世,5日,在北京西黄城根嘉兴寺为其举行追悼会。

4月6日,这日的夏鼐日记提到,院中想要马市大街的办公用房,拟用同面积王府大街房子来交换⑤。三个月后,陈梦家等人的办公室便换到王府大街。

4月18日,上午访夏鼐谈所中最近情况,下午参加梁思永纪

①《夏鼐日记》第5卷,第67页。
②《夏鼐日记》第5卷,第67页。
③《夏鼐日记》第5卷,第71页。
④《夏鼐日记》第5卷,第77页。
⑤《夏鼐日记》第5卷,第82页。

念会，会后，郑振铎、陈梦家、王天木等到夏鼐家探视前一日刚出院的夏鼐。夏鼐日记："上午王仲殊君（昨晚刚由洛阳返所）略说洛阳情形，陈梦家君谈所中最近情况。下午，梁先生纪念会，我不能去参加，会后郑所长偕陈梦家、王天木二君来探视我。郑所长前天刚由华东慰问解放军返家。"①

4月22日，访夏鼐。夏鼐日记："下午庄敏君来，昨日刚从洛阳归来。苏秉琦君谈北大考古专业事。陈梦家君谈明晨开研究人员会议，讨论洛阳工作问题。"②

4月23日，晨，考古所研究组开会，讨论安阳工作及刊行《考古通讯》事。夏鼐日记："下午金学山君来，谓晨间所中研究组开会，讨论洛阳工作问题及刊行《考古通讯》问题。"③

4月25日，与赵其昌访夏鼐。夏鼐日记："下午正中侄夫妇来，赵其昌君及陈梦家君来谈。"④

4月28日，晚，访夏鼐。夏鼐日记："晚间陈梦家君来，谈及后天我所开会事。"⑤

4月30日，考古所开会，到北京的曾昭燏也在参加之列。有人到夏鼐家，询问国内对于古代天文学研究情况，夏鼐推荐他找陈梦家。夏鼐日记："晚间□□君来询问国内对于古代天文学研究情况，谈及殷代历法，即介绍之赴陈梦家君处接谈。"⑥

4月，于马市大街办公室，作《殷代铜器》之《绪言》⑦。

5月3日，晚，访夏鼐，谈及《文物参考资料》约稿的事。夏

---

①《夏鼐日记》第5卷，第85页。
②《夏鼐日记》第5卷，第86页。
③《夏鼐日记》第5卷，第86页。
④《夏鼐日记》第5卷，第86页。
⑤《夏鼐日记》第5卷，第87页。
⑥《夏鼐日记》第5卷，第87页。
⑦陈梦家：《殷代铜器》，《考古学报》第7册，1954年。

鼐日记:"下午安志敏君来,谈及今日午门参观全国基建工程出土文物展览及《考古通讯》事。晚间陈梦家来谈及《文物参考资料》要稿子事。"①

此时,全国基本建设工程中出土文物展览会在故宫博物院午门展出,陈梦家等人参与筹备了十多天,接触了三千多件文物。《文物参考资料》编辑部原请陈梦家约夏鼐写关于此展览会的文章,但夏鼐未参加,故未写,后由陈梦家写成《中华民族文化的共同性》一文。展览会到11月7日结束。

5月9日,晚,访夏鼐,谈《考古通讯》《考古学报》事。夏鼐日记:"晚间陈梦家君来谈《考古通讯》及《考古学报》事,关于《文物参考资料》约稿,嘱陈君转告,没有看到展览会,不好动笔。"②

5月12日,因《文物参考资料》仍希望夏鼐写稿,陈梦家想让夏鼐参加早晨的编委会,夏鼐婉拒。夏鼐日记:"上午陈公柔君来转达陈梦家君意见,《文物参考资料》仍催写一篇,希望能参加今晨编委会,余仍婉拒之。"③

5月16日,下午,斐文中及陈梦家去夏鼐家商谈,傍晚离开④。

5月19日,郑振铎将陈梦家为《文物参考资料》写的稿子交给夏鼐审阅。夏鼐日记:"上午赴所,在图书馆翻阅新到书籍。郑所长来,商谈《考古通讯》及《报告集》问题,他交给我两篇稿子(陈梦家、苏秉琦),是《文物参考资料》的稿子,要我来审阅。"⑤

①《夏鼐日记》第5卷,第88页。
②《夏鼐日记》第5卷,第89页。
③《夏鼐日记》第5卷,第90页。
④《夏鼐日记》第5卷,第91页。
⑤《夏鼐日记》第5卷,第91页。

5月20日，因郑振铎不让他去洛阳而闹情绪。夏鼐日记："上午赴所至马市大街，晤及陈梦家君，为了昨天郑所长拒绝让他到洛阳去，而大生其气。旋至文化部，与郑所长谈陈君事及审阅那两篇文章的意见，又晤及第二处王天木君及第四处张葱玉君。"①

5月30日，《解放后甲骨的新资料和整理研究》载《文物参考资料》1954年第5期（总第45期）。文章谈到，甲骨出土后个人收藏，以刘鹗、罗振玉和刘体智为最多，各人在五千片以上，解放以后，私人收藏逐渐归公。文末陈梦家加了《附记》，希望读者将知道的情况来信告知或寄拓本来，以减少遗漏。

5月31日，为筹备《考古通讯》事，考古所开会。对于创办《考古通讯》，北大向觉明，社管局谢元璐、高履芳，考古所苏秉琦、金学山等都是同意的，但社管局方面颇想把持发表新材料的权利，向觉明主张采取"公私合营"的方法，最后决定拟一个编辑委员会的名单，再召集一次编委会来决定一切②。

5月，文《铜鼎》载《新观察》第9期。

6月3日，夏鼐来谈。夏鼐日记："上午赴所，与王明、陈梦家君商谈赵万里《汉魏南北朝墓志集释》出版事。"③

6月28日，夏鼐来。夏鼐日记："上午赴所……赴马市大街，在徐旭老④及陈梦家君处闲谈，天又下雨，乘车而归。下午赴历史所晤及尹达君，谈加强考古所的领导事，又偕往向达君处，适高履芳君亦在座，谈创办《考古通讯》事。"⑤

---

①《夏鼐日记》第5卷，第91页。
②《夏鼐日记》第5卷，第93页。
③《夏鼐日记》第5卷，第94页。
④徐旭生。
⑤《夏鼐日记》第5卷，第98页。

6 月,作诗《悼闻一多先生》①。

6 月,《评剧〈秦香莲〉》载《新观察》第 12 期。文中对中国评剧团演出的《秦香莲》作详细的解析,特别欣赏主演筱白玉霜的演技和嗓音。

6 月,《殷代铜器》三篇载《考古学报》第 7 册,三篇分别为《安阳西北冈陵墓群的铜器》《殷代铜器的合金成分及其铸造》和《安阳出土边刃具的重行分析》。陈梦家将《安阳西北冈陵墓群的铜器》放在首篇,提到梁思永多次和他谈及安阳西北冈铜器事,又说:"自我来所以后,因他长期卧病,未获从容商榷。今当重草此文之际而思永先生忽已化去。秉笔至此,不禁悽然。爰记西北冈铜器于此篇之首,以资纪念。"②

另,《殷代铜器》文末,陈梦家加了一个"附记":"本文图六五,系夏鼐先生当日在工地所摄,承其允借,付印于此;第二篇关于现代冶金的知识,承葛庭燧先生赐函相商,一并志谢。"③

7 月 1 日,尹达兼任考古所第一副所长。夏鼐日记:"上午接院中通知,任命尹达兼任考古所第一副所长,赴郑所长处告知此事。郑先生云,原来有将考古所归并上古史所之意,他很反对,如此解决颇佳。下午至尹达君处,请其下星期来所就职。"④

7 月 7 日,上午,考古所开《考古通讯》编委会⑤。

7 月 8 日,陈梦家等人办公室开始从马市大街搬入王府大街。夏鼐日记:"上午赴所,与安志敏君谈《考古通讯》进行情况。

---

①《光明日报》1956 年 7 月 14 日。
②陈梦家:《殷代铜器》,《考古学报》第 7 册,1954 年。
③陈梦家:《殷代铜器》,《考古学报》第 7 册,1954 年。
④《夏鼐日记》第 5 卷,第 99 页。
⑤《夏鼐日记》第 5 卷,第 100 页。

马市大街办公室开始搬入王府大街,陈梦家君等对搬家分配办公室事,反映所中一些人的意见。"①

7月14日,考古所开会,欢迎尹达上任。夏鼐日记:"上午所中开会,欢迎尹达同志,由郑所长主持。"②

8月4日,下午七时半,在台北市福州街省卫生处,联合国中国同志会第一百次座谈会上,董作宾作《殷历谱的自我检讨》的发言,他讲话中指责陈梦家"《甲骨断代学》一篇,把我的祖甲帝乙帝辛三个祀谱,改编而成。他主要的办法是把祀典与年历分开,只讲祀典不讲年历,这就未免奇怪"③。

8月7日,邀顾颉刚商谈。顾颉刚日记:"得梦家电话,即赴文管会与谈。"④

夏,休假回到上海探亲。在上海期间,到过罗伯昭那里看铜器:"(旅鼎)铭6行34字。福建长乐梁章钜旧藏,1954年夏见于上海罗伯昭处,承赐拓本及摄影。器高22,口径16.9厘米。"⑤"(禽殷)铭4行23字,钱坫、刘喜海、王兰谿旧藏,1954年夏见于上海罗伯昭处⑥,承赐照片拓本。器高13.7,口径18.8,底径15.5厘米。"⑦"(郑牧马受殷盖)铭3行17字。旧藏罗伯昭⑧,1954年见之上海。传陕西出土,另一盖在北京侯氏处。"⑨

---

①《夏鼐日记》第5卷,第100页。
②《夏鼐日记》第5卷,第101页。
③《先秦史研究论集(上)》,大陆杂志社编辑委员会,1967年,第263页。
④《顾颉刚日记》第7卷,第579页。
⑤陈梦家:《西周铜器断代》上册,第19页。
⑥现藏中国历史博物馆。
⑦陈梦家:《西周铜器断代》上册,第28页。
⑧现藏故宫博物院。
⑨陈梦家:《西周铜器断代》上册,第161页。

8月29日,休假后返考古所。夏鼐日记:"下午去看陈梦家君,新由南方休假毕返京。"①

本日,访顾颉刚②。

8月30日,顾颉刚晚饭后来访。顾颉刚日记:"饭毕,到梦家寓茗话。"③

秋,重录甲骨研究文章《商王庙号考》,此文为陈梦家所作甲骨断代学乙篇。

9月1日,顾颉刚到考古所,见到夏鼐、陈梦家等人。顾颉刚日记:"到考古研究所,晤梦家、振铎、作铭、旭生、文中、寿堂、王时、云父。"④

9月3日,顾颉刚一家请商承祚、于省吾、唐兰、陈梦家夫妇吃晚饭。顾颉刚日记:"今晚同席:锡永、思泊、立厂、梦家夫妇(以上客),予夫妇及潮儿(主)。"⑤

9月12日,为梁思永送葬⑥。

9月13日,在中山公园来今雨轩用餐。夏鼐日记:"上午李亚农同志来谈,一同赴中山公园来今雨轩用餐,陈梦家君亦在座,谈到3时半始返家。"⑦

9月22日,夏鼐校阅陈梦家《商王庙号考》。夏鼐日记:"上午赴所,校阅陈梦家君稿子《商王庙号考》,下午在家将之校毕,提出几点意见(王静如氏并未主张甲乙为祭名,所谓'祭名甲者'乃指祭祀'名甲'的人,并非祭名叫做甲,上甲微至主癸为追加之

①《夏鼐日记》第5卷,第109页。
②《顾颉刚日记》第7卷,第586页。
③《顾颉刚日记》第7卷,第587页。
④《顾颉刚日记》第7卷,第587页。
⑤《顾颉刚日记》第7卷,第588页。
⑥《夏鼐日记》第5卷,第112页。
⑦《夏鼐日记》第5卷,第112页。

说,亦未可厚非,中缺四干,即英文 Alpha and Omega[阿尔华和奥密加]之意)。"①

　　9 月 23 日,拿到夏鼐交还的《商王庙号考》稿子②。

　　9 月,为全国基本建设工程中出土文物展览会写的文章《中华民族文化的共同性》载《文物参考资料》1954 年第 9 期。

　　10 月 6 日,陪瑞典 Siren(喜龙仁)参观历史博物馆③。

　　10 月 8 日,中科院历史研究所欢迎日本学者贝冢茂树、仓石武四郎访华,陈梦家等出席。据《侯外庐先生学谱》记载:"中国科学院历史研究所欢迎日本学者贝冢茂树、仓石武四郎访华,先生(侯外庐)与范文澜、刘大年、尹达、向达、顾颉刚、吕叔湘、刘桂五、陆志韦、郑石君、陈梦家、夏鼐等出席。"④另见夏鼐日记:"上午赴所,将今日招待日本文化代表团事,交待王明君……返城后,赴近代史所,参加招待日本文化代表团(京大贝冢茂树及东大仓石武四郎)。由范文澜所长作主席,致欢迎辞。刘大年同志报告东南区五所情况,仓石、贝冢报告日本研究汉语及历史学情况。会后至考古所、图书馆及语言所参观。"⑤顾颉刚日记:"到第三所,参加欢迎贝冢、仓石会,自二时半至六时……今日同会:贝冢茂树、仓石武四郎(以上客),范文澜、刘大年、吕叔湘、刘桂五、陆志韦、郑石君、陈梦家、夏鼐、侯外庐、李荣、吴晓铃、贺昌群、尹达、向达等(以上主)。"⑥

　　10 月 11 日,夏鼐来,谈郑州工作。夏鼐日记:"下午赴所,与

①《夏鼐日记》第 5 卷,第 113 页。

②《夏鼐日记》第 5 卷,第 113 页。

③《夏鼐日记》第 5 卷,第 115 页。

④杜运辉:《侯外庐先生学谱》,北京:中国社会科学出版社,2013 年,第245 页。

⑤《夏鼐日记》第 5 卷,第 115—116 页。

⑥《顾颉刚日记》第 7 卷,第 600 页。

郭宝钧、陈梦家、安志敏等谈郑州工作问题,与安志敏谈《考古通讯》编辑问题,与靳主任谈明年编制问题。"①

本日,访顾颉刚。顾颉刚日记:"全家到烤肉季(潞泉居)吃饭。陈梦家来。到什刹海散步看月。"②

10月17日,中午,于省吾请客吃饭。顾颉刚日记:"今午同席:陈梦家夫妇、予夫妇及四孩(以上客),于思泊(主)。"③

10月,长安县斗门镇普渡村出土一批铜器,陈梦家等把出土器物分成四类:属于西周之初的,属于穆王时而有铭文的,乐器一组,穆王以前④。

11月2日,和夏鼐一起看芭蕾舞剧《天鹅湖》。夏鼐日记:"上午赴所与各同志谈所事,尤以编辑事为现下重点。中午与陈梦家同志偕往天坛大剧场,观苏联音乐剧院所排演的芭蕾舞剧《天鹅湖》。"⑤

11月23日,考古所开会座谈"红楼梦研究"中错误观点的批判⑥。

11月26日,与夏鼐谈。夏鼐日记:"陈梦家君谈及靳主任感觉到我不易亲近,希望我多与同志相接近。西安、洛阳队皆有来信。晚间,所中开迎新会,为新来的初中毕业生也。"⑦

11月30日,郭沫若致信陈梦家:

陈梦家同志:

郎鬃钟及魏氏器,王观堂已言之,但究为何时之器,前

①《夏鼐日记》第5卷,第116页。
②《顾颉刚日记》第7卷,第601页。
③《顾颉刚日记》第7卷,第603页。
④陈梦家:《西周铜器断代》上册,第141—142页。
⑤《夏鼐日记》第5卷,第124页。
⑥《夏鼐日记》第5卷,第127—128页。
⑦《夏鼐日记》第5卷,第128页。

人有作更进一步之探讨者否？

　　闻唐立厂有关石鼓文之考证，谓建立于秦宁公三年。唐文，考古所有否？愿一阅。

敬礼！

　　　　　　　　　　　　　　　　　郭沫若

　　　　　　　　　　　　　　　　　十一. 卅①

　　12月1日，郭沫若到陈梦家处谈石鼓文问题。夏鼐日记："下午……与苏秉琦同志谈所务，第三组前日上午开过一次会议，黄老希望要加强第三组领导；又谈洛阳工作计划及所中工作组织。郭院长至陈梦家君处谈石鼓文问题，顺便至我处，谈及批判胡适思想问题，谓'大胆地假设，小心地求证'，应改为'小心地假设，大胆地反证'，使不致落入唯心论的陷阱。"②

　　12月3日，致信徐森玉：

森老赐鉴：

　　北来畅叙，甚觉快慰。不意昨闻先生车抵沪站，滑跌伤足，至为不安之极。念古人有塞翁失马之说，先生虽伤足不良于行，或卧床静养，对血压、糖尿之疾，可以早愈。务望先生宽怀静养，早日康复，实所盼祷。晚近日忙乱如常，甚觉痛心，只得又去买明朝高背椅子一对，相对终夕，亦寂寞中一乐事也。内人颇以晚之买笨重家具为笨事，但除此而外，更无其它更笨之消遣矣。所中拟购王懿荣手批稿本、拓本，书已取到，正在议价，不乏可贵之材料。但购而不能用之，亦同废物而已。此间骤寒，舍间老妪告归，来一淮人，生

────────────

①黄淳浩编：《郭沫若书信集（下）》，北京：中国社会科学出版社，1992年，第200页。

②《夏鼐日记》第5卷，第129页。

(生)〔手〕生脚,晚又忙于生火矣。专此,并请

痊安

晚陈梦家敬上
十二月三日

斐云来告尊藏书籍拓本之事,先生在京未将此事见告,倘有命晚尽力之处,自当供奔走也。①

12月6日,致信徐森玉:

森老赐鉴:

奉二日手教,敬悉大驾即将北来,十分欢喜! 到后请赐一电话(此信纸上的号码,我已搬回王府大街),以便趋访。余容面陈,专此,并请

撰安

晚陈梦家敬上
十二月六日

今晨郑君在此,说午门基建会展日内即将撤去,专等先生来看了就收。行期盼早。②

12月7日,郭沫若致信陈梦家:

陈梦家同志:

信悉。《文物周刊》中颇有可取的文字。陈小松是谁? 你知之否? "取徵五乎"徵字之释,可惜在此册中未见,可能在四十期中,你处如有,亦望借我一阅。阅后当妥为送还,

---

①柳向春:《上海博物馆藏陈梦家致徐森玉信札》,《复旦古籍所学报》第1期,2012年6月。
②柳向春:《上海博物馆藏陈梦家致徐森玉信札》,《复旦古籍所学报》第1期,2012年6月。

望释虑。又有叶华①读管子版本者,此人亦曾识否? 如知其去向,尚望见告。

敬礼!

郭沫若

十二.七②

12月10日,夏鼐来商谈。夏鼐日记:"下午……为了下星期二的编译局开会事,与陈梦家及尹达同志商谈。"③

12月18日,致信徐森玉:

森老赐鉴:

　　昨奉手教。敬悉一一。存三时学会及董君处书籍拓本,今日与马、董两君接头,后日由我院图书馆派人前往全部提取来院(其中倘有零星用物,一定小心代为检出,仍送原处保存,请释念),集中整理,赶于阳历年前将大概数字查清,付款了结。大约尚需先生在沪办一免税证(派出所证明)。此事恐有耽搁,故拟先将书款提出后,在此处立户存下,俟税务手续办完后,再行电汇。一切请放心。年尾杂事甚多,请恕不详。二三日后续陈一切。专此,并请

冬安

晚陈梦家敬上

十二月十八日④

---

① 原注:应为叶玉华。在杭州大学历史系工作。
② 黄淳浩编:《郭沫若书信集(下)》,第201页。
③ 《夏鼐日记》第5卷,第131页。
④ 柳向春:《上海博物馆藏陈梦家致徐森玉信札》,《复旦古籍所学报》第1期,2012年6月。

12月30日,致信徐森玉,信中谈徐森玉出售藏书及拓片一事:

森老赐鉴:

　　奉廿八日手教,欣悉足伤渐愈,已可在室内扶杖而行,至觉欢喜。五千万已于数日前汇沪会转上,谅已收到。故尊嘱先汇一千,已不可能。但据运来书拓之数量,已极庞大,先生谓"不值"云云,实系不确。当初晚所提出者,远在五千之上也。明年一月十五日前造册,届时恐仍有不足之数补奉也。先生毕生为人而不为己,至诚感人,晚等区区奔走,并不足言谢也。惟先生慷慨成性,而此售书之款为数虽不多,至盼先生留为己用,幸勿随意散之(此话不知应该说否? 说过分处,至请原谅。但斐云亦曾谈及,盼先生留一部分存在银行中)。宰丰骨已与葱玉言之。昨日局中来电话,询晚是否值一千五? 当答以"值"。故此物之入购,当可无问题矣。新历年尾之事亦多如毛,而昨晚女工中煤毒,纷扰终宵。晚读托尔斯泰巨著《战争与和平》,始(晤)〔悟〕人生之伟大而个人真渺小不可言状。专此,并请
年安

晚陈梦家敬上
一九五四年十二月卅日

数日北京奇寒不可当,实从来所未有。①

　　12月30日,《甲骨补记》载《文物参考资料》1954年第12期(总第52期)。自1954年第5期发表《解放后甲骨的新资料和整理研究》后,得到许多读者反响。上海罗伯昭看到该文,立刻将他所藏的四百多块甲骨捐献给国家。有读者来信告诉陈梦家

---

① 柳向春:《上海博物馆藏陈梦家致徐森玉信札》,《复旦古籍所学报》第1期,2012年6月。

收藏甲骨住处的,也有请鉴别甲骨真伪的,还有请考释所藏甲骨文字的。另外,针对第5期封面里页所载甲骨释文的错误,北京周纲仁写来长信予以指出,陈梦家因此作《甲骨补记》一文。

12月,《商王庙号考》载《考古学报》第8册。

约12月,《西周文中的殷人身分》载《历史研究》1954年第6期。

12月,有致徐森玉两信:"近日心乱如常,甚觉痛心,只得又去买明朝高背椅子一对,相对终夕,亦寂寞中一乐事也。内人颇以晚之买笨重家具为笨事,但除此而外,更无其他更笨之消遣矣。""近数月中厂肆萧条之极,晚因捐献无一文,而估人宁欠款不付,留置七物于舍下,不肯取回,致晚只能告贷付之。昨有人送来张之洞榻(系两人坐椅,矮小可爱,黄花梨,明作),舍下已无地可容,亦只得留下,好古之苦一至于此。"①

本年底,完成洋洋七十多万字的《殷虚卜辞综述》,历时两年。

约此时,考古所创办的《考古通讯》出版,夏鼐任主编,陈梦家任副主编,由陈梦家主持考古书刊的编辑出版。

1955年　乙未　四十五岁

1月8日,顾颉刚来访,未遇②。

1月14日,顾颉刚参加由中国科学院与作家协会合办的胡适思想批判会,并与王子野、周辅成、丁梧梓、陈梦家等人谈。顾颉刚日记:"到科学院,参加批判胡适哲学思想会,与王子野、周

---

① 郑重:《陈梦家:"物我合一"的收藏境界》,《收藏十三家》,天津:百花文艺出版社,2008年,第228页。

② 《顾颉刚日记》第7卷,第641页。

辅成、丁梧梓、陈梦家等谈。"①

　　1月24日,年初一,到夏鼐家贺年。夏鼐日记:"下午黄烈、吴汝祚、叶蒸、陈梦家同志来。"②

　　1月25日,年初二,夏鼐来贺年。夏鼐日记:"下午余至西直门,晤及徐老及苏秉琦君。返家时顺途至陈梦家同志处贺年。"③

　　1月26日,年初三,到夏鼐家喝新年酒。夏鼐日记:"午间家中摆新年酒,有所中同事,郭宝钧、黄文弼、陈梦家、苏秉琦、裴文中、王明。同乡张国熊、程溯洛二君,适来贺年,亦邀请入席。"④

　　本月,于考古研究所,写《殷虚卜辞综述》前言,感谢了一些人:"作者在此敬致谢于以下各位先生:郭沫若、唐兰、于省吾、杨树达、胡厚宣,他们的著作、通讯、讨论对于本书的作成有很大的帮助;郑振铎、尹达、梁思永、夏鼐、徐炳昶、郭宝钧、张政烺、唐兰、于省吾,或者审定了本计划的进行,或者审阅了本书的一部分,提供了宝贵的意见;徐森玉、王献唐对于我经常不断的鼓励和关怀;张长寿、陈公柔、周永珍曾有过部分的协助;我在清华大学写作《甲骨断代学》时也曾获得朱德熙和马汉麟的协助,这些工作也是构成本书的一小部分。"⑤

　　2月1日,顾颉刚到考古所访陈梦家⑥。

　　2月8日,留夏鼐在家晚餐。夏鼐日记:"上午在所中开北大实习总结会,翦伯赞主任亦来参加。下午在所。晚间在陈梦家

---

①《顾颉刚日记》第7卷,第644页。
②《夏鼐日记》第5卷,第138页。
③《夏鼐日记》第5卷,第138页。
④《夏鼐日记》第5卷,第138页。
⑤陈梦家:《殷虚卜辞综述》,"前言",第9页。
⑥《顾颉刚日记》第7卷,第651页。

同志家晚餐,10时始返。"①

2月10日,爱尔克斯来考古所,陈梦家和他讨论古文字学。夏鼐日记:"上午 Ed. Erkes[爱尔克斯]来所,由陈梦家同志与之讨论古文字学问题。"②

2月17日,晚上,科学院举行"反对使用原子武器签名大会",到会者约一千人。顾颉刚日记:"开科学院'反对使用原子武器签名大会',自八时半到十时。归,十一时眠……今晚同会且谈话者:尹达、侯外庐、刘大年、徐炳昶、黄仲良、陈梦家、丁声树、傅懋勣、朱士嘉、张遵骝、戴湘波、苏炳琦、袁翰青、金鹏,到会者约一千人。"③

2月20日,与顾颉刚、朱士嘉等在森隆饭店招待到北京的谭其骧午餐,谭其骧饭后到陈梦家寓所参观明代家具。谭其骧日记:"午赴森隆宴,主人为顾先生④、朱蓉江⑤、余元庵、张遵骝、陈梦家、王崇武,同座王以中。饭后至陈梦家寓,看明代家具。下午四时至隆福寺商场,逛书铺,买中西交通史料汇编等。"⑥顾颉刚日记:"与季龙等同到梦家夫妇处谈,四时出。与季龙、遵骝同到人民市场买物,又到隆福寺文渊阁、粹雅堂、修绠堂等处阅书……今午同席:谭季龙(客)、朱士嘉、王以中、陈梦家、余元庵、王之屏、张遵骝、予(以上主),每人三万元。"⑦

2月22日,致信徐森玉:

————————

① 《夏鼐日记》第5卷,第140页。
② 《夏鼐日记》第5卷,第141页。
③ 《顾颉刚日记》第7卷,第657页。
④ 顾颉刚。
⑤ 朱士嘉。
⑥ 葛剑雄编:《谭其骧日记》,第25页。
⑦ 《顾颉刚日记》第7卷,第658—659页。

森老赐鉴：

　　奉手教，敬悉一一。先生足肿已消，闻之欣慰。晚间以床眠为宜，不要坐卧。睡眠不宁，可试服"眠尔通"及其他代用品（最好两种药交递服用），此药毫无副作用。昨去看望斐云，并非中风，彼于人代大会开会前夕突受风寒，右脸患 Bett 氏神经麻木症，右眼不能开合，右唇不便操作，经中西医冶疗，已渐好转。现在每日仍去中医院针灸，效果较缓，但说话、饮食已大致如常。表面上嘴有点歪（不很厉害），右眼有些失神（视力亦不如左眼），因在家休养，倒是发福了不少。彼出门行路仍无妨碍，每周仍去馆一二次云。此公凡事不能放心，故在病中对馆事还是放不下心。昨日已加劝勉，要他多玩玩。但他向来不玩，不知玩些什么消遣。此间已渐有春意，丁香露了嫩芽。晚仍照常到所点卯，钞书为乐。匆此，即请

撰安

晚陈梦家敬上
二月二十二日①

　　3月5日，下午，参加中科院胡适思想批判历史组会。顾颉刚日记："到科学院，参加胡适思想批判历史组会，自二时至六时。予发言一小时。与季龙、王爱云同车返……今日同会：共三百人。尹达（主席）、刘大年、范文澜、尚钺、徐炳昶、陈梦家、陆志韦、向达……"②

　　3月25日，将赴长沙。夏鼐日记："下午在所中开考古会议筹备会，有王冶秋局长，陈滋德、张葱玉二处长及尹达所长参加，决定筹备会及秘书处的组成，代表人数及会议内容。又决定让

---

①柳向春：《上海博物馆藏陈梦家致徐森玉信札》，《复旦古籍所学报》第1期，2012年6月。

②《顾颉刚日记》第7卷，第662—663页。

陈梦家同志去长沙一趟。"①

4月25日,致信徐森玉,谈及徐森玉出售藏书之事:

森老赐鉴:

久未奉候,闻起居安吉,已能杖行访友,甚慰!书、拓之事,最近已由馆方决定为:书二千五、拓四千,共六千五百。其他物(书画等)拟整理送还三时学会。此次代价甚低,晚与斐云已力争数次,结果如此,有负长者之命,至乞原宥。补付之一千五,拟日内嘱馆方为先生立一户,存入银行,将来随时可以取用。倘需汇奉,亦请见告。吴仲超日前来此谓,大驾以后北来,宿处已无问题,雕塑馆尤多倚重云云。此间工作将有新开展,俟见面时详陈。郑君归来未及一月,又将它行矣。文物局又已分出,谅已知道。晚六七月间拟去陕、洛一行,八月间游黄山后回沪省视家母。北地气候已暖,丁香开了一院。专此,并请

撰安

晚陈梦家敬上

四月廿五日②

4月,《商殷与夏周的年代问题》载《历史研究》1955年第2期。

5月23日,在西安的夏鼐复信给靳尚谦和陈梦家。夏鼐日记:"今日收到靳主任来电,促于29日前返所,院方另有电至此间分院张、章、董三主任,谓6月1日学部成立大会,最晚于29日报到,又石兴邦同志亦赴京,参加宣读论文。余写了回信给靳主任及陈梦家同志。"③

---

①《夏鼐日记》第5卷,第148页。

②柳向春:《上海博物馆藏陈梦家致徐森玉信札》,《复旦古籍所学报》第1期,2012年6月。

③《夏鼐日记》第5卷,第158页。

5 月 30 日,找刚回所的夏鼐谈事。夏鼐日记:"晨间至尹达同志处报告情况。返所,阅信件,与靳主任谈西北分所建筑事。午后至所,陈梦家君来谈,又托改新华社英文稿。"①

5 月 30 日,研究文章《宜侯夨簋和它的意义》载《文物参考资料》1955 年第 5 期。

5 月,于北京,作铜器研究文章《西周铜器断代(一)》。

5 月,《关于修理铜器》载《考古通讯》第 3 期。

5、6 月间,安徽寿县蔡侯墓出土铜鼎等。

6 月 1 日—10 日,中国科学院四个学部成立,1 日为成立大会开幕式。

6 月 2 日,在北京饭店参加哲学社会科学部会,与顾颉刚有晤谈。顾颉刚日记:"到北京饭店,参加哲学社会科学部会,听潘梓年、刘大年报告。……今日晤谈之人:朱士嘉、徐旭生、斯行健、王振铎、傅懋勣、陈梦家、郑石君、陈援庵、黎劭西、孙瑞芹、张天护、魏建功、叶企孙、王了一。"②

6 月 4 日,在北京饭店参加学部小组会,与顾颉刚有过谈话。顾颉刚日记:"思泊来,赠《寐叟尺牍》。到北京饭店,开小组会,听冯友兰、翦伯赞、侯外庐、杜国庠等发表意见。与陶孟和谈。与梦家、静庵等谈。十二时出,与李俨谈。"③

6 月 5 日,与唐兰、顾颉刚等一起于森隆设宴为于省吾饯行。顾颉刚日记:"到森隆,饯思泊。……今晚同席:于思泊(客),金静庵、唐立庵及其子益年、陈梦家及予(以上主)。"④

---

①《夏鼐日记》第 5 卷,第 160 页。
②《顾颉刚日记》第 7 卷,第 695 页。
③《顾颉刚日记》第 7 卷,第 695—696 页。
④《顾颉刚日记》第 7 卷,第 696 页。

6月8日,陈梦家名字在顾颉刚本日晤谈之人中①。

6月9日,北京饭店,开科学院学部会,与顾颉刚、于省吾一起到中山公园用餐。顾颉刚日记:"练拳。到北京饭店,听李四光、胡绳、汪猷等大报告……与思泊、梦家同到中山公园来今雨轩饭。"②

6月初,故宫博物院举行了"反对美国侵略集团阴谋劫夺在台湾文物展览",从展览中可以看到,美国福格博物馆的华尔纳是如何亲自去敦煌掠走壁画的,纽约市博物馆的普爱伦是如何坐庄在北京指使岳彬去盗窃龙门石刻的。随后,陈梦家作《反对美国侵略集团劫夺在台湾的我国古代铜器》一文。

6月14日,致信徐森玉。信中谈去三门峡考察石刻一事,用考古通讯编辑委员会编辑部信笺,地址王府大街九号,电话(五)六四一七。全信如下:

森老赐鉴:

兹定于明日(十五)晨赴郑州,停一二日即去洛阳(住周公庙),然后再去西安。月杪回京。晚因此间开会等事,行期一再改易,故不及及早奉告。昨日葱玉来,谓先生出游之事,郑公闻之,谓系晚发动云云。

甚盼大驾到中州相聚同游,但天气已热,途中需有人照料,不知沪会可有青年同志陪行否?专此,并请

撰安

晚陈梦家敬上

一九五五年六月十四日③

洛阳西关周公庙考古所工作站

西安建国路仁爱巷七号考古所工作队

---

①《顾颉刚日记》第7卷,第698页。
②《顾颉刚日记》第7卷,第698页。
③郑重:《徐森玉》,174页。

6 月 15 日,陈梦家与靳尚谦出发赴郑州、洛阳及西安。6 月 14 日夏鼐日记:"陈梦家、靳尚谦二同志明晨赴郑州、洛阳及西安。"①

6 月 28 日,顾颉刚致信陈梦家②。

6 月,《不许劫夺在台湾的古代文物》载《旅行家》1955 年第 6 期,该文介绍"反对美国侵略集团阴谋劫夺在台湾文物展览"。

6 月,《西周铜器断代(一)》载《考古学报》第 9 册。

7 月 3 日,陈梦家和靳尚谦回北京。

7 月 4 日,靳尚谦、陈梦家向夏鼐谈西安情况。夏鼐日记:"上午赴所,靳主任及陈梦家同志昨天由西安返京,今晨来谈西安情况。"③

7 月 12 日,上午跟夏鼐谈事。夏鼐日记:"上午赴所,与王仲殊同志谈训练班开学事,与安志敏、陈梦家二君谈训练班教材事,与楼宇栋、陈梦家二同志谈《考古通讯》事。"④

7 月 14 日,陈梦家的《殷虚卜辞综述》稿本送到夏鼐处后,夏鼐开始阅读。夏鼐日记:"阅陈梦家《殷虚卜辞综述》稿本(总论)。"⑤

7 月 22 日,夏鼐日记:"上午阅陈梦家《殷虚卜辞综述》稿本。"⑥

7 月 27 日,在刘体智甲骨拓本《书契丛编》第 12 册 38 页书页中间空白处用钢笔书:"据释文所录,知此页原载大骨即丛编 0002 者。陈　1955.7.27。"在此页的书眉上还有罗福颐、周永珍

————————

① 《夏鼐日记》第 5 卷,第 163 页。
② 《顾颉刚日记》第 7 卷,第 706 页。
③ 《夏鼐日记》第 5 卷,第 166 页。
④ 《夏鼐日记》第 5 卷,第 167 页。
⑤ 《夏鼐日记》第 5 卷,第 168 页。
⑥ 《夏鼐日记》第 5 卷,第 169 页。

所书"此页为空白。颐、周永珍　29/9"字样①。

7月30日，赵万里致徐森玉书信中谈到陈梦家："到京后，又值学习进入紧张阶段……梦家兄已赴郑州工作，尚未晤见也。"②

7月，《反对美国侵略集团劫夺在台湾的我国古代铜器》载《文物参考资料》第59期。

7月，《殷代社会的历史文化》载《新建设》1955年第7月号（总第82期）。

7月，于北京钱粮胡同十五号，写下《六国纪年》一书的《后记》③。

本年1月和7月，陈梦家两次将所藏家具、瓦鹰等文物五件捐献给故宫博物院④。

夏，南京农学院的万国鼎来北京，见到陈梦家。万国鼎曾编印过一册《中西对照历代纪年图表》，陈梦家在西南联大时常常用到此书，后来回北京后找不到了，就给他写信，希望修正再版。万国鼎正为此事来见陈梦家，两人开始商议此书的重行编印。万国鼎因在做中国古代农书的编撰工作，分不出时间来改订年表，便请陈梦家补充上古部分，并加以修订。陈梦家又约请了万斯年共同参加修订工作。这就是后来的《中国历史纪年表》一书⑤。

---

①贾双喜：《刘体智和他的甲骨旧藏》，《文献》季刊第4期，2005年10月。

②柳向春：《赵斐云先生致徐森玉先生函》，《文津流觞》2011年第3期（总第35期）。

③陈梦家：《西周年代考　六国纪年》，第202页。

④https://www.dpm.org.cn/donate/103093.html（2020年6月）

⑤陈梦家：《重编叙》，万国鼎编，万斯年、陈梦家补订《中国历史纪年表》，上海：商务印书馆，1956年，第5—6页。

8月1日,郭沫若致信陈梦家:

陈梦家先生:

　　禹鼎本拟考释,但没有工夫写出。该鼎铭只一二字不识。第一行"皇且"下一字◇旧释为穆,不可信。第十五行首字◇殆有剔损,无法释出。除此二字外均可识。铭文全体可通读。"驳百徒千"为戎车一乘徒卒十人又提出一证。新出矢簋铭是重要,惜残损。"易口邑卅又五,□百又卅",百又卅为卅五之四倍。古有四井为邑之说,惜"百又卅"上字适缺,真是遗憾。不日赴北戴河,匆匆草复。

敬礼!

　　　　　　　　　　　　　　郭沫若

　　　　　　　　　　　　　　八．一①

　　由追查胡风反革命集团而引起了肃反运动。8月8日,考古所中学习,由夏鼐作自我检查。8月9日,由陈梦家作自我检查。夏鼐日记:"下午学习,由陈梦家同志作自我检查,今日扩大小组,吸收一部分年轻干部一同学习。"②

　　8月10日,考古所同事对陈梦家提批评意见。夏鼐日记:"下午学习,大家对陈梦家同志提意见,颇为热烈,主要为个人自由主义及作风恶劣问题。"③

　　8月11日,继续对陈梦家提意见。夏鼐日记:"下午学习,大家向陈梦家同志提意见,由靳主任总结大家意见。"④

　　8月13—14日,夏鼐继续阅读陈梦家《殷虚卜辞综述》

①黄淳浩编:《郭沫若书信集(下)》,第202页。
②《夏鼐日记》第5卷,第171页。
③《夏鼐日记》第5卷,第172页。
④《夏鼐日记》第5卷,第172页。

稿本①。

8月15日，上午夏鼐阅毕《殷虚卜辞综述》，并提出意见。下午考古所同事继续向陈梦家提意见。夏鼐日记："上午阅毕《殷虚卜辞综述》稿本，写了一些意见，转到尹达同志处。下午学习，大家又向陈梦家同志提意见。"②

约本年的8月中旬，陈梦家致信赵萝蕤：

> 上星期六第二次检查报告，作了一下午，比前进步不少。今日又是一下午意见，归结为界限不清，个人主义（严重的）。③

8月16日，上午，与夏鼐一起访徐森玉，未遇④。

8月17日，商承祚自广州来京，到考古所访友。夏鼐日记："上午商承祚教授来，谈了一会寿州出土蔡器……又至陈梦家君处，与商承祚教授谈《石刻篆文篇》及《印玺类编》事。"⑤

8月24日，夏鼐来谈事。夏鼐日记："上午写了两封信，与陈梦家、楼宇栋同志谈编辑室事。"⑥

约本年8月25日，考古所临时开全所大会，陈梦家作第三次检讨。陈梦家致信赵萝蕤：

> 蕤：
>
> 今天上午九点，临时开全所大会，由我把第三次"检讨"念了一遍（共一小时），即散会。大约因为今天上午和下午院内还有别的会，所以提意见也许又要改期。你放心罢。

---

① 《夏鼐日记》第5卷，第172页。
② 《夏鼐日记》第5卷，第172页。
③ 方继孝：《碎锦零笺》，第28页。
④ 《夏鼐日记》第5卷，第172页。
⑤ 《夏鼐日记》第5卷，第173页。
⑥ 《夏鼐日记》第5卷，第174页。

没有别的事。祝好。

家
廿五日午前

　　你可以星期六回来,跑来跑去太吃力了。我开始编《铜器综录》第一集(瑞典之部),慢慢地仔细地做吧。①

约此时,开始编《中国铜器综录》(第一集),即瑞典部分。

8 月,对《西周铜器断代(一)》作补记。

8 月,商承祚把从安徽寿县蔡侯墓所拓的铜器铭文借给陈梦家看②。

8 月,于北京东厂,写下《西周年代考》一书的《重编前言》③。

9 月 4 日,致信徐森玉,内容如下:

森老赐鉴:

　　奉手教三通,敬悉一一。承赐书签,感谢感谢!《乙编》下辑献之我所翻印,已告尹、夏两君,嘱为道谢。请将书饬人专送茂名北路 300 弄 3 号科学出版社上海办事处严仲华同志收下。由该处分发至部门印刷。此书之重印,皆先生之大功大德也。晚月初因事滞留,假期中赶制《西周铜器断代》,日内完工,乃可南归,大约七八日由此赴皖,十五前后到沪,即当趋谒长者。余事容后面陈,不一。专此,并请撰安

晚梦家敬上
九月四日④

①方继孝:《碎锦零笺》,第 26 页。

②陈梦家:《寿县蔡侯墓铜器》"附记",《考古学报》1956 年第 2 期。

③陈梦家:《西周年代考　六国纪年》,第 8 页。

④柳向春:《上海博物馆藏陈梦家致徐森玉信札》,《复旦古籍所学报》第 1 期,2012 年 6 月。

9月12日，夏鼐来谈。夏鼐日记："今日休假开始，但上午仍赴所，写了几封信，与陈梦家、楼宇栋两同志谈出版事。"①

9月15日，夏鼐来谈。夏鼐日记："下午至所查参考文献，与苏秉琦、陈梦家、赵铨三君谈标本室问题。"②

9月22日，杨树达来北京。陈梦家与杨树达神交已久，此时却是初会，杨树达虽是七十老翁，白发苍苍，却仍健谈不倦。陈梦家的《尚书通论》即将出版，便请杨树达为此书作序。不料次年二月杨树达因高血压和心脏病便谢世，没有看到此书的出版③。

9月23日，杨树达来考古所。夏鼐日记："陪秀君去牙科医院，旋至东安市场购物。返家接陈梦家同志通知，谓杨遇夫老先生今日曾来所，约下午去访他。遂赴所，偕陈君至北魏胡同科学院招待所访杨老先生，并请其至后门桥湖南马凯食堂用膳。"④

本日，陈梦家致信徐森玉，信中谈及去淮南考察文物一事：

森老：

拙作书名《殷虚卜辞综述》，题签请大笔一挥寄下。《小屯乙编》下辑，商锡永已将其一部转让我所。前询印刷之事，如何，盼见覆。杨遇老昨到京矣。此间因十一国庆，又甚忙。晚拟十月初旬南返，或先去合肥。接该馆来信，说又发现有铭之器多件，前此因未细看，故有疏失也云云。该馆无善拓者，不知可介人前往否？专此，敬请

---

①《夏鼐日记》第5卷，第177页。
②《夏鼐日记》第5卷，第178页。
③陈梦家：《尚书通论》，"重版自叙"，第4页。
④《夏鼐日记》第5卷，第179页。

撰安

晚陈梦家敬上

九月廿三日①

9月28日,郭沫若致信陈梦家:

陈梦家同志:

信接到。蔡侯钟铭为近时出土器中铭之较长者,可贵。

您的考释颇正确,有一二字值得商榷。

我可以定一点简单的释文,写好后寄您。

敬礼!

郭沫若　九.廿八

关于丹徒矢𣪘铭也想写一点。②

约9月,《西周铜器断代(一)》载《考古学报》第9册。

9月,文《迎接黄河规划中的考古工作》载《考古通讯》第5期。

9月末,于北京东厂,陈梦家作《〈中国历史纪年表〉重编叙》。

10月4日,郭沫若致信陈梦家:

陈梦家同志:

《石鼓文研究》乙部奉赠。我写了一篇蔡钟铭考释,昨晚交了尹达同志。《考古学报》如要,可向他问问。矢𣪘铭收到。

敬礼!

郭沫若　十.四③

①郑重:《徐森玉》,173页。

②黄淳浩编:《郭沫若书信集(下)》,203页。

③黄淳浩编:《郭沫若书信集(下)》,204页。

10 月 7 日,赴北海公园参观。夏鼐日记:"偕陈梦家、苏秉琦二君赴北海公园参观北京市文物组发掘双塔寺所得元代物品。"①

10 月,陈梦家到合肥数日,参观了暂放在安徽省博物馆的 5、6 月间在安徽寿县蔡侯墓出土的的铜器,安徽省博物馆李则纲给陈梦家展示了实物并照片拓本,陈梦家作了仔细观察。该馆其他的工作人员也多给他帮助②。他考证寿县铜器的时代和来源:"1955 年出土的蔡侯铜器,其时代介于早期的郑器与晚期战国的楚器之间,蔡之都邑上蔡、新蔡本在郑、楚之间,而这批铜器正说明了它上承春秋郑器、下启战国楚器,是二者的过渡。如此就可理解寿县楚器的所从来,也可以理解何以早期楚器之接近于中原了。"③

这次到安徽之后,大约顺便回沪探亲。

约 9、10 月间,为《西周年代考》重版本写下校后附记④。

11 月,陈梦家著《西周年代考》重版本由商务印书馆出版,目次为:重编前言;自序;第一部、西周积年;第二部、西周金文;第三部、有关西周年代的文献;第四部、附表。

12 月 3 日,夏鼐与陈梦家等讨论下一年出版计划。夏鼐日记:"上午赴所,与陈梦家、饶惠元、楼宇栋三同志一起谈明年出版计划。"⑤

12 月 29 日,顾颉刚阅陈梦家著作。顾颉刚日记:"看陈梦家《西周的年代》。不药眠。"⑥

---

①《夏鼐日记》第 5 卷,第 181—182 页。

②陈梦家:《寿县蔡侯墓铜器》"附记",《考古学报》1956 年第 2 期。

③陈梦家:《西周铜器断代》上册,第 51 页。

④陈梦家:《西周年代考　六国纪年》,第 8 页。

⑤《夏鼐日记》第 5 卷,第 194 页。

⑥《顾颉刚日记》第 7 卷,第 776 页。

12月，《西周铜器断代（二）》载《考古学报》第10册。

12月，陈梦家著《六国纪年》由学习生活出版社出版。目次为：六国纪年表叙、六国纪年表、六国纪年表考证（上篇）、六国纪年表考证（下篇）、汲冢竹书考、世本考略、汉初及其前的纪年材料、后记。

冬，商务印书馆拟出版《尚书通论》，"遂请张长寿先生于课余将讲稿部分整理誊录，查对原书，并改正了一些错误（增订本又承他钞录了一部分）"①。

冬，有两件古物照片经赵紫宸转来，陈梦家看过并题下几句话。古物照片上面赵紫宸留言："此二器皆清南旧家所藏，今要价壹佰叁拾洋。二器侧无铭，亦不知尺寸与重量，其人仅持此照至此问欲售出而不得。兹将此寄上，如欲购之，请即覆信，其人至多半月即回乡矣。此上梦家吾弟。紫宸顿首，九月七日。"陈梦家在照片背面题："千年只在一瞬间谢去，廿年轻的像浮云，有人人拾回旧梦，却不是昔日的乾坤。穆旦兄冷摊得此，归赵于余，奈何徒增今昔之感，故率题几句，仍归于吾兄。一九五五年冬，梦家。"钤印"陈氏""梦家"②。

年终，于考古研究所，为马衡遗著《汉石经集存》写下《编辑后记》，文章说："马叔平先生既逝世，故宫博物院邀集其生前知好，议所以纪念先生者，乃组织马衡先生遗书编辑委员会，谋刊印先生已刊未刊之书稿，举唐兰、赵万里、傅振伦、陈梦家主编之。""先生晚岁病中所作《汉石经集存》一书，积稿盈尺，大致完成。八月间承先生哲嗣彦群先生以稿送中国科学院考古研究所整理编辑，乃为之誊录排比，今已竣事，爰记其编辑经过如次。""此书整理排比，由考古研究所任其事。陈公柔先生誊录、标点、

---

① 陈梦家：《尚书通论（增订本）》"重版自叙"，第7页。
② 见朵云四季拍卖会，中国书画（二）0315。

校订、排定图版,始终其事;饶惠元先生誊录一部分,赵学谦先生任排定图版。图版已排定,复承罗福颐先生见假所藏汉石经残字拓本全部,其间有马先生屡欲寻访而不得者,均以补入,于此敬致谢意。书成,请徐森玉先生题署。梦家于此学,素所未习,编理此书,仅为拟定条例、核正誊录而已。"①

本年,对小盂鼎再作考释,先后得到于省吾和王献唐的帮助:"……上述系据 1939 年春昆明讲稿,1942 年秋在龙泉镇据《三代》②拓本,曾复写一篇。1955 年借到于省吾先生原拓照片(即此书制版的),据之更有所增释与改定。但因拓本不清,仍有空白未能隶定者约七十字。故知求得清楚的拓本,是考释此铭的关键所在。王献唐先生来信见告,日照曾有此鼎拓本两份:一份为丁麐年所得,后归端方;一份为许印林所得(吴录当据此本),后归其弟子丁懋吾,传其孙丁希农。王氏说此人尚在西安,拓本可能还在。此说与我前所知陈介祺一拓是人间唯一之本,有所出入。清季以来,此鼎拓本不清,流传又少,因此如此重要的铭文,考释的不多。方濬益和孙诒让仅见摹本,考释文字,亦少有精当之处;对于此铭所见的历史和制度,发挥更少。因理旧稿,为之增补。"③

本年,陈梦家从郑振铎自西安借来的五册《右辅瑰宝留珍》中,看到党毓坤 1925—1926 年间于宝鸡祀鸡台所获"铜禁"的尺寸④。

本年,四姐陈冕珠、刘仁政夫妇回大陆探亲。"那时陈冕珠

---

① 马衡:《汉石经集存》"编辑后记",上海:上海书店出版社,2014 年,第 57—58 页。
② 罗振玉:《三代吉金文存》20 卷,1937 年。
③ 陈梦家:《西周铜器断代》上册,第 113 页。
④ 陈梦家:《西周铜器断代》上册,第 478 页。

的一个儿子留在北大荒虎林农场,所以他们常回大陆探望。"①

约本年,关于井侯𣪘,王献唐致信陈梦家。陈梦家在器铭考释《井侯𣪘》中说:"铭8行68字。旧日或称为周公彝。器大于常器,二十年前出土,今在不列颠博物馆。近接王献唐先生赐函,承告此器出土经过。王先生曾记录云:'一九二九年扬州城北六十里公道桥镇挖河出土,同出大小二鼎、卣、壶数件,皆无铭。周公彝为当地警官刘某攫去,适济南估人鸿宝斋万恩溥往扬州购货,亲至其地,以二百元从刘某购得,其余三件(鼎、壶)由估人艾少卿经手,以二千元购得。彝毁一耳,由济南修铜名匠大胡麻子(世宽)补修,售于上海,流入英国。壶有盖,为艾自购。'"②

大约本年,得知大哥陈梦杰全家去了香港,没有人知道他们离开的原因③。

1956年 丙申 四十六岁

1月5日,郭沫若致信陈梦家:

陈梦家同志:

关于蔡器,我改写了一篇,较妥。

插图一至七,前已奉上,请加入。

敬礼!

郭沫若 一.五④

1月10日,郭沫若致信陈梦家:

---

①张九辰:《山水人生——陈梦熊传》,第18页。
②陈梦家:《西周铜器断代》上册,第82页。
③张九辰:《山水人生——陈梦熊传》,第20页。
④黄淳浩编:《郭沫若书信集(下)》,第205页。

梦家同志:

　　我把矢<ruby>彝</ruby>也考释了。送你一阅,如可用时,请一并登出。你同陈邦福的考释出处,请为注出。我处《文物资料》的月份一时查不出。

敬礼!

郭沫若　一.十①

　　1 月 16 日,夏鼐校阅陈梦家著《西周年代考》。夏鼐日记:"上午阅毕陈梦家《西周年代考》(1—59 页)。"②

　　1 月 20 日,毛泽东在关于知识分子问题会议上发表关于文字改革的意见,赞成采用罗马字母。

　　1 月 26 日,考古所召开全国考古工作会议的筹备会③。

　　1 月 28 日,参加考古研究所学术委员会成立大会及第一次会议,讨论 1956 年研究工作计划及远景规划。徐森玉、曾昭燏等一起参加④。

　　1 月 31 日,《人民日报》发表了国务院《关于公布〈汉字简化方案〉的决议》和《汉字简化方案》,在全国正式推行简化字。

　　2 月 6 日,顾颉刚在家中请宴。谭其骧日记:"晚赴顾宅吃饭,有李平心、笪移今、胡厚宣、于思泊、辛树帜、陈梦家在座。归与向公闲谈。"⑤顾颉刚日记:"宴客,九时散。服药眠,上午三时醒,四时后又眠,七时许醒。今晚同席:辛树帜、于思泊、李平心、胡厚宣、笪移今、陈梦家、谭季龙(以上客),予夫妇(主)。"⑥

――――――――

①黄淳浩编:《郭沫若书信集(下)》,第 206 页。
②《夏鼐日记》第 5 卷,第 202 页。
③《夏鼐日记》第 5 卷,第 204 页。
④《夏鼐日记》第 5 卷,第 204 页。
⑤《谭其骧日记》,第 70 页。
⑥《顾颉刚日记》第 8 卷,第 17—18 页。

2月10日,腊月廿九,中午,于省吾在森隆饭店请客吃饭。顾颉刚日记:"于思泊来。到政协俱乐部,续开谈话会,讨论干部与知识分子关系的问题。与平心同回家,与静秋及四儿同到森隆赴宴……今午同席:平心、唐立厂、陈梦家、胡厚宣、予夫妇及四儿(以上客),于思泊(主)。"①

2月11日,除夕,考古所联欢会。

2月16日,王献唐、商承祚等在京②。

本日,郭沫若致信陈梦家:

梦家先生:

　　校对好了,改动甚大,万请注意。图版中缺吴王光鉴铭,把蔡侯卢铭弄错了。蔡侯尊及铭,请作为"图版柒"加入。(如时间来不及,尊铭插入可作罢。)

春祺!

　　　　　　　　　　　郭沫若　农.元旦

　　改动太大,最后一校的清样我想看。

　　　　　　　　　　　　　郭　二.十六③

2月21日,第一次全国考古工作会议开幕,共180人参加,郭沫若致开幕词,郑振铎作报告④。

2月22日,继续开会。曾昭燏日记:"上午开大会,王局长及刘大年同志作报告,下午分组讨论。"⑤

2月23日,上午大会,下午分组讨论。陈梦家会上的发言得罪了长沙代表。夏鼐日记:"上午大会宣读论文,李文信的《辽阳

①《顾颉刚日记》第8卷,第19页。
②《夏鼐日记》第5卷,第208页。
③黄淳浩编:《郭沫若书信集(下)》,第207页。
④《曾昭燏文集·日记书信卷》,第265页。
⑤《曾昭燏文集·日记书信卷》,第265页。

三道壕》、石兴邦的《西安半坡》,大家展开讨论。下午分组讨论会,余参加考古学通论小组。晚间汇报,并讨论分别负责起草决议、筹备下次会议及预备总结,知下午陈梦家的发言得罪了长沙的代表。"①

2月24日,上、下午均分组讨论。

2月25日,上午分组讨论,下午大会。

2月27日,大会闭幕。曾昭燏日记:"上午大会发言,下午夏作铭及王冶秋局长作总结报告,通过决议,大会闭幕。郭院长请全体参加会的人在萃花楼晚餐,近十时方归。"②顾颉刚日记:"到三所,参加一、二、三所联合之学术会议,讨论《历史科学长远规划草案》……到萃花楼赴'考古工作会议'闭幕欢宴……今晚同席:郭沫若、郑振铎(主)、王振铎、于思泊、商锡永、刘开渠、林惠祥、曾昭燏、张圣奘、贺昌群、翦伯赞、陈梦家、周永贞、唐兰、赵全嘏、高君箴、冯汉骥、胡厚宣、徐森玉、何乐夫、王献唐、王冶秋夫妇、陈直、傅维本、马元材、张政烺、夏鼐、杨宽、郭宝钧,共十桌约百人。"③

约本月,作考证文章《西周之燕的考察》。作者在文中说,本文成后见到佟柱臣发表于《考古学报》1956年第1期的文章,推测燕北境。在此之前,曾收到李文信、佟柱臣书信,谈战国燕刀货事④。

3月2日,和夏鼐看过郑振铎的发言稿。夏鼐日记:"上午赴所,郑所长来谈,并将下午在基建会议上发言稿交给我与陈梦家

同志阅过,谈西户路工作及远景计划。"①

　　3 月 23 日,夏鼐收到文物局送来的出国展览照片,已经陈梦家择选。夏鼐日记:"上午文物局送来出国展览照片,已经陈梦家同志择选一遍,再审查一过。"②

　　3 月 30 日,找尹达、靳尚谦等谈事。夏鼐日记:"整理长沙车器,开始写作。晚间至尹达同志处,靳主任及陈梦家同志亦在,为陈同志之事也,谈至 10 时始散。"③从后文夏鼐的日记看,可能是为了陈梦家购房预支稿费的事。

　　3 月,文《咱们在社会主义道上怎不快走》载《考古通讯》1956 年第 2 期(总第 8 期)。

　　3 月,《西周铜器断代(三)》载《考古学报》1956 年第 1 期(总第 11 期)。

　　3 月,万国鼎编,万斯年、陈梦家补订的《中国历史纪年表》由商务印书馆出版,前面是陈梦家写的重编叙。陈梦家在序言中,对他们三人所做的工作作了交代:上编中,"历史年代总表"据原编加以改订,汉以前由陈梦家改动,汉以后由万斯年所改,由郭义孚绘图,这个图,放大之后可作为教学和图书馆、博物馆、文化馆挂图之用;"公元甲子检查表"也作了补充与修正,加入了南诏、大理、东丹等的年号。下编中,从"夏商周年代简表"到"两周诸侯存亡表"是陈梦家编作的,"秦以后主要朝代年表"是万斯年编作的,最后的索引是戚志芬修正和补充的。

　　从 1955 年 7 月至本年 3 月,对刘体智甲骨拓本《书契丛编》作了鉴定和研究:"在《殷虚卜辞综述》写作完成,三校稿校毕后的 1955 年 7 月至 1956 年 3 月,陈梦家先生还仔仔细细、一丝不

---

①《夏鼐日记》第 5 卷,第 211 页。
②《夏鼐日记》第 5 卷,第 214 页。
③《夏鼐日记》第 5 卷,第 215 页。

苟的鉴定和研究了刘体智的甲骨拓本《书契丛编》,并在书眉批处留下了'此伪,陈梦家''正文未拓''此册拓本与原物不合,陈梦家　56.3.16'等珍贵书迹。"①

4月6日,郭沫若致信陈梦家及高英、白万玉:

陈梦家同志并转

高英同志、白万玉同志:

承补好的铜镜,不注意一下又打破了。对不住,请同志们在空闲时补补。

谢谢您们把六件陶瓷和一只爵都补好了。

敬礼!

郭沫若　四.六

《释蒐历》一文阅读后送还。②

4月7日,夏鼐校阅陈梦家的《西周铜器断代(四)》。夏鼐日记:"上午校阅《考古学报》中陈梦家《西周铜器断代(四)》一文。"③

4月24日,因为买房,为稿费事找夏鼐。夏鼐日记:"上午陈梦家同志谈及购房事,科学出版社联系,未能解决。至历史一所,与尹达同志处商谈,适在开会,在王毓铨同志处闲谈。后来与尹达同志谈陈君购房事及自己请假南下事。"④

4月25日,夏鼐为陈梦家稿费事到科学出版社接洽。夏鼐日记:"上午到科学出版社接洽陈梦家君预支稿费购房事,与文物局陈滋德处长接洽调四川陈久恒、张彦煌二同志来所事。下

---

①贾双喜:《刘体智和他的甲骨旧藏》,《文献》季刊第4期,2005年10月。

②黄淳浩编:《郭沫若书信集(下)》,第208页。

③《夏鼐日记》第5卷,第217页。

④《夏鼐日记》第5卷,第220页。

午参加哲学学习讨论(个人崇拜问题)。"①

4月26日,与夏鼐一起参加布置五省新出土文物展览会。夏鼐日记:"上午与陈梦家君偕至故宫博物院,参加五省新出土文物展览会的布置情形。"②

4月28日,尹达来商谈考古学远景计划。夏鼐日记:"上午尹达同志来所,召集郭宝钧、陈梦家各同志,商谈修改考古学远景计划中心问题。"③

4月29日,周日,照常上班,夏鼐来谈资料室事。夏鼐日记:"因为五一放假,今日仍照常上班。上午与苏秉琦、陈梦家同志商谈资料室事,又与苏秉琦同志谈北大考古专门化远景计划事。"④

4月,经过一年半的整理,在完成三校后,陈梦家为《殷虚卜辞综述》一书写下《校后附记》,对徐森玉老先生所赐的题签、考古研究所编辑室徐保善的三遍校对、考古研究所郭义孚所作的插图表示感谢。

约4月,刘启益文章《略谈卜辞中"武丁诸父之称谓"及"殷代王位继承法"——读陈梦家先生"甲骨断代学"四篇记》发表于《历史研究》1956年第4期。

5月1日,劳动节,二哥陈梦士来京。"陈梦士随港胞观光团到北京观礼,那次他见到了在北京的两个兄弟。"⑤

5月上中旬,陈梦家将安徽博物馆孙百朋5月7日写给郭沫若的书信转给郭沫若,内容是关于发表在《考古学报》上的郭文。

---

① 《夏鼐日记》第5卷,第220页。
② 《夏鼐日记》第5卷,第220页。
③ 《夏鼐日记》第5卷,第220页。
④ 《夏鼐日记》第5卷,第220—221页。
⑤ 张九辰:《山水人生——陈梦熊传》,第22页。

5月12日,夏鼐来谈事。夏鼐日记:"上午赴所,与陈梦家同志谈编辑室问题,与苏秉琦同志谈洛阳工作站问题,至故宫参观新布置之五省出土文物展览会。"①

5月,中共中央正式提出实行"百花齐放、百家争鸣"的双百方针。

5月,为《寿县蔡侯墓铜器》作附记,对提供帮助的朋友表示感谢,其中提及郭沫若对于铜器铭文考释与陈梦家有过多次商讨。又说,自去年10月以来,此文屡作屡改,未能定稿。文中还对蔡器实物运至北京陈列并事修整后新出现的资料作了补充。

春,对《王若曰考》作修改②。

6月8日,徐森玉北来到考古所。夏鼐日记:"上午徐森玉先生来所商谈《历代石刻图录》之编纂事,郑所长及陈梦家同志亦参加会商。"③

6月12日,上午,与夏鼐谈研究生问题④。

6月13日,徐森玉又来考古所。周永珍来,陈梦家不赞成其考研究生。夏鼐日记:"上午……徐森玉先生来,以《历代石刻图录》的工作计划草案来商。下午周永珍同志来谈其投考研究生计划,陈梦家同志来,不赞成其考研究生,加以申斥。"⑤

6月16日,致信王献唐,谈到徐森玉北来,看了五省出土文物展,又谈到搬家事:

　　献老:

　　　　五月廿一手教,接到多日,并非懒,也非忘记,也非忙,

---

① 《夏鼐日记》第5卷,第223页。
② 陈梦家:《尚书通论》,第170页。
③ 《夏鼐日记》第5卷,第228页。
④ 《夏鼐日记》第5卷,第229页。
⑤ 《夏鼐日记》第5卷,第229页。

总想好好拜覆，因此迟延下来。信到之日，郑公恰好自南回来，在我斋中，相顾大笑！以为献老真可爱也。去曲阜之人①已回，惊叹之极，方消我胸中之气。从前为了你们山东老赶，为了我说山东东西好，受了一肚子气，已经好几年了。让这些人多上圣人之地，亦会沾染一点圣气，洗刷一下流俗闭塞。天地之大，不跑跑是不会知道的。可恨好些人坐在屋里睁眼说瞎话。我想此后这些都要改好。百家争鸣以后，各种声音也许多一点，不会太单调了。（我与先生写信是谈知心话，千万别传播，因世人有不知趣者。）

郑公回来后，犯了匋迷，天天瓦当。我们现在不抬杠了，偶尔共饮啤酒清谈。这两天森老北来，看了五省出土文物，石鼓也当他面开了一个，还不错。我昨日冒雨与老郑去看，开开眼，原来就是一块石头。

关于东山农一卣，写黄异文，是变例中可贵者。郑公闻已归"院长"，希望你们设法留下来吧。王廉生金文目，闻之甚羡慕，因我所去年买了王廉生稿的一部分，都无此物。王海如何，不管他造假不造假，总是人才。北京修理铜器的宗派主义一定要打倒。潍工为封建服务，似稍胜于为洋人服务也。

你已把全部砖瓦鉴而定之，功德无量。我总希望你即刻就编一部图录，一定胜于上匋室。可否见告内容、篇幅、完成日期。我总想早点出书，是一件大大要紧事。近来消极，不想多管别人的闲事。但这件事，忍不住和领导们谈了，大家都乐观其成。能不能赏一个脸，以便订入出版计划。你若要自由的做，也可，做完了再告诉我。一切听尊便。此间忽又落雨，下之不完，我本定今日搬家，又搬不成了。千头万绪，书啊桌啊，思之烦心。匆此予请

①夏鼐日记4月9日记庄敏将赴山东，不知是否指此事。

撰安

一九五六年六月十六日
陈梦家谨上①

6 月,《寿县蔡侯墓铜器》《西周铜器断代(四)》载《考古学报》1956 年第 2 期(总第 12 期)。本期《西周铜器断代(四)》讲述《康王铜器》之"小盂鼎",系据 1939 年昆明讲稿增释与修改。之前,王献唐来信告诉陈梦家关于"小盂鼎"拓本情况。

7 月 2 日,故宫博物院成立铜器研究专门委员会,成员有郭沫若、徐森玉、王献唐、郭宝钧、容庚、商承祚、于省吾、陈梦家、唐兰②。

7 月 7 日,与一早从西安回京的夏鼐谈所中事。夏鼐日记:"晨间抵北京……返家稍憩后,即赴考古所。遇及王明、陈梦家诸同志,略谈所中事。"③

7 月 11 日,顾颉刚来访④。

7 月 14 日,诗《悼闻一多先生》载《光明日报》,诗末并有附记:"一多先生不但是一个热情的爱国志士,也是最可爱的使人难忘的一个朋友。我想凡认识他的,或知道他的,都有此同感。我在二十九年以前认识他,自 1931 年到 1944 年间,又时时共朝夕。今离他殉难之日,忽已十年。前年曾写此篇寄友人,承他代为抄存并要我发表,不敢违其好意,因附记数语于此。"

7 月 17 日,致信徐森玉:

---

①安可荐、王书林手稿整理,杜泽逊编校整理:《王献唐师友书札》,第1832—1834 页。

②李文儒主编:《故宫博物院八十年》之《故宫博物院大事记》,北京:紫禁城出版社,2005 年,第 94 页。

③《夏鼐日记》第 5 卷,第 236 页。

④《顾颉刚日记》第 8 卷,第 89 页。

森老赐鉴：

奉十三日手教，敬悉一一。近日杂事繁多，未曾奉覆为歉！老母已于昨日由沪来京，将在此久居，可以朝夕奉养，略尽人子之责。闻沪上酷热，尚祈先生珍摄，烈日之下，勿多跑奔，多加保养。关于编著历代石刻之事，组织上十分重视，一再嘱晚放手进行，故雁塔题名已由罗、王送到晚处（唐房梁公帖，已购存在我室中），当可议价购定，已无问题。张明善沪事完毕，即可北来到所办事。邵著生调职已进行，人事干部告晚，本星期内即可解放，故请先生放心。上海方面仍盼努力进行助手一二人（兼职亦可），庶几可以便利工作。承告沪会又获大批石经残字，可补马著之遗，闻之甚喜！不知已着手施拓否？此(否)〔间〕拓工一人已转正，此事争之数年，天下事往往有如此者。郑公近日忽又少来，想又忙他什么的。容翁于日来又将来京，大致总有一番热闹。专此，并请

撰安

晚梦家敬上

一九五六年七月十七日①

7月18日，《六年来的考古新发现》载《人民日报》。

7月19日，《对于考古工作的一些意见》载《光明日报》。

7月31日，致信徐森玉：

森老赐鉴：

故宫铜器会定八月十日开会，有旅馆可住。先生谅已收到通知，乞转告张明善陪同先生一同来，以便途中照料。

---

① 柳向春：《上海博物馆藏陈梦家致徐森玉信札》，《复旦古籍所学报》第1期，2012年6月。原整理者按："附信封，有1956年7月17日北京、7月20日上海邮戳。"

邵茗生材料、关系已转到所,已无问题,想不久可到所办公。其办公处即在晚室对过。张明善到京后,即可办理入所手续,可请其放心。沪上谅又获新材料,倘需所中出款,请寄发票来即可。所中购书费又有补充,可一无虞矣。京中酷热以后,继之以大雷雨,已稍凉爽。途中一切,请珍摄。专此,并请

撰安

晚梦家敬上

七月卅一日①

7月,《殷虚卜辞综述》由科学出版社出版,为考古学专刊甲种第二号,徐森玉题签。此书综合了前人可采取的说法,全面地叙述甲骨刻辞中的各种内容,作者特别注意到两件事:一是卜辞、文献记载和考古材料的相互结合,二是卜辞本身内部的联系。全书分二十章,分别为:总论、文字、文法、断代(上)、断代(下)、年代、历法天象、方国地理、政治区域、先公旧臣、先王先妣、庙号(上)、庙号(下)、亲属、百官、农业及其他、宗教、身分、总结、附录,另有插图十幅、图版二十四幅。

《甲骨学一百年》对《殷虚卜辞综述》一书有如下评价:"一部全面总结六十五年来甲骨文研究成果的巨作,把我国研究甲骨文水平提高到一个新高度。它继往开来,在甲骨学史上占有重要地位。"②

陈梦家用出版社支付的这笔稿费,在钱粮胡同买了一个古老的四合院(34号乙),此时应该已搬进去了。"1956年他用《殷

---

① 柳向春:《上海博物馆藏陈梦家致徐森玉信札》,《复旦古籍所学报》第1期,2012年6月。

② 转引自郑重:《陈梦家:物我合一的收藏境界》,《海上收藏世家》,第365页。

虚卜辞综述》的稿费在钱粮胡同买了一所房子。从此他一个人占有了一间很大的寝室兼书房,在里面摆下了两张画桌。这一大一小两画桌拼在一起成了他的书桌,上面堆满了各种需要不时翻阅的图籍、稿本、文具和一盏台灯。梦家勤奋治学有着很好的物质条件。他身体好,不知疲倦,每天能工作差不多十小时到十二小时。"①"最后用自己的稿费买了一所钱粮胡同三十四号房产,十八间房屋组成凹字形,中间为小院。"②

房里还有各式明式家具,他和王世襄因为共同的爱好,经常串门③。王世襄回忆:

> 我们既已相识多年,现在又有了同好,故无拘无束,不讲形式,有时开玩笑,有时发生争论,争到面红耳赤。梦家此时已鸿篇巨著问世,稿酬收入比我多,可以买我买不起的家具。例如那对明紫檀直棂架格(《珍赏》135),在鲁般馆南口路东的家具店摆了一两年,我去看过多次,力不能致,终为梦家所得。但我不像他那样把大量精力倾注到学术研究中,经常骑辆破车,叩故家门,逛鬼市摊,不惜费工夫,所以能买到梦家未能见到的东西。我以廉价买到一对铁力官帽椅(《珍赏》44),梦家说:"你简直是白拣,应该送给我!"端起一把来要拿走。我说:"白拣也不能送给你。"又抢了回来。梦家买到一具明黄花梨五足圆香几(《珍赏》74),我爱极了。我说:"你多少钱买的,加十倍让给我。"抱起来想夺门而出。梦家说:"加一百倍也不行!"被他迎门拦住。有时我故意说他的家具买坏了,上当受骗,惹逗他着急。一件黄花梨透空后背架格(《珍赏》132)是

---

① 赵萝蕤:《忆梦家》,《梦家诗集》,第 243 页。
② 周永珍:《我的老师陈梦家》,《历史:理论与批评》2001 年第 2 期。
③ 王世襄:《我与陈梦家》,姜德明主编《七月寒雪:随笔卷》,第 203 页。

他得意之物,我偏说是"捯饬货",后背经人补配。一件黄花梨马纹透雕靠背椅(《珍赏》40)他更是认为天下雕功第一。我指出是用大机凳及镜架拼凑而成的,硬说在未装上靠背之前就曾见过这具机凳,言之凿凿,真使他着了急。事后我又向他坦白交待我在说瞎话,"不过存心逗逗你而已"。梦家比我爱惜家具。在我家,家具乱堆乱放,来人可以随便搬动,随便坐。梦家则十分严肃认真,交椅前拦上红头绳,不许碰,更不许坐。我曾笑他"比博物馆还博物馆"。

实际上我们谁也不曾想夺人所好,抢对方的家具,但还要像煞有介事地表演一番,实因其中有说不出的乐趣,被抢者不仅不生气,反而会高兴,"我的家具要是不好,你会来抢吗?!"给对方的家具挑毛病,主要是为了夸耀自己的眼睛赛过你。不管说得对不对,我们从来也不介意,能听到反面意见,总会有些启发。待冷静下来,就会认真地考虑对方的评论。至于买家具,彼此保密是有的,生怕对方捷足先登,自己落了空。待买到手,又很想给对方看看,心里说:"你看,又被我买到了!"如此十多年,一直到史无前例的"大革命",就是1957年我们两人都被错划成"右派",也没有中断过来往。①

1985年,王世襄著《明式家具珍赏》一书在香港出版,次年又出英文版。书的扉页由王世襄亲自设计,图案是明初剔红风格的一团浮雕牡丹,图案下附十一个字:"谨以此册纪念陈梦家先生。"

8月10日—23日,故宫博物院专门委员会举行第一次学术会议,讨论了铜器的鉴定、陈列、保管方法和从废铜中抢救古代铜器及开展铜器方面的科学研究工作等问题,专家们共同鉴定

---

① 王世襄:《我与陈梦家》,姜德明主编《七月寒雪:随笔集》,第203页。

故宫博物院收藏的商周至清代的一千四百多件铜器①。

8月10日，前一日到京的徐森玉来到考古所陈梦家处。夏
鼐日记："上午……在陈梦家同志处晤及徐森老，昨日来京参加
故宫铜器委员会，稍谈编辑《石刻集成》事。"②

本日，郭沫若致信陈梦家：

> 梦家先生：
>
> 　　前后两信及各种资料均收到，谢谢您的帮助。《大系》
> 一时难以竣事，离京后诸多不便，余考资料未能尽量带来，
> 大受限制。拟回京后再设法继续进行。
>
> 　　容希白先生在京，见面时请问候。我写了一信寄广州，
> 恐他见不到。我是问他要《越者沪钟》的拓片的写真，此钟
> 文他据"同人四器"把全文恢复了是一创获。
>
> 郭沫若
> 一九五六.八.十③

8月15日，与夏鼐谈编辑部事。夏鼐日记："下午陈梦家同
志来谈编辑部事，偕至郭子衡同志处谈张善事。"④

夏，《人民日报》副刊编辑姜德明在萧乾的陪同下，访陈梦
家。姜德明回忆：

> 　　我慕名这位新月诗人久矣，1956年夏天，萧乾先生引领我
> 去见他。一见面他就跟我们开玩笑，你们来"考古发掘"的吧。
>
> 　　他家住在东四北的钱粮胡同，当年章太炎就被袁世凯

①张书学、李勇慧著：《王献唐年谱长编》，上海：华东师范大学出版社，2016
　年，第1020页。
②《夏鼐日记》第5卷，第244页。
③黄淳浩编：《郭沫若书信集（下）》，第209页。
④《夏鼐日记》第5卷，第245页。

软禁在这条胡同里。我们进的是路南的一个小旁门,院内窗明几净。梦家先生谈吐随便,待人热情,儒雅风流。他很高兴我们来访,见我二十多岁便同他谈起新月诗人种种,多少感到一点意外。那些年几乎很少人议论《新月》杂志和徐志摩。萧乾先生问候陈先生的夫人赵萝蕤教授,梦家先生说她在北京大学有住处,有时回家,有时就住在那儿⋯⋯①

接着陈梦家谈起近年来迷上了地方戏,特别是河南豫剧,姜德明即请陈梦家写点看戏随笔。不久,陈梦家就写了《论老根与开花》寄给姜德明。

8月30日,《看戏杂谈》载《文艺报》半月刊1956年第16号(总第162),写观昆剧《十五贯》的感想。

夏天,钱粮胡同的部分选民,在刘心武家所在的院子即海关总署宿舍发放选民证,刘心武的母亲请陈梦家帮忙核对选民证,陈梦家很高兴地帮忙。刘心武回忆:

记得那年夏天,我们钱粮胡同的部分选民,在我们住的那个院子里发放选民证,我在家里隔着有花式隔栅的玻璃窗,能望见那边马缨花树下的景象。母亲自然是张罗者之一。她在回屋取东西的时候,笑着对我说:"幺幺,隔壁的陈梦家先生在帮忙核对姓名呢,你不看看他吗?"我就赶紧隔窗窥望,于是一位俊逸儒雅的中年男子进入我的视野,他虽然穿的也是蓝布的干部服,但是浓黑的头发梳理得一丝不苟,衣裤和皮鞋一尘不染,一脸蔼然的微笑,在那里与一些人交谈。

⋯⋯

母亲说,她去34号院请陈梦家帮助街道核对选民证,

①姜德明:《诗人陈梦家》,《寻书偶存》,南京:南京师范大学出版社,2011年,第48页。

陈很高兴,说应该出力。可是就在我们院那棵马缨花树下,有位七十一岁的选民,不接他那张选民证,他说自己一直姓"葉",现在凭什么给他改成了姓"叶"? 如果接过那张证,他怎么对得起列祖列宗? 竟声泪俱下。那一年刚刚公布推广简化字方案,有的字,确实简化得好,比如把"體"简化为"体","人之本为体"嘛,"幣"简化为"币",也很容易接受,但"樹葉"简化为"树叶"还好,把人家姓氏"葉"简化为"叶",一时难以接受,也应该理解。母亲当时只把这件事当成一个好笑的插曲道出。她还讲到,陈梦家就建议在选民张榜时,遇到每位姓名中有被简化的字时,后面加一括弧将原来写法列出,不过他的这一建议未被采纳。那么,当年陈梦家之所以在鸣放中发表"文字改革应当慎重",是否也与他那天在我们院子马缨花树下的遭遇有关呢?①

9 月 24 日,刚刚归国的夏鼐与尹达、靳尚谦和陈梦家,同去看望病中的郭子衡。夏鼐日记:"午餐后,与靳主任及尹达、陈梦家二同志,去看郭子衡先生的病。郭先生以肺结核复发,加以糖尿病,入医院已 5 星期,今日转赴温泉疗养院再休养几个月。"②

9 月 25 日,《论老根与开花》载《人民日报》副刊。此文谈观看洛阳豫剧团《穆桂英挂帅》(主角马金凤)、《姐妹告状》(主角阎立品)后的看法,兼谈及香港电影《孽海花》《绝代佳人》《春》《秋》和印度电影《流浪者》,最后说:"有一位编辑先生来访,纵论及此,他以为应该记下来,并且应该发表之,因追记如上。"③

---

① 刘心武:《也曾隔窗窥新月》,《文汇报》2013 年 8 月 7 日。
② 《夏鼐日记》第 5 卷,第 262 页。
③ 陈梦家:《论老根与开花》,《梦甲室存文》,第 190 页。

9月,《西周铜器断代(五)》载《考古学报》1956年第3期(总第13期)。

10月,用十天的时间,将《尚书通论》一书的三部分编排整理,并小有补充①。

10月9日,为《尚书通论》的第一部分"尚书通论"补结语②。

10月17日,为《西周年代考》校订本写下《再版附记》③。

10月19日,郭沫若致信陈梦家:

陈梦家先生:

　　叠次承您送了好些青铜器的资料来,谢谢您。应酬事太多,大系被拖延,补录尚未着手。回想当年,一人单干,效率甚速,有不胜今昔之感。

敬礼!

　　　　　　　　　郭沫若　一九五六.十.十九④

约本年10月23日,致信赵萝蕤:

　　昨晨十时由杭回沪,住永嘉路三楼,母亲还准备你来,预备二床,每□□□□等。较去年瘦老,但精神还好,一早去买鸡作汤,并且已看了秦香莲电影,可知他一切尚佳。可以□□□晨小妹带了大大小小来了,官知义又生胃病,未能来。上海又发明旧的来朗袜可改织短统或中统袜,每双三元,故破旧的切勿弃去,可以改造。在杭见姨父母,老得不堪,也两次见□之父母,颇款待。大姊更有老态,碧蕊

――――――――――

①陈梦家:《尚书通论(增订本)》,"重版自叙",第7页。
②陈梦家:《尚书通论》,第113页。
③陈梦家:《西周年代考　六国纪年》,第3页。
④黄淳浩编:《郭沫若书信集(下)》,第210页。

的朋友,今日下午去相,大约不久可成。上海较前更朴素,
我的蚕呢制服居然算是好的了。约月底离此,尚有一
礼拜。

家

十月廿三日午①

10月,于北京,为《尚书通论》作《叙》。在这篇文章里,陈梦
家总结了自己的治学过程和经验感悟:

> 我于二十五年前因研究古代的宗教、神话、礼俗而治古
> 文字学,由于古文字学的研究而转入古史研究。除了方法
> 是最主要的以外,工具和资料是研究古史的首要的条件。
> 在工具方面,没有小学的训练就无法通读古书,无法利用古
> 器物上的铭文;没有版本学和古器物学的知识就无从断定
> 我们所采用的书本和器物的年代;没有年代学、历法和古地
> 理作骨架,史实将无从附丽。在材料方面,最重要是考古发
> 掘所得的物质资料和古器物的铭文,是先秦的经书和其它
> 典籍。后者在经书中以《尚书》和《春秋》为第一主要,在其
> 它典籍中以先秦诸子和《竹书纪年》为第一主要。因此,汉
> 代以来所谓经学、小学还是当前研究古史者所必需用力
> 的;经学和小学本身的研究,是为古史研究奠基的础石,舍
> 此而谈古史,那只是没有基础的架子而已。方法是钱串
> 子,材料是钱,有了方法和材料,散钱才能连串起来,只有
> 方法而无材料,那只是钱串子而已。②

秋天,于北京钱粮胡同,作《中国铜器综录自序》③。

---

①方继孝:《方继孝说书信的收藏与鉴赏》,第32页。
②陈梦家:《尚书通论》,"叙",第8页。
③陈梦家:《陈梦家学术论文集》,第653页。

11月3日,在东安市场与顾颉刚相遇,并一起喝茶聊天。顾颉刚日记:"到天安门楼,参加反英法侵略埃及战争大会,自二时至四时半。乘健常汽车到东安市场,吃桂圆粥。遇陈梦家,同饮茶谈。"①

11月8日,介绍商务印书馆编辑赵守俨给邓之诚②。

11月9日,开小组会。夏鼐日记:"上午与靳主任、苏秉琦、陈梦家、林寿晋诸同志开小组会,讨论冬季所中见习员培训问题。"③

11月16日,谈编辑室事。夏鼐日记:"上午陈梦家、饶惠元同志谈编辑室事,至尹达同志处商谈所事。"④

11月17日,《艺术家的闻一多先生》载《文汇报·笔会》。

本日,《论简朴》载《人民日报》副刊,文章以作者心爱的古代家具来论简朴之美。

11月22日,郭沫若致信陈梦家:

> 陈梦家先生:
>
> 　　王佩诤先生《盐铁论散不足篇校释札记》粗略审阅了一下,确是费了苦工的。我打算推荐给一所,以备逐次登入《集刊》(拟于明年创刊),如王先生愿意,望能将全稿寄来。
>
> 　　如王先生愿由商务出版,也好。
>
> 　　稿本暂留我处,俟确定后,再奉还或交一所。
>
> 　　　　　　　　　　　　　　　　　　　　郭沫若
> 　　　　　　　　　　　　　　　　　　22/XI/1956⑤

---

①《顾颉刚日记》第8卷,第141页。
②陆灏:《东京梦华录注》,《听水读抄》,海豚出版社,2014年,第67页。
③《夏鼐日记》第5卷,第274页。
④《夏鼐日记》第5卷,第275页。
⑤黄淳浩编:《郭沫若书信集(下)》,第211页。

本日,郑振铎在致夏鼐信中附记:"给陈梦家同志一信乞转交。"①

11月24日,蒋若是来考古所。夏鼐日记:"闻陈梦家同志说,蒋若是同志曾于晨间来所。"②

本日,致信徐森玉:

> 森老赐鉴:
>
> 前上二笺,谅登记室。关于王佩诤先生《盐铁论校释》,业已收到一篇,并附以鄙见,转交郭先生,请其考虑。顷接郭先生回信,以为该书"确是费了苦工的",拟由他向历史研究所"集刊"(明年创刊)推荐,分期发表,或将全书一次付商务排印亦可,乞转达王佩诤先生,将《盐铁论校释》全稿直接寄到晚处。先生身体近有进步否?甚记念也!匆此,
> 并请
> 撰安
>
> 晚陈梦家敬上
> 一九五六年十一月廿四日
> 北大柳风堂拓本二万分,日内可看完。③

11月26日,《关于电影〈花木兰〉》载《人民日报》副刊。文中提到看过几回常香玉所领导的河南豫剧团演出的《红娘》和《花木兰》,赞美之余认为应该拍成电影。对并某个周日下午在蟾宫电影院看过的电影《花木兰》作了一些评价。文中还对北京曲剧团魏喜奎主演的《罗汉钱》和《妇女代表张桂容》表示了

---

① 《郑振铎全集》第16卷,石家庄:花山文艺出版社,1998年,第233页。

② 《夏鼐日记》第5卷,第276页。

③ 柳向春:《上海博物馆藏陈梦家致徐森玉信札》,《复旦古籍所学报》第1期,2012年6月。

欣赏。

11 月,陈梦家著《西周年代考》校订本由商务印书馆出版,目次为:再版附记;重编前言;自序;第一部、西周积年;第二部、西周金文;第三部、有关西周年代的文献;第四部、附表。

12 月 5 日,找夏鼐谈编辑室事①。

12 月 20 日,与夏鼐谈出版海外铜器图录一事②。

12 月 30 日,与夏鼐谈西北大学功课事。夏鼐日记:"明日除夕放假,今日星期仍照常工作。上午……陈梦家同志谈西北大学功课事……晚间所中工会开除夕晚会。"③

12 月,《西周铜器断代(六)》载《考古学报》1956 年第 4 期(总第 14 期)。

12 月,陈梦家著《六国纪年》由上海人民出版社重新出版。

12 月,于北京考古研究所,作《美国所藏中国铜器集录自序》④。

年底,往琉璃厂看天亡毁铜器。陈梦家说:"1956 年终,闻琉璃厂自沪购得四耳方座毁有七十余字者,以为必系此器,往视果然,为之欢欣。器完整无缺,光泽甚好,乃西周第一重器。"⑤

本年,参加故宫博物院铜器专门会议。后唐兰写文章称自己在这次会议上曾批评陈梦家《西周铜器断代(三)》和《寿县蔡侯墓铜器》两文中的"奠器"和"奠彝"之"奠"应为"尊"字之误。"他当时面红耳赤,承认错了,但 1957 年考古研究所出版的寿县

---

①《夏鼐日记》第 5 卷,第 278 页。
②《夏鼐日记》第 5 卷,第 281 页。
③《夏鼐日记》第 5 卷,第 283 页。
④陈梦家:《陈梦家学术论文集》,第 655 页。
⑤陈梦家:《西周铜器断代》上册,第 3 页。

蔡侯墓出土遗物里,还是原封不动。"①

本年下半年,王世民从北京大学历史系考古专业毕业,分配到考古研究所,师从陈梦家,为时半年②。

大约到本年,完成和初步完成了《中国铜器综录》的北欧、美国和加拿大三集,英、法两集则未及着手③。其中美国部分,即是在美国完成的《美国所藏中国铜器集录》,也就是1962年出版的《美帝国主义劫掠的我国殷周铜器集录》。

本年,重返文艺界参加活动,见到舒芜。"三十多年后,1956年'百花齐放'之时,早已成为考古名家的陈梦家重返文艺界参加活动,与我初次相识,到我宿舍来看望,问我:'你就是马君宛的儿子吗?'言下颇有慨然之意。可惜那天母亲不在家。"④

约本年前后,致信徐森玉:

> 森老:
>
> 　　兹由我所图书室曹联瑾同志前来请示处理李、乔书籍办法,若同意时,请在郑公批示下署名。晚今晨有事,不克亲来,罪甚!此请
> 旅安
>
> 晚陈梦家敬上
> 廿日⑤

①唐兰:《右派分子陈梦家是"学者"吗?》,《中国语文》1957年10月号。
②据王世民先生2015年9月21日致笔者邮件。
③王世民:《陈梦家》,《中国史学家评传》,第1693页。
④舒芜:《平凡女性的尊严》,《平凡女性的尊严》,第78页。
⑤柳向春:《上海博物馆藏陈梦家致徐森玉信札》,《复旦古籍所学报》第1期,2012年6月。

卷 五

1957 年　丁酉　四十七岁

1月2日,赵万里来访。夏鼐日记:"上午……在陈梦家同志处,与赵万里先生谈中国雕版印刷史的写作计划问题。"①

1月3日,致信徐森玉:

森老赐鉴:

　　前奉手教,敬悉乔迁公寓,可贺可贺! 郑先生回来后,得悉种种,先生以如此高龄,不辞劳瘁,为国家文物奔走保存,真令后辈感动! 惟年事已高,若仍不就轻避忙,亦使后辈耽心,以此甚望先生于身体多加珍重,繁杂之事,少管一些,延年益寿是后辈日夜祝祷之心愿也。邵、张两君在此尚好,北大拓本已看完,作了笔记,近日已回所整理材料。今年北地苦寒,俟春暖之时,仍盼先生北来,亲予指示工作进行方针。年关在望,先生此间存款尚有五百余元,倘有需用,请见告,以便汇寄。晚债务近已还清了。专此,并请

撰安

　　　　　　　　　　　　　　　晚陈梦家敬上

---

① 《夏鼐日记》第 5 卷,第 284 页。

一九五七年一月三日①

1月14日,致信中科院古脊椎动物研究室杨钟健,用"中国科学院考古研究所"信笺。

健老:

《人民日报》七版送来内蒙旧石器报道一则,我以为还是请你们审阅,提意见。请仍寄还于我。先生若无暇,可请贾兰坡兄一看。专此,并请

撰安

晚梦家敬上

一九五七年一月十四日②

1月19日,致信徐森玉:

森老赐鉴:

前奉手教,即转交郑先生。他说刘熊碑与□斋之甲骨,均应由文化部收购,并建议将刘熊碑交故宫收藏云云。兹嘱邵君将《金石镜》稿有关此碑记录抄奉,以备参考。不知此拓可否寄京一看否?因张明善想看看原拓也。近日此间已不如前些时之寒冷,想开春后即可转暖和,届时务盼先生北来一游,借可商定石刻编作之事。附上邵、张二君所拟之稿,郑先生亦大致翻了一翻,其中问题不少。请先生加以批订。晚近日还是乱忙一阵,终日不得清净,颇以为苦。春季或将去西安半月,但日期尚未决定。沪会所藏铜器照片,盼早日见到。故宫所拓铜器铭文,照常进行,再一二个月即可全部拓完。就已拓好的一部分看,真是可观。专此,并请

---

①柳向春:《上海博物馆藏陈梦家致徐森玉信札》,《复旦古籍所学报》第1期,2012年6月。

②据信笺手稿。

撰安

　　　　　　　　　　晚陈梦家敬上

　　　　　　　　一九五七年一月十九日①

1月20日,改作器铭考释《颂鼎》②。

1月21日,上午,与夏鼐谈编辑室事③。

1月23日,《论间空》载《人民日报》副刊。

农历新年前的某日,《光明日报》记者骆英到陈梦家处谈天,谈到了文字改革和简化字问题,于是有了后来《略论文字学》一文④。

1月,于北京,作《谈谈徐志摩的诗》。关于这篇文章和《纪游三首》的写作背景,臧克家有过回忆:"《诗刊》诞生时,他在考古研究所工作,久矣夫告别新诗了。我去找了他,他很高兴。在《诗刊》2月号上,便写了《谈谈徐志摩的诗》,在5月号上又发表了《纪游三首》。那时湖南古墓里挖出了一千多年前的莲子,在新的气候里,它又开了花!梦家在一次座谈会上说:我好比那古墓里的莲子,又被挖掘了出来。"⑤其时,人民文学出版社计划出版徐志摩的诗文集。

1月,故宫博物院制定远景规划,请来院外专家张伯驹、萨空了、夏鼐、陈梦家、王逊、王曼硕、刘开渠、江丰等,听取对规划的意见⑥。

---

①柳向春:《上海博物馆藏陈梦家致徐森玉信札》,《复旦古籍所学报》第1期,2012年6月。

②陈梦家:《西周铜器断代》上册,第281页。

③《夏鼐日记》第5卷,第287页。

④陈梦家:《慎重一点"改革"汉字》,《梦甲室存文》,第240页。

⑤臧克家:《我与〈诗刊〉》,《臧克家回忆录》,北京:工人出版社,2004年,第332页。

⑥刘北汜:《故宫沧桑》,北京:紫禁城出版社,1989年,第152页。

2 月 2 日,农历年初三。上午,陈梦家到夏鼐家贺岁①。

晚上,约谢蔚明在前门小剧场观看北京曲艺团改编演出的六幕十二场大戏《杨乃武小白菜》,女主演魏喜奎、男主演李宝岩,演出非常成功②。不久,陈梦家邀请谢蔚明、魏喜奎吃饭。"北方鼓书演员魏喜奎创造的新剧种'曲剧',在前门外小剧场演出,他(陈梦家)约我去看,大为欣赏。深知他有戏癖的袁水拍当时主编人民日报副刊,就约他写了评介文章,他拿到稿费以后,要我出面请魏喜奎到东单西观音寺一家川菜馆吃饭,并即席发表一通对曲剧的见解。"③

大约此前后,陈梦家和谢蔚明多次一起看戏,有时看完戏一起下小馆子。"梦家对中国食文化也有研究,北京前门外有一家很不起眼的小馆子,制作的蜜汁甜菜受到他的称赞。有一次,我们看完戏,他领我去品尝,菜的原料很简单,大白菜切成条状,加胡萝卜丝和生姜丝拌白糖,看起来色泽鲜亮,吃起来清脆爽口,风味独特。他吃完一盘又要一盘下酒,直至尽兴离馆。他说,中国菜肴举世无双,是我们传统文化中的一大特色,就像这样的平民化的小菜也不例外。"④

2 月 4 日,夏鼐来谈编辑室事。夏鼐日记:"上午至所,郑所长亦来所,至徐老及钟老处闲谈,又与苏秉琦同志谈洛阳工作事,与陈梦家同志及饶惠元、楼宇栋同志谈编辑室事。"⑤

本日,《略论文字学》载《光明日报》。该文认为改革文字是一件大事,不可以过于忙迫。文章还提到,1956 年有人手持唐兰

---

①《夏鼐日记》第 5 卷,第 289 页。
②陈梦家:《要去看一次曲剧》,《梦甲室存文》,第 194 页。
③谢蔚明:《陈梦家》,《岁月的风铃》,第 73 页。
④谢蔚明:《陈梦家》,《岁月的风铃》,第 73—74 页。
⑤《夏鼐日记》第 5 卷,第 290 页。

对于文字改革的一份建议,要陈梦家从文字学的角度加以批评,说是一种任务,陈梦家读了唐文后,觉得文字学的学说很高明,而且他不赞成这种"围攻",所以没有参加"痛击"。

"这篇文章发表后不久,陈梦家又在文化部召集的出版工作座谈会上攻击中国文字改革委员会和简化汉字。"①

2月5日,夏鼐约陈梦家等吃午饭,并与陈梦家、胡厚宣谈西北大学事。夏鼐日记:"上午赴所,与苏秉琦同志谈洛阳工作问题。闻尹达同志又病了,至历史一所,遇及胡厚宣同志,偕住至尹达同志处探病,并约其午饭。返所约苏、陈二同志午饭。返家,铮儿一同事由沪返包,途经北京来自家探问。饭间与陈、胡二同志谈西北大学考古功课事。"②

本日,中科院古脊椎动物研究室贾兰坡写信给陈梦家,用"中国科学院古脊椎动物研究室"信笺。

> 梦家先生:
>
> 　　汪宇平同志给《人民日报》的文章,杨先生交给我看了,并将原文大加削减了一下。我感觉这篇东西,如果当消息发就太啰嗦,当文章发又无内容,如何处理请您斟酌办理。
>
> 　　此致
> 敬礼
>
> 　　　　　　　　　　　　　弟贾兰坡敬上③

---

①倪海曙:《文改鸣放录》,《1957年文字改革辩论选辑》,上海:新知识出版社,1958年,第2—3页。

②《夏鼐日记》第5卷,第290页。

③据信笺手稿。

同日,陈梦家接贾兰坡信后,写信如下:

＊＊同志:

　　关于汪宇平同志一稿,经我转请古脊椎动物研究室贾兰坡和本所安志敏审阅,他们都以为可以不发表。我看了贾同志删改后的汪文,虽然内容不太充实,但在内蒙发现旧石器,还是有意义的。汪君最近曾来此谈过,他们辛勤的工作也是值得表扬的。请你们斟酌办理吧。

陈梦家

二月五日①

2 月 14 日,考古所召开中级研究人员座谈会,英国剑桥大学讲师 Van der Loon(范登龙)谈在中国参观旅行的计划②。

本日,文《要去看一次曲剧》载《人民日报》副刊,文章从年初三晚上看的《杨乃武小白菜》展开,建议读者去看一次演出。

2 月 16 日,上午,与夏鼐谈编辑室事③。

本日,致信容庚④。

2 月 20 日,下午,考古所开会,中级研究人员参加,讨论培养干部计划及今年工作计划,由尹达主持⑤。

2 月 21 日,夏鼐来谈编辑问题。夏鼐日记:"下午与陈淮同志谈工作问题,楼宇栋同志谈《考古通讯》问题,陈梦家同志谈编辑问题。"⑥

2 月 22 日,《光明日报》记者来考古所采访,陈梦家与夏鼐

---

①据信笺手稿。
②《夏鼐日记》第 5 卷,第 291—292 页。
③《夏鼐日记》第 5 卷,第 292 页。
④容庚:《汉字简化不容翻案》,《文字改革》月刊 1957 年第 11 期。
⑤《夏鼐日记》第 5 卷,第 292 页。
⑥《夏鼐日记》第 5 卷,第 293 页。

谈西北大学授课事。夏鼐日记:"上午赴所,《光明日报》记者何炳然同志(平阳人)来所采访新闻,陈梦家同志谈西北大学授课事,潘孟陶同志谈俄文翻译事,写了几封信。"①

本日,关锡致信陈梦家,谈他看到陈梦家发表于2月4日《光明日报》上《略论文学字》一文的感想,表示支持陈梦家,反对拼音化的文字改革②。

2月23日,与夏鼐谈西北大学授课与编辑室的事③。

2月25日,与夏鼐谈西北大学课程事④。

2月底,收到《光明日报》转来的关锡的信。

2月,《谈谈徐志摩的诗》载《诗刊》第2期。

2月,为马衡所著《汉石经集存》写了"校后补记"。

3月2日,《对怎样进行古史分期的研究的一些意见》载《人民日报》。

3月7日,中午,与夏鼐谈编辑室事⑤。

3月9日,陈梦家等人在考古所训练班结业式上讲话。夏鼐日记:"上午赴所,恰巧碰上训练班结业式,由靳主任主持,苏秉琦、尹达、徐旭生、陈梦家相继讲话。"⑥

3月11日,安金槐来访。夏鼐日记:"上午赴所,在陈梦家同志处与安金槐谈编写报告事,又与安志敏同志谈黄河水库工作事,因为他明天即离京。"⑦

3月13日,考古所开学术委员会会议,陈梦家邀郑振铎、徐

①《夏鼐日记》第5卷,第293页。
②关锡、陈梦家:《一封讨论文字改革的信》,《中国语文》1957年第6期。
③《夏鼐日记》第5卷,第293页。
④《夏鼐日记》第5卷,第293页。
⑤《夏鼐日记》第5卷,第295页。
⑥《夏鼐日记》第5卷,第295—296页。
⑦《夏鼐日记》第5卷,第296页。

森玉、夏鼐、曾昭燏等人到家中午餐。夏鼐日记:"上午所中开学术委员会。中午在陈梦家同志家中用餐,有郑所长、徐森老等诸人。"①另见曾昭燏日记:"上午往考古所开学术委员会的会议。陈梦家请在其家午餐。"②

约此时,陈梦家拿到公布后的《汉字简化方案》进行了阅读,他不认识简化了的"尘"字,叶恭绰告诉他,这个字就是"塵土"的"塵",又听曹伯韩讲,古时就有人用"丑"代替"醜"。有人在《人民日报》发表文章说"笑"字不好,理由是笑怎么能与竹有关系呢?因此就说汉字要不得,要改为拼音文字。但陈梦家认为"笑"字就像人在笑,哭字又像人在哭,很妙。梁东汉发表在《人民日报》的文章《汉字的演变》认为,汉字已到了"山穷水尽,非变不可的地步","世界上没有那一种语言不能采用拼音文字",但陈梦家调侃他这篇文章"却还是用的这种'到了山穷水尽'的汉字来写的"③。

3月16日,与顾颉刚会面④。

3月22日,下午,"中国文字改革委员会为了贯彻'百家争鸣'的方针,听取不同意见,邀请陈梦家来会中讲演"⑤。陈梦家讲的题目是《关于汉字的前途》,讲了四个问题:什么是汉字,汉字有哪些缺点,如何改进汉字,对研究汉字的意见。陈梦家认为,若要废除汉字,改用拼音文字,不免会引起天下大乱,他还提出成立一个文字研究所,长期研究汉字。

3月23日,与夏鼐在考古所见面。夏鼐日记:"下午赴所,晤

---

①《夏鼐日记》第5卷,第296页。

②《曾昭燏文集·日记书信卷》,第289页。

③陈梦家:《关于汉字的前途》,《梦甲室存文》,第245、247页。

④《顾颉刚日记》第8卷,第218页。

⑤倪海曙:《文改鸣放录》,《1957年文字改革辩论选辑》,第3页。

及徐老、黄老及陈梦家同志。"①

3月25日,就简化字方案给某人写信,用"中国科学院考古研究所"信笺。

> ……不是应简不应简的问题,而是应如何简的问题。外边意见很多(可看周亚卫在政协的讲话)。我也收到读者来信,批评简字之不当和文改会不接受意见之事。本想转上,因我即将成行,此事过于复杂,因作罢。文字是文化事业中极端重要的工具,不容许乱改,希望第七版注意这个问题。此请
>
> 撰安

陈梦家

三. 廿五②

3月27日,晚上,赴夏鼐处谈编辑事。夏鼐日记:"晚间陈梦家同志来谈,后天彼将赴西安为西北大学授课,来商谈编辑事也。"③

本日,致信徐森玉,同时附上一信致沈仲章:

> 森老赐鉴:
>
> 大驾离京之日,忽因急事,不克到站相送,罪甚罪甚!乞长者宽宥之。今日因将去陕,琐事如毛,应付乏力,奈何!现已摒挡一切,一二日内即去西安(西北大学历史系转)。兹由所汇上伍佰元,作为"历代石刻"这一研究的研究费的一部分,用毕续寄。凡支付翁君津贴及照相用费,均可取用于此。目下院方预算已决定,一切用项,可无问题,请放心。

---

①《夏鼐日记》第5卷,第298页。
②据信笺手稿。
③《夏鼐日记》第5卷,第298页。

"居延汉简甲编"即将付印,乞大笔题署寄赐考古所徐保善,感谢感谢。专此,并请

撰安

晚陈梦家拜上

三月廿七日

烦请森老转交沈仲章先生。

仲章先生:

前此大驾过京,曾来电话,而我等皆不在,无缘相会,怅怅。关于"居延汉简"之如何出京,何时在港拍摄并制版、毁版情况,至盼先生拨冗略记其事,寄我所"徐苹芳同志",以便附入编辑经过中。谢谢。专此,并请

撰安

陈梦家谨启

一九五七年三月廿七日①

3月29日,应西北大学校长侯外庐之邀,陈梦家赴西北大学讲学。

本月,作器铭考释《盠组器(盠方彝、盠方尊、盠驹尊)》:"1955年3月,陕西郿县车站乡东李村坡地上农民取土所掘获的五件铜器,是近来出现西周铜器中重要的一群。其详见《考古学报》1957年第2期郭沫若先生考释。"②

4月6日,故宫博物院成立文物修复委员会,委员为张珩、王世襄、陈梦家、沈从文、陈炳、陈万里、李鸿庆、唐兰、吴仲超③。

---

① 柳向春:《上海博物馆藏陈梦家致徐森玉信札》,《复旦古籍所学报》第1期,2012年6月。

② 陈梦家:《西周铜器断代》上册,第170页。

③ 刘北汜:《故宫沧桑》,第151页。

4月11日，致信徐森玉：

森老赐鉴：

　　离北京前曾寄上笺，并寄上五百元，谅已收到。上月杪到西安，即在此上课，学生颇多，皆能勤学。张明善赶到三门峡后，该处因工程关系，栈道一部分已炸去，幸石刻较多之处尚能及时赶拓。此次因临时提前开工，致如此匆忙，可惜哉！（去秋我对我所某君建议快拓，他说春季拓不迟，而事情变化有如此者。）到此后，游兴不佳，华山及三门峡均不拟前往，因流行感冒盛行，行旅有所不便也。此间博物馆所陈列者甚有可观，已去了两次。关于石刻拓本照相事，盼先生即可在沪拍摄。翁阊运处每月可补助数十元以资鼓励。五百元用完后，所中自当续寄。此事所中重视，决非晚个人主张，请放心。张明善回所后，即可在京拍摄照片，今年内当可有一部分材料整好。晚本月下旬课毕即返京。西安花好，泡馍亦好，惜晚到此肚子不好，故急于想回去喝稀饭。专此，并请

撰安

　　　　　　　　　　　　　　　晚陈梦家敬上

　　　　　　　　　　　　　　　四月十一日

　　"居延汉简甲编"题字请寄北京。①

　　4月19日，文《我们当编辑的——学报编辑工作中存在问题》载《文汇报》。

　　4月，于西安期间，作器铭考释《师克盨》②。

①柳向春：《上海博物馆藏陈梦家致徐森玉信札》，《复旦古籍所学报》第1期，2012年6月。

②陈梦家：《西周铜器断代》上册，第316页。

陈梦家在西安近一个月,听了许多关于文字方面的意见,后来在《慎重一点"改革"汉字》一文中详细地罗列了出来。

4 月 25 日,从西安返京。夏鼐日记:"上午,陈梦家同志由西安返所,谈西安情况,武伯纶同志调所事尚未解决,但恐非如此不可;西北大学希望我们能派一人参加其考古专业教研组云云。"①

4 月,《光明日报》记者骆瑛访问了一位不愿署名的老生物学家(秉志),观点大致以废除汉字为隐忧。陈梦家赞成这个观点②。

4 月,陈梦家著《六国纪年》由上海人民出版社重版第 2 次印刷。

大约此时,陈梦家收到东北四平街一位养病的青年读者十几页的长信,谈文字改革,反对当时的简字方案,反对拼音文字。这位青年读者不希望陈梦家把他的信转给《中国语文》和文改会,认为是徒劳无益的,但陈梦家还是寄给了《中国语文》。他认为文字改革是一件大事,人人应该贡献自己的力量,尤其是文字学家③。

大约此时,陈梦家夫妇到过苏州,顾颉刚写信请沈燮元、沈维钧招待:

> 1957 年春,陈梦家、赵萝蕤夫妇曾来苏游玩。据沈燮元先生回忆,事先顾颉刚特意写信给他和沈维钧(勤庐,沈仲章之兄),说是介绍好朋友陈、赵夫妇来苏游览,"请代我招待"。故而二沈在陈梦家夫妇抵达苏州,于观前为安排旅社后,就选择太监弄里的有名馆子松鹤楼设宴为他们接风洗

①《夏鼐日记》第 5 卷,第 303 页。
②陈梦家:《关于汉字的前途》,《梦甲室存文》,第 250 页。
③陈梦家:《关于汉字的前途》,《梦甲室存文》,第 251 页。

尘。短短两日里,陈梦家夫妇看了园林,听了评弹,从洞庭两山返程时,天气炎热,加之时间匆促,没有当面向两位东道主告别,陈梦家特意写下便条,表达感谢。虽已过六十年,沈翁也已年逾九旬,至今仍清楚记得便条上短短的两句话,"东山归来,热不可当,未及走辞"云云,只是原件早已不见了踪迹。①

春,郑振铎为陈梦家《中国铜器综录》第一集美国所藏部分题写书名"流散美国的中国铜器集录"②。

5月1日,作《慎重一点"改革"汉字》,并且对3月22日在中国文字改革委员会的报告《关于汉字的前途》作了补记。陈梦家认为:

> 在没有决定汉字不可用以前,是否可以尽量的改善改进汉字的结构及其教学法。拼音字母应该明确分别它的两种功用:作为注音的或是代替汉字的。不要把这两种混淆起来。注意是需要的,代替汉字作为文字只是一些人的一种看法,是否行得通是很成问题的。我希望不要把还有问题的看法急急见诸实行,这对国家人民是大大不利的。希望大家慎重考虑这件事。③

5月6日,文《两点希望》载《文汇报》,一希望有话畅快、率直地说,二希望大家培养一些宽阔的胸襟。

5月8日,文《论人情》载《人民日报》副刊。文中提到饰演秦香莲的筱白玉霜的表演艺术,还以杨振雄说《西厢记》为例讨

---

① 申闻:《陈梦家的苏州行》,《南方都市报》2016年8月5日 GB07 版。
② 陈梦家:《美国所藏中国铜器集录(订补本)》,北京:中华书局,2019年,"订补后记",第1357页。
③ 陈梦家:《关于汉字的前途》,《梦甲室存文》,第251页。

论了苏州评弹说旧书的精彩。

5 月 14 日，剧评《麻疯女应该上演》载《北京日报》，为狮吼豫剧团公演《女贞花》(即《麻疯女》)说话，17 日《女贞花》开始公演。

5 月 15 日，剧评《看豫剧"樊戏"》载《人民日报》副刊。文章谈到自己几年前在北京吉祥戏院看曲周萧、素卿演《三拂袖》之后，爱上了河南梆子，这次到西安，特地拜访了狮吼剧团的樊粹庭，参观了他们的新生部，受新生部孩子们的嘱托，作文介绍他们的老师樊粹庭和常警惕。

本日，毛泽东撰写文章《事情正在起变化》。

5 月 16 日，中国文字改革委员会召开第一次文字改革问题座谈会。邀请出席的各界人士有萧璋、陈梦家、周亚卫、俞平伯、茅以升、马学良、胡庶华、唐兰、陶坤、翁文灏、高名凯、张德庆、曾世英、翦伯赞、钱文浩等 15 人。会上发言的有唐兰、陶坤、周亚卫、翦伯赞、俞平伯、陈梦家、张德庆、萧璋、钱文浩、曾世英、马学良等 11 人。科学院编辑出版委员会的陶坤和陈梦家都反对文字改革，"那几天，陈梦家正在出席北京十几个单位的整风座谈会，是鸣放中数一数二的忙人，因此这天的会，他也是开到一半才来的"[1]。

5 月 17 日，到《诗刊》社，并评论了郭小川的诗。郭小川日记："到十一时，唐祈说陈梦家正在《诗刊》谈我的《深深的山谷》，我和丘琴一起去同他谈了好一会。他赞扬了我这首诗。到十一时半时，我约他们去吃饭，在萃华楼且谈且吃，搞到一时半多。陈梦家极健谈，他有他的见解和人生态度，又大骂了一阵刘

---

①倪海曙:《文改鸣放录》,《1957 年文字改革辩论选辑》,第 13—21 页。

绍棠,主张在整风中好好整他。"①

本日,《人民日报》刊载曹孔瑞对陈梦家的采访文章《拆墙和留线——考古学家陈梦家先生访问记》,为响应整风运动,陈梦家发表自己的意见:"过去保密范围似乎太宽了一点,有些业务上的问题,也不大允许非党同志过问。例如像考古所选派留苏研究生、夏鼐副所长出国参加巴黎汉学家会议这样的事情,也不让我们这些高级研究人员知道,这未免奇怪。""考古所内官僚主义也是不少的。有些党员领导干部,不大了解下情,也不大到办公室来。他们喜欢听小报告,有时请你去谈,不是批评,就是训话。他经常要我们老科学家之间不要闹不团结,但他很少努力于他和我们之间的团结。"

本日,陈梦家文《慎重一点"改革"汉字》载《文汇报》。

5月18日,考古所开高级研究员座谈会,苏秉琦、陈梦家、徐旭生、黄文弼等人提了意见。夏鼐日记:"上午所中开高级研究员座谈会,为响应整风运动也,苏、陈、徐、黄皆提出一些意见。"②

本日,致信徐森玉:

森老赐鉴:

奉七日手教,敬悉——。晚自上月杪回京后,忙于鸣放,并谈内部矛盾。白日说话,晚上写文,中间还夹杂了一个西安来的一个河南梆子需要捧。以此忙乱不堪,精神委顿,可笑可笑!张明善在水库拓碑已两次上报(《文汇报》),但其人工作努力,挥汗不已,无暇写信,晚处亦无只字,想不久可以归来。西谛先生西北游甚乐,昨日已回京,尚

---

①郭晓惠、郭小林整理:《郭小川1957年日记》,郑州:河南人民出版社,2000年,第102页。

②《夏鼐日记》第5卷,第307页。

未晤见。此间大大的热闹,他也要来看热闹也。寄下所题"居延汉简"题签,写的十分的佳妙,可见年高有学的前辈愈老而写字愈能有神。这不是恭维,实是如此。前由所寄上研究费五百元,乞便中写一便条说明收到字样,以便报账。琐事渎神,请原谅。承告宋二体石经已整理完毕,甚为欣慰,想不日即可做完,以便付印,乞见告(是否先印此集)? 专此,并请撰安

晚陈梦家拜上

一九五七年五月十八日①

5月19日,文《关于汉字的前途》载《光明日报》的《文字改革》双周刊(第82期)。

本日,文《我的感想》发表于《文艺报》1957年第7期(总177期)。

5月20日,中国文字改革委员会召开第二次文字改革座谈会,被邀出席的有王伯祥、李长之、高名凯等11人,"高名凯替文字改革辩护,驳斥了陈梦家之类的一些反对意见"②。

本日,吴宓读张天授寄来的剪报时读到陈梦家关于文字改革的意见,并作评论。吴宓日记:

> 午饭时,接张天授剪寄(1)1957五月十七日上海《文汇报》陈梦家撰《慎重一点改革汉字》文,(2)1957五月十七日上海《文汇报》专电《首都学术界激烈争论"汉字要不要改革?"记》。即复函申谢。宓读此剪报,始知宓一向太过慎重,太为畏怯,愧对自己平生之志事矣。即致唐兰、陈梦家

---

①柳向春:《上海博物馆藏陈梦家致徐森玉信札》,《复旦古籍所学报》第1期,2012年6月。

②倪海曙:《文改鸣放录》,《1957年文字改革辩论选辑》,第29—30页。

一函,述感佩之意。写示"不死惊看汉字亡"一诗。①

5月22日,下午参加党外作家会议。郭小川日记:"二时到大楼,今天是开党外作家的会议,到会的有张恨水、黄药眠、钟敬文、臧克家、汪静之、陈梦家等。由于我的错误,忘记了通知茅盾,临时打电话,他不来,又同白羽一起来找他,他大约在四时来了。今天的发言还算好,大家平心静气。只有汪静之是比较尖锐的。主要是因为他个人的问题。"②

5月23日,《人民日报》刊载《作家协会党组听取非党作家的批评》,谈到"陈梦家很感谢作协把他象文物似的重新发掘了出来,但不愉快的是还给他戴了'新月派'的帽子。他说他那时还是少年,不懂什么派别,既和新月派诗人接近,也和左翼作家接近的"。

5月24日,陈梦家转给《中国语文》的关锡谈文字改革的信即将发表,这日,他写下《附记》,其中有:"这封信,我托人转交《中国语文》,由于许多编者转来转去'审阅',延误了许久,我对写信人表示歉意,但编者先生们同意发表此信,我表示欣慰。我自己也是一个群众,十分赞成这篇通信中的精神。这就是我对于写信人的答复。"③

5月25日,考古所整风运动开会,陈梦家等人发言。夏鼐日记:"上午所中整风运动开会,有陈梦家、徐旭生、黄文弼、安志敏诸同志发言,我也指出了前年那次院部决定取消考古所、并入历史一所议案手续方面的错误。"④

---

① 吴学昭整理:《吴宓日记续编》第3册,北京:生活·读书·新知三联书店,2006年,第88—89页。
② 郭晓惠、郭小林整理:《郭小川1957年日记》,第105页。
③ 关锡、陈梦家:《一封讨论文字改革的信》,《中国语文》1957年第6期。
④《夏鼐日记》第5卷,第309页。

本日，《忆一九四四年飞过喜马拉雅山》《过高台县往安西》《中元宿洞庭西山显庆寺》三诗以《纪游三首》为题载《诗刊》第5期。

5月26日，《要十分放心的放》载《文艺报》1957年第8期（总178期），是本期《文艺报》上《正确对待文艺界内部矛盾》系列文章中的一篇。

5月27日，中国文字改革委员会召开第三次文字改革座谈会，邀请出席的各界人士有王伯祥、艾青、江超西、陈定民、陈梦家、周亚卫、袁家骅、楚图南、翦伯赞、谢无量等10人，王伯祥、江超西、陈梦家、陈定民、楚图南、周亚卫、翦伯赞、艾青等8人发言①。

6月1日，上午，考古所整风运动座谈会，陈梦家、徐旭生、苏秉琦、黄文弼等人提意见②。

6月4日，陈梦家给某编辑部写信，推荐发表论文，用"中国科学院考古研究所"信笺。

> ……我考虑再三，仍然寄于你，希与领导上商量，是否可以在热闹当中登载这一篇冷静的科学研究论文，一则提倡文风，二则这项工作才真正是百家争鸣口号提出以后青年中级干部埋头苦干的成绩。文章已经夏所长看过，我也加了一点修正。虽然略长，然内容结实，废话没有，非常好。希望先由你考虑一下，这是不合时宜的文章，但是有用的而且是很好的。此请
> 撰安
>
> 陈梦家
> 一九五七年六月四日③

---

① 倪海曙:《文改鸣放录》,《1957年文字改革辩论选辑》,第36—37页。
② 《夏鼐日记》第5卷,第310页。
③ 据信笺手稿。

6月6日，《关于美术工艺的几个问题》载《大公报》。

6月8日，上午，考古所召开整风运动座谈会①。

6月11日，下午，夏鼐将上午刚刚审阅过的《郑州二里冈》发掘报告交陈梦家②。

6月13日，《光明日报》的《文字改革》双周刊（第84期）刊载温应时的文章《和陈梦家先生商讨简化汉字问题》。

6月16日，《看戏杂记》载《光明日报》，为筱翠花开演禁戏《活捉三郎》叫好。

本日，《文艺报》1957年第11期（总第181期）刊载《作协在整风中广开言路》的报道，其中有陈梦家的发言：

> 现在还有人喜欢把过去的招牌挂在别人头上，比如"新月派"诗人陈某某等。我很不愿意别人老把过去的招牌挂在我的头上，而且这块招牌对我也不大合适，当时我只不过是喜欢写诗，和"新月派"诗人接近罢了。有一些诗人像何其芳等比我更接近"新月派"，却因为他改造了思想，入了党，而不再给他挂这块招牌，我虽然没有入党，也不能老挂着这块牌子。

> 我认为今后除反动作家外，一切作家都可以参加作家协会。我对此间的领导一点意见也没有。过去接触时间很短。我是被此间领导发掘出来的。

6月18日，考古所开扩大所务会议，由郑振铎主持③。

6月22日，上午，考古所开整风运动座谈会。自6月19日《关于正确处理人民内部矛盾的问题》一文正式发表后，整风运

---

① 《夏鼐日记》第5卷，第311页。
② 《夏鼐日记》第5卷，第312页。
③ 《夏鼐日记》第5卷，第313页。

动又进入一新阶段①。

6月27日,《光明日报》的《文字改革》双周刊(第85期)刊载左焕仁《不同意陈梦家要撤回汉字简化方案的意见》。

6月,文《谈后追记》载《诗刊》第6期。

6月,作器铭考释《南宫柳鼎》②。

6月号《中国语文》上刊载《一封讨论文字改革的信》,就是关锡写给陈梦家的信,信末是陈梦家的附记。

7月2日,致信徐森玉:

> 森老赐鉴:
>
> 奉六月廿六日手教,敬悉一一。前在《文汇报》拜读宏论,透彻之极。此间右派批判,学校与民主党派,整之甚热烈。承告此行之乐,甚为羡慕。晚在西安时,已购票赴陕县,为一人所阻,说"没得看",轻信人言,以至坐失良机,可惜。杨某对先生在报上无理取闹,识者皆耻其所言,公道自在人心也。寄来居延木简影打样,与仲章先生所寄一样。此次付印,计得二千六百余号,较之前此各书所录的总数,已在一倍矣。刘半农《敦煌掇琐》,已交来薰阁重印并补制版,下月初可印得。倘需此书,即可寄奉一部。翁闿运君来书已悉,盼其好好从先生作事。张明善曾来一信,迄今尚未回所,估计日内或可到矣。郑公开会忙,不常见。闻先生午睡落地,腰部跌伤。吉人天相,当已康复。夏日竹、藤椅上睡觉,容易跌下,不如在大床上铺凉席较稳也。专此,并请
> 撰安
>
> > 晚陈梦家敬上

---

① 《夏鼐日记》第5卷,第313—314页。
② 陈梦家:《西周铜器断代》上册,第229页。

七月二日①

7月9日，下午，访郭小川。郭小川日记："陈梦家来，谈了一下他对右派的看法，他认为有些右派分子老不满足。又催我早些看他的编好的诗集。"②

7月10日，与夏鼐谈。夏鼐日记："又与楼宇栋、陈梦家同志谈改《考古通讯》为月刊问题。"③

本日，郭小川看陈梦家编的诗集。郭小川日记："八时半起，坐下来写《呼喊》的诗，给陈梦家的《选集》看了一下，未看完。"④

7月11日，《光明日报》的《文字改革》双周刊（第86期）刊载梁东汉的文章《〈关于汉字的前途〉读后感》。

7月12日，夏鼐撰批评文章，提及陈梦家。夏鼐日记："为配合反右派运动，应《人民日报》之约，写了一篇短文寄去（7月14日刊出）。"⑤这篇文章的题目为《用考古工作方面事实揭穿右派谎言》，批判了一些"右派"言论和观点，关于陈梦家的文字如下：

> "考古学家"陈梦家对访问他的记者说："……有些人人地不相宜，有些人兼职过多，有些人是挂名的，都可以考虑调整。"（《人民日报》1957年5月17日第7版）……他又说：《考古通讯》每发表评论，必须请党员负责同志看过。"这样做是否必要呢？"（同上）《考古通讯》是在党的领导之下为社会主义服务的，所刊登的评论是要对考古学界的思

①柳向春：《上海博物馆藏陈梦家致徐森玉信札》，《复旦古籍所学报》第1期，2012年6月。
②郭晓惠、郭小林整理：《郭小川1957年日记》，第142页。
③《夏鼐日记》第5卷，第316页。
④郭晓惠、郭小林整理：《郭小川1957年日记》，第144页。
⑤《夏鼐日记》第5卷，第317页。

想上发生一些影响的,发表之前请党员负责同志看过,这样做可以说是必要的。纵使没有必要,试问这样做又有什么坏处呢?①

7 月 13 日,考古所开反右派运动大会,陈梦家成了反右批判的对象。夏鼐日记:"上午参加所中反右派运动大会,主要对象是陈梦家。"②自此,陈梦家被打成右派,"罪状"之一是反对文字改革。

大约在这次批判会上,郑振铎还称陈梦家为"梦家先生"。据谢蔚明回忆:"在考古研究所'帮助他提高认识'的大会上,我去旁听。主持会议的郑振铎先生发言时,还称他'梦家先生',使会场保持和风细雨的良好气氛。梦家一边听大家提意见一边做笔记。他检查时说,现在做笔记,体会到简化字比繁体字好。我想这是实话,不是为了'过关'。这次会上,我和梦家相对无言,也是最后一面。"③

谢蔚明在另一篇文章里写得更详细:

> 五十年代后期,党中央提出百花齐放、百家争鸣方针,对知识界是兴奋剂,上海报社通知北京办事处组织名家写稿响应号召,此前,毛主席曾经对新闻、出版负责人谈话,琴棋书画、梅兰竹菊都可以写文章,报社负责人向编辑部传达以后,浦熙修教我找知名人士写稿,我找过叶恭绰、夏枝巢老前辈写旧京遗闻逸事,又约陈梦家帮忙。梦家对废除繁体字实行简化字不以为然,我同意他的看法。1957 年"五一劳动节"之日,他写的《慎重一点"改革"汉字》,15 日在《文

---

① 见《考古通讯》1957 年第 5 期,1957 年 9 月。
② 《夏鼐日记》第 5 卷,第 317 页。
③ 谢蔚明:《陈梦家》,《岁月的风铃》,第 74 页。

汇报》刊登。……批判会由文化部副部长、学者郑振铎主持。这是罕见的批判会,自始至终在和风细雨中进行,大学者郑振铎口口声声的"梦家先生"令人感动。①

7月15日,《拼音》月刊刊载《文字改革问题座谈会记录》,其中有陈梦家在第一次和第三次文字改革问题座谈会上的发言。

7月17日,考古所领导谈反右派运动事。夏鼐日记:"上午赴所,在编辑部谈工作事,拟明年《考古通讯》改为月刊。与靳主任谈反右派运动事,约定晚间再谈。下午为《考古学报》阅稿,写了几封信。晚间尹达、靳尚谦二同志来谈所中反右派运动事,9时余始去。"②

7月23日,下午考古所开反右派运动大会③。

7月,《尚书通论》一书由商务印书馆初版,全书分尚书通论、尚书专论和尚书讲义三部分,前有叙言,后有参考书目。"作者较多的利用出土铜器的长篇铭文和战国、汉代简册资料,从体例上探索《尚书》由若干个单篇形成一书的过程,并对每一篇进行断代。"目次为:第一部《尚书通论》:第一章《先秦引书篇》(论语、孟子、左传、国语、墨子、礼记、荀子、韩非子、吕氏春秋);第二章《汉世传本篇》(伏生本、壁中本、孔氏本、献王本、中秘本、杜林本、孔传本);第三章《篇目篇》(伏生篇目复元、大誓后得、舜典及其它的分合、三家今文、东汉古文、东晋古文、所谓百篇、百篇书序的编次、篇名);第四章《书序篇》;第五章《考实篇》;第六章《结语与问题纲目》;第二部《尚书专论》:第一考《古文尚书作者

---

① 谢蔚明:《陈梦家与赵萝蕤》,《那些人那些事》,上海:上海远东出版社,2013年,第52页。

② 《夏鼐日记》第5卷,第317页。

③ 《夏鼐日记》第5卷,第318页。

考》；第二考《尧典为秦官本尚书考》；第三考《王若曰考》；第四考《古文考略》；第三部《尚书讲义》：第一篇《甘誓》；第二篇《汤誓》；第三篇《般庚上》；第四篇《大诰》。

约本月，赵万里在致徐森玉的信中谈到陈梦家："馆中右派共二名，一党员张某，一张申府，正追击中，梦家的处境极为困难。"①

8月2日，吴宓写给陈梦家、唐兰的信被退还，大概是因为邮票脱落而欠资②。

8月5日，致信文物出版社，用"中国科学院考古研究所"信笺。

四编室转增惠同志：

兹时我所徐旭生（不用徐炳昶之名，他已废除旧名）所作《中国古史的传说时代》全部文稿并图版一块、封面题字和内容提要一并送上，请检收。内容共系六章，附录六篇。横排，繁体字。开本如学报。考古学专刊印甲种第四号。

此致
敬礼

陈梦家
一九五七年八月五日③

8月6日，上午，与夏鼐谈及石刻拓本照相事④。

本日，致信徐森玉：

①柳向春：《赵斐云先生致徐森玉先生函》，《文津流觞》2011年第3期（总第35期）。另见郑重：《徐森玉》，第212页。
②吴学昭整理：《吴宓日记续编》第3册，第144页。
③据信笺手稿。
④《夏鼐日记》第5卷，第321页。

森老赐鉴：

久未奉候，甚念。此间因反右派斗争，开会甚多，正常工作停顿。考古会议原定九月初旬举行，今已取消，改在明年。晚在此一切平顺，请释念。郑公一月未见面，不知他忙的什么。张明善回京后，将三门峡所拓粗理一过，其中不少新资料。彼等已着手进行历代石刻第一集材料，并已发函各地，请他们寄材料及实物照片，不知能收到多少？无法预计也。今日与夏所长谈到技术问题，大意是：（1）八开本大小，拓本制版大于此者可摺页；（2）先试制锌板若干，以观效果如何；（3）可自备拓本者，拿到制版厂直接照制，不必经过照像；（4）借用别家的拓本，我们先行照相，上海或它地的亦需照相。关于已经圈出之百件，尚盼先生便中开始作一评记，将来除尺寸记载外，就用先生评记。邵某自作聪明，可以听之。翁闿运来信已收到，尚未覆他。晚近日闭门用功，戏都不看。专此，并请

撰安

晚陈梦家敬上

八月六日

前此沪文管会寄示铜器目录中之编号六八七二趩鼎，九十七字；六八八〇彴方鼎，二十四字（似未见著录）；六九〇二趩卣，二十八字。十分重要，尤其是前两器。不知是否已有拓本及像片，请设法寄赐一份，以备拙作《西周铜器断代》一书参考。感谢！梦家又及。①

8月8日，《光明日报》的《文字改革》双周刊（第88期）刊载王士烈《人民需要文字改革——驳陈梦家〈关于汉字的前途〉》。

8月9日，下午，在考古所反右派大会上，陈梦家作自我检

---

①柳向春：《上海博物馆藏陈梦家致徐森玉信札》，《复旦古籍所学报》第1期，2012年6月。

讨。夏鼐日记:"上午赴所……参加所中反右派小组讨论会。下午开始大会,郑所长亦来,陈梦家做自我检讨,然后由王世民、石兴邦、王仲殊同志发言。"①

　　郑振铎日记则作了较为详细的记载:"五时半起。沐浴。看报。八时,到部办公。写了一篇关于丁、陈错误问题的发言。下午二时半,到考古研究所,参加对右派分子陈梦家错误的讨论会。首先由我说了几句话,然后由陈梦家作初步检讨。琐碎得很,全无内容。王世民加以比较详细的揭发。石兴邦予以根本的驳斥。大家一致不满陈的检讨。近六时,我先走,因为要招待外宾也。"②

　　胡厚宣也参加过反右批判陈梦家的会,但只作了表态性发言。王世民回忆:

　　　　直接晋见胡厚宣先生,还是1956年到中国科学院考古研究所工作以后。大约1957年夏第一次正式见面,当时陈梦家被错划为"右派分子",所里要我去历史所通知胡先生过来参加批判会。记得胡先生虽曾在会上作过简短的表态性发言,并没有像其他人那样迫于形势而声嘶力竭,更没有将陈先生贬低成不学无术。陈梦家在学术上一向傲视他人,胡先生和他的关系并不亲密,如此表现实属难得。③

　　8月10日,考古所继续开会批判陈梦家。夏鼐日记:"今天开了一天的会,为了反右派运动,大家继续对陈梦家同志提意

①《夏鼐日记》第5卷,第321页。
②陈福康整理:《郑振铎日记全编》,太原:山西古籍出版社,2006年,第542页。
③王世民:《回忆胡厚宣先生的点滴往事》,张世林主编《想念胡厚宣》,广州:新世纪出版社,2012年,第56页。

见。报社记者亦出席,预备明天刊登报端。"①

8月12日,上午考古所开反右派小组会②。

8月13日,考古所整天开反右派运动会议③。

8月15日,赵万里致徐森玉的信中有这样的话:"梦家情绪低落,人也消瘦了很多,看来是在劫难逃了。"④

本日,《文字改革》月刊(即原《拼音》月刊)刊载马学良《汉字改用拼音文字会引起"天下大乱"么?》,对陈梦家作批判。

8月16日,吴宓在日记中感叹陈梦家因反对文字改革而成为右派分子。吴宓日记:

> 今日午广播外语系右派分子张正东,晚广播地理系右派分子王锺山之罪行。近日续出之右派分子益多,本校职员有尚莫宗、李长河、李秀君、刘亚川等。皆其大者。本市有《重庆日报》记者张天授,东北有杨清,周传儒。北京有陈梦家,以反对文字改革为其罪。按宓于五月二十日致唐兰、陈梦家一函,似因浆糊潮湿,邮票脱落,该函竟以"欠资无人收领"退回,宓幸免牵连矣。然宓自愧不如陈梦家之因文字改革而得罪也。⑤

8月19日,在考古所,陈梦家作第二次检讨。夏鼐日记:"上午梅明杰同志送来姬妹托带之物,以近由温州返京也,我以参加所中陈梦家第二次检讨的会,未遇。今日陈的检讨占了整个上午,斐文中、尚爱松同志都来参加,未发言。"⑥

---

①《夏鼐日记》第5卷,第321页。
②《夏鼐日记》第5卷,第321页。
③《夏鼐日记》第5卷,第322页。
④郑重:《徐森玉》,第209页。
⑤吴学昭整理:《吴宓日记续编》第3册,第152—153页。
⑥《夏鼐日记》第5卷,第322—323页。

8 月 21 日,考古所开反右派小组会①。

8 月 23 日,下午,考古所反右派运动大会上,由陈梦家继续作检讨②。

8 月 28 日,考古所继续开会批判陈梦家。夏鼐日记:"今天又开了一天反对陈梦家右派言行的大会,上午由靳主任主持,下午由我主持。"③

8 月 29 日,考古所继续开会批判陈梦家。夏鼐日记:"上午参加所中反右派大会,并在会上发了言,斥责陈梦家的右派言行。"④

8 月 31 日,上午,考古所开反右派运动会议⑤。

9 月 16 日,科学院、文化部举行文物界反右派座谈会,批判陈梦家等人,夏鼐日记:"上午准备下午发言。下午参加文物界座谈会,由王冶秋局长报告右派分子点火经过,郭沫若、翦伯赞、吴晗三位发言,散会时已 6 时半。"⑥

此时正在北京的曾昭燏也参加了这次座谈会。曾昭燏日记:"下午往文化部参加"反右派"的座谈会,被批判的有陈梦家、傅振伦、马非百等人。"⑦

9 月 18 日整天、20 日下午、21 日下午,科学院、文化部继续举行文物界反右派座谈会。

大约此时,裘锡圭看到过陈梦家,他回忆:"我看见过他两次。一次是我在历史所时,参加科学院(当时社会科学院还没有

----

① 《夏鼐日记》第 5 卷,第 323 页。
② 《夏鼐日记》第 5 卷,第 323 页。
③ 《夏鼐日记》第 5 卷,第 324 页。
④ 《夏鼐日记》第 5 卷,第 324 页。
⑤ 《夏鼐日记》第 5 卷,第 324 页。
⑥ 《夏鼐日记》第 5 卷,第 327 页。
⑦ 《曾昭燏文集·日记书信卷》,第 300 页。

分出来)召开的一次批右派的会,车从历史所出发,到考古所停下来,陈梦家也是一个被批的对象,就看见他上了车。他当时还是不在乎的样子,看不出他非常沉重。"①

9月27日,西安西北大学考古班举行座谈会,批判陈梦家。

本日,《人民日报》刊载唐兰《中国文字应该改革》,批判陈梦家。

9月29日,赵万里在致徐森玉的信中谈到陈梦家:"据张明善言,梦家事尚未结束,正在交待中。向达是个右派分子,想公在《文汇报》上已见到。闻问题相当严重,北大已开会斗争多次。见闻今天下午和晚间,北大召开全校教职员大会进行批判,不知如何结束也。"②

徐森玉很为陈梦家担忧。郑重在他的《徐森玉》一书中说:"据当时任徐森玉秘书、后任上海博物馆馆长的汪庆正告知笔者:赵万里的信使徐森玉极为焦虑,直到在报纸上看到陈梦家被列入'右派'名单,徐森玉顿足长叹:'唉,毁了一个人才!'"③

9月30日,致信徐森玉:

森老赐鉴:

　　两月以来,此间经常开会,致疏奉候,罪甚! 所中之会已暂告一段落,顷由张明善送来(一月前)托带铜器拓照三分,感谢感谢! 此三器皆西周极重要之铜器(方鼎绝佳),十分可爱,快慰异常。前闻大驾将北来一游,不知已有行期否? 另邮寄奉拙作《尚书通论》,请教正之。专此,并请

---

① 戴燕采访:《裘锡圭:古典学的重建》,《书城》2015 年第 9 期。
② 柳向春:《赵斐云先生致徐森玉先生函》,《文津流觞》2011 年第 3 期(总第 35 期)。
③ 郑重:《徐森玉》,第 212 页。

撰安

　　　　　　　　　　　晚陈梦家敬上

　　　　　　　　　　（1957）九月三十日①

　　9月，考古研究所出版的《考古通讯》上刊载了对陈梦家的
批判文章，其中首篇为夏鼐的《用考古工作方面事实揭穿右派的
谎言》，还有考古通讯编辑部署名的《斥右派分子陈梦家》。

　　9月，《考古学报》1957年第3期（总第17期）刊载中国科学
院历史研究所第二所李学勤撰写的《评陈梦家殷虚卜辞综述》。
李文认为陈梦家《殷虚卜辞综述》存在很多错误，并进行了列
举②，最后说：

　　　　如上所述，陈梦家的《殷虚卜辞综述》一书并不能总结
　　前人、近人这一方面的研究成果，而且出现了许多错误。陈
　　梦家于此自命甚高，是不相称的。陈梦家在《综述》中竭力
　　鼓吹自己，即以第二十章中《甲骨论著简目》而论，不少论著
　　没有收入，却收录了他自己全部的文章。这里面有一些内

①柳向春整理：《上海博物馆藏陈梦家致徐森玉信札》，《复旦古籍所学报》
　第1期，2012年6月。
②后来，李学勤在接受记者采访时说："我承认当年维护董作宾是不对的，
　陈梦家他们是对的。1960年以后，我纠正了这个说法……"（见《自述质
　疑"疑古派"的学术历程》，樊克宁著《呆在原地：与世纪学人面对面》，广
　州：广东人民出版社，2013年，第267页）李学勤还说："在反复绎读之
　后，我更感觉到，例如《殷虚卜辞综述》《西周铜器断代》，尽管已经是半
　个世纪前的工作了，但就深度、广度和高度来说，仍然是后无来者，没有
　类似的书籍可以取代。"（见《学术的综合与创新》，《汉字文化》2006年第
　4期）1992年，裘锡圭在中华书局出版的《文史》第35辑上发表《评〈殷
　虚卜辞综述〉》，文中引用和推荐李学勤文达14处之多，对此，谢济发表
　了对李文的反评论《评李学勤〈评陈梦家殷虚卜辞综述〉》和对裘锡圭文
　的反评论《评裘锡圭〈评殷虚卜辞综述〉》（谢济两文见吴锐等编《古史
　考》第9卷《民间论三代》，海口：海南出版社，2003年）。

容早已陈旧过时,在《综述》中也已加以否定;有一些是未成文的稿本;有一些是本书的一部分,更应删除不载。这种自我标榜的态度更为我们所不取。

10月11日、12日,在北京西郊宾馆,中国科学院哲学社会科学部举行史学界反右座谈会。

10月14日,史学界反右派座谈会继续进行,批评荣孟源、陈梦家。夏鼐日记:"今天仍开史学界反右派座谈会,上午批评荣孟源、陈梦家二位。下午陪秀君上医院,返后又昏厥,到脱身赴会场时,已是范老发言,最后翦伯赞同志总结。散会后又开小组会,分别处理发言稿的发表问题。"①

批判会之后,有一则消息对此作了比较全面的报道,题名《中国科学院社会科学部举行座谈会,批判向达等史界右派分子》,其中记载道:"中国科学院哲学社会科学部在10月11日到14日举行了三天座谈会,批判史学界右派分子向达、雷海宗、荣孟源和陈梦家。"然后介绍了会议过程,先由哲学社会科学部副主任潘梓年发言,接着是向达、荣孟源、陈梦家在会上作检讨,雷海宗因在天津未出席,北京大学历史系教授杨人楩也受到批判②。

10月30日,《文汇报》刊载王力《批判右派分子陈梦家关于反对文字改革的荒谬言论》。

约9、10月间,陈梦家将《尚书通论》寄赠王献唐,并在书上题词:"献唐先生教正。作者寄自北京,一九五七年九月中秋已过未到重阳。"③

10月,《中国语文》刊载唐兰《右派分子陈梦家是"学者"吗?》。

---

① 《夏鼐日记》第5卷,第331页。
② 考古研究所《考古通讯》1957年第6期,约1957年11月。
③ 李强:《陈梦家〈尚书通论〉签名本》,《中国文物报》2002年5月1日。

11月15—20日,作考释《释献、𤭯、鬲、锜、鋚、鬻》,后收入《西周铜器断代》上册下编《西周铜器总论》之《形制、花纹》①。

11月,《文字改革》月刊刊载容庚《汉字简化不容翻案》。文中提到陈梦家"坚决反对创造简化字",可是在2月16日给容庚的信中却写了不少的简化字。

11月,《诗刊》刊载巴人《也谈徐志摩的诗》,针对陈梦家对徐志摩的评价提出批评。

12月5日,作考释《释斝》(未作完),后收入《西周铜器断代》上册下编《西周铜器总论》之《形制、花纹》②。

12月7日,于东厂,作《右辅瑰宝留珍札记》③。

12月14日,与夏鼐谈关于移交其处所存资料的问题④。大约在此之后,陈梦家的办公室搬到编辑室外间小屋:"'反右'以后搬到编辑室外间小屋,闭塞昏暗,先生依旧笔耕不辍。"⑤

这时,陈梦家的生活也有了改变,周永珍回忆:"他爱劳动,例如'反右'以后家中没有帮工,自己做饭洗衣,家中依旧整洁如初。"⑥

12月20日,《人民日报》刊载唐兰《祝贺汉语拼音方案草案的公布》,兼及批判陈梦家。

12月31日,考古所开整风座谈会⑦。

12月,马衡著《汉石经集存》由科学出版社出版,在出版过

①陈梦家:《西周铜器断代》上册,第468页。
②陈梦家:《西周铜器断代》上册,第463页。
③《陈梦家学术论文集》,第764页。
④《夏鼐日记》第5卷,第342页。
⑤周永珍:《追忆陈梦家先生》,《中国文物报》2016年8月26日第7版。
⑥周永珍:《追忆陈梦家先生》,《中国文物报》2016年8月26日第7版。
⑦《夏鼐日记》第5卷,第344页。

程中,陈梦家等人予以帮助。"他(马衡)的著作在其身后经整理出版的有《汉石经集存》,此书整理排版,由中科院考古研究所任其事。先后经前辈学者陈公柔先生、陈梦家先生、饶惠元先生、邵友诚先生等誊录、标点、校定、排定图版,始终其事;复承罗福颐先生假所藏汉石经残字拓本全部……"①

虽然被打成"右派",陈梦家的研究工作仍在继续。周永珍回忆:

> 即便是"反右"时,他心情很不好,也照常早晚工作。那年"反右"连续批判会过后,一日傍晚,我与所内负些责任的一位党员同志去看他,先生正在西南的窗前写作,见我们来,有些紧张,那位同志说"陈先生您的家具真漂亮",才使空气缓和下来。只见简朴的明式的台几上下,重重叠叠铺满了开合的书籍,他窗前的一株芭蕉,仍那样肥硕,嫩绿的新叶,矫健挺拔。②

年终,于钱粮胡同,作器铭考释《曶鼎》。传世青铜器中铭文最长者为毛公鼎,而曶鼎当时为第二③。

本年,改作器铭考释《梁其器》④。

本年,将故宫的九百张铜器拓片和《三代吉金文存》著录作核对。"1957年陈先生被错划成右派,但政治上的打击并未使他治学的毅力锐减。就在那批判他最严峻的时刻,他用了十天时间,将故宫的九百张铜器拓片与《三代》的著录一一核对。此事是我们在他逝世后见到他的工作日记及核验拓片的详细记录时

①马思猛:《金石梦故宫情》,《金石梦故宫情——我心中的爷爷马衡》"后记",第408页。
②周永珍:《回忆陈梦家先生》,《燕大文史资料》第9辑,第405页。
③陈梦家:《西周铜器断代》上册,第203页。
④陈梦家:《西周铜器断代》上册,第279页。

才知道的。"①

本年,沈从文致信陈梦家:

梦家:

闻傅振伦兄谈及你处或有份居延简照片。如尚存手边,盼借临一份,因馆中正为别方面复制,亟须原稿一用,一礼拜后当即可奉还。费神,谢谢。

沈从文

十一日②

1958 年　戊戌　四十八岁

1 月 1 日,作器铭考释《鬲比盨》③。

1 月 3 日,考古所开整风座谈会④。

1 月 5 日,作器铭考释《不寿殷》⑤。

1 月 15 日,作器铭考释《师秦鼎》⑥。

1 月 17 日,作器铭考释《史颂鼎》⑦。

1 月 24 日,考古所召开处理右派分子大会。夏鼐日记:"上午赴所,参加处理右派分子大会,所中由靳主任宣读关于处理右派分子办法,下午开小组会讨论。"⑧

1 月 25 日,考古所开小组会继续讨论对右派分子的处理。

---

①周永珍:《怀念陈梦家先生》,《考古》1981 年第 2 期。

②《沈从文全集》第 20 卷,太原:北岳文艺出版社,2002 年,第 226 页。

③陈梦家:《西周铜器断代》上册,第 268 页。

④《夏鼐日记》第 5 卷,第 346 页。

⑤陈梦家:《西周铜器断代》上册,第 176 页。

⑥陈梦家:《西周铜器断代》上册,第 338 页。

⑦陈梦家:《西周铜器断代》上册,第 307 页。

⑧《夏鼐日记》第 5 卷,第 349 页。

夏鼐日记:"今日所中整天皆开小组会,讨论处理右派分子问题。"①

1月26日,作器铭考释《微ӕ鼎》②。

1月27日,考古所对右派分子处理的讨论会还未结束。夏鼐日记:"下午参加所中研究小组讨论右派分子处理方法。"③

1月28日,考古所对右派分子的处理有了结论。夏鼐日记:"上午仍是研究小组讨论审理右派分子办法的性质问题,尹达同志也参加,并作结论发言。"④

1月29日,作器铭考释《大乍大中𣪘》⑤。

1月29日,上午,夏鼐修改陈梦家《中国铜器综录》,下午,考古所整风,研究小组讨论对陈梦家的处理办法。夏鼐日记:"上午赴所,将陈梦家《中国铜器综录》一书,根据容庚、于省吾及张政烺三人的意见加以修改。下午参加所中整风,研究小组讨论处理所中右派分子陈梦家办法。"⑥

1月31日,作器铭考释《大𣪘盖》⑦。

1月,《学术论坛》刊载洪笃仁《简化汉字不是"正字"吗?——驳斥右派分子陈梦家》。

2月3日,作器铭考释《𤰈生盨》⑧。

同日,作考释《盨》,后收入《西周铜器断代》上册下编《西周

---

① 《夏鼐日记》第5卷,第349页。
② 陈梦家:《西周铜器断代》上册,第282页。
③ 《夏鼐日记》第5卷,第350页。
④ 《夏鼐日记》第5卷,第350页。
⑤ 陈梦家:《西周铜器断代》上册,第169页。
⑥ 《夏鼐日记》第5卷,第350页。
⑦ 陈梦家:《西周铜器断代》上册,第258页。
⑧ 陈梦家:《西周铜器断代》上册,第216页。

铜器总论》之《形制、花纹》①。

2 月 7 日，作器铭考释《鄂侯御方鼎(附鄂侯殷)》②。

2 月 12 日，作器铭考释《燮殷》③。

同日，作器铭考释《同卣》④。

同日，作器物考释《释鞞鞛》，后归于《赏赐器物分释》一文，收入《西周铜器断代》上册下编《西周铜器总论》之《周礼部分》的《赏赐篇》(未作完)⑤。

2 月 15 日，对与"虢叔"有关的铜器作一总结，后作为《虢国考》(未作完)一文之一部分，收入《西周铜器断代》上册下编《西周铜器总论》之《地理部分》⑥。

2 月 17 日，丁酉除夕，完成《虢国考》之一部分("西周虢器，无在懿、孝以前的"至"即在东虢")⑦。

2 月 18 日，戊戌岁初，作《赏赐篇》(未作完)序言部分，后收入《西周铜器断代》上册下编《西周铜器总论》之《周礼部分》。陈梦家在文章中略述了写作的经过："1943 年 3 月，在昆明作《金文零篇》，内有'赏赐分期'，计分货币、命服、武器、车马、玉器、其它六项。初步划分前后两期，前期的至穆王为止。十余年来，在稿册上增益其多，遂重分为十一项，作《赏赐篇》。"⑧

2 月 23 日，作片断札记，后收入《西周铜器断代》上册下编

---

①陈梦家:《西周铜器断代》上册，第 472 页。

②陈梦家:《西周铜器断代》上册，第 219 页。

③陈梦家:《西周铜器断代》上册，第 203 页。

④陈梦家:《西周铜器断代》上册，第 140 页。

⑤陈梦家:《西周铜器断代》上册，第 437 页。

⑥陈梦家:《西周铜器断代》上册，第 396 页。

⑦陈梦家:《西周铜器断代》上册，第 394 页。

⑧陈梦家:《西周铜器断代》上册，第 415 页。

《西周铜器总论》之《周礼部分》的《职官篇》①。

2月26日,作《释非余》,后归于《赏赐器物分释》一文,收入《西周铜器断代》上册下编《西周铜器总论》之《周礼部分》的《赏赐篇》(未作完)②。

3月5日,作器铭考释《兲殷》③。

3月6日,作器铭考释《鄂钟》④。

3月7日,大字报已贴至千余张。到3月14日,考古所大字报已超过15000张,超过认额。因为大字报超额完成任务,以后渐渐减少⑤。

3月9日,赵萝蕤精神受到严重影响,陈梦家致信妻子并安慰她:"你昨日打了一针,是否已有进步,甚念。盼望没有事了,还是多休息几天。凡事不可过分紧张,过分求全,过分生气,如此对身体才好。我的性急毛病也好了一些,有些事要看开点,马虎点。我们必须活下去,然必得把心放宽一些。"⑥

3月18日,访邓之诚。邓之诚日记:"下午,右派分子陈梦家来,则出乎意料之外,勉其为善而已。"

3月23日,赵萝蕤因为精神受到严重刺激以致失常,陈梦家找夏鼐想请郑振铎帮忙。夏鼐日记:"上午陈梦家同志来,谓其爱人赵萝蕤教授以参加整风过劳,发生精神病,现住协和,但协和有拟将其移送疯人院之意,要我与郑西谛先生一谈,求其说项。"⑦陈梦家并没有说是受到严重的精神刺激,而是说夫人因

---

① 陈梦家:《西周铜器断代》上册,第448页。
② 陈梦家:《西周铜器断代》上册,第437页。
③ 陈梦家:《西周铜器断代》上册,第228页。
④ 陈梦家:《西周铜器断代》上册,第305页。
⑤《夏鼐日记》第5卷,第357—359页。
⑥ 方继孝:《碎锦零笺》,第58页。
⑦《夏鼐日记》第5卷,第360页。

为参加整风过劳。

3 月 24 日,考古所开全所大会①。

3 月 28 日,赵萝蕤的住院问题仍未解决,陈梦家再次找夏鼐说夫人情况。夏鼐日记:"上午赴所,陈梦家君来谈,谓其爱人神经病仍未痊,可能由协和转神经病院。下午所中大会,由年轻研究人员对老科学家提意见,刘导生同志及尹达同志皆列席。"②

4 月 14 日,找夏鼐谈编辑工作。作为"右派分子"的陈梦家,原已没有资格再做编辑了,但情况有了变化。夏鼐日记:"上午赴所,陈梦家来谈编辑工作,因为前星期五尹达同志告诉他,院中已加处理,仍要做点编辑工作。下午 2 时参加所中研究组讨论会,谈大跃进。"③

大约此时,陈梦家的办公地点仍在编辑室外间的小屋。据杨泓回忆:

> 1958 年,我们八个同学一起被分到了考古研究所,其中三个人被派到兰州分院,留下工作的五个人先是被派到洛阳去参加整风运动——就是考古所著名的"洛阳整风",接着就分配下去做田野发掘工作。我被分到丹江水库做发掘,年末回来之后就到三室——即汉唐研究室工作。在那个时候,夏鼐先生是主张研究人员都要在编辑室参加编辑工作的,大凡考古所的老先生都在编辑室工作过。所以我当时是既在三室又在编辑室。编辑室那时的组长是饶惠元,副组长是周永珍,那时候在编辑室的先生还有徐苹芳、陈公柔——我们那时候是两个办公室,两个办公室中间的一个小屋就是已经被划成右派的陈梦家。那时管专刊的是

①《夏鼐日记》第 5 卷,第 361 页。
②《夏鼐日记》第 5 卷,第 361 页。
③《夏鼐日记》第 5 卷,第 364—365 页。

徐宝善,还有比我高一届的徐元邦和夏振英,还有几位是和上海博物馆的徐森玉先生合作编石刻总录的,包括商复九、邵友诚、张明善等,此时还有几位见习员。原来还有楼宇栋,但是我到编辑室那年他已经下放劳动去了,一年以后他回来了,我们合作了很短一段时间,他不久又下放到陕西去了。①

4月18日,考古所开全所大会②。

4月21日,赵萝蕤已出院。夏鼐日记:"陈梦家同志谈其爱人已由医院返家,拟于下月南下。"③

4月24日,考古所开全所座谈会④。

5月10日左右,赵萝蕤病情又开始反复。

5月11日午夜,赵萝蕤精神病再次爆发,重新送到医院,直到次日才住进医院。

5月12日,夏鼐日记:"陈梦家同志来谈,谓其爱人精神病又发作,送入医院。"⑤

5月14日及16日,致信王献唐:

> 献老:
>
> 你五月十二日手教,到底来了。在此时如此心情中,得你庄谐的教言,使我感激。上次写信时,仿佛是我妻子大病初愈(已一切照常),出院回家的几天,那时我尚觉安定一些。岂知病未好透,出院廿天,忽于前数日有重行爆发之势,积至昨日(即前日午夜),忽山崩海沸,令人惊愕。我只

---

① 《从考古学出发:杨泓先生访谈录》,《南方文物》2009年第2期。
② 《夏鼐日记》第5卷,第365页。
③ 《夏鼐日记》第5卷,第366页。
④ 《夏鼐日记》第5卷,第367页。
⑤ 《夏鼐日记》第5卷,第370页。

得黑夜重行送院急诊,候至昨晨八时,历经哀求,始得重入病房。病人多,床少,挤进去争一席之地,有如此之难。此是我第二次经历,化险为夷,此刻已较平静。然经此激动,我之心情,你当可想而知。我与她共甘苦已廿五载,昨日重送入院,抱头痛哭而别,才真正尝到了这种滋味。人生需为此而来,夫复何言。

承勉仍要继续断代,并扩至东周,此意我于数月前已着手。无奈两个半月来,为病人之事着急,又已丢开。我自当从先生的教励,重行鼓足干劲作下去,并盼你常加督促。恐天下之大,我只有对先生寄如此的希望了。我前数月重写西周断代,曾经想彻底改动一下,好好大做一番,心中拟了个大纲。

以上还是十四日写的,后来病况又有恶化,至觉不安之极。我原拟将重编《西周铜器断代》的计划向你说一说,留待下次罢。《尚书通论》,闻西北有人要批评它,说书中"笑话"有十多处。我正等候看此评。但只有笑话十多处,未免太少,该书的错误实应不止此数也。

承告长清又出殷墓,是好消息。1919 年该县崮山驿出铜器七件(田告铭),图见梅原《形态学》。我恍惚记得是殷代的,此次三墓大略同此。考古所今年派了几个人上山东调查……是队长……向你请教一切。将来有什么好消息,你"走私"告诉我一些吧。

今早一大早即起,小小庭园中,太太心爱的月季业已含苞待放,令箭荷花射出了血红的几箭,最可痛心者是一群黄颜色的美人蕉全开了。美人蕉啊,何以名之为蕉?憔悴乎?心焦乎?

不多写了,下次还想请教你关于三礼如何着手的问题。

匆匆即请

撰安

五月十六日午前
晚陈梦家敬上①

5 月,书评《郭沫若著:〈两周金文辞大系图录考释〉》载《考古通讯》1958 年第 5 期(总第 23 期),署名"余孚山"。

6 月 5 日,作器物考释《释旌旗》,后归于《赏赐器物分释》一文,收入《西周铜器断代》上册下编《西周铜器总论》之《周礼部分》的《赏赐篇》(未作完)②。

6 月 10 日,牛兆勋调来考古所,担任行政副所长。夏鼐日记:"下午遇及新来行政副所长牛兆勋同志,系中共中央财贸部转来,去冬决定调我所,今日始来。谈所中情况,加以介绍,希望今后能多得其助力,分担所中行政工作。"③

6 月 13 日,考古所开全所大会。

6 月 16 日,邓之诚日记写到陈梦家:"高名凯来,言:赵萝蕤(赵紫宸女,北大西语系教授)病疯,以其夫陈梦家是右派分子,且有处遇也。"④

7 月 6 日,晚上,去看望正在住院的夏鼐⑤。

9 月初,赵萝蕤到香山疗养。

9 月 3 日,夏鼐在离开北京人民医院去小汤山温泉疗养院前,在家中写了几封信,其中一封信给陈梦家⑥。

9 月 19 日,致信王献唐:

---

①安可荇、王书林手稿整理,杜泽逊编校整理:《王献唐师友书札》,第 1842—1844 页。
②陈梦家:《西周铜器断代》上册,第 442 页。
③《夏鼐日记》第 5 卷,第 376 页。
④《邓之诚文史札记》下,第 1094 页。
⑤《夏鼐日记》第 5 卷,第 381 页。
⑥《夏鼐日记》第 5 卷,第 395 页。

献老：

您八月三日的手教，早已收到了。天气已转凉，大约你们那儿的会也开得差不多了。我们这儿，也开了很多会，近来是人都已回到工地，所以北京所中很冷静。森老这样跌跌冲冲地跑路，真叫人担心。听说他回沪又生了场病。

我的老伴儿近来好些了，上香山住了半个月，最近还要再去住一个月。她体力弱些，爬爬小山坡呼吸新鲜空气，总是好的。问题还是在睡觉。我近日干了几次义务劳动，蛮有劲，因此报名到科学院的公社劳动一个月。大约下旬就去（决定廿五日出发矣），地点正在居庸关下。

我现在学看新小说和理论书，渐有兴趣。一个人说得改，不容易改得太快，但不改不行的。旧玩意儿还是暂且搁下一边再说吧。秋高气爽，敬祝

您身体好！

梦家上

九月十九日①

9月25日，出发往河北省居庸关科学院绿化大队劳动，在此前后，给在香山疗养的赵萝蕤写了一组信：

（一）

萝蕤：

你们出城时，天气很晴朗，一定胜利的到达了香山，路上也看到了很可爱的景色。现在一定住定了，房间也许可以对付吧。只要空气好，就够了。我们去居庸关的人，明早九点开会，后晨一定出发。

---

①安可荇、王书林手稿整理，杜泽逊编校整理：《王献唐师友书札》，第1840—1841页。

　　我现在可以很平安的锁了门去长城边了。我只有两件事想：一件是希望你愉快地度过这个月；一件是我自己也锻炼好身体。你一定可以放心，我只会把身体炼好，不会有什么的，唯一的缺点恐怕是伙食，我会想办法弥补的。至于你，应该放宽心胸，痛快地游山玩景，不要为我担什么心。我总是强固的。你的健康是我唯一挂心的事；但其实，你已经好得差不多了，还需要多活动身体而已；另外，再增加一些对自己的把握。要谨慎身体，但也不要太小心了。艰难的路已经走完了，往后去，一切事慢慢会好起来。我已经受到教训，一切要满足，而且还可以减少一点，因此不会再有非分之想，不会再越规了。

　　……

梦家　五八、九、廿三午前

（二）

萝：

　　昨信谅悉。今日到院开会，决定明晨出发，我编入第二小队，来信寄：河北省居庸关科学院绿化大队第二小队。带东西如所预定，雨衣要带，用旧的，布鞋上了橡胶掌，因系山地，需要此。家中已整顿好了。小鸟送去鸟店，已分别一笼，因老大直受欺凌。门窗已关严，上插销，颇费事。院内花已浇足，以后老尹浇，送了他几盆花，甚高兴。

　　……

　　据今天报告，第一批的人把山上要挖的坑已做完十分之七以上，因此我们也许要轻微些，要造房子 500 平方米，在公路两旁要栽树等等。我一定努力好好工作，但同时也一定自己保重身体的，你可以放心，我自己会打算一切的。我们大家带了苍蝇拍子去，一去先要搞卫生。伙食除伙食员,干部也有二三人帮忙,可能就会干净些。我所的老夏,报名做厨子。

此几日阴而不雨,你谅必还是天天登山。红叶一定很多,可以竞选一些留作纪念。我今晚无事,打算早睡,下午已经睡了一觉了。此信先寄,免得明早来不及寄。祝好。

梦　九月廿四夕

（三）

萝:

昨八时开车,十点即到居庸关。群山之中,大关之下,风景颇佳。帐篷在路边,水从路边流下,洗漱方便。每人有一个木板床,我睡在角上,空气较好。

来后食欲大增,饭碗太小,别人借了我两个大碗。衣物均齐备。附近有合作社,买了平底网球鞋一双,因山上费鞋,早晚穿毛衣,尚不冷,大约和西山差不多。昨登云台看月,想你也在欣赏。今日起时登山开坑,工作日程如下:六时起,7—11:30工作,1:30—5:30工作,八时熄灯。如此可以养成早晚习惯,盼你也如此。来者青年居多,我们一组八九个人,很好,是土壤所的。此地离八达岭尚20里,大礼拜时可集体去;离南口十多里,有馆子可吃。地尚干燥,但早晚有露水甚重。我一切好。无事少写信。

梦　九月廿六日晨六时

（四）

你到香山后第一次来信三页,昨午送到。知道你比上次更能爬山,伙食好,甚慰。国庆前后,红叶可能热闹一番,以后会更清静。希望你多住一些日子。我已二次上山挖植果树之坑,上山需爬半小时,山势有些陡。我工作尚可,饭量大增,大家因我老弱,也照顾。山中风好,空气好,爬山久了,于身体会好的。所中四人,互相亦多关照。我们明日成为"前进人民公社"社员,"十一"去南口开会。昨天做了一天基建工作,卸旧木料和泥土,比较累些。我一切都好,可放心。临行时,我的床上放的是你的黑大衣,非皮衣。此间早晚披棉上衣,上山亦穿,晚间被子足够,帐篷内有铺板床,非睡地上。蝇已见少。溪水洗面,凉而清。我若不多写,必是找不到地方写字,此在厨房内(老夏当了伙夫)写的,点了蜡。房内挤一些,白天无空。祝好。

梦　九月廿九晚

中秋白日下雨,未出工。晚晴有月,与第二小队十人,登此处元代的"云台"赏月,吃了月饼,各人表演,我说了一个不笑的笑话。队中除土壤队外,最近新加了两个历史三所的。我和队中三个女同志编为一小组,做零活,因为洋镐太重,挥不动,只能拣石子儿。今晚老夏炒菜,甚佳。昨晚是海带红烧肉。早上也是干饭。都对我吃素的胃口。我买了几卷柠檬糖,居然想吃几颗了。又及。

(五)

廿九日信已收到,你睡得好,跑得多,甚慰。昨日又上山挖坑一日,今日在宿地做基建,和泥搬东西。国庆日坐火车到八达岭登城远眺,大开眼界。步行二十余里(下坡)而归。在八达岭吃到新鲜鸡蛋,买了几个回来。我胃口好,消化好,稍觉疲劳而已。明日再上山,后日大礼拜放假,若不去南口,便在宿地休息。此去八达岭丛山峻岭,颇有可观。发长胡须长,等有机会再理。

十月三日　居庸关下　家寄

今日伙食又有改进,粥和花卷很好,国庆晚吃了红烧肉。此处有枣、栗，我不敢贪吃。又及。

（六）

萝蕤：

你中秋寄信，昨天才到，比第三封信迟了两天。今天又收到十月二日信。你游兴很好，听了高兴，我在此也是日日登山，赏玩远山近水和大长城。此地看景最佳之处，做了一蹲坑毛房，我早晚必去两次，颇觉可观，但看法稍嫌不雅。来此已是十天，头几天的艰苦已经过去，脚力体力已练出来了。四十分钟上山，最不易，本来要停步多次，现在只停一次即可。用大铁镐挖深，土中多石，本不易，现在也成了。我们已从山顶掘到中腰，往下要容易多了。但饭量增长一些，消化极畅，惟骨头硬了，睡板床稍觉其硬。一宿舍共 40人，倒安静，空气亦好。我拣了一个角落，空气更好。惜本所的刘庆仁睡在我左旁，睡相恶劣，鼾声怪异。但八点半熄灯，直到六点，时间颇长，故每天都睡够。伙食要抢，尤其大烩菜与白薯。肉极少。我对面食与粗粮等，尚觉有味。另外自买鸡蛋、蛋糕、糖果，黑中或休息时吃，尚可补足。总之，我吃得很不错。今日过大礼拜，搭了"招手车"下山到南口。理了一次发，颇痛快。又在饭店吃肉饮酒，不亚于城中，尤其是富强粉的馒头太好，带了四个回来。下午二点多回宿地，打了床上灰尘，换了内衣，洗了足，饱吃了一顿栗子。今天总算没有走路，吃了一顿好饭。

我们在此尚有二十天，大概还有一二日放假，廿五日中午可到家。我一定可以很愉快地坚持到底。队中的人对我颇好，因我年纪最大的一个，故被人称为"老先生""老同志"。我想有人知道我是"冠者"（"戴帽右派"——原编者注），但假装不知耳。我和大家搞得都不错，事事谦虚，少说话,效果还好。比自己小,尤其要搞好。此地每人劳动忙,人事简单,比较好。我除了做工外,只等着吃饭,诸事不想,倒也是人生之一乐,不下于你的游山。

上次提到可以租房之事,可以考虑,至少明春再去时可以转租。你们伙食好,但注意多吃蔬菜与水果。若天气一时不太冷,可以多住。我回城后恐怕不便再告假出游。等一切转好后,再打算同游之事吧。此时有少数生了小病,都是些老毛病,没有痢疾。我初时被认为老朽病夫,但近来似乎是比较不错。大家不会忘记我的年龄,小队已发现我是何人,更加照顾了。你一切可放心。祝好。

　　　　　　　　梦家　十月五日,下午四时

　　　　　　　　　（睡在床上写的）

（七）

十一日下午信,昨午收到。前昨两日,此间连绵细雨,未上山。今日天晴,六点半登山,加油大干。烟雨山景,饱看两日,惟嫌阴寒,且鞋子湿了,今天一齐都晒干了。居庸关已吹西北风,渐有塞上之意。你暂不南游,可以从容一些。你看廿五不上山,我决定廿五午前回城换洗,午饭后来香山与你同游两日。闹中取静,可以养练自己的精神,我盼你还是在山中多住几日,也是难得的机会。昨日休息一日,上午都补睡,今晨四点即醒,坐以待旦,看帐外日出之景,亦极可贵。我此行甚觉乐趣不少,而劳力之事亦多愉快。我们一小队的人,都和蔼可亲,大家闹得很好。今日天清,山上有些风,但干得很有劲,半日做了一日的工。上山之日无几,可惜。

　　　　　　　　　　　　梦　十月十四日午

（八）

十五、十六城中两信,欣悉一切。今日忽又放大礼拜,拟去南口饱口腹。我已日能独掘苹果坑两个。前昨两夜到文化部营地看电影,有一墨西哥片。我们在此尚有四五天劳作,即可回家。廿五午到家时间,可能迟到下午一点,午饭可稍待。廿六日可以和你上山一游,闻照例可休息一二日。我理发一次后,并未剃胡子,棉衣很脏了,见到时不要怕。今日仍是六点起,整理床铺,等下南口。祝好。

梦　十九晨①

10 月 20 日,因飞机失事,考古所所长郑振铎等遇难,所中名义上由尹达负责,实则主要还是夏鼐负责。

10 月 30 日,作器铭考释《中枏父𣪘》②。

10 月 31 日,考古所同人为郑振铎送葬。夏鼐日记:“今日是郑振铎先生公祭及下葬的日子,《人民日报》刊登有巴金的《悼郑振铎同志》一文……今日所中同人曾往八宝山公墓为郑振铎先生送葬。”③

11 月 6 日,周永珍改入编辑室工作④。

11 月 25 日,陈梦家办公室已搬迁。夏鼐日记:“上午赴所。昨晚牛所长有长途电话来,谈及郑州开会、《考古通讯》改为《考古》、永久所址、派人赴广州及厦门与综合大学联系等事。接着讨论 1959 年工作计划要点,我主张田野工作地区加入新疆,组织工作加入考古会议。至编辑室晤及饶惠元等同志,陈梦家同

①《“山上有些风,但干得很有劲”》,《财经》2007 年第 14 期(总第 189 期),2007 年 7 月 9 日。

②陈梦家:《西周铜器断代》上册,第 210 页。

③《夏鼐日记》第 5 卷,第 409 页。

④《夏鼐日记》第 5 卷,第 410 页。

志已搬入编辑室侧小办公室内。又晤及郭子衡同志的夫人,知郭已赴西北大学讲学。"①

　　12月22日,考古所召开欢送会,陈梦家等赶赴洛阳农村下放劳动。夏鼐日记:"上午赴所,开会欢送第二批下放干部陈梦家同志等14人,由所中领导及下放干部分别致辞,至午始散,晚间上车,我因身体不舒,未能往车站送行。"②考古所第二批下放的地点是洛阳东郊白马寺镇十里铺村的植棉场。

1959年　己亥　四十九岁

　　5月26日到6月5日,每天用半天时间看吴强长篇小说《红日》。《红日》1957年7月由中国青年出版社出版,1958年12月由人民文学出版社重版③。

　　6月15日,夏鼐收到陈梦家发自洛阳农村的信,关于赵萝蕤调动工作的事。夏鼐日记:"上午赴所,上午尹达同志来所,谈参加国际史前史学会事,陈梦家来信关于他爱人工作事……"④

　　6月6日至28日,仍每天用半天时间将《红日》改编成豫剧⑤。

　　6月29日到7月10日,誊抄豫剧剧本《红日》。剧本由几个部分组成:豫剧《红日》编写提纲、人物表、目录、正文。正文有:第一场"涟水城外雄师含恨走";第二场"虎头岗上攻占辛勤练";第三场"吐丝口镇装哑捉俘虏";第四场"莱芜城郊激战获

---

① 《夏鼐日记》第5卷,第414页。
② 《夏鼐日记》第5卷,第419页。
③ 张新颖:《张新颖对陈梦家豫剧〈红日〉手稿的介绍和梳理》,2019年11月19日《澎湃新闻》。
④ 《夏鼐日记》第6卷,第33页。
⑤ 张新颖:《张新颖对陈梦家豫剧〈红日〉手稿的介绍和梳理》,2019年11月19日《澎湃新闻》。

全胜";第五场"沂蒙山里伤员赴前线";第六场"沙河渡口杨军救军长";第七场"孟良崮上红旗迎日飘"。

在《豫剧〈红日〉编写提纲》中,陈梦家说:"这是一个现代的豫剧,道白采用原书的现代语的对话。在唱词方面,除以梆子为主外,我们以为可以穿插一些洛阳曲子,使音乐丰富多样。原著中的歌子,也照样的保存下来。只要我们调制得合宜,是可以融合无间的。"

改编这个剧本是为了"农村中的业余剧团"演出用的,所以《提纲》中特意说明:"农村剧团在农村巡回演出,虽是现代剧,似乎在布景和道具方面,应该力求俭省。我们既是以豫剧形式演出的,因此可以多多利用旧有的形式,使布景简化而以唱词唱出场面的情况。"①

7月10日,夏鼐复信陈梦家:

梦家兄:

来函早已收到。尊事曾与尹达同志商谈过,他答应竭力设法,因他事忙,也不能马上便办好这事。昨日遇到时据云已与何其芳所长说妥,由文学所向北大借用,此事谅无问题,请勿远念。久稽裁答,歉正。此致
敬礼

夏鼐 七月十日②

7月14日,陈梦家再次致信夏鼐,大约还是关于要求调动赵萝蕤到中科院文学研究所工作事。

7月27日,夏鼐复信陈梦家谈赵萝蕤调动工作的困难等

---

① 张新颖:《张新颖对陈梦家豫剧〈红日〉手稿的介绍和梳理》,2019年11月19日《澎湃新闻》。
② 方继孝:《陈梦家往来书札谈》,《收藏家》2003年第5期。

情况：

　　梦家我兄：

　　　　七月十四日信已收到。

　　　　关于嫂夫人暂调文学所工作一事，又发生周折。文学所已同意，并派人去过北大两次商洽，最初北大西文系允考虑，后来系内讨论后，坚决拒绝。据云如果须在城内做翻译工作，北大亦可考虑。总之，不欲外借。闻嫂夫人曾有函询问文学所，文学所恐回信明告真相，刺激太强，故不敢覆信，可否请兄设法婉告，请其少安毋躁，总之依照情况大概可以请北大方面尽量照顾，具体办法，权在北大，尹达同志答应有机会再与北大方面商谈。

　　　　关于《卜辞通纂》等二书，不知经于公批改后，原书仍在否？如原书仍在，虽经批改涂抹，不妨仍归还图室。若已如《居延汉简》剪贴损坏，原书已毁损无余，请告知真相，当嘱图书室注销。

　　　　京中没什么事，所中赶写报告者仍在赶工中，另有几位在历史博物馆协助选择标本及布置陈列，以便十一国庆开馆。于思泊先生曾来京，现已返吉。容希白夫妇来京，携学生十余人参观京中各处，便住在考古所中。商锡永先生亦在京协助历史博物馆陈列工作。

　　　　敬礼

　　　　　　　　　　　　　　　　　　　　　　　　弟夏鼐
　　　　　　　　　　　　　　　　　　　　　　　七月廿七日①

11 月 25 日，自洛阳致信赵萝蕤：

---

① 方继孝：《碎锦零笺》，第 36 页。

蘝：

　　收到廿日的一封信。昨天此间大冷，下地做不出汗的活，受些小罪了。晓间起床出门，因已结冻，寒冷异常，只好从众，也用面盆了，这是今年的"退步"了。前天打了一针盘尼西林，昨天午夜，牙痛松动多了，今晚不太冷，又摸黑去董村打了一针。所谓"西医"不在，由一中医代打，有点疼。听一老者大吹其治鼓胀病和针法之高超。中医又为我试了脉，说我近日有抑郁，故食欲不振云云，说的也有些对。已到了最后一个月，不止是我，人人想家了。今年冻得早，每个人都想着回家烤火。秋天常吃小麦，做工有劲儿。近来吃红薯多了，力量有所不足。好在我们也无重活。

　　你提到北京的物价，洛阳也一样，并不足怪。对此有忌讳，我从来不谈的。陈伯达的文章，我们学了一次，我自己看了一遍，在此时提出"自由平等博爱"的老问题，有些怪，也必事出有因，发人深思。反右倾运动，对像我这样的人，有了很大的影响。陈文中提到政权一点，非常重要的，反右倾是一次很激烈的阶级斗争，不下于反右，而与它极关联的。这个斗争恐怕要继续一个时期。在农村公社中，也反映了一些，常常开辩论会，找典型人做对象，教育群众。对于食堂，对于排队，一言一行都反映了对人民公社和大跃进的态度。我在此为日无几，不是少说，根本不说什么。因牙疼，也久不说话。有些小事情，注意得还不够，还要小心又小心。希望平平安安的，在年底以前回家吧。看光景，我们是要住满十二个月才允许回去的。

　　我已棉裤棉鞋穿上，大裳也取出来了，罗宋帽不久也可戴了。你看我回家之时，大约就是去年离家的一副装束了。

　　祝你

平安！

家　夜九点半①

1960年　庚子　五十岁

1月初,从洛阳白马寺镇十里铺植棉场返回北京,便接到王献唐来信,对《尚书通论》提一些建议。接着,陈梦家作《尚书补述》数章,成为《尚书通论》一书的第四部分:"1960年归自洛阳十里铺,故友王献唐先生山东来书,殷殷以此书的修订相嘱,而我亦深感初版颇多疏略之处,欲谋修改,稍事弥补。由于要保存原来版式,不作太多的更动,只小有改易,遂于已有的三部之外,另写第四部,是为'尚书补述'。""《补述》七篇,分别写于1960年春季和1963年秋季,离初作时忽已二十一年整。"②

1月,己亥岁暮,于北京,作《尚书》研究文章《孔传本出现的时代》,后成为《尚书通论》第四部分《尚书补述》中的第一篇③。

2月17日,陈梦家的名字出现在顾颉刚日记"今日所遇人"中④。

2月,于北京,作《尚书》研究文章《书序形成的时代》和《论尚书逸文》,后成为《尚书通论》第四部分《尚书补述》中的第二、三篇⑤。

2月22日,由于美国国务院2月12日在华盛顿发表声明,表示美国和蒋介石集团已达成协议,准备把我国北京故宫博物院、南京博物院(前"中央博物院"筹备处)在台湾的大批珍贵文物运往美国,本日,首都文化界人士546人发表抗议书,谴责美

---

① 方继孝:《碎锦零笺》,第33页。
② 陈梦家:《尚书通论(增订本)》,"重版自叙",第7、8页。
③ 陈梦家:《尚书通论(增订本)》,第245页。
④《顾颉刚日记》第9卷,第30页。
⑤ 陈梦家:《尚书通论(增订本)》,第282页、第309页。

国图谋劫夺我国文物的罪行。当日下午,中国科学院考古研究所全体同仁集会抗议,以中国科学院考古研究所全体工作人员的名义写下《制止美帝国主义劫夺我国珍贵文物的强盗行为》①。

3月1日,夏鼐日记中提及陈梦家曾替陆懋德审阅书稿。夏鼐日记:"下午为中华书局审查陆懋德《考古学通论》,此稿已经陈梦家阅过并签注意见,我不过抽阅一二而已,写信附去给中华书局。"②

本日,作《周王的禁卫军》,后收入《西周铜器断代》上册下编《西周铜器总论》之《周礼部分》的《职官篇》③。

3月2日,作《庸》,后收入《西周铜器断代》上册下编《西周铜器总论》之《周礼部分》的《职官篇》④。

3月3日,致信容庚:

希白师:

久未奉候,甚念。我去年一年在洛阳东郊植棉场学种棉花。今已归来二月矣。见《通论》与《金文编》都已出版,后者似乎印的还好。此书我已是从头到尾看了又看的,也看了校样,希望没有出什么错。先生从前以为师酉的乙白与师訇的乙公是一个人,新出訇毁,可以为证矣。该器又可补几个字,訇字《说文》訇(籀文作訇),它若祭、庸等字,《金文编》似未收。最近查旧笔记,同□地名偶即读为偶,应是《说文》的屍字,乃山西一地名(虒亭),偶应县作屍,屍字乃从尸(□)得声的。不知当否。

①《考古》第3期,1960年3月。
②《夏鼐日记》第6卷,第84页。
③陈梦家:《西周铜器断代》上册,第451页。
④陈梦家:《西周铜器断代》上册,第454页。

内人前年大病一场,养息两载,现已恢复教书。时光真是不留人以余地,倏忽之间,我已五十矣。专此并请

撰安

弟梦家敬上

三月三日①

3月4日,作器铭考释《十七祀询殷》②。

本日,又作器铭考释《元年师询殷》③。

3月5日,作器铭考释《师察殷》④。

3月10日,考古所全所大会⑤。

3月15日,作《亲属称谓》(未作完),后收入《西周铜器断代》上册下编《西周铜器总论》之《周礼部分》⑥。

3月20日,作器铭考释《大鼎》⑦。

3月22日,作器铭考释《中偁父鼎》⑧。

4月10日,文《美帝国主义盗劫的我国铜器》载《考古》1960年第4期(总第46期),署名张仲平。

春天,徐森玉带着秘书汪庆正到北京,第一件事就是去看望陈梦家。这时的陈梦家仍然戴着"右派"的帽子。徐森玉又带陈梦家和汪庆正去看望朱启钤。在北京期间,徐森玉到处为陈梦家摘去"右派"帽子奔走呼吁,他找国家文物局局长王冶秋,又找考古所所

①转引自夏和顺:《陈梦家种棉花》,《深圳商报》2014年9月25日第4版。

②陈梦家:《西周铜器断代》上册,第287页。

③陈梦家:《西周铜器断代》上册,第310页。

④陈梦家:《西周铜器断代》上册,第208页。

⑤《夏鼐日记》第6卷,第85—86页。

⑥陈梦家:《西周铜器断代》上册,第461页。

⑦陈梦家:《西周铜器断代》上册,第257页。

⑧陈梦家:《西周铜器断代》上册,第247页。

长尹达,再找科学院院长郭沫若,要求摘掉陈梦家"右派"的帽子①。

5月12日,夏鼐日记:"审阅《考古学报》稿子(邓少琴的《巴史新探》),曾由冯汉骥、陈梦家二人审查过,编辑不能决定。此文长达3万余字,但主要属文献考证,偶及考古资料,并无新义,故决定转给《历史研究》。"②

5月25日,顾颉刚在看陈梦家著《尚书通论》③。

6月7日,作器铭考释《夨人盘》④。

由于1959年7月在"甘肃武威磨咀子汉墓出土了《仪礼》简册,学术界为之震动。科学院院长郭沫若在北京组织专家,要对这批汉简进行整理、研究。开始找了唐兰和于省吾整理注释。唐兰和于省吾的年纪已不小了,几位专家都认为这批汉简的整理研究要花三到五年的时间,且需要一些助手才能完成。这时的郭沫若仍然是充满激情的学者,他认为三五年太久,要只争朝夕"⑤,于是,在徐森玉的奔走相助和夏鼐的关照下,1960年6月中旬,还戴着"右派"帽子的陈梦家被中国科学院考古研究所派往兰州,协助甘肃博物馆整理武威磨咀子出土的汉简,他的学生、同事兼助手周永珍陪同。

6月10日,将赴兰州整理汉简工作。夏鼐日记:"下午所中领导小组谈派陈梦家赴兰州整理汉简工作事。"⑥

6月14日,抵达兰州。

6月15日,致信赵萝蕤:

---

① 郑重:《徐森玉》,第213—214页。
② 《夏鼐日记》第6卷,第97页。
③ 《顾颉刚日记》第9卷,第83页。
④ 陈梦家:《西周铜器断代》上册,第349页。
⑤ 郑重:《徐森玉》,第214页。
⑥ 《夏鼐日记》第6卷,第102页。

蕤:

　　从北京到西安,很清爽舒适。次夕到西安已晚,坐三轮到大雁塔已是半夜。叮了一夜蚊子,幸好票已买好,故十三日晚又上车,上车后才补到卧铺,昨夜六点到兰州,出城到七里河找到博物馆。今日已开始工作,看来二三星期可完。现暂住在此博对面的一个大饭店内,三人一屋,设备尚可,可惜太闹。在此博吃大灶,大吃"锅奎"(甘省大饼)。周永珍大约廿日前先回。他一路上颇吃不消行旅之苦,我倒很好。此间高原气薄,天气清爽,无蚊,但人如在梦中而已。兰市一新,与前毫无相同之处。此地是新市区,离城七里,我不打算逛任何地方,事毕回家就是。匆匆,祝

好!

六月十五午

梦家

兰州七里河

　　航

　　来信寄:兰州七里河甘肃博物馆转交考研所陈××①

　　在兰州工作了近两个月。"时值盛夏,陈梦家在一间仓库样工房里工作,不分上下班,晚上还在灯光下用放大镜俯身看简,同时他还承负着不能个人发表文章,不能对外联系的精神压力,可以看出他对待学问的勤奋与执着精神。"②

　　7月下旬,从兰州返回,在西安作短暂停留,工作地是中国科学院考古研究所西安研究室。

　　7月26日,自西安致信赵萝蕤:

①方继孝:《品味书简——名人信札收藏十五讲》,第183页。
②方继孝:《碎锦零笺》,第38页。

蓁：

来此已四五日，天气一直阴凉，下雨未晴。我因在兰州工作得太紧张太长，而途中坐了一昼夜，所以到后颇觉昏沉眼花。尤其是屁股上的肉，始终麻木不仁，继而发痛，乃是那一昼夜坐出来的。这两天好些了，此地伙食颇不错，每顿可买两样素菜(蒸茄子、炒洋葱、莲花白、豆芽菜等)，另外有一碗西红柿汤，主食是馒头、白米或面条，早上是小米赤豆粥，很不错。宿舍和研究室各占一间，此地房子多，大家皆如此浪费空间。借到了蚊帐，故已不受蚊子的侵扰。火车上吃到一个香瓜，极甜美，昨天饭后散步雁塔，买了一(瓜)〔个〕西瓜，也很好。昨天发了烟，我得七包，大约是一毛七八一包的中下等，也勉强可以对付了。前日星期，我因等马得志来，故下午才匆匆去城一行，四点赶回吃饭，城中有肉，未去挤。西安可吃者尚不少，我吃了一碗辣凉粉，一碗酒酿，很好。稍缓再去游□一次。这两天吃食堂已惯，比兰州的大好。

离兰前，我曾寄了数次信，至今未有来信，甚为记挂。我想你的脚筋已经复原了，以后走路应多加小心。至北戴河之事，想必已进行了，必须利用一切机会，多找休养和游憩的机会，不要错失。人们对于别人的闲趣，是怀嫉妒的，对于别人的"家"总是敌视的，我至今不明白是什么心肠。我此刻要暂时放弃这些享受，我想这(以下缺失)①

在西安期间，绘大雁塔素描，寄给妻子，并说："这里离大雁塔不到一里，我的办公桌面对着它，速写了一张，附寄以博一笑。"②

---

①方继孝：《碎锦零笺》，第34页。
②方继孝：《碎锦零笺》，第35页。

　　大约在西安期间,完成关于武威汉简的《叙论》,有三万
多字。

　　8月10日,夏鼐日记:"上午陈梦家由兰州整理武威汉简返
所,略谈工作情况,交来《叙论》一篇,约3万余字。下午为之审
阅一过。"①

　　8月12日,上午,夏鼐与陈梦家讨论武威汉简中几个
问题②。

　　8月16日,夏鼐来谈。夏鼐日记:"下午赴所,与陈梦家谈修
改《武威汉简·叙言》的问题。参加所中整风。"③

　　大约本年夏,赵萝蕤与赵珩的母亲一起去北戴河度假。赵
珩回忆:"1959年④的夏天,我的母亲与陈梦家夫人赵萝蕤先生
一起去北戴河度假,那些日子陈梦家几乎天天晚上在我家与父
亲聊天。"⑤

　　初秋,新学期开始后,北京大学外国文学教研室编写《欧洲
文学史》,由杨周翰、吴达元、赵萝蕤三位教授担任主编。此时,
刚从北大毕业的叶廷芳,认识了赵萝蕤,以后又认识了陈梦家。
叶廷芳回忆:

　　　　那时她(赵萝蕤)在学校的宿舍是未名湖畔一字排开的
　　德、才、均、备四座教师楼中的均斋(后迁备斋)。
　　　　……
　　　　有一次我说起:"我很想见见陈先生。"她说:"好啊,我
　　本来就想请你去我家坐坐,请你吃我们浙江人爱吃的霉干

---

①《夏鼐日记》第6卷,第114页。
②《夏鼐日记》第6卷,第114页。
③《夏鼐日记》第6卷,第115页。
④此处记忆有误,1959年夏陈梦家在河南农村植棉场劳动。
⑤赵珩:《凌霄花下》,《旧时风物》,第311页。

菜煮红烧肉。"她告诉了我钱粮胡同19号的地址。

钱粮胡同19号不是四合院,却是名副其实的深宅大院:进门后一位中年保姆领我穿过一条长长的甬道,往左拐几步则是横向长方形天井,再往右走十几步才进入大门,进屋后也很深(这是很少见的旧式住宅结构)。只见一个五十来岁的男子,侧身坐在一张四方桌旁的条凳上,左腿勾起,光脚板搁在凳子上:他在抠脚丫子。见我进去,他把脸转向我,只见他眼睛大大,两腮塌陷,直咧着嘴笑。我心想:莫非这就是陈梦家?怪不得有"不修边幅"之说。我说了声"陈先生好",他只是点了点头,仍不停止他那个不雅的动作,直到赵先生过来向他介绍,他才开始跟我寒暄。赵先生领我大致看了看他们的整个住宅,除了"深"和"大",还应加上"古":古旧的梁柱,古式的家具,古雅的字画。可惜当时太缺乏文物意识,没有向陈先生请教一下这座房子和其中的陈列品的年代与故事。后来知道陈先生也是明代文物专家,收藏了大量贵重的明代家具,想必我那时所见的就是他的收藏的一部分吧。吃饭时,赵先生兑现了她的霉干菜炖红烧肉,说这道菜是她特让阿姨为我烧的,务必多吃。陈先生非常随和、亲切,是典型的"性情中人"。但他对什么话题都轻轻一笑,表情淡然。我看出,他的心是悲凉的,而我这个陌生的年轻人显然不可能使它得到抚慰。幸好他问到一些无关紧要的有关我的家乡衢州的逸事,才使我们有了较多的话题。①

11月21日,因王献唐于16日故世,陈梦家建议为之在《考古》刊登传略。夏鼐日记:"上午陈梦家来说,山东王献唐已于本

---

① 叶廷芳:《温馨忘年交》,《文汇报(上海)》2011年7月10日。

月 16 日去世,建议在《考古》月刊上登一传略。余乃搜集有关材料。"①后夏鼐写了《王献唐先生传略》一文。

12 月,于北京,作汉简研究文章《河西四郡的设置年代》及《附录一:关于"将屯"》,后收入《汉简缀述》一书②。

1961 年　辛丑　五十一岁

2 月 14 日,除夕,查阜西送琴给赵萝蕤。

> 萝蕤同志:
>
> 　　遣琴生杨洁秋送上"海潮"琴,请哂纳。杨生能《忆故人》《梅花》《古怨》等五六曲,技巧尚不甚高,如赐谈,请进而教之为幸。
>
> 　　此致
> 春安!
>
> 　　　　　　　　　　　　　　　　查阜西拜上
>
> 梦家兄并候。
>
> 　　　　　　　　　　　　　　六一年二月十四日③

2 月 15 日(年初一)至 3 月 15 日,于北京,作汉简研究文章《汉代烽燧制度》,后收入《汉简缀述》一书④。

3 月至 6 月初,完成《汉武边塞考略》初稿⑤。

6 月 6 日,作西周地理考《虢国考》(未作完)⑥。

---

①《夏鼐日记》第 6 卷,第 134 页。
②陈梦家:《汉简缀述》,北京:中华书局,1980 年,第 190、191、194 页。
③据信函原件图片。
④陈梦家:《汉简缀述》,第 177 页。
⑤陈梦家:《汉简缀述》,第 219 页。
⑥陈梦家:《西周铜器断代》上册,第 393 页。

6 月,完成《西汉都尉考》初稿①。

6 月,《介绍黄县卣器》载《考古》1961 年第 6 期,署名"世贞"。

8 月 17 日,作器铭考释《几父壶》②。

8 月 20 日,作器铭考释《柞钟》③。

夏,作《汉简所见奉例》初稿④。

11 月 7 日,致信王献唐三子王国华:

国华兄:

　　十月间济南来信,早已收到,一恍又是一个月了。兹检出《红日》豫剧原稿,可笑之作,举以奉赠,作为纪念。其中是否有可采用之处,很难说。我是用了三十六个"半工"写成的,盛暑中挥汗作此游戏,亦人生一乐事也。匆匆,即祝

撰安

陈梦家

一九六一.十一.七⑤

11 月 14 日,上午,找夏鼐谈《居延汉简》事,因甘肃之行而对汉简的兴趣大增。下午,找尹达谈话。夏鼐日记:"上午赴所,陈梦家来谈编辑《居延汉简》情况。……下午尹达同志来所,因为安阳市委派徐同志来……徐同志辞去后,陈梦家找尹所长谈话,大概是为了摘右派帽子的事吧!"⑥

---

①陈梦家:《汉简缀述》,第 134 页。
②陈梦家:《西周铜器断代》上册,第 244 页。
③陈梦家:《西周铜器断代》上册,第 304 页。
④陈梦家:《汉简缀述》,第 146 页。
⑤张新颖:《张新颖对陈梦家豫剧〈红日〉手稿的介绍和梳理》,2019 年 11 月 19 日《澎湃新闻》。
⑥《夏鼐日记》第 6 卷,第 217 页。

11月21日,夏鼐来谈。夏鼐日记:"上午赴所,与王俊铭、林寿晋二同志继续商谈翻译外文考古学资料书事。与陈梦家谈整理《居延汉简》事。"①

11月,完成《邮程表与候官所在》初稿②。

12月16日,上午,尹达在历史所作对于苏共二十二大的报告,历史所与考古所人员参加听讲。下午,考古所开会学习讨论③。

12月20日,夏鼐审阅《武威汉简》稿子,下午与陈梦家商谈修改的意见④。

12月,完成《汉居延考》初稿⑤。

12月,完成《额济纳河流域障隧综述》初稿⑥。

1962年　壬寅　五十二岁

2月10日,作器铭考释《奠井叔三器》⑦。

2月16日,与夏鼐谈《居延汉简乙编》事。夏鼐日记:"上午赴所,商谈今天下午的全所会议报告。陈梦家同志谈《居延汉简乙编》的编排问题。下午开全所工作会议,由我报告61年工作总结及62年工作计划。"⑧

3月4日,作器铭考释《五年师旋殷》⑨。

---

①《夏鼐日记》第6卷,第219页。
②陈梦家:《汉简缀述》,第33页。
③《夏鼐日记》第6卷,第224页。
④《夏鼐日记》第6卷,第224页。
⑤陈梦家:《汉简缀述》,第228页。
⑥陈梦家:《汉简缀述》,第10页。
⑦陈梦家:《西周铜器断代》上册,第215页。
⑧《夏鼐日记》第6卷,第238页。
⑨陈梦家:《西周铜器断代》上册,第205页。

3 月 8 日,晚间,到夏鼐家相谈①。

3 月 12 日,重作《释黄》,后归于《赏赐器物分释》一文,收入《西周铜器断代》上册下编《西周铜器总论》之《周礼部分》的《赏赐篇》(未作完)②。

3 月 14 日,作《释市》,后归于《赏赐器物分释》一文,收入《西周铜器断代》上册下编《西周铜器总论》之《周礼部分》的《赏赐篇》(未作完)③。

春,试谱"汉简年历表"④。

6 月 20 日,从上海探亲返回考古所。夏鼐日记:"下午赴所,遇及陈梦家由上海探亲返所。"⑤本年,母亲蔡灵恩去世,故这次赴沪"探亲",也可能是因母亲亡故,处理后事。

6 月 22 日,与夏鼐谈赴沪情况并徐森玉近况。夏鼐日记:"陈梦家同志来谈此次赴沪情况,述及徐森老近况。"⑥

7 月 3 日,找夏鼐谈《居延汉简》编撰的事⑦。大约此时起,陈梦家负责《居延汉简甲乙编》的编纂工作。

7 月,完成汉简研究文章《由实物所见汉代简册制度》,文章分出土、材料、长度、刮治、编联、缮写、容字、题记、削改、收卷、错简、标号、文字、余论等章节,后收入《汉简缀述》一书⑧。

7 月,《武威汉简》定稿,交文物出版社准备出版。中国科学院考古研究所为《武威汉简》一书写下《后记》,介绍此书编写的

---

①《夏鼐日记》第 6 卷,第 242 页。
②陈梦家:《西周铜器断代》上册,第 437 页。
③陈梦家:《西周铜器断代》上册,第 434 页。
④陈梦家:《汉简缀述》,第 232 页。
⑤《夏鼐日记》第 6 卷,第 262 页。
⑥《夏鼐日记》第 6 卷,第 262 页。
⑦《夏鼐日记》第 6 卷,第 264 页。
⑧陈梦家:《汉简缀述》,第 315 页。

经过和人员的分工,其中文字方面的主要内容——叙论、校记、释文三部分由陈梦家完成,叙论和考释经夏鼐、刘盼遂和张政烺审阅,甘肃省博物馆郭德勇等负责实物清理和简报,甘肃省博物馆吴柏年摄影,张邦彦完成文字摹录①。

8月,《美帝国主义劫掠的我国殷周铜器集录》由科学出版社出版,这是陈梦家1944—1947年旅美时搜集的流散在美国的中国青铜器资料的汇集,共收有845件青铜器。目录为:说明(序言、凡例、说明、附录七种)、铭文(本集拓本、补充照片、附录拓本)、图像。其中说明部分有八项内容:1.图像曾经著录的;2.铭文曾经著录的;3.器物的高度、口径、宽度和长度;4.铭文的行数、字数并其隶定的释文;5.断定年代;6.器物出土后收藏者和商贾的收藏和出售;7.现在的所在;8.器物的现状、相传出土的时代与地点、同群同组同族名的器物、简要的有关铭文的考释、形制花纹上的特点等方面信息。器物的铭文拓本共约500余个,器物的图像共有1000余幅。

这部书原为英文本,英文书名是"Chinese Bronzes in American Collections"。1956年,陈梦家将其整理为中文本,编为《中国铜器综录》的第一集,并写有自序。1957年春,时任考古所所长的郑振铎曾为其题写书名"流散美国的中国铜器集录"。后因陈梦家被错划为"右派"搁置数年,直至1962年,署名"中国科学院考古研究所",被冠以并不妥当的书名作为内部资料发行,陈梦家原撰写的自序也没有被采用②。这部书在《序言》中有这样的内容:

　　　　本集所收的845件殷、周青铜礼器,是我所工作人员陈

①甘肃省博物馆、中国科学院考古研究所编:《武威汉简》,北京:中华书局,2005年,第198页。
②陈梦家:《美国所藏中国铜器集录(订补本)》,"订补后记",第1357页。

梦家先生十余年前在美国搜集的。当时,他曾将在美国各博物馆、大学和古董商肆所能见到的中国铜器,都摄了照片,拓了铭文,记了尺寸,并考查了来源。其中大多数皆加以观察并作了去取,少数的未见实物。①

10 月初,作考证文章《战国楚帛书考》②。

10 月 9 日,与夏鼐谈《居延汉简》释文,并同访吴世昌。夏鼐日记:"陈梦家同志来谈《居延汉简》释文之事。又偕往华侨大厦访吴世昌同志,刚于 9 月 29 日由英国返国,留英已 15 年矣。"③

10 月 15 日,与夏鼐谈寿县铜器。夏鼐日记:"上午……陈梦家同志谈寿县最近出土的铜器(吴太子剑等)。"④

10 月 28 日,于钱粮胡同 34 号乙,作《叔尸钟镈考》⑤。

11 月 1 日,补作《叔尸钟镈考》之"后记"。

12 月 3 日,为《虢国考》作补记:"《甲室札记》甲册有吴王御士及吴王朝二器,此吴王疑即携王余臣,以其在虞,故称吴王。"⑥

本年,另作汉简研究文章《汉简所见太守、都尉二府属吏》初稿⑦。

约本年,有人寄航空邮便明信片给陈梦家,收信人地址姓名为:"中华人民共和国北京市王府大街九号中国科学院考古研究

---

① 《美帝国主义劫掠的我国殷周铜器集录》,北京:科学出版社,1962 年,第 3 页。
② 《考古学报》,1984 年第 2 期。
③ 《夏鼐日记》第 6 卷,第 284 页。
④ 《夏鼐日记》第 6 卷,第 285 页。
⑤ 《燕京学报》,1998 年第 4 期。
⑥ 陈梦家:《西周铜器断代》上册,第 393 页。
⑦ 陈梦家:《汉简缀述》,第 124 页。

所,陈梦家",下面有"萝蕤"两字,明信片上印有"昭和 37年"字①。

约本年前后,张伯驹致信陈梦家:

> 梦家兄:
>
> 　　议价两件连董其昌卷,现均在张葱玉处。兄取到陆先生处两件,与葱玉处三件,一并会齐代交为荷。款即照三五数。此请
> 早安
>
> 弟伯驹顿首
> 星期五②

1963 年　癸卯　五十三岁

　　1 月 16 日,考古所牛兆勋副所长宣布给陈梦家摘掉"右派"帽子。住院中的夏鼐写日记道:"下午……刘观民、黄展岳二同志来,略谈连日队长会议情况及工作计划。晚间阅《文物》1962年第 4 期。今日的队长会议上,牛所长宣布陈梦家右派摘帽子。史学界四右(雷海宗,向达,陈梦家,荣孟源)皆已摘帽子,雷于上月 24 日病故于天津。"③

　　不久,马承源来看陈梦家,陈梦家对马承源说了想捐家具给上海博物馆的想法:

> 　　已故上海博物馆馆长马承源最后一次见到陈梦家是在1963 年,那时陈梦家刚刚摘掉"右派"的帽子,"变得话不太多"。马承源在陈家看到一把刻着"寿"字的黄色檀木椅,便

---

① 方继孝:《品味书简——名人信札收藏十五讲》,第 42 页。
② 方继孝:《陈梦家往来书札谈》,《收藏家》2003 年第 5 期。
③《夏鼐日记》第 6 卷,第 308 页。

知道那些家具的分量。"他(陈梦家)第一次跟我说,要把家具捐给上海博物馆,他很担心它们的安危。他没有特别说,他怕的是政治上的麻烦。但是我知道,任何收藏家都会想拥有那些东西的。"①

1 月 28 日,年初四,下午陈梦家到夏鼐家贺年。夏鼐日记:"下午同乡叶蒸夫妇,所中陈梦家、梁太太(李福曼)来贺年。"②又到顾颉刚家贺年。顾颉刚日记:"雁秋、鸿钧偕高瑞兰及其女高燕宁、乐宁、子天宁来,长谈,留饭。陈梦家来。唐守正来。"③

2 月 23 日,考古所学习,陈梦家作中心发言④。

2 月 28 日,夏鼐与陈梦家谈《居延汉简》事,还谈了他《铜器图录》稿费的事。夏鼐日记:"上午……与陈梦家同志谈《居延汉简》事,并及其《铜器图录》稿费事(后来于 3 月间,他自愿捐献 700 元)。"⑤

2 月,重录《额济纳河流域障隧综述》,归入《汉简考述》一文,后收入《汉简缀述》一书⑥。

2 月,作《关于大小石、斛》,后收入《汉简缀述》一书⑦。

3 月,陈梦家将收到的《铜器图录》稿费自愿捐出 700 元。

3 月 18 日,顾颉刚日记:"刘起釪来,为写魏建功、陈梦家信。"⑧

---

①索马里:《陈梦家:考古学家之陨》,《三联生活周刊(北京)》2014 年第 21 期。
②《夏鼐日记》第 6 卷,第 312 页。
③《顾颉刚日记》第 9 卷,第 619 页。
④《夏鼐日记》第 6 卷,第 317 页。
⑤《夏鼐日记》第 6 卷,第 317 页。
⑥陈梦家:《汉简缀述》,第 10 页。
⑦陈梦家:《汉简缀述》,第 151 页。
⑧《顾颉刚日记》第 9 卷,第 645 页。

3月24日,访顾颉刚。顾颉刚日记:"理书。丁宜中来。陈梦家来。剑华来盖章。"①

3月26日,陈梦家探望住院中的夏鼐,当时夏鼐写了《断肠词》四首,于是他俩之间有了一番写打油诗的闲谈。夏鼐日记:"后来陈梦家同志来,我也将《断肠词》交给他看,并且笑说,暂时不阅考古书籍,不作考古工作,只写打油诗和幽默小品文了,诗须诗兴来时始能作,所以只好让你们诗人来做(陈为新月派诗人),主要是写幽默小品文。"②夏鼐3月6日日记系后来补记,其中也谈到与陈梦家的闲谈:"以上系在北京医院时所补记,后以体弱,无心思续补。后来又在此页(第15页)写上'狂人日记'四字,以3月26日与新月派诗人陈梦家同事谈话后,戏谓今后暂不干考古,除了做打油诗之外,写写幽默小品文。想到鲁迅的《狂人日记》,所以写上这四字,后来并没有写下去。"③

3月,对《邮程表与候官所在》作了修改,归入《汉简考述》一文,后收入《汉简缀述》一书④。

3月,完成《汉简年历表叙》⑤。

4月5日,清明,重新录毕《汉简所见奉例》⑥。

4月上旬,考古研究所决定启动《殷周金文集成》的编纂工作,由陈梦家主持,王世民负责组织工作。"1963年4月上旬,考古所决定着手金文集成编纂工作的时候,曾委派陈梦家主持其事。当时他极为兴奋,立即挥笔草拟了编纂计划,并指导青年同

---

①《顾颉刚日记》第9卷,第648页。
②《夏鼐日记》第6卷,第328—329页。
③《夏鼐日记》第6卷,第320页。
④陈梦家:《汉简缀述》,第33页。
⑤陈梦家:《汉简缀述》,第274页。
⑥陈梦家:《汉简缀述》,第146页。

志从本所藏拓的对象入手进行具体的资料准备。"①

5月,《汉简所见奉例》载《文物》1963年第5期(总第151期)。

6月初旬,于北京重记《宋大晟编钟考述》。

6月26日,夏鼐看陈梦家拟的《殷周铜器铭文集成规划草案》。夏鼐日记:"审阅陈梦家所拟《殷周铜器铭文集成规划草案》,提了一些意见。"②顾颉刚参考陈梦家著作《尚书通论》。顾颉刚日记:"略翻连士升寄来文集。依周达甫意见修改《大诰》校勘、解释、语汇,又用陈梦家《尚书通论》、陈乔枞《今文尚书经说考》修改《解释》及《王莽大诰校释》。略讫。"③

7月1日,夏鼐将《居延汉简·编后记》交给陈梦家④。

7月15日,《蔡器三记》载《考古》1963年第7期。

7月19日,夏鼐审阅陈梦家撰《汉简概述》并提出意见。夏鼐日记:"审阅陈梦家同志所写《汉简概述》,凡五万余字,其前一半乃摘译原报告内容,似可放在《居延汉简》图版后作为附录。"⑤

7月23日,上午,与夏鼐、王世民诸人谈考古所事⑥。

约7月,《汉简考述》载《考古学报》1963年第1期(总第31期)。

8月1日,与夏鼐谈《武威汉简》编后记问题,并告诉夏鼐,冯国瑞已去世⑦。

①王世民:《陈梦家》,《中国史学家评传》,第1713页。
②《夏鼐日记》第6卷,第349页。
③《顾颉刚日记》第9卷,第691页。
④《夏鼐日记》第6卷,第350页。
⑤《夏鼐日记》第6卷,第353页。
⑥《夏鼐日记》第6卷,第354页。
⑦《夏鼐日记》第6卷,第355页。

8月,修改《论尚书逸文》①。

8月,作《尧典、考工记与秦制》,后成为《尚书通论》第四部分《尚书补述》中的第六篇②。

8月,于北京钱粮胡同,为《孟子泺水考》写附记③。

9月8日,白露,于北京隆福寺后,追忆二十余年前旧作(旧稿遗失),重作《敦煌写本尚书经典释文跋记》一文,后成为《尚书通论》第四部分《尚书补述》的第五篇④。

9月10日,致信徐森玉:

> 森老赐鉴:
>
> 奉九月五日手教,拜悉一一。承为拙作题字,苍老古朴,十分可宝。如此破例,勉为其难,令晚感激不已。北地大水为患,幸防治得法,渐已退落,农村稍有损失。京中暴雨十日,屋漏墙倒,家家不能幸免。惟市上供应不缺,水果、蔬菜仍极充足,一切如常。葱玉逝世,殊为突然,入院前日,尚在饭店见其大嚼,说肺部有肿物,但毫无知觉,想无妨云。入院后,一切如常,开刀者是协和第一把好手,切除半肺,以为可暂安一时。岂知下楼后即未醒来,或者手续上偶有差失,但亦难言矣。其夫人痛哭不已,只得慰以"命也如此"。公祭时甚为隆重,领导上照顾备至,葱玉可以瞑目矣。一生欲著一部大书,谓可以一举成大名,故平日无意写短文,可惜可惜。其平生目验心得,竟不能传诸后世,真书画界一大损失。其身后事,闻文化部将设法照料,当无问题。公祭时,森老唁电,当场读了。(此次若不动手术,也只能活一年

① 陈梦家:《尚书通论(增订本)》,第309页。
② 陈梦家:《尚书通论(增订本)》,第343页。
③ 陈梦家:《尚书通论(增订本)》,第350页。
④ 陈梦家:《尚书通论(增订本)》,第335页。

半载,且有痛苦。动了手术,原望可以延长些,不意竟因此而速亡。蕙玉自己说,怕过五十、五十六两个关,竟没有闯过这一关。)此间运动,早已结束,一切工作如常。《考古学报》停顿已久,最近拟将本年度两期出足,晚不免临时赶钞旧作,以此甚忙。作铭已好,增重二十斤,每天吃到七八两,惟尚未正式回所,只是偶尔来看看。北京馆子大落价,烤鸭、烤羊肉已大大便宜。中朝两国东北考古调查,现已开始工作,我所由安志敏等领队,已出发去了。

　　专此,并请

撰安

晚陈梦家敬上
一九六三年九月十日①

　　9月,于北京,修改《论尚书体例》一文,后成为《尚书通论》第四部分《尚书补述》的第四篇②。

　　9月15日,于考古研究所,作《尚书通论》的《重版自叙》,但此书在其生前因故未能重版。在《重版自叙》的最后,陈梦家特别感谢了徐森玉:"最后,我特别致谢徐森玉老先生,先生因年迈手颤,久已不执笔,乃承其远道寄赐题字,十分可感。多年以来,看到我在学业上但有一点儿可取之处,先生总是曲加奖掖;觉到我有一些懈怠消沉的时候,先生总是热情鼓励。我在此敬致深切的感谢。"③

　　10月21日,晚上,夏鼐审阅陈梦家《居延汉简总述》的"官

---

①柳向春:《上海博物馆藏陈梦家致徐森玉信札》,《复旦古籍所学报》第1期,2012年6月。
②陈梦家:《尚书通论(增订本)》,第325页。
③陈梦家:《尚书通论(增订本)》,"重版自叙",第4页。

制篇"①。

10月22日,下午,夏鼐在家审阅陈梦家《居延汉简总述》的"官制篇"②。

10月23日,夏鼐将《居延汉简总述》的"官制篇"交还给陈梦家,并提了一些意见③。

10月31日,完成《西汉施行诏书目录》,后收入《汉简缀述》一书④。

10月,完成《汉简所见居延边塞与防御组织》,后收入《汉简缀述》一书⑤。

11月20日,谢稚柳致信陈梦家:

> 梦家吾兄:
>
> 　　前奉手教,以琐事草草,兼之体力衰弱,致迟奉复,深为歉疚。委画次为写得风荷一帧,墨尽淋漓,自觉尚不恶,聊供清赏。不知以为如何?最近将来京,届时当谈鉴也。匆匆不尽,即致
>
> 敬礼
>
> 弟稚柳顿首
> 十一月廿日⑥

约本年12月8日,陈梦家致信沙孟海:

> 孟海先生赐鉴:
>
> 　　前奉手教,敬悉一一,附函已转交罗子期君,谅已有回

---

①《夏鼐日记》第6卷,第373页。
②《夏鼐日记》第6卷,第373页。
③《夏鼐日记》第6卷,第374页。
④陈梦家:《汉简缀述》,第284页。
⑤陈梦家:《汉简缀述》,第70页。
⑥方继孝:《陈梦家往来书札谈》,《收藏家》2003年第5期。

信寄上。去年,大驾有北来之说,后来未见驾到,甚为失望。盼今年能成行,俾得当面聆教一切。尊著《印学史》既已完成初稿,不知讲授时曾有油印本否? 若有,盼见赐一册。我近日稍稍治理度量衡制,人弃我取,尚觉有可做之处。不知浙省所藏有无此等资料否? (最近《文物》发表杭州城站出土"金条",十分重要。它们不是金条,而是北宋"一两"的金挺,过去从未出过。曾因此写了一篇短文。)

天气渐寒,诸唯珍摄。专此,并请

撰安

余人不一。

十二月八日

晚陈梦家谨启①

12 月,完成《汉简年历》《汉代纪时》两文,归于《汉简年历表叙》,收入《汉简缀述》一书②。

冬,对所谱"汉简年历表"重为扩大充实③。

年底,修改《汉武边塞考略》④。

本年,四姐陈冕珠最后一次回大陆探亲,他们全家和陈梦熊一家还一起去北海公园游玩⑤。

1964 年　甲辰　五十四岁

年初,"陈梦家根据考古所的计划要求,重新开始中断五年之久的西周铜器断代研究工作。此后两年多的时间里,他赶写

①据信笺手稿。
②陈梦家:《汉简缀述》,第 239、260 页。
③陈梦家:《汉简缀述》,第 240 页。
④陈梦家:《汉简缀述》,第 219 页。
⑤张九辰:《山水人生——陈梦熊传》,第 18 页。

了五十多篇器铭考释。其他方面的论文或半成品,还有《战国盟誓与载书》《汉代铜器工官》《战国货币总述》和《博古图说》等"①。

1月1日,于北京东城,作《毛公鼎后记》②。

1月10日,夏鼐与陈梦家商量《甲骨文编》事。夏鼐日记:"上午赴所,至编辑室,了解最近编辑工作情况,《考古》今年第1期已三校,将出版,《考古学报》1963年第2期已付印,2月底可出来,专刊则科学出版社尚未通知,但已准备好二种(《耀州窑》《辛村》)。河南来信谈及《甲骨文编》之事,与陈梦家同志商量回复。"③

1月16日,夏鼐日记:"上午赴所,将审阅过的两篇稿子交给编辑室,将朱南诜的文章交还给陈梦家同志。"④

2月12日,除夕,作器铭考释《姜林母簋簋》⑤。

2月18日,为编辑室人员不足而担心。夏鼐日记:"上午赴所,至图书室及编辑室了解情况……编辑室,杨泓同志参加四清,徐元邦同志将下放劳动锻炼,周永珍同志又病。真是不景气。陈梦家同志为编辑室担心。"⑥

2月28日,夏鼐认为陈梦家的《居延汉简考述》应交考古所出版。夏鼐日记:"与陈梦家谈,所作《居延汉简考述》,应由所出版,不宜径交中华出版。"⑦

2月29日,赵万里致徐森玉书信中,谈到陈梦家转达徐森玉

①王世民:《陈梦家》,《中国史学家评传》,第1694页。
②陈梦家:《西周铜器断代》上册,第302页。
③《夏鼐日记》第7卷,第3—4页。
④《夏鼐日记》第7卷,第5页。
⑤陈梦家:《西周铜器断代》上册,第175页。
⑥《夏鼐日记》第7卷,第12页。
⑦《夏鼐日记》第7卷,第13页。

对赵万里的关心:"日前梦家兄来舍,知蒙关注,感激之至。"①

2月,《宋大晟编钟考述》载《文物》1964年第2期。

3月18日,在隆福寺人民市场邂逅潘光旦,助其选购古物。潘光旦日记:"进城,径至隆福寺人民市场,于拐角处遇梦家,因同进市场,助我选购瓷布衣和尚一座,价二十元,坚持为代付,我所带不足此数,只得听之,有缘时还可也。同出,边走边闲话,各东厂胡同口别。"②

3月,于北京,完成《汉代占时、测时的仪具》,归入《汉简年历表叙》一文,后收入《汉简缀述》一书,并附后记,说:"作者对于天文历法和技术之学非常生疏,承中国科学院自然科学史研究室钱宝琮教授、严敦杰先生和考古研究所夏鼐所长多所指正,特此致谢。"③

4月2日,与夏鼐谈考古所出版工作事,拟将《甲骨文编》交中华书局出版④。

4月3日,介绍中华书局来人到考古所谈出版事。夏鼐日记:"中华书局编辑部经理潘达人与赵守俨同志来谈关于出版《甲骨文编》及《居延汉简乙编》事,是陈梦家同志介绍来的,顺便谈日本关于中国古籍出版情况。"⑤

4月15日,夏鼐与陈梦家谈《甲骨文编》和《居延汉简乙编》出版事。赵萝蕤于几日前旧病复发。夏鼐日记:"连日下雨。上午赴所,与陈梦家同志谈出版《甲骨文编》及《居延汉简乙编》事。他因其爱人旧病复发,这几天都在家,昨天才送入

---

①柳向春:《赵斐云先生致徐森玉先生函》,《文津流觞》2011年第3期(总第35期)。

②潘乃穆、潘乃和编:《潘光旦文集》第11卷,第571页。

③陈梦家:《汉简缀述》,第274页。

④《夏鼐日记》第7卷,第20页。

⑤《夏鼐日记》第7卷,第20页。

医院。"①

4月，于北京，作《日忌简册》，归入《武威汉简补述》一文，后收入《汉简缀述》一书②，又收入《武威汉简》一书③。

4月，对《宋大晟编钟考述》一文的两处失误作更正。

5月2日，考古所放假，组织颐和园春游④。

5月6日，夏鼐偕陈梦家赴琉璃厂，参观海王村中国书店的"古书展览会"⑤。

5月22日，上午，与夏鼐谈关于战国秦汉度量衡的问题及徐森玉近况⑥。

本月，为王献唐著《山东古国考》一书写后记，提及二人于1940年前后订交，又说："解放后在济南相见，其后在北京又数数倾谈，服其淹博通达。常以长条粗黄纸作信笺，讨论学问，剖析细微，见解新颖，而墨书清丽，文词庄谐并出，如其为人。"⑦

6月7日，夏鼐花了一天工夫，审阅陈梦家的《汉简年历表叙》⑧。

6月8日，夏鼐将陈梦家的文章《汉简年历表叙》交还与他，并提了一些意见⑨。顾颉刚参考陈梦家著作。顾颉刚日记："检陈梦家《西周铜器断代》中之关于东方者，补入《考证》中，约写

---

①《夏鼐日记》第7卷，第23页。
②陈梦家：《汉简缀述》，第286页。
③甘肃省博物馆、中国科学院考古研究所编：《武威汉简》，第202页。
④《夏鼐日记》第7卷，第26页。
⑤《夏鼐日记》第7卷，第27页。
⑥《夏鼐日记》第7卷，第30页。
⑦陈梦家：《〈山东古国考〉后记》，《西北大学学报（哲学社会科学版）》1980年第3期。此文是由端木蕻良推荐给编辑的，端木在信中说："他对甲骨文研究，极有功底，我很佩服。"
⑧《夏鼐日记》第7卷，第33页。
⑨《夏鼐日记》第7卷，第33页。

二千五百字。"①

6 月 10 日,生活作风检讨。夏鼐日记:"下午参加所中高级研究人员组政治学习,检查生活作风,由佟柱臣及陈梦家二同志作检查。"②

6 月 12 日,与夏鼐访商承祚。夏鼐日记:"上午赴所,中华书局潘达人同志来谈关于《甲骨文编》出版事。又偕陈梦家同志赴红楼访商承祚先生,参观其所摹之"信阳战国竹简"及"长沙缯书"摹本。"③

6 月 19 日,上午,与商承祚、夏鼐一起闲谈④。

6 月 20 日,作器铭考释《师寏毁盖》⑤。

6 月 27 日,参加政治学习小组。夏鼐日记:"上午将《考古》第 7 期校样交与编辑室。参加政治学习小组,有徐老、黄老、苏秉琦、陈梦家、佟柱臣五位。"⑥

6 月 30 日,顾颉刚看陈梦家著作。顾颉刚日记:"看陈梦家《西周铜器断代》、郭沫若《两周金文大系考释》,将《考证》重写二千字。"⑦

6 月,《战国度量衡略说》载《考古》1964 年第 6 期(总 89 期)。这时期,陈梦家保留了于省吾测《汉建初尺》手稿若干页⑧。

---

①《顾颉刚日记》第 10 卷,第 76 页。
②《夏鼐日记》第 7 卷,第 34 页。
③《夏鼐日记》第 7 卷,第 34 页。
④《夏鼐日记》第 7 卷,第 35 页。
⑤陈梦家:《西周铜器断代》上册,第 167 页。
⑥《夏鼐日记》第 7 卷,第 37 页。
⑦《顾颉刚日记》第 10 卷,第 87 页。
⑧方继孝:《耿介敢言忠诚于学术的一代学人——于省吾与陈梦家》,《关东学刊》2017 年第 10 期。

6月，《文物》1964年第6期刊出陈梦家对于《宋大晟编钟考述》的"作者更正"。

7月4日，参加考古所高级研究员的政治学习。夏鼐日记："上午参加所中高研的政治学习，只剩佟柱臣、陈梦家和我三人。"①

7月7日，为《尚书通论》一书作"校后补记"②。

7月17日，顾颉刚看陈梦家文章。顾颉刚日记："看陈梦家《西周铜器断代(一)》。重写《周公伐楚的史实和周公居东的传说》四千字。"③

7月18日，作器铭考释《禹鼎》并附后记④。

7月19日，顾颉刚看陈梦家《西周铜器断代(一)》⑤。

7月20日，顾颉刚根据陈梦家文章改写文章。顾颉刚日记："据陈梦家《西周铜器断代(一)》改写《考证》，增二千余字。"⑥

7月21日，顾颉刚继续根据陈梦家文章改写文章。顾颉刚日记："续据陈梦家文修改《考证》，写三千余字。"⑦

7月22日，顾颉刚将陈梦家文章中及胡厚宣所录之资料补入文章。顾颉刚日记："将陈梦家《西周铜器断代(一)》及胡厚宣所录之甲文资料补入《考证》讫，约写二千余字。"⑧

7月25日，作《师克盨后记》⑨。

---

①《夏鼐日记》第7卷，第39页。

②陈梦家：《尚书通论(增订本)》，第355页。

③《顾颉刚日记》第10卷，第94页。

④陈梦家：《西周铜器断代》上册，第277页。

⑤《顾颉刚日记》第10卷，第95页。

⑥《顾颉刚日记》第10卷，第96页。

⑦《顾颉刚日记》第10卷，第96页。

⑧《顾颉刚日记》第10卷，第97页。

⑨陈梦家：《西周铜器断代》上册，第317页。

7月28日,改作器铭考释《十七祀询殷》①。

7月30日,续成器铭考释《元年师询殷》②。

约7月,《汉简所见居延边塞与防御组织》载《考古学报》1964年第1期(总第33期)。

8月,于北京钱粮胡同,完成《关于"文学弟子"的考述》,归入《武威汉简补述》一文,后收入《汉简缀述》一书③,又收入《武威汉简》一书④。

约本年9月7日,致信夏治淦:

治淦先生赐鉴:

前奉手教,敬悉一一。所惠墨本亦已收到,甚感甚感。此器的为真品无疑也。兄言铭中有数字篆法甚怪,或为今人伪托。然弟以为李斯之前诸体杂陈,有新见字无足为奇也。如旂字,吴清卿言𤃉,从止从斤,然颂敦中作𤃉,颂壶内旂字作𤃉,颂鼎作𤃉,𤃉林鼎、丰伯车匝、陈子鼎皆作𤃉,而嗣盘作𤃉,追敦作𤃉,毕鲜敦作𤃉,迟簋作𤃉,其实皆是𤃉之变体也。如此鼎作𤃉,无足为奇也。又龙字,作𤃉,亦有所本。弟曾见聋鼎作𤃉,郎钟作𤃉,颂敦龚作𤃉,正一脉相承也。又如至字,此器作𤃉,与何敦、散盘皆同。与本鼎、𤃉𤃉文敦皆作𤃉,然亦皆真品。以金文之别字极多,不可尽据为典要也。此器弟敢以一墨本而定为真品,盖皆从铭文考而得之者也。弟前数年在国外访求青铜器,曾见令殷款数器,有彝匝盘,其款识与此暗合,可知系同一所出。其为

①陈梦家:《西周铜器断代》上册,第287页。
②陈梦家:《西周铜器断代》上册,第310页。
③陈梦家:《汉简缀述》,第290页。
④甘肃省博物馆、中国科学院考古研究所编:《武威汉简》,第206页。

真品自不待言。而待言者乃其品相,盖青铜器残损者十之三四,而今修补者,可谓巧夺天工,非细观细节无从辨认之也。弟此次在沪前后数日,如得暇一观,或可断其品相也。至若市价,估人言匜不如盘,盘不如彝,彝不如鼎。此器品相未定,未敢言价。而其命名,弟以为令𣪊夺子鼎最合起名原则,不知兄以为何如? 专此,并请

撰安

弟梦家谨启

九月七日①

9 月 25 日,由庐山休假回来。夏鼐日记:"陈梦家由庐山休假归来,略谈上海的情况。"②

9 月 28 日,夏鼐将前一日从吕叔湘处拿到的铜鼓铭文拓本交陈梦家,但陈梦家也不能考释,只说可能是采用汉字系统的一种西南少数民族(包括云南)的文字③。

9 月,《武威汉简》作为"考古学专刊乙种第十二号"由文物出版社出版,署中国科学院考古研究所、甘肃省博物馆合著。目次为:壹、叙论,贰、释文,叁、校记,后记,摹本,图版。陈梦家完成了叙论、释文、校记三部分内容。

10 月 4 日,致信徐森玉:

森老赐鉴:

在沪数聆教益,又见先生体力健壮,不胜忻慰之至! 临行之日,承派车送站,十分感激。回所后,接到前此寄赐白宾父𣪊拓本,谢谢! 此次在沪,又见得许多新收购器,有些

---

① 见朵云四季十一期拍卖会,中国书画(二)0584。
②《夏鼐日记》第 7 卷,第 60 页。
③《夏鼐日记》第 7 卷,第 61 页。

甚属重要。惟闻《馆藏铜器选集》已经装成,在沪时未曾见到,引以为憾! 此间国庆甚热闹。下了一场秋雨,天气转凉,尚祈珍摄。专此,并请

撰安

晚陈梦家敬上

十月四日①

10 月 15 日,作器铭考释《中枏父鬲、殷、甗》②。

10 月 21 日,改作器铭考释《中偁父鼎》③。

10 月 26 日,作器铭考释《中义父组》④。

10 月 28 日,作器铭考释《函皇父组》⑤。

11 月 5 日,作器铭考释《白鲜组》⑥。

11 月 9 日,作器铭考释《杜祁铺》,"郭沫若以此器为春秋时晋襄公为其第四妃杜祁所作,显然是不确实的,因第一字并非襄字,时代亦不合。此器与降叔所作,皆以善夫克器所见大波纹、单麟纹等纹饰相近,故可定为夷王,略晚于单昊生豆"⑦。

11 月 10 日,作器铭考释《戠殷盖》⑧。

本日,又作器铭考释《卫始殷》⑨。

①柳向春:《上海博物馆藏陈梦家致徐森玉信札》,《复旦古籍所学报》第 1 期,2012 年 6 月。

②陈梦家:《西周铜器断代》上册,第 210 页。

③陈梦家:《西周铜器断代》上册,第 247 页。

④陈梦家:《西周铜器断代》上册,第 250 页。

⑤陈梦家:《西周铜器断代》上册,第 254 页。

⑥陈梦家:《西周铜器断代》上册,第 246 页。

⑦陈梦家:《西周铜器断代》上册,第 291 页。

⑧陈梦家:《西周铜器断代》上册,第 176 页。

⑨陈梦家:《西周铜器断代》上册,第 255 页。

11 月 12 日,作器铭考释《齐家村窖藏宏组附宁组》①。

11 月 13 日,作器铭考释《单白昊生钟·豆(铺)》②。

11 月 15—20 日,作考释《般、盉》,后收入《西周铜器断代》上册下编《西周铜器总论》之《形制、花纹》③。

11 月 22 日,作器铭考释《白庸父组、白首父组(张家坡铜器群)》④。

11 月 26 日,作《所谓"禁"与器座》,后收入《西周铜器断代》上册下编《西周铜器总论》之《形制、花纹》⑤。

11 月 30 日,作器铭考释《己侯钟》⑥。

12 月 8 日,顾颉刚阅陈梦家著作。顾颉刚日记:"看《新义录》一卷及陈梦家《殷虚卜辞综述》。"⑦

12 月 14 日,重作器铭考释《卲胁殷》。"铭 6 行 48 字,又重文 2。今在广州市博物馆。照像、拓本承商锡永先生见赐。"⑧

年底,录改器铭考释《毛公鼎》⑨。

年底,完成《河西开地的经过》,后作为《河西四郡的设置年代》之"附录二",收入《汉简缀述》一书⑩。

年底,重录《汉武边塞考略》,后收入《汉简缀述》一书⑪。

本年起,家里有了电视机。赵萝蕤回忆:

---

①陈梦家:《西周铜器断代》上册,第 291 页。
②陈梦家:《西周铜器断代》上册,第 195 页。
③陈梦家:《西周铜器断代》上册,第 483 页。
④陈梦家:《西周铜器断代》上册,第 214 页。
⑤陈梦家:《西周铜器断代》上册,第 480 页。
⑥陈梦家:《西周铜器断代》上册,第 229 页。
⑦《顾颉刚日记》第 10 卷,第 175 页。
⑧陈梦家:《西周铜器断代》上册,第 175 页。
⑨陈梦家:《西周铜器断代》上册,第 300 页。
⑩陈梦家:《汉简缀述》,第 194 页。
⑪陈梦家:《汉简缀述》,第 219 页。

1964年,家里有了电视机。他(陈梦家)几乎天天晚上看电视。看到晚上九点半、十点、十点半,我睡觉去了,他才开始工作。有时醒过来,午夜已过,还能从门缝里看到一条蛋黄色的灯光,还能听到滴答——滴答——他搁笔的声音。不知什么时候房间才完全黑了。但是他还是每天早起按时上班,傍晚按时下班。他在所里、家里各有一套比较完备的常用书,在两处都能有效地工作。在三十年的时间里,他在占有详尽的资料下,写了许多文章,著了许多书,编了各种图录,还留下了未完成、未发表的大约二百万字的遗稿和未整理完毕的其他资料。①

本年,邹衡的《试论殷墟文化分期》在《北京大学学报(人文科学)》发表,后来邹衡在接受访谈时谈起写这篇文章的往事,提到陈梦家:

> 这个工作是破天荒的,给你们讲点旧事吧。考古所的陈梦家先生研究了一辈子的铜器,他自称超过了宋朝、超过了清朝、超过了现代(指郭沫若)。当然,很多方面是超过了,但不一定完全超过,他的成绩是可贵的。那时候,我到考古所去,陈先生不止一次地告诉我:"听说你在搞殷商的铜器分期,我说你别搞啦。我弄了一辈子铜器就没见过商代的铜器能够分期的。不要研究了,白费力气。"②

1965年　乙巳　五十五岁

年初,将所写有关汉简的三十万字论文汇编为《汉简缀述》

---

①赵萝蕤:《忆梦家》,《梦家诗集》,第244页。
②阎向东整理:《情系夏商周——邹衡先生访谈录》,《文物世界》2001年第2期。

一书①。

　　1月1日，新年联欢会。夏鼐日记："今天新年，院部举行团拜，郭沫若、张劲夫、竺可桢、吴有训、裴丽生五位院长分别致辞，至11时半始散。……尤以裴丽生副院长在山西洪洞参加'四清'情况，农村阶段斗争之剧烈，殊属惊人。"②夏鼐1980年2月13日日记："我回忆65年新年联欢会，有老头儿合唱《社会主义好》。今天则徐旭生、郭宝钧、黄文弼、陈梦家、颜圊五位皆已去世，我与苏秉琦亦年届七十……"③

　　1月12日，考古所高研组思想总结，黄文弼、陈梦家等作检查。夏鼐日记："上午赴所，高研组继续作年终思想总结，上午由黄文弼同志作检查，大家提了一些意见，一直搞到下班时。……下午原为陈梦家同志作检查，我请假在家，修改《我国近五年来的考古新收获》一文。"④

　　1月14日，考古所学术报告会，陈梦家也提了意见。夏鼐日记："下午赴所，参加所中学术报告会，佟柱臣同志讲'我国古代工具使用的材料及种类问题'大家(我，陈梦家，安志敏)提了一些意见。"⑤

　　1月18日，作器铭考释《师酉簋》⑥。

　　1月20日，夏鼐交某部书稿给陈梦家审阅。夏鼐日记："为了校对引文的原文，今天又花了一个上午的时间，将它改毕。下午交与杨泓同志，拟改换一插图，并将副本交给陈梦家同志

①皮远长：《陈梦家小传》，《武汉大学学报(社会科学版)》，1985年第6期。
②《夏鼐日记》第7卷，第81页。
③《夏鼐日记》第8卷，第382页。
④《夏鼐日记》第7卷，第84页。
⑤《夏鼐日记》第7卷，第84页。
⑥陈梦家：《西周铜器断代》上册，第245页。

审阅。"①

1 月 28 日,作器铭考释《叔向父禹毁(附叔向父毁)》②。

1 月,修改《西汉都尉考》,后收入《汉简缀述》一书③。

2 月 2 日,乙巳初一,作器铭考释《康鼎》④。

2 月 3 日,乙巳初二,作器铭考释《同毁》⑤。

2 月 4 日,乙巳初三,立春,作器铭考释《卯毁盖》⑥。

2 月 14 日,作器铭考释《师獣毁》⑦。

2 月,修改《汉居延考》,后收入《汉简缀述》一书⑧。

约本年 3 月 5 日,致信徐森玉:

森老赐鉴:

　　承寄赐铜器照片三张,均已收到,谢谢! 得此可以解决一些问题。天气已暖,希望你老可以到公园等处去坐坐,不要老呆在家中。年终年初开过许多会,现在又回复平□了。曾小姐之事,大约已知道。专此,并请

撰安

晚陈梦家敬上

三月五日⑨

---

①《夏鼐日记》第 7 卷,第 85 页。

②陈梦家:《西周铜器断代》上册,第 220 页。

③陈梦家:《汉简缀述》,第 134 页。

④陈梦家:《西周铜器断代》上册,第 221 页。

⑤陈梦家:《西周铜器断代》上册,第 222 页。

⑥陈梦家:《西周铜器断代》上册,第 225 页。

⑦陈梦家:《西周铜器断代》上册,第 239 页。

⑧陈梦家:《汉简缀述》,第 228 页。

⑨柳向春:《上海博物馆藏陈梦家致徐森玉信札》,《复旦古籍所学报》第 1 期,2012 年 6 月。原整理者按:"此函疑作于 1965 年 3 月 5 日。曾小姐者,即南京博物院原院长曾昭燏,1964 年 12 月 22 日去世。"

3月8日,作器铭考释《元年师兑毁》①。

3月14日,作器铭考释《三年师兑毁》②。

4月2日,参加考古所学习会。夏鼐日记:"下午参加所中学习会,全所学习《毛选》心得中选出几篇(苏秉琦、陈梦家、安志敏、赵铨、王振江、李敏生六人),对大家宣读,以交流学习《矛盾论》的经验。"③

约4月,作《汉代铜器工官》④。

5月15日,作器铭考释《琱生鬲》⑤。

本日,作器铭考释《善夫山鼎》⑥。

5月16日,作器铭考释《白考父盘》⑦。

5月29日,向夏鼐提及正在写《唐宋元明银锭考》。夏鼐日记:"下午赴所,至图书室了解最近工作情况。佟柱臣同志来谈撰写反修文章的进行情况。陈梦家同志谈西安出土银锭事,他正在写《唐宋元明银锭考》一文。杨泓同志送来《考古》第6期校样及几篇待决定的文章。"⑧

7月5日,陈梦家的《玉门关与玉门县》一文经夏鼐审阅⑨。

7月,在北京琉璃厂得明嘉靖七年蒋旸翻刻至大本《博古图

---

①陈梦家:《西周铜器断代》上册,第242页。

②陈梦家:《西周铜器断代》上册,第242页。

③《夏鼐日记》第7卷,第101页。

④《陈梦家学术论文集》,第708页。本文全篇无写作日期,但在所附拓本上注了"《贞松》16.8.2,摹本从此而多摹失之处。1965/4梦记。此拓重要"字样,推测文章写于此时。

⑤陈梦家:《西周铜器断代》上册,第236页。

⑥陈梦家:《西周铜器断代》上册,第290页。

⑦陈梦家:《西周铜器断代》上册,第256页。

⑧《夏鼐日记》第7卷,第133页。

⑨《夏鼐日记》第7卷,第142页。

录》善本,兴奋不已,由此激发对《博古图》作专门研究的兴趣,开始收集相关资料①。

8月21日,考古所高研组讨论。夏鼐日记:"下午参加高研组讨论,因休假关系,现只余徐旭生、陈梦家、佟柱臣和我。"②

8月29日,作器铭考释《井人钟》③。

8月30日,作器铭考释《师𩰧毁》④。

9月6日,作器铭考释《琱生毁二器》⑤。

9月10—30日,作考证文章《博古图考述》⑥。

9月13日,考证文章《玉门关与玉门县》载《考古》1965年第9期。

9月底,陈梦家致信上海博物馆徐森玉馆长、沈之瑜副馆长,为捐赠事:

> 森老、之瑜两位馆长:
>
> 　兹奉上旧藏殷代爻铜勺及雕骨各一件(俱已折断),作为上海博物馆参考或陈列之用,请检收。此致
> 敬礼
>
> 　　　　　　　　　　　　　　　　陈梦家
> 　　　　　　　　　　　　　一九六五年九月秒⑦

---

①陈梦家:《博古图考述》,王世民所写附记,《陈梦家学术论文集》,第631页。

②《夏鼐日记》第7卷,第151页。

③陈梦家:《西周铜器断代》上册,第303页。

④陈梦家:《西周铜器断代》上册,第237页。

⑤陈梦家:《西周铜器断代》上册,第235页。

⑥《湖南省博物馆文集》第4辑,船山学刊杂志社,1998年。

⑦郑重:《陈梦家:物我合一的收藏境界》,《海上收藏世家》,350页。

秋,重订《汉简所见太守、都尉二府属吏》,后收入《汉简缀述》一书①。

10月26日,改作器铭考释《乐钟》②。

10月30日,上午,高研组学习《毛泽东选集》,下午,郭沫若来考古所,陈梦家与夏鼐作陪。夏鼐日记:"上午高研组学习《毛选》,讨论改造世界观为知识分子改造的中心问题,回来自学。……下午郭沫若院长来,由我与陈梦家同志作陪,商谈他昨天寄来的一文,不久又谈到《兰亭序》真伪问题。据云,郭院长曾去看陈垣先生,陈对于王羲之的思想,说要注意到他的崇信天师道问题。又谈到上海方面除徐森老外,多不同意认以为伪,又谈到《石鼓文》,郭院长说他发表的《石鼓文》宋拓本,乃由藏日本河井荃郎处的小照片放大制版,故可能有些走了样。当时金祖同寄来善斋的甲骨拓本,即后来编写成《殷契粹编》者,河井荃郎欲借观此批拓片,故将此《石鼓文》拓本相易互观。河井荃郎在东京被美军轰炸时所炸毙,收藏品亦大半被毁,此拓本原物恐不复存在矣。谈至5时始去。"③

11月8日,作器铭考释《兮甲盘》④。

11月15日,作器铭考释《师耤殷》⑤。

11月18日,与夏鼐谈《甲骨文编》销量。夏鼐日记:"陈梦家同志谈新出《甲骨文编》销路尚不恶,此间门市部这两星期已售出200余部。"⑥

12月19日,上午夏鼐为《考古》审阅陈梦家《亩制与田制》

①陈梦家:《汉简缀述》,第124页。
②陈梦家:《西周铜器断代》上册,第305页。
③《夏鼐日记》第7卷,第164页。
④陈梦家:《西周铜器断代》上册,第327页。
⑤陈梦家:《西周铜器断代》上册,第211页。
⑥《夏鼐日记》第7卷,第168页。

一文,提了一些意见①。

12 月,《汉简年历表叙》载《考古学报》1965 年第 2 期(总第 36 册),共分为三篇:《汉简年历》《汉代纪时》和《汉代占时、测时的仪具》。

本年,大哥陈梦杰之子陈自明,作为英国工业展览会的工作人员到过北京。陈自明邀请陈梦家夫妇和陈梦熊的妻子沙频之在全聚德聚餐,当时陈梦熊在西北参加"四清"工作,没能与之见面②。

本年,陈梦家指导的《居延汉简乙编》定稿,他考证出居延汉简的全部出土地点三十个。居延汉简在 1930 年发现后,一直未能公布其出土地点,考古研究所在 1959 年出版的《居延汉简甲编》,只发表当时掌握的五个出土地点,"后来,陈梦家花费相当艰苦的劳动,根据瑞典新出版的《内蒙古额济纳河流考古报告》,对照考古所从西北科学考察团旧档中找到的采集品标记册,终于查明居延汉简的全部出土地点,并且具体指导了居延汉简的重新整理,将其编纂成《居延汉简甲乙编》"③。

本年,计划下一年完成《西周铜器断代》和《历代度量衡研究》两部专著④。

1966 年　丙午　五十六岁

元旦,重作器铭考释《不娶敦盖》⑤。

----

①《夏鼐日记》第 7 卷,第 181 页。

②张九辰:《山水人生——陈梦熊传》,第 21 页。

③王世民:《陈梦家》,《中国史学家评传》,第 1706 页。实际上当时只是将《居延汉简乙编》定稿,1972—1974 年间又发掘新的汉简后,考古所经过补充校订,有了《居延汉简甲乙编》,此书 1980 年由中华书局出版。

④王世民:《陈梦家》,《中国史学家评传》,第 1694 页。

⑤陈梦家:《西周铜器断代》上册,第 323 页。

1月8日,陈梦家复信方壮猷。关于1965年12月湖北江陵望山楚墓出土越王剑上的铭文释读,方壮猷在考古学家、古文字学家间发起书信讨论,对此,陈梦家作了考释,回信如下:

壮猷先生:

　　夏所长转示元旦来信,并剑铭拓本两张,曾作了初步的研究,认为剑铭应读作:"戉王匊浅自乍用剑。""匊"即《说文》"勹"字,"勹浅"疑即越王勾践。我在《蔡器三记》一文(《考古》1963年7期)中曾举"越王匊戈之子"剑两具,以为是越王勾践之子鹿郢,"戈"或"者"即"践"(越兵器中"口"字多为饰笔)。若所释不误,则此次出土是第一把越王勾践剑,可与传世吴王夫差剑比美。淮南市蔡家岗蔡声侯墓出土吴、越、蔡三国兵器(详《蔡器三记》),则江陵此墓所出越王剑与蔡声侯墓所出同例。且两墓俱出"王"铭尖形兵器两件(即来信所指刀,《考古》63年4期简报称为匕首,江西也出过),似此则漳河干渠之墓未必为越王墓,仍当是楚王族、贵族之墓,其年代恐亦未必与屈原同时,可能早到战国初期。此墓器物五万余件,当能□之作约略的断代,只不过揣测而已。此致
敬礼!

陈梦家
一九六六年一月八日①

1月10日,夏鼐致信方壮猷,说他同意陈梦家的意见②。
1月11日,与唐兰谈楚墓剑。

---

①据信函原件图片,湖北省博物馆提供。
②谭维四、白绍芝编著:《文物考古与博物馆论丛》,武汉:湖北美术出版社,1993年,第155页。

1 月 12 日,陈梦家再次致信方壮猷,对前信所释作补正:

壮猷先生:

　　前日由作铭兄转奉一信,谅已收到。昨晤唐兰,彼亦释江陵新出一剑为"越王勾践",惟第三字作"鸠"。我细看"戉王隹戋之子"两剑,第三字作"隹",从佳甚明,故应改释为"鸠"。前释"勼"(《说文》读为"鸠")有误,特为更正。此剑是勾践所作,已可肯定。(我旧作《六国纪年》一书关于越器曾稍有论述,其中有不少错误,近年已多加修订,但均未发表。)此剑形制、长度函盼见告,以作比较。

陈梦家

一月十二日①

1 月 13 日,《亩制与里制》载《考古》1966 年第 1 期。

1 月 15 日,夏鼐约陈梦家写战国玉简稿。夏鼐日记:"上午参加学部中心小组,讨论《海瑞罢官》问题。下午赴所,阅内部文件。又至编辑室观徐旭生先生藏沁阳出土战国玉简,约陈梦家同志写稿。"②

1 月 18 日,考古所高研组学习。夏鼐日记:"下午参加高研组学习,讨论《海瑞罢官》,仅到 4 人:陈梦家、颜阎、佟柱臣和我。"③

1 月 19 日,再次致信方壮猷:

壮猷先生:

　　一月十日手教,昨始寄到。承赐拓本、照片四种,谢谢。前有一函与夏所长信同寄,后又补寄一信至江陵,均谈到越王剑是勾践所作,铭文是"隹浅"二字,唐释"鸠浅"是也。

形制完美,甚可珍贵。但寄来照片无尺寸,且柄部、格部最属重要,最好能有细部拓本或照片。勾践剑出土江陵,自可庆贺。昨与作铭所长谈,若此剑由尊处写一介绍,在《考古》发表,则我们当可补充一些比较资料。但不知如此与你们《简报》全部发表是否不便,请考虑再说。从来信上看,望山亭两墓似乎和信阳长台关两墓相仿,都极丰富,可以说明问题的现象与器物一定很多。桿上刻字两种,尚难以确认。它与以前出土所刻(方向上下左右)者不同。惟"隹王既立"除王字外,余均可商。鄂地下蕴藏两周文物,极其丰富,考古前途无量,可预祝也。腊末岁初,犹在工地,既佩且羡。匆覆,即请

撰安

陈梦家

一九六六年一月十九日①

1月20日,除夕,作器铭考释《虩毁》②。

1月21日,丙午正月元旦,作器铭考释《敔毁》③。

1月26日,致信时任上海博物馆保管部副主任的马承源:

承源兄:

去年先后两信并拓本等,俱已收到,谢谢。乍卣能补足数字,甚好。翏生盨铭文清晰,多出二字,殊可珍贵。惟此有盖有器者,与《三代》所录虽同铭而非是一器,细为比较即知。前此所谈梁其钟之少字者,兄想已忘记,未见寄下为憾。又兄与朴堂到舍下之日过于匆忙,未能详谈。花梨马

---

①据信函原件照片,湖北省博物馆提供。
②陈梦家:《西周铜器断代》上册,第168页。
③陈梦家:《西周铜器断代》上册,第231页。

札子,可能时代略早于明,亦未可知。弟无戏言,此件决计捐献沪馆,其他有可"看中"之古物,亦拟尽量捐赠(或颇有几件),请兄先口头上向徐、沈两馆长道及。希望兄或馆中何人乘北来之便,包扎运沪。南博涟水一墓所出,闻不久将有报告寄出。去年年底以前,侯马一埋坑出土"朱书玉版"数十方(运京已看到),乃春秋末器,又江陵望山亭二墓铜秦器甚多,中有"越王雄浅自作剑"一柄,乃勾践剑(已收到照片拓本)。是去冬出土之新品,便中请转告森老。并将麻烦之事开列于下:

(1)乍卣是否馆藏,有无照片尺寸?

(2)请寄字少的梁其钟铭拓(不是废料中出来的)。

(3)嫠生盨 40924/1,40924/2,何者为盖□器□?

(4)日本人论文中引到你馆 1959 年出过《盂鼎克鼎》一书,可能与《齐量》同样的,可否寄赐一本以作纪念?

(5)我可能要为《考古》整理一篇有关越王剑之文,你馆所藏各件有无现成的照片拓本。又你说长沙出过一件越王矛,他们有照片拓本(是否照得出来)?

匆匆不一,即请

撰安①

陈梦家也曾想将他收藏的明式家具捐献给上海博物馆,徐森玉非常赞赏,准备接受捐赠事宜。这时"文化大革命"的序曲已经奏起,批"三家村"、批《燕山夜话》、批《海瑞罢官》,博物馆的人每天要参加学习和批判,无暇去北京,此事就搁了下来②。

---

① 郑重:《陈梦家:物我合一的收藏境界》,《海上收藏世家》,第 350—351 页。书信写作时间出处见何伟《甲骨文》。

② 郑重:《陈梦家:物我合一的收藏境界》,《海上收藏世家》,第 350—351 页。

2月3日,上午考古所核心小组讨论关于学部布置的工作,下午各组汇报讨论《海瑞罢官》问题的情况①。

2月12日,上午,考古所高研组学习②。

2月26日,上午,考古所高研组讨论,主要是史学界下乡滚泥巴③。

3月,作器铭考释《虢季子白盘》④。

4月3日,作器铭考释《虢文公子𣪘鼎、鬲》⑤。

4月4日,作器铭考释《虢宣公子白鼎》⑥。

4月30日,致信方壮猷:

壮猷先生:

前奉手教,遵未奉覆为歉,苏秉琦兄带回江陵大墓照片册,匆匆翻看,其年代似在战国初期,即公元前五世纪,不能很迟。此墓所出与近来侯马所出盟书同一时期,南北两宗为近今发掘工作中之珍异。弟本拟对越王剑作一总述,因五月初去京郊参加四清,竟不能成。上海博物馆藏越兵比较重要,闻将在《考古》刊出,可作参考。但江陵墓之重要,似不仅越王剑一事而已(至于椁上刻章,似工匠所为,与墓主无关)。竹简照片效果极好,闻之甚喜,将来刊出后再作研究。行前匆匆为《考古》第五期作了一篇《东周盟誓与出土载书》,对侯马盟书稍有阐述,因对《左传》很不熟悉,恐不免有错误,但从而深感东周一段考古尚大有可为。四清工

① 《夏鼐日记》第7卷,第190页。
② 《夏鼐日记》第7卷,第192页。
③ 《夏鼐日记》第7卷,第194页。
④ 陈梦家:《西周铜器断代》上册,第330页。
⑤ 陈梦家:《西周铜器断代》上册,第327页。
⑥ 陈梦家:《西周铜器断代》上册,第331页。

作队定五月三日出发,地点靠近西山,大约总有十个月左右的时间,匆匆不尽。即请

撰安

陈梦家谨启

四月卅日①

5月13日,考古文章《东周盟誓与出土载书(附录:河南沁阳出土战国载书》载《考古》1966年第5期。

5月16日,《中国共产党中央委员会通知》(即《五一六通知》)发表,标志着"文化大革命"全面发动。

本日,沈从文在复邵洵美的信中谈到金岳霖、罗隆基、潘光旦、陈梦家、梁思成等诸位朋友,提及陈梦家时这样说:"梦家似仍在科学院工作,已四五年未见面。"②

5月31日,上午高研组讨论。考古所大字报已达80篇,其中一篇向所领导提意见,指责对运动不够起劲③。

6月1日,《人民日报》发表社论,提出"破四旧"口号。陈梦熊将自己家里的地质地图、古书等偷偷烧掉,同时,"让大儿子陈思行去陈梦家那里看看。因为陈梦家喜欢种花,家里又收藏有很多字画、明清家具。这些东西在当时都是'四旧',保存着很危险。陈梦熊让陈思行告诉陈梦家,赶快把院子里的花都给铲掉,把字画尽量烧掉,但陈梦家说'没事',可没几天他就出事了。"④

6月10日,考古所上午开全所大会,对所领导提意见⑤。

---

①据信函原件照片,湖北省博物馆提供。

②《沈从文全集》第22卷,太原:北岳文艺出版社,2009年,第16页。

③《夏鼐日记》第7卷,第218页。

④张九辰:《山水人生——陈梦熊传》,第145—146页。

⑤《夏鼐日记》第7卷,第221页。

6月11日,下午,全所大会。夏鼐赞成成立"文革"战斗小组①。

6月16日,针对夏鼐的大字报批判中,有一条为"发表右派陈梦家笔名的文章"。夏鼐日记:

> 上午赴所,现下仍是每晨学习毛主席著作一小时,然后布置运动,今晨分组讨论。下午写大字报,并且每组派人到学部去看大字报。赴所,打了3封英文信。又至会议室看大字报,新贴出来的颇多。对我提的大字报,除有关这次运动的以外,还有:(1)发表右派陈梦家笔名的文章,(2)约外国学者写文章(指婆罗钵字考释),(3)接见外宾谈学术不谈政治,(4)近代史太平天国李秀成,(5)参加北京史学会开幕式,(6)学部双周讨论会。运动正在展开,兆勋同志要到20日才返京,我很愿意引火烧身,在这次文化大革命中受一次洗礼。②

6月21日,考古所全所大会③。

7月4日,考古所全所大会④。

7月16日,考古所开会揭发批判牛兆勋,陈梦家作为被包庇的反动权威之一,站起来示众。夏鼐日记:"今天上午8时半起所中召开揭发批判牛兆勋的大会,开到12时。下午2时半开到6时半始散。5时半点到包庇反动权威徐旭生、苏秉琦、陈梦家,陈在场即[站起来]示众。"⑤

7月27日,考古所召开批判林泽敏的大会。次日继续大会,

---

①《夏鼐日记》第7卷,第221页。
②《夏鼐日记》第7卷,第222—223页。
③《夏鼐日记》第7卷,第224页。
④《夏鼐日记》第7卷,第228页。
⑤《夏鼐日记》第7卷,第230页。

会上群情激昂,晚间 10 时半始毕①。

8 月 9 日,运动升级,考古所成立监督小组,陈梦家等被规定每天上午劳动,下午写检查。夏鼐日记:

> 今晨广播中共中央关于文化大革命运动的决定,并且连续广播几次。这是指导性的革命纲领,是当前运动的方向盘。整天街道上有锣鼓声,各单位送喜报,欢迎党中央这个伟大的文化革命纲领。
>
> 所中今天起成立了监督小组,"三反分子"及"右派分子"(夏鼐,牛兆勋,林泽敏,陈梦家)每天上午劳动,下午写检查。晚间大雨。②

8 月 11 日,夏鼐日记:"晨间广播《人民日报》社论及《红旗》社论,都是关于前天公布的党中央关于文化大革命的英明决定。今天所中有 6 人挂牌劳动,另 5 人劳动不挂牌(靳尚谦,王伯洪,王世民,许景元,刘随盛)。"③陈梦家在挂牌劳动之列。

另据王世民回忆,陈梦家劳动不怕脏不怕累:"1966 年 8 月 10 日前后,考古所的造反派勒令'三反分子''右派分子'等,每天上午在所内参加建房劳动,下午和晚上学习文件和写检查,并在晚间清扫厕所。当时本人因'保皇派'罪名,也曾被驱入牛棚,与陈梦家朝夕相处,深知他的表态甚好,劳动和打扫厕所不怕脏、不怕累。"④

8 月 20 日,考古所全体大会⑤。

---

① 《夏鼐日记》第 7 卷,第 232 页。
② 《夏鼐日记》第 7 卷,第 234 页。
③ 《夏鼐日记》第 7 卷,第 234 页。
④ 王世民 2010 年 2 月 25 日致方继孝信,转引自方继孝《失而复得的陈金铺著〈中华布道史〉》,未刊稿。
⑤ 《夏鼐日记》第 7 卷,第 236 页。

8月23日,考古所成立红卫兵,所中全体"牛鬼蛇神"被戴纸帽游斗,陈梦家也在其中。夏鼐日记:

> 今晨广播《人民日报》社论《工农兵要支持革命学生》及《好得很》。下午所中成立红卫兵,3时揪斗"反动权威"苏秉琦示众,集中所中全体牛鬼蛇神,戴纸帽游行,绕所中三匝。我打黑旗,牛兆勋、林敏泽打锣,有:反动权威徐旭生(未到)、郭宝钧、黄文弼、苏秉琦、安志敏,保皇派王伯洪、王世民、许景元、刘随盛、王玗、张广立、卢兆荫、曹联璞,右派分子陈梦家、仇士华、蔡莲珍,以及靳尚谦、王仲殊、佟柱臣、陈公柔、王俊铭、林寿晋、张振邦、齐光秀等,共计26人。晚间返家,宿舍中红卫兵正在斗争资产阶级分子家庭妇女……[补记:当时被游斗者尚有赵铨、郭义孚、莫润先,实有29人。]①

8月24日,白天,牛棚劳动学习。11点半,劳动结束后,陈梦家到隔壁东厂胡同蔡家,被尾随的红卫兵揪回,带到考古所、科学院图书馆两单位相邻食堂的路口,被戴上"流氓诗人"纸帽揪斗。夏鼐日记:"今天起,让出原有办公室,7人集中学习。……中午陈梦家被揪斗,戴'流氓诗人'纸帽,回来写检查。"②

据高天麟回忆:

> 24日上午陈先生等与夏鼐等所谓"走资派""保皇派",在所内挂着黑牌参加建房的体力劳动,中午11点半他们结束劳动后,技术室有位同志向红卫兵负责人报告,说陈梦家进到东厂胡同某号院,那家主人是个寡妇……红卫兵负责

---

①《夏鼐日记》第7卷,第237页。
②《夏鼐日记》第7卷,第237页。

人听说后,把陈梦家先生的这一串门造访当成是不规矩行为,即带领三四名红卫兵(当时本人也在其中),赶往东厂胡同东口路南的某号院(现已拆除)。进到院中,见陈先生确在院内东厢房的一位中年妇女家中,红卫兵负责人即声色俱厉地喝令他出来!……我们和陈先生从东厂胡同那人家出来以后,他推上那辆从美国带回来的自行车,红卫兵们前后押解着走出胡同东口,沿着考古所院墙转进大门,把他带到考古所西北隅技术室门口北侧的空地,令他头戴写有"流氓诗人"的纸帽子站在凳子上,对他进行批斗。此时正是中午下班开饭时间,因为当时院子那边有考古所和科学院图书馆两个食堂,所以有不少人过往,但围观人数不是很多,主要有扈俊明、冯普仁(后二人均调离考古所,冯已故)发言"批判"、责问。这样,在中午的烈日之下,陈梦家先生的确汗流满面,一副屈辱和不堪承受的神态。因为大家要去食堂吃午饭,对陈先生的批斗持续时间不长,前后不到半小时。最后由红卫兵把他押回考古所的"牛棚"("走资派"和"右派分子"等集中学习的屋子),开门把他推进屋子。整个批斗过程我都在场,并未发生往陈梦家先生身上吐唾沫、扔脏东西,更没有从凳子上摔下来和瘫倒在地的情形。①

关于这次揪斗的情况,长期在考古所工作的胡秉华曾对笔者叙述了整个过程,大致是这样的:

陈梦家先生是在11点半结束劳动后去蔡家的,被红卫兵揪回来后,就被迫站在离食堂不远的长方形板凳上,看上去体力很不好,好像也被迫跪了一阵,要倒下来的样子,这样又站着了。主要有四五个人围着他,推推搡搡的样子,骂

①高天麟:《也说陈梦家先生的最后岁月》,《点滴》2016年第1期。

他"老流氓",但不见打他和向他吐痰。我们几个人在后面喊,快把陈先生放下来,快把陈先生放下来,这样就放了。整个过程前后大概持续了二十多分钟。那天下午,陈先生情绪低落,低着头扫地等。这次揪斗之前,还有过一次大的揪斗,是北大考古专业的大学生来批斗,他们认为考古研究所庙小妖风大,于是来造反,那次被批斗的人有多位,如黄文弼、夏鼐、陈梦家、徐炳昶、牛兆勋、苏秉琦等都在其中,当时徐炳昶已是白发苍苍的老人,大家很是同情。前面一次揪斗,在陈先生的日记里都有记录。①

有人采访赵芝荃,也谈到那天的情景:

采访者:当时政治运动的时候学生会批判老师吗?

赵芝荃:有啊,学生们批判过陈梦家啊。

采访者:批判他什么了?

赵芝荃:他写了一本书《殷虚卜辞综述》,他拿这个稿费买了一所房子,自己住着,大家对这个"一书斋"有意见,我估计大家有一点嫉妒,当时就批判他。"文化大革命"期间对他很不礼貌,让他跪在木头椅子上面,现在我觉得挺残忍的。班里有几个没有文化的,没有教养的人,在椅子上搁上砖让陈梦家先生跪在那,审问这个,审问那个。

采访者:你们班同学吗?

赵芝荃:是野蛮分子。不是我们班的同学。这些人没有分到考古所;考古所没有要这些人……"文革"的时候有问题的人都得抖落一遍的。那时候有小组,我们小组是王

---

① 这是两次谈话的综合叙述,其中一次是 2015 年 10 月 28 日胡秉华先生和笔者面对面谈话,另一次是 2016 年 3 月 12 日胡先生接受笔者的电话采访。

伯洪领导,林寿晋和我、刘观民都参加,调查这些老人过去的历史,都认为有历史问题,都认为是敌人,其实就是扩大化。

采访者:当时批判陈梦家的主要是谁呢?

赵芝荃:名字记不清楚了……后来他没有好结果,名字我不记得了。是考古所后来招的见习员,但凡要是有一点文化水平,就不会那么不讲道理。①

当天下午,陈梦家仍在牛棚参加学习,但情绪与往常不同,傍晚向牛棚的学习组长牛兆勋请假,以其夫人有病为由不来参加晚间的学习,同时,留下一封敞口的信,请牛兆勋转交"文革"小组,说明并无谣传的不正当关系。当天晚上,陈梦家留下遗书②,吃安眠药第一次自杀,被送往隆福医院抢救,大概因药量不足且抢救及时,未死。

高天麟回忆:

> 陈先生在24日中午遭到一番批斗后,下午仍在"牛棚"参加"文化大革命"文件的学习,傍晚向"牛棚"的学习组长牛兆勋同志(原行政副所长)请假,并留下一封敞口信请其转交考古所"文革"小组。据见过这封信的王世民先生回忆,信的大体内容是说明自己与蔡夫人并无批斗会上所说不正当关系,由于近日赵萝蕤有癔病发作的迹象,去蔡家不过是想请她帮忙照看罢了。由此可见,陈先生与蔡夫人本来是正常的交往,考古所红卫兵却在并无证据的情况下,将其莫须有地臆想为不正当的"流氓行径",而对陈先生进行

---

① 《赵芝荃》,赵辉主编《记忆:北大考古口述史(一)》,北京:北京大学出版社,2012年,第175页。

② 据说王世民曾看过遗书,后遗书不知所终。

批斗。此等冤枉和羞辱,自然使他感得无地自容,很难再活在这个世上。于是在 8 月 24 日,即明史大家吴晗和哲学家李达自杀的同一个晚间,陈先生吃了过量的安眠药,想结束自己的生命,幸亏药量不足,又及时发现就近送隆福医院抢救,总算暂时保住了生命。谁知又逢社会上的"红卫兵"到隆福医院滋扰,说什么"医院不能成为右派分子的防空洞",扬言要揪斗处在奄奄一息的陈梦家先生。医院无奈,通知考古所"文革"小组把陈梦家先生接出去。①

8 月 25 日,红卫兵通告陈梦家自杀未遂。夏鼐日记:"上午赴所,见通告牌上有红卫兵通告,谓我所右派分子陈梦家自杀未遂。听说:昨天中午下班后,他到东厂胡同的一蔡姓寡妇家(其丈夫死于 1963 年,据云曾于死前托孤于陈),被所中左派群众揪出示众,他自杀以抵抗运动,犯现行反革命的罪,还在遗书中污蔑群众污辱了他,所以自杀。所中开全所大会,文革小组报告此事,并对犯错误的三反分子、右派分子等警告。下午仍是学习与写检查。"②

陈梦熊接到赵萝蕤电话,赶到隆福医院,看到昏迷中的三哥陈梦家,医生正在抢救,接着他再去钱粮胡同看嫂子赵萝蕤,结果两人都被打。"他(陈梦家)的夫人赵萝蕤打电话给陈梦熊求助,等陈梦熊赶到医院时陈梦家已经昏迷了。陈梦熊离开医院以后又去了钱粮胡同陈梦家家中看望赵萝蕤,但他家的门上已经贴了批判陈梦家的大字报。考古所的人带着附近的红卫兵占领了陈家的院子,陈梦熊和嫂子赵萝蕤都被打了。遍体鳞伤的陈梦熊从三哥家出来时,正碰到他的夫人沙颖之带着二儿子从钱粮胡同西口进来,他说'赶快逃'。幸亏他逃避及时,否则就要

①高天麟:《也说陈梦家先生的最后岁月》,《点滴》2016 年第 1 期。
②《夏鼐日记》第 7 卷,第 238 页。

殃及夫人和儿子了。陈梦家在医院住的时间并不长,他很快因为有政治问题被轰出来了。"①

又据高天麟回忆,由于社会上"红卫兵"到隆福医院滋扰,陈梦家在 25 日就被接回家,安置在西厢房:

> 8 月 25 日早晨上班不久,所"文革小组"成员任式楠同志(1993—1998 年曾任考古研究所所长)责成我去医院把陈先生接回家,因为我是考古所的"红卫兵",办这件事比较方便,我把处在极度虚弱,呼出的口气中弥漫着安眠药味的陈先生接回家,与陈师母(赵萝蕤教授)商量后,在他家的西厢房搭了个地铺,让陈先生躺在地铺上静养。②

高天麟回忆,陈梦家回到家的当天上午,就有附近学校的红卫兵来"造反",陈梦熊正好撞上了这些红卫兵(与前面陈梦熊传记上的说法有矛盾):

> 当天上午,邻近陈先生家一所中学的"红卫兵"(女孩子居多,不少人属于高干子女)过来滋扰。那天,陈先生的弟弟陈梦熊(水文地质学家,我印象中他当时自我介绍是:水利电力部华北水电总局地质总工程师,"文革"后他是中国科学院院士、地质矿产部科技高级顾问)闻讯过来看望,正好撞上这些"红卫兵",即被拦住,盘问他的来历和身份后,有"红卫兵"叫嚷"你来得正好","你这叫自投罗网",接着强令他低头对他的头发强行实施"犁瓜叉"(将头上的头发剪去多条,露出一条条白茬,被称作阴阳头)。同时也对赵萝蕤先生实施"犁瓜叉"。③

①张九辰:《山水人生——陈梦熊传》,第 146 页。
②高天麟:《也说陈梦家先生的最后岁月》,《点滴》2016 年第 1 期。
③高天麟:《也说陈梦家先生的最后岁月》,《点滴》2016 年第 1 期。

这天的"造反",姜德明读初中的女儿也随班里同学一起参加了。姜德明回忆:

> 我的刚念初中的女儿在女十一中读书,那校址紧挨着钱粮胡同。有一天她回来跟我说,今天来了个人吆喝同学们去附近一个反动的人家去"造反",那人姓陈,是个考古学家。我听了不禁一怔,忙问她,你们打人了吗?那时我最怕孩子在外面随便打人。回答说没有,只是从一个小旁门进去,看到那个姓陈的"反动权威"躺在床上病得挺厉害,随便转一圈儿,喊了几声"打倒"的口号便出来了。①

陈梦家第一次自杀的几天后,陈梦熊在地质所也成为被批斗对象,兄弟俩再也没有见到。

大约此前后,陈梦家的家几次被抄。王世民回忆:"陈先生的遗物,在'文革'中抄得片纸不存,'文革'后由查抄办公室退回时,他夫人将手稿、资料全部捐赠考古所。"②赵景伦说:"姐姐在北大一边教学,一边著述,翻译。'十年浩劫'中,从燕京调到北大的四位教授中,三人死于非命,只有姐姐一人活了下来。她跟梦家生前精心收集的明代家具,字画和善本书以及斯坦威钢琴全部被抄。后来退还的善本书上,有康生的印章。据北大外语学院英语系为她百年诞辰举办的研讨会上透露,她也曾被'造反派'粗暴揪斗,扭着胳膊,揪住长发,按着脑袋,在走廊里游行示众。但是她始终不愿谈论她那段遭遇。"③

晚年的赵萝蕤曾对采访她的郭萍说过一段话:"士可杀不可辱。男人把尊严看得比生命还重要的。女人的脸皮要厚一些。那

---

① 姜德明:《诗人陈梦家》,《寻书偶存》,第52页。
② 王世民先生2015年9月20日致笔者邮件。
③ 赵景伦:《我的姐姐赵萝蕤》,《湖州师范学院校报》第356期,2013年10月1日。

时我也被斗得厉害,也剃了阴阳头,上街都得用块布包着。我没有救得了他。但我还是活下来了,我想世道总不会老是那个样子。"①

不久,考古研究所派了几个人到陈梦家的家里值班看护,高天麟回忆:"根据这种情况,我建议考古所'文革'小组安排人值班看护陈梦家先生,后来所'文革'确实派人值班了,记得起来的值班人员,有戴忠贤(后调离考古所,已故)、杨锡璋(已退休多年)等人。"②

9月3日,陈梦家自缢身亡。陈梦家先生追悼会夏鼐悼词:"于一九六六年九月三日不幸逝世。"③

关于这次自杀,美国人彼得·海斯勒(中文名何伟)在《甲骨文》一书中有对考古学家杨锡璋的采访:

> "那是1966年的事情,文化大革命才刚开始。"老杨说。"当陈梦家第一次自杀的时候,人们救了他。从那以后,考古研究所就派了我和其他一些年轻的考古学家去看管着他。我们和他一起呆在他的家里,任务是不让他自杀。但我们不可能一天24小时都和他在一起。我们也尝试过,但那是根本不可能的事。我们看了他大概一周。"
>
> 为解释他们如何失去了和陈的联系,老杨站了起来,手指向窗户。这是一个阳光灿烂的下午,太阳在外面的树间洒下了斑驳的光。"试想一下,你现在站在陈梦家北京的家里,看着外头的四合院。"他说。"有一天,陈梦家走了出去,经过了这扇窗户。"老杨手一挥,就像在追随一个想象的人物——他在我们的视线之外。"过了几分钟,我们觉察到他

---

① 郑重:《陈梦家:物我合一的收藏境界》,《海上收藏世家》,第370页。
② 高天麟:《也说陈梦家先生的最后岁月》,《点滴》2016年第1期。
③《新文学史料》1979年第3期,第299页。又,夏鼐9月3日的日记:"闻陈梦家已于昨晚再度自杀身死。"(《夏鼐日记》第7卷,第239页)

走出去了。我们冲到外面,但已经太迟了。他上吊自杀了。"

老杨坐下来。"这是一个重大的损失。"他说:"陈梦家是个了不起的学者。"

然而,从老杨的表情上,我看不出来他是否觉得内疚或伤心,或有什么其他的情绪。他看起来面无表情,当中国人谈起那些不堪回首的记忆时,常常都是这个样子;所有的感情都隐藏在遥远的别处。我问老杨,他和陈梦家在一起的那一周,陈说了些什么。

"我们没怎么说话。坦白说,我当时也不知道说什么好。他看起来显然是心烦意乱的。我和他说话好像不太合事宜。"

老杨解释说,当时陈梦家的妻子并不在家,因为红卫兵在城市的另一边拘留了她,她在北京大学里。后来,"文革"结束了,她继续在大学里教英国文学。老杨告诉我,她几年前去世了。①

另据巫宁坤的说法,陈梦家第二次自杀时,正值赵萝蕤精神分裂症发作之时。"赵萝蕤教授硕果仅存,可是她的丈夫陈梦家教授不堪红卫兵的轮番凌辱,第一次自杀未遂,第二次正值萝蕤精神分裂症发作,他终于得以解脱。"②

蓝棣之教授也是差不多的说法:"八十高龄的西方文学教授、陈梦家夫人赵萝蕤女士告诉我,陈梦家不堪'文化大革命'的风暴,在第一次服毒自杀被抢救之后不久,又趁夫人因病昏迷的时机,上吊自杀。"③

陈梦熊传记的作者张九辰博士也这么说:"陈梦家去世了,

---

① [美]Peter Hessler(何伟)著、赵欣译、赵步阳校:《甲骨文:游走在中国和西方之间》,第136页。

② 巫宁坤:《燕京末日》,《经济观察报·书评》2015年3月11日。

③ 见蓝棣之为《梦家诗集》所作"前言",第1—2页。

可陈梦熊却一无所知。因为那时陈梦家的夫人精神分裂症复发,搬回娘家去住了。"①

关于陈梦家的个性,陈山写道:"颠簸在社会风浪中的上层知识分子小康家庭的生活环境、传统文化的影响与教会学校中欧美文化的教育,造就了陈梦家充满矛盾的思想、气质与个性。"②

陈梦家去世之后,中华书局和考古研究所等陆续整理出版了《汉简缀述》(1980年)、《西周铜器断代》(2004年)、《梦甲室存文》(2006年)、《梦家诗集》(2006年)、《中国文字学》(2006年及2011年修订本)出版,其中《中国文字学》2006年版收录了文字学英文稿"AN INTRODUCTION TO CHINESE PALAEOGRAPHY",2011年修订本在附录一收入了《说文五百四十部首统系》。1985年出版了《尚书通论》的增订本。2015年1月,[美]查尔斯·法本斯·凯莱和陈梦家合著的《白金汉所藏中国铜器图录》(汉英对照)由金城出版社出版。2016年中华书局又出版了《陈梦家学术论文集》。2019年出版了《美国所藏中国铜器集录》和《中国铜器综述》。陈梦家计划中的《中国铜器综录》五集,除已出版第二集美国部分(即《美国所藏中国铜器集录》)外,已完成的还有北欧和加拿大二集,未完成的是英、法两集。其他遗稿尚有:《越兵考》《编钟堵肆考》《战国货币总述》《先秦以至明清的尺度》《东周时期的记容、记重铜器》《楚天平砝码》《齐、陈陶量》《秦汉的权量》《隋以后的银铤和权衡》《历代度量衡总述》《东周铜器》,"以上遗稿有的已写成论文或半成品,有

①张九辰:《山水人生——陈梦熊传》,第147页。
②陈山:《陈梦家》,徐迺翔主编《中国现代作家评传》第2卷,济南:山东教育出版社,1986年,第519页。

的仅是长篇资料,原计划写成的《历代度量衡总述》与《东周铜器》都是洋洋巨帙"①。"翻检遗篇回想起先生曾说,进行东周铜器断代须和陶器材料相配合,到那时需要一些同志的帮助;老年时再进行中国版画的研究,年岁大了,做些有兴趣的工作。后来见到先生的藏书中,确有一些精美的宋代以来的绣像、插图本小说、书刊及版画。手泽犹存,人已化去。"②1977 年,日本东京大学教授松丸道雄翻印了陈梦家《美帝国主义劫掠的我国殷周铜器集录》一书,书名改为《殷周青铜器分类图录》(1977 年汲古书院出版),并将陈梦家 1945 年 11 月 30 日在纽约举行的全美中国艺术学会第六次年会上的英文演讲稿《中国青铜器的形制》一文译成日文,附在序言之后,还增添了全书的分类细目,对陈梦家在研究铜器方面的学术成就推崇备至。

周永珍在回忆文章中还提到陈梦家的一些写作习惯:

> 先生对于他已发表的文章或书籍,都选一本标明"自用",时时用眉批补充材料,修订观点或记述别人的意见,以备它日再版时修改酌定,对于别人的文章,也用眉批记下自己的心得或意见。五十年代曾用室名"梦甲",六十年代则用"不孤书房"。先生每天写日记,数十年如一日,累积有四十多本,还有往来书信,也是珍贵的资料。③

夏鼐在 1980 年 1 月 9 日日记里也提及陈梦家写日记的习惯:

> 阅陈梦家 1961—66 年日记手稿,至 66 年 8 月 24 日的"这是我最后的一天"为止。当晚即他服安眠药自杀,但事

---

① 周永珍:《我的老师陈梦家》,《历史:理论与批评》2001 年第 2 期。
② 周永珍:《怀念陈梦家先生》,《考古》1981 年第 2 期。
③ 周永珍:《我的老师陈梦家》,《历史:理论与批评》2001 年第 2 期。

实上这仍不是他最后的一天,抢救过来后返家,于 9 月 2 日晚悬梁自尽,多活了 8 天。日记太简单,工作项下有时只写"所"或"所如昨",但几乎每天都看电影、电视,有时还加评语,当然也记一些写作篇名或参加所中学习,此外便是家庭琐事了,也着语不多。闻尚有几本,已退回给家属,此本现存考古所资料室。①

1978 年 12 月 28 日上午,中国社会科学院考古研究所在北京八宝山举行了陈梦家先生追悼会,所长夏鼐在悼词中肯定了他的学术成就,对他热爱祖国、热爱社会主义事业的精神给予了高度的评价。

1986 年出版的由夏鼐主编审定的《中国大百科全书·考古学》中所收"陈梦家"条目,对陈梦家的学术成就评价如下:"陈梦家的治学道路是因研究古代的宗教、神话、礼俗而治古文字,再由古文字研究转入古史研究和考古研究。在甲骨学上,他对董作宾的'贞人'说和甲骨断代有所补充和纠正,将所谓'文武丁卜辞',区分为'自组''子组'和'午组',首先作出它们应属武丁时期的推断。所作西周铜器的断代研究,对郭沫若创立的标准器断代法也有进一步的发展,从不同角度把分散的铭文内容串连起来,探寻判断年代的根据,阐述重要史事和典章制度,并且比较深入地研讨了铜器的组合、形制和花纹问题。对于汉代简续,除整理和校勘武威汉简,推定其中的《仪礼》简为不同于二戴的庆氏本外,主要是在弄清楚居延汉简全部出土地点的基础上,结合遗址的情况和简的年代,考察了汉代的烽燧制度和相关的问题,对居延汉简的研究有较大的推进。另外,他还对《尚书》和

_____

① 《夏鼐日记》第 8 卷,第 374 页。夏鼐在日记中注,存考古所的这本日记,后亦交赵萝蕤。

《竹书纪年》等古史文献、西周年代、六国纪年和历代度量衡制度等,作过一定的专门研究。"①

2006年,在陈梦家诞辰95周年、逝世40周年学术座谈会上,中国社会科学院考古研究所所长刘庆柱评价陈梦家的贡献:"20世纪中国考古学的三大发现(内阁大库档案不作为考古发现)——殷墟甲骨、汉晋简牍和敦煌文书,成为中国传统学术向现代学术转变的重大契机。陈梦家先生在最为重要的两大方面,即甲骨学和简牍学方面均作出重大科学贡献,同时在殷周青铜器研究领域也取得杰出成就,在近代中国学术史上像他这样成就如此学术大业者是寥寥无几、屈指可数的。"②

2012年4月28日,陈梦家衣冠冢在绍兴市上虞区百福陵园落成。

①中国大百科全书总编辑委员会《考古学》编辑委员会、中国大百科全书出版社编辑部编:《中国大百科全书·考古学》,北京:中国大百科全书出版社,1986年,第68页。
②刘庆柱:《纪念陈梦家先生学术座谈会开幕词》,《汉字文化》2006年第4期。

参考文献

陈梦家:《铁马集》,上海:开明书店,1934 年。

陈梦家:《梦家存诗》,上海:上海时代图书公司,1936 年。

陈梦家:《梦甲室存文》,北京:中华书局,2006 年。

陈梦家:《梦家诗集》,北京:中华书局,2006 年。

《陈梦家诗全编》,杭州:浙江文艺出版社,1995 年。

陈梦家:《殷虚卜辞综述》,北京:科学出版社,1956 年。

陈梦家:《西周铜器断代》,北京:中华书局,2004 年。

陈梦家编著:《海外中国铜器图录》(第一集),台北:台联国风出
    版社,1976 年。

陈梦家:《西周年代考》,重庆:商务印书馆,1945 年。

陈梦家:《西周年代考　六国纪年》,北京:中华书局,2005 年。

陈梦家:《中国文字学》,北京:中华书局,2006 年。

陈梦家:《中国文字学(修订本)》,北京:中华书局,2011 年。

陈梦家:《尚书通论》,上海:商务印书馆,1957 年。

陈梦家:《尚书通论(增订本)》,北京:中华书局,1985 年。

《美帝国主义劫掠的我国殷周铜器集录》,北京:科学出版社,
    1962 年。

[美]查尔斯·法本斯·凯莱(Charles Fabens Kelley)、陈梦家著,
    田率翻译:《白金汉所藏中国铜器图录(汉英对照)》,北京:
    金城出版社,2015 年。

陈梦家:《汉简缀述》,北京:中华书局,1980 年。

《陈梦家学术论文集》,北京:中华书局,2016 年。

陈梦家:《美国所藏中国铜器集录(订补本)》,北京:中华书局,
　　2019 年。

陈梦家:《中国铜器综述》,北京:中华书局,2019 年。

万国鼎编,万斯年、陈梦家补订:《中国历史纪年表》,上海:商务
　　印书馆,1956 年。

赵萝蕤:《我的读书生涯》,北京:北京大学出版社,1996 年。

赵萝蕤:《读书生活散札》,南京:南京师范大学出版社,2009 年。

《江苏省志·宗教志》,南京:江苏古籍出版社,2001 年。

陈金镛:《中国的宗教观》,上海:美华浸会书局,1939 年。

张九辰:《山水人生——陈梦熊传》,北京:中国科学技术出版社,
　　2013 年。

李娟娟:《陈梦熊传》,南京:江苏人民出版社,2015 年。

赵珩:《旧时风物》,桂林:广西师范大学出版社,2009 年。

赵国忠:《春明读书记》,广州:花城出版社,2011 年。

郑重:《海上收藏世家》,上海:上海书店出版社,2003 年。

郑重:《收藏十三家》,天津:百花文艺出版社,2008 年。

郑重:《徐森玉》,北京:文物出版社,2007 年。

于润琦编著:《唐弢藏书》,北京:北京出版社,2005 年。

《闻一多书信选集》,北京:人民文学出版社,1986 年。

闻黎明、侯菊坤编:《闻一多年谱长编》,武汉:湖北人民出版社,
　　1994 年。

韩石山编:《徐志摩全集》第 3 卷,天津:天津人民出版社,2005 年。

曹伯言整理:《胡适日记全编》第 6 卷,合肥:安徽教育出版社,
　　2001 年。

耿云志主编:《胡适遗稿及秘藏书信》第 35 卷,合肥:黄山书社,
　　1994 年。

方继孝:《碎锦零笺》,济南:山东画报出版社,2009 年。

方继孝:《品味书简——名人信札收藏十五讲》,北京:国家图书馆出版社,2016 年。

方继孝:《失而复得的陈金镛著〈中华布道史〉》,未刊稿。

舒芜:《平凡女性的尊严》,上海:上海书店出版社,2007 年。

刘天华、维辛选编:《梁实秋怀人丛录》,北京:中国广播电视出版社,1991 年。

吴世勇编:《沈从文年谱》,天津:天津人民出版社,2006 年。

《沈从文全集》第 20 卷,太原:北岳文艺出版社,2002 年。

《沈从文全集》第 22 卷,太原:北岳文艺出版社,2009 年。

《吴孟复安徽文献研究丛稿》,合肥:黄山书社,2006 年。

《方令孺散文选集》,上海:上海文艺出版社,1982 年。

《顾颉刚日记》,台北:联经出版事业股份有限公司,2007 年。

扬之水:《〈读书〉十年》一、二、三,北京:中华书局,2012 年。

沈宁整理:《常任侠书信集》,郑州:大象出版社,2008 年。

常任侠:《战云纪事》,深圳:海天出版社,1999 年。

《夏鼐日记》,上海:华东师范大学出版社,2011 年。

吴学昭:《听杨绛谈往事》,北京:生活·读书·新知三联书店,2016 年。

朱乔森编:《朱自清全集》第 4 卷,南京:江苏教育出版社,1990 年。

朱乔森编:《朱自清全集》第 9 卷,江苏教育出版社,1998 年。

朱乔森编:《朱自清全集》第 10 卷,江苏教育出版社,1998 年。

上海市历史学会编:《上海史学名家印象记》,上海:上海人民出版社,2012 年。

钱穆:《八十忆双亲　师友杂忆》,北京:九州出版社,2012 年。

姜德明主编:《七月寒雪:随笔卷》,北京:大众文艺出版社,2000 年。

姜德明:《寻书偶存》,南京:南京师范大学出版社,2011 年。

吴学昭整理:《吴宓日记》第 6 册,北京:生活·读书·新知三联
　　书店,1998 年。

吴学昭整理:《吴宓日记》第 7 册,北京:生活·读书·新知三联
　　书店,1998 年。

吴学昭整理:《吴宓日记》第 8 册,北京:生活·读书·新知三联
　　书店,1998 年。

吴学昭整理:《吴宓日记》第 9 册,北京:生活·读书·新知三联
　　书店,1999 年。

吴学昭整理:《吴宓日记续编》第 3 册,北京:生活·读书·新知
　　三联书店,2006 年。

陈存恭、陈仲玉、任育德访问,任育德记录:《石璋如先生口述历
　　史》,北京:九州出版社,2013 年。

《柳无忌散文选——古稀话旧》,北京:中国友谊出版公司,
　　1984 年。

陈清泉等编:《中国史学家评传》,郑州:中州古籍出版社,
　　1985 年。

赵瑞蕻:《离乱弦歌忆旧游——从西南联大到金色的晚秋》,上
　　海:文汇出版社,2000 年。

刘宜庆:《浪淘尽——百年中国的名师高徒》,北京:华文出版社,
　　2010 年。

蔡仲德:《冯友兰先生年谱初编》,郑州:河南人民出版社,2000 年。

葛剑雄编:《谭其骧日记》,上海:文汇出版社,1998 年。

林同华主编:《宗白华全集》第 2 卷,合肥:安徽教育出版社,2008 年。

《曾昭燏文集·日记书信卷》,北京:文物出版社,2013 年。

《老舍散文》,太原:北岳文艺出版社,2008 年。

秦东刚绘画:《龙头街的历史奇迹》(连环画),昆明:云南人民出
　　版社,2009 年。

浦江清:《清华园日记　西行日记(增补本)》,北京:生活·读

书·新知三联书店,1999 年。

《生命无涯——浦江清随笔集》,北京:北京大学出版社,2009 年。

《抗战时期文化名人在昆明》二,昆明:云南人民出版社,2002 年。

南开大学校史研究室编:《联大岁月与边疆人文》,天津:南开大学出版社,2004 年。

黄延复、王小宁整理:《梅贻琦日记(1941—1946)》,北京:清华大学出版社,2001 年。

罗拉:《卢芹斋传》,香港:新世纪出版及传媒有限公司,2013 年。

[美]PETER HESSLER(何伟)著、赵欣译、赵步阳校《甲骨文:游走在中国和西方之间》,未出版。

《知识的考古——朱渊清自选集》,上海:上海人民出版社,2012 年。

清华大学校史研究室编:《清华大学史料选编》第 4 卷《解放战争时期的清华大学(1946—1948)》,北京:清华大学出版社,1994 年。

郭若愚:《落英缤纷——师友忆念录》,上海:上海书画出版社,2003 年。

郭若愚:《殷契拾掇》,上海:上海出版公司,1951 年。

邓瑞整理:《邓之诚文史札记》,南京:凤凰出版社,2012 年。

蔡盛琦、陈世局编辑校订:《胡宗南先生日记》,台北:"国史馆",2015 年。

施安昌、华宁释注:《马衡日记》,北京:紫禁城出版社,2006 年。

马思猛编著:《金石梦故宫情——我心中的爷爷马衡》,北京:北京图书馆出版社,2009 年。

潘乃穆、潘乃和编:《潘光旦文集》第 11 卷,北京:北京大学出版社,2000 年。

《雁北文物勘查团报告》,中央人民政府文化部文物局,1951 年。

谢泳编:《思想利器——当代中国研究的史料问题》,北京:新星
　　出版社,2013 年。

齐家莹编撰:《清华人文学科年谱》,北京:清华大学出版社,1999 年。

安可荇、王书林手稿整理,杜泽逊编校整理:《王献唐师友书札》,
　　青岛:青岛出版社,2009 年。

史宗恺主编:《学术人生 Ⅱ》,北京:清华大学出版社,2013 年。

杜运辉:《侯外庐先生学谱》,北京:中国社会科学出版社,2013 年。

黄淳浩编:《郭沫若书信集(下)》,北京:中国社会科学出版社,
　　1992 年。

刘北汜:《故宫沧桑》,北京:紫禁城出版社,1989 年。

臧克家:《臧克家回忆录》,北京:工人出版社,2004 年。

谢蔚明:《岁月的风铃》,天津:天津教育出版社,1993 年。

《1957 年文字改革辩论选辑》,上海:新知识出版社,1958 年。

郭晓惠、郭小林整理:《郭小川 1957 年日记》,郑州:河南人民出
　　版社,2000 年。

张世林主编:《想念胡厚宣》,广州:新世纪出版社,2012 年。

岳南:《南渡北归:南渡》,长沙:湖南文艺出版社,2011 年。

岳南:《南渡北归:离别》,长沙:湖南文艺出版社,2011 年。

甘肃省博物馆、中国科学院考古研究所编:《武威汉简》,北京:中
　　华书局,2005 年。

谭维四、白绍芝编著:《文物考古与博物馆论丛》,武汉:湖北美术
　　出版社,1993 年。

赵辉主编:《记忆:北大考古口述史(一)》,北京:北京大学出版
　　社,2012 年。

陈梦熊口述、张九辰访问整理:《我的水文地质之路——陈梦熊
　　口述自传》,长沙:湖南教育出版社,2013 年。

后　记

2010年，我写完了新月派女诗人方令孺的传记，一时觉得有些累。虽然写作时间主要集中在这一年中的双休日和晚上，但搜集资料我整整花了五年时间，而在这五年的时间里，我同时还在做嘉兴文化名人的研究。2010年，我关于嘉兴文化名人研究的随笔集在台湾出版，这前后六年的时间致力于名人研究，我是觉得需要休息一下了。接下来的2011年，我有了一年的休整，这其间，方令孺传的中文繁体字版《曾经新月映诗坛——方令孺传》在台湾顺利出版，这要归功于台湾学者蔡登山先生的提携和帮助。

也是在2011年，我有了第一次欧洲之旅，我对欧洲尤其是巴黎产生了浓厚的兴趣。2012年，我的很多时间花在欧洲文史尤其是法国文史上，阅读《法国通史》、《德国通史》、路易十四、巴尔扎克、雨果等，这样差不多又轻快地过了一年。到2012年秋冬时，我想以后是否改做欧洲研究呢？我把这个想法告诉了现代文学研究专家、巴金故居常务副馆长周立民，他是我的老师，我的文学研究就是在他的指点下起步的。立民兄并不赞同我的想法，他认为我应该回到中国现代文学的研究上。他并没有说理由，但我想应该基于两点吧，一是我并非文学专业的，但经过六年的方令孺研究和嘉兴名人研究，我对中国现代文学是有些了解了，二是研究一个人，免不了要寻访，欧洲路途遥远，想寻访都不易啊。我虽然有一点自己的想法，但觉得他的建议是对的,然后我问自己,我应该选择谁呢? 曾经有朋友建议我做方令孺家族的研究,但我对于这个家族,虽有好感,却不像对方令孺那样投入、喜欢,所以心里否定了。我在心里盘算着自己关注过的一些人:方玮德,活着的时间太短,资料也太少;赵萝蕤,她的诗少了那份韵味,我并不是非常喜欢;巴金,研究的人太多;徐志摩,已有太多的传记;闻一多……最后我选择了陈梦家。陈梦家早年和方令孺关系密切,我在研究方令孺的过程中,对陈梦家充满了喜爱。他是一位有才华的年轻诗人,后来他转入学术研究,在甲骨文及殷商史、商周青铜器及铭文、汉简及汉代西北史地、《尚书》研究等多个领域取得了显著的成就,他的才气深深地吸引了我。况且,过去几年我在上海、南京、嘉兴、杭州、合肥等地图书馆、档案馆搜集方令孺资料时,顺便也复印了很多陈梦家作为新月派诗人时期的资料。于是我对立民兄说,我想研究陈梦家。这次立民兄不再反对,事实上,陈梦家的那些学术研究对于我来说实在是太难懂了,可他竟然不反对。而我,也义无反顾地走上这条比之前更艰难的研究之路。过去,立民兄曾对我说过,编年谱是很基础的学术训练,因此,我决定先着手编撰陈梦家的年谱,为以后的陈梦家研究打基础。这样,我就开始陆续地整理手头已有的资料。

巧的是,2012 年深秋,我和禾塘、夏春锦等有了两次湖州之行,分别到德清新市古镇寻访赵萝蕤故居旧址和到湖州师范学院访赵紫宸赵萝蕤父女纪念馆。我刚刚确定了陈梦家研究,就有了这两次特别的寻访,我想居然有这么巧的事,岂不是天助我也? 但接下来却被其他事分散了很多精力。2013 年,有大半年的时间参与编辑《江蔚云纪念集》,2014 年,为撰写嘉兴名人连环画文字脚本,又花了大约半年的时间。也在 2014 年,方令孺传中文简体字版《新月才女方令孺》由臧杰主编,在青岛出版社出版。

2015年阳历年初，儿子信尔陪我到青岛寻访陈梦家，不过那次寻访完全是一次意外引起，我们趁兴而去，失望而归，没有任何收获。这年的10月份，因为单位组织旅游活动到北京，我借机到陈梦家曾经工作、生活过的北大、清华、考古研究所、钱粮胡同和他第一次自杀（1966.8.24）后被送进的隆福医院等地一一踏访。这个过程得到了师友们的帮助，《芳草地》主编谭宗远先生带我拜访了书画界前辈姜德明先生，当年，年轻的姜德明曾经采访过陈梦家；京城收藏家方继孝、中国社会科学院考古研究所王世民两位先生陪同我参观了考古研究所和钱粮胡同；考古研究所胡秉华先生给我详细地讲述陈梦家在1966年8月24日那天被红卫兵批斗的情况；我还在北大研究生江少莉的帮助下得以进入北京大学图书馆，查到了目前很可能是孤本的《梦家诗集》再版本及其他几种珍贵版本；又到清华大学寻访，得到了清华大学档案馆馆员的帮助，得以顺利查阅到相关资料；还到了国图查阅资料，整个行程收获多多。这年的许多时间，我几乎都投入到陈梦家研究中，回看2015年10月6日的微信，我曾经这样写道："在家的日子，天天是陈梦家，从早到晚。"这的确是我那段时间的写照。

我原以为时间充足了，应该可以很快完成的，谁知由于研究的深入，与陈梦家相关的人物和资料越聚越多，购买或下载的陈梦家及其师友的著作也越来越多，我只能一本书一本书地慢慢梳理。特别是陈梦家往来书信整理，对我来说是一个巨大的工程，花费了我很多时间，这个过程中我遇到了很多难题，不得不请朋友帮助我一起完成，他们是：点点（我的同学，中学历史教师）、王黎群（学者）、方继孝、贺宏亮（学者）、朱银宇（巴金故居编辑）、蝶庵（学者）、谷雨（作家）、余新伟（书法家）、张竞文（巴金故居馆员）等。这里特别要感谢点点和王黎群两位，当初在整理陈梦家致胡适书信时，看信上那密密麻麻的字，我自己都要失去信心了,可是点点硬是一个字一个字地辨认出来,后期的书信整理,主要是王黎群帮忙的,个别拍卖网的资料,打印出来模糊,我请他手写下来,无法输入电脑的古文字,则依他手写字拍照截图插入文本,然后再交出版社转换成文字。另外还特别需要提到的是,在整理陈梦家致徐森玉书信时,徐森玉先生的外孙女、华东师大教授王圣思虽然眼睛动手术,但在术后仍帮忙辨认和校正了书信中的文字,个别认不清的文字,王圣思教授甚至请她的小舅舅,即徐森玉先生的次子徐文堪先生一起辨认,所有这些,都让我深深地感动。

编撰年谱,资料的搜集是重头戏,我在搜集陈梦家资料的过程中,同样得到非常多的帮助。我们今天所处的网络时代,能量是巨大的,我在心里由衷地感谢。还在我研究方令孺时,立民兄给我介绍了很多网络资源,让我如鱼一样在大海中畅游。嘉兴学院图书馆陆嘉敏,给我提供个人网络账户,为我查找资料带来了极大的便利。孔夫子旧书网,让我买到很多不易得的旧版书。当我还缺少陈梦家著作的个别版本时,浙江师范大学教授、我当年的老师徐井岗给我复印来了《梦家存诗》,四川师范大学教授龚明德和他的学生小陶从他们学校的图书馆为我找到了《老子分释》并拍照给我。金陵科技学院人文学院赵步阳给我发来美国人 Peter Hessler(何伟)著、赵欣译、赵步阳校的《甲骨文:游走在中国和西方之间》,这个译本胜过我买的台湾版《甲骨文》。北京作家赵国忠给我传来十多篇他在十年前就搜集到的《北平晨报》副刊《北晨学园》上的陈梦家佚诗佚文。嘉兴年轻学者蝶庵多次发给我他在拍卖网上看到的陈梦家书信。无锡学者王黎群,同样在编撰陈梦家年谱,当他得知我已经编得差不多时,他把自己的年谱全文发给我,让我参考。其他提供陈梦家资料和线索的还有方继孝、俞国林(中华书局编审)、李碧玉(中华书局编辑)、任葆华(渭南师范学院教授)、杨自强(嘉兴市作协主席）、傅国涌（学者）、陈建军（武汉大学教授）、卢礼阳（学者）、陆盛华（学者）、刘荣华（湖州博物馆副馆长）、王增清（湖州师范学院图书馆长、研究馆员）、周立民、季米（书友）、甘建华（作家）、薛荣（小说家）等师友，我在此一并感谢。其中陈建军教授一次提供线索五十多条，是提供线索最多的一位学者。之前我在做方令孺研究时，华东师大陈子善教授曾给我复印来方令孺在台湾出版的译文集《钟》，陈子善教授的研究生张慧给我提供现代文学期刊目录，王志也提供线索，在此一起谢过。另外，在校对书稿时，李秀芳、邹信尔也给了我帮助。

撰写书稿的过程中，2015 年，我申报的课题《陈梦家年谱》获得了浙江省社科联课题立项，这对我无疑是极大的鼓励。

2015 年底，我终于完成了这部书的初稿，整个身心为之轻松。为陈梦家这个人，我投入了太多的时间和精力，在写作书稿之前，我早已在各处奔波，寻访陈梦家的踪迹。2007 年，全家到南京，我是为寻访方令孺去的，顺便也寻访了陈梦家曾经就读过的中央大学旧址，即现今的东南大学。2008 年到上虞，我在金华读书时的老同学陈烽当时任上虞市财政局局长，他百忙中抽出时间专程陪我游览了白马湖，可惜那时我打听不到陈梦家的祖居地，否则是必定会去的，但陈梦家大学时代曾经到过白马湖并写下《白马湖》一诗，我也算不虚此行了。2009 年到青岛，寻访了方令孺、陈梦家任教过的国立青岛大学旧址，即现今的中国海洋大学。2014 年 10 月，因为参加在株洲举办的第 12 届全国民间读书会，我借机寻访南岳衡山的国立长沙临时大学文学院曾经的驻地南岳圣经学校和长沙韭菜园的临大旧址，抗战之初，陈梦家曾随"临大"来到南岳。2016 年 4 月，因为参加"民国南京与中国现代文学"研讨会，我寻访陈梦家在南京的出生地及他曾就读的小学、中学、大学等几处地方。2016 年 5 月，因为参加在杭州举办的第三届丰子恺国际学术研讨会，我来到今天的浙江大学之江校区,寻访陈梦家父亲陈金镛就读过的杭州育英义塾旧址,有一个晚上,我们一行四人沿着长长的钱塘江堤岸向之江校区走去,其中有北京大学博士生导师商金林教授,后来商教授还介绍我认识了他的学生、浙江理工大学的陈改玲教授,她也是陈梦家研究者,其时她的《陈梦家评传》快要出版了。2016年9月,因为参加在河北石家庄举行的第12届巴金国际学术研讨会,我顺道去了安阳殷墟遗址,那里同样留下过陈梦家的足迹;再到北京,这次主要是在北大档案馆和清华档案馆查档,同时再次寻访陈梦家在北大和清华的故居,又到考古研究所和钱粮胡同再作寻访。2016和2017年跨年时,几位朋友一起到上海,我独自前往闸北,然后到元昌里,寻访陈梦家在上海的踪迹。2017年初,我们跟随谢泳、傅国涌两位老师组团到英国,在大英博物馆,我想把陈梦家看过的那些青铜器作细细端详,可惜中国馆在维修,我没有看到那些青铜器。2018年6月,嘉兴市作协组织行走无锡活动,在江阴,我参观了陈梦家诗中的铅笔塔即三国寺塔。2019年4月,苏州的两位朋友陪同我们三位嘉兴人参观陈家姐妹就读和任教过的苏州景海师范学校,我们还在双塔下朗诵梦家先生的诗。2020年4月19日,陈梦家先生诞辰纪念日,我和嫣然等去余杭的瓜村和德清的上柏镇寻访陈氏父子的足迹。几年里,也曾几次到过上海博物馆,到过湖州博物馆等地,参观过陈梦家生前收藏的明式家具。我心里还计划要去寻访上虞陈梦家的祖居地小桃园道地(上虞乡贤研究会秘书长章懿清前阵子告诉我,已经找到了小桃园旧址)、安徽芜湖陈梦家任教过的广益中学旧址、云南蒙自和昆明的西南联大及龙头村等地,还想去国家博物馆,看看陈梦家关注过的那些青铜器、甲骨等。我唯独没有去美国的打算,因为我知道,如果我到美国,我还是要寻访陈梦家,寻访陈梦家曾经工作、生活、游历过的那些城市,如芝加哥、纽约、华盛顿、麻省康桥、波士顿、堪萨斯城、费城、布法罗、底特律、普林斯顿、旧金山等，旅行社没有这样的旅游线路，而我言语不通，无法独自完成，抱憾尤深。

为了陈梦家，我有了上述这些特别的阅读和行走，我是可以释怀了。

年谱初稿完成之后，周立民兄第一个通稿看过并提出详细的意见和建议，有些地方我是修改了，有些地方没能达到他的高要求，留下了遗憾。有一天，我给复旦大学图书馆馆长陈思和教授写邮件，顺便告诉他我完成了这部书稿，陈教授让我将书稿传给他看看，他看过之后说，可以在他和王德威教授主编的《史料与阐释》上刊出。我当时真有些喜不自禁，但也有些疑惑，我的书稿有20多万字，在一本刊物上刊出，有这个可能吗？尽管如此，我还是把书稿交给了陈教授，《陈梦家年谱》分上、下两部分分别发表在《史料与阐释》年刊第五期（2016年）和第六期（2017年）上，由复旦大学出版社出版，这里还要感谢复旦大学出版社杜怡顺编辑的辛勤劳动。

年谱上半部发表之后，我将刊物寄给了中华书局的俞国林先生，并询问他是否有可能在中华书局出版。中华书局出版了一系列陈梦家著作，我觉得还是有这个可能的，不过，我只是一个普通的民间研究者，中华书局这个平台太高了，我恐怕是可望不可及。2017年春节之前，从俞国林先生那里得到好消息，我的这本陈梦家书稿可以在中华书局出版，书名定为《陈梦家先生编年事辑》。对我来说，还是有些意外的，自然更多是喜悦。我想，这是这本书最好的归宿，陈梦家先生若在天有灵，也定会感到欣慰的！

我在撰写这部书稿时，还得到了其他师友的帮助。嘉兴图书馆范笑我先生建议我把陈梦家往来书信全文采用，我听从了他的建议；南京《开卷》主编董宁文先生曾经设想把这本书稿收入他的开卷文丛，我深谢他的美意；科学出版社刘俊来先生、中国科学院自然科学史研究所张九辰博士帮忙牵线联系相关人物;陈梦家先生的侄子陈泽行先生和陈梦家先生的学生、考古研究所的周永珍先生对我寻访陈氏故居、查阅资料多有帮助;考古研究所的王世民先生对已发表的《陈梦家年谱》多予指正;中华书局编辑刘明先生、李碧玉女士为本书的出版付出了很多心血。在此我都深表感谢。同时,也感谢家人对我的支持。另外请专家、读者在读览本书的过程中不吝赐教,如有资料或线索,请给我写邮件,我的邮箱是 786015973@ qq. com。

这本书快要出版了,我的陈梦家研究第一阶段也将告一个段落,接下来我还有很多设想。我想,虽然路很慢长,只要去做,总会有完成的时候。

2017 年 6 月初稿

2020 年 4 月修改